LES VOYAGES

DE SAVORGNAN DE BRAZZA

(1875-1882)

« Lorsque je l'ai vu pour la première fois, en 1880, M. de Brazza se présenta à mes yeux sous la figure d'un pauvre va-nu-pieds qui n'avait de remarquable que son uniforme en loques et un grand chapeau déformé... » (page X.)

Gravure extraite de l'*Almanach du Figaro.*

LES VOYAGES
DE
SAVORGNAN DE BRAZZA

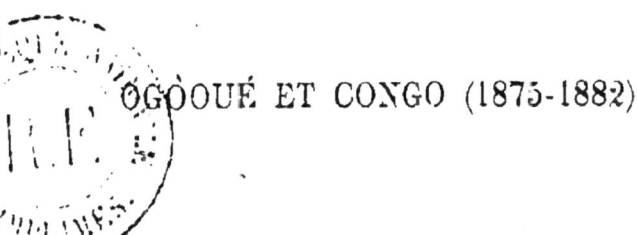

OGÔOUÉ ET CONGO (1875-1882)

PAR

D. NEUVILLE & CH. BRÉARD

AVEC UN PORTRAIT ET UNE CARTE DE L'OGÔOUÉ ET DU CONGO

PARIS
BERGER-LEVRAULT ET Cie
Éditeurs de la Revue maritime et coloniale et de l'Annuaire de la Marine

5, RUE DES BEAUX-ARTS, 5

MÊME MAISON A NANCY

—

1884

TABLE DES CHAPITRES.

Pages.

PRÉFACE. VII
INTRODUCTION. I. — Premiers établissements français. — Compagnies de commerce. — Observations du chevalier de Clerville. — Liberté du commerce de la Guinée. 1
II. — Comptoirs et factoreries françaises sur la côte occidentale d'Afrique. — Histoire de l'établissement Marion-Brillantais sur le Niger. 9
III. — État du commerce avec la côte d'Afrique au XVIIIe siècle — Nombre des armements. — Nature et valeur des échanges. 22
IV. — Commerce de la France avec la côte occidentale, moins le Sénégal, de 1831 à 1881. — Marchandises propres aux échanges. — Assortiment. — Nomenclature et prix des marchandises. — Facture. — Opération de traite d'ivoire. 25
V. — Les Portugais au Congo. — Rivalité de l'Angleterre. — Ses menaces et ses négociations. — Occupation de Punta-Negra. — Conclusion. 36

Chapitre Ier. — Premier voyage de Savorgnan de Brazza.

Lettre de M. de Brazza au ministre de la marine sur un projet d'exploration de l'Ogôoué. — Rapport au ministre de la marine sur le projet d'exploration du cours de l'Ogôoué supérieur présenté par M. de Brazza. — Lettre de M. de Brazza à M. l'amiral commandant en chef la division navale de l'Atlantique du Sud. — Développement du projet d'exploration du fleuve Ogôoué. — Instructions du ministre à M. de Brazza pour son premier voyage d'exploration. — Lettre de M. de Brazza au ministre sur la situation de l'expédition au commencement de l'année 1876. — Lettre de M. de Brazza au commandant supérieur du Gabon. — Lettre du Dr Ballay au commandant supérieur du Gabon. — Lettre de M. de Brazza au commandant supérieur du Gabon. — Rapport sur la marche de la mission de l'Ogôoué adressé par M. de Brazza au ministre de la marine. — Notes sur la mission de l'Ogôoué. — Communication adressée par M. de Brazza à la Société de géographie. 47-108

Chapitre II. — Second voyage de Savorgnan de Brazza.

Extrait d'un rapport sur la situation générale de la colonie du Gabon. — Extrait d'un rapport sur le Congo. — Tableau du commerce français sur la côte occidentale d'Afrique, au Sud du Gabon. — Rapport de la tournée du *Marabout*. — Rapport de M. Mizon au comité français de l'Association internationale africaine. — Rapport de M. de Brazza sur son second voyage. — Autre rapport de M. de Brazza. 111-168

Chapitre III. — Voyages des missionnaires français et anglais.

Notice sur les missions du Congo. — Missions françaises. — Missions anglaises. 171
Voyage d'un missionnaire français à Stanley-Pool. — Voyages des missionnaires anglais à Stanley-Pool. 199-295
Table alphabétique des matières. 297

ADDITIONS ET CORRECTIONS

Page 5, ligne 3, au lieu de *arrêtés*, lire : *arrêts*.
Page 68, ligne 19 et page 74, ligne 14, au lieu de *Bangue*, lire : *Bangues*.
Page 72, ligne 14, au lieu de *pourrait aussi*, lire : *pourrait ainsi*.
Page 110, ligne 11, au lieu de *Bracconier*, lire : *Braconnier*.
Page 110, ligne 12, au lieu de *Walcke*, lire : *Walke*.
Page 110, ligne 16, au lieu de *Sparanck*, lire : *Sparawk*.
Page 123, ligne 3, au lieu de *navigation*, lire : *végétation*.
Page 125, ligne 27, au lieu de *Malanime*, lire : *Malamine*.
Page 139, ligne 1, au lieu de *laissent*, lire : *laissaient*.
Page 146, ligne 33, au lieu de *Combers*, lire : *Comber*.
Page 147, ligne 23, au lieu de *construction*, lire : *constructions*.
Page 156, ligne 5, au lieu de *Basouendés*, lire : *Babouendés*.
Page 161, ligne 19, au lieu de *je lui eusse*, lire : *je lui eus*.
Page 185, § II, ligne 6, au lieu de *qu'en Angleterre*, lire : *en Angleterre*.
Page 188, ligne 27, au lieu de *San Salvator*, lire : *San Salvador*.
Page 193, ligne 15, au lieu de *mit*, lire : *mirent*.
Page 209, lignes 3, 11 et dernière, au lieu de *Haroud*, lire : *Harou*.
Page 210, lignes 3 et 8 et page 288, ligne 20, au lieu de *Ntombo-Mataka*, lire : *Ntombo-Makuta*.
Page 235, ligne 13 et page 285, en note, au lieu de *Mbadi*, lire *mbadi*.
Page 246, en note, au lieu de *page* 228, lire : *pages* 243 (*note* 1) *et* 245 (*note* 1).
Pages 273 (lignes 26 et 28), 285 (ligne 26), 286 (ligne 1), au lieu de *Mundélé*, lire : *Mundélés*.
Page 285, ligne 31, au lieu de *les trafiquants « mbadi »*, lire : *les marchands de mbadi*.

PRÉFACE.

Savorgnan de Brazza partit du Gabon le 2 novembre 1875 pour un premier voyage d'exploration dans l'Afrique équatoriale. Le 6 novembre 1878, il était de retour, après une absence de trois ans.

L'un de ses compagnons, le docteur Ballay, put faire toute la campagne. L'autre, M. A. Marche, après avoir reconnu le cours de l'Ogôoué jusqu'à la rivière Lékélé, dut regagner l'Europe pour rétablir sa santé, gravement atteinte.

Les résultats de ce premier voyage furent considérables.

En 1874, MM. de Compiègne et Marche avaient remonté l'Ogôoué jusqu'à la rivière Ivindo ; mais la route de l'Okanda n'avait pas été ouverte par cette pointe hardie. Le docteur Lenz se trouvait arrêté à Lopé, depuis un an environ, lorsque la mission Brazza parvint au même point. Brazza eut l'honneur de renverser à jamais la barrière devant laquelle tant d'expéditions avaient été obligées de rebrousser chemin. Le docteur Ballay s'exprime ainsi dans une lettre adressée au commandant supérieur du Gabon : « J'ai tenu, commandant, à vous rendre compte de ces faits immédiatement et sans attendre le retour de M. de Brazza, afin que le mérite d'avoir franchi, le premier, le passage difficile, revînt à qui de droit et ce mérite revient à M. de Brazza et à lui seul[1]. »

Le succès de l'exploration complète de l'Ogôoué n'était plus douteux.

Brazza atteignit les chutes de Poubara, situées par 1°39' de latitude Sud et 11°23' de longitude Est de Paris, dans le pays des Aumbos. C'est un peu au-dessous de ce point, au confluent

---

[1] Voy. plus loin, p. 67.

de l'Ogôoué et de la rivière Passa, qu'a été fondée la station de Franceville. Désormais, on pouvait considérer la question de l'Ogôoué comme résolue.

Brazza ne s'en tint pas là.

Amèrement déçu de n'avoir pas trouvé dans ce fleuve l'une des grandes avenues de l'Afrique centrale, il poussa plus loin et atteignit un cours d'eau considérable qui se dirigeait vers l'Est, l'Alima, auquel il trouva une largeur de 140 mètres et une profondeur moyenne de 5 mètres. A 180 kilomètres de l'Alima, il rencontra d'autres rivières plus importantes encore, qui, grossies par de nombreux affluents, coulaient vers les mystérieuses contrées de l'intérieur. Entre l'Alima et l'Ogôoué, c'est-à-dire sur un espace de 80 kilomètres, il avait traversé les collines sablonneuses habitées par les Apfourous.

C'est seulement lorsqu'il fut à bout de ressources et hors d'état de lutter plus longtemps contre les tribus hostiles qu'il se décida à reprendre le chemin du Gabon. Il ignorait le voyage de Stanley et ne pouvait se rendre compte de l'importance réelle de ses propres découvertes. « Si les explorateurs de l'Ogôoué », écrivait-il à son retour, « avaient su que l'Alima dût, en cinq jours, les mener au Congo, ils n'eussent certainement pas hésité à forcer le passage pour revenir à la côte par le Congo. »

En somme, après trois ans d'efforts, l'intrépide voyageur était parvenu à détruire l'obstacle que les monopoles commerciaux, établis le long de l'Ogôoué au profit des peuplades riveraines, avaient opposé jusque-là à tous les explorateurs européens. Il avait achevé la reconnaissance de l'Ogôoué et découvert plusieurs des affluents les plus voisins du Congo.

Un second voyage, entrepris bientôt après, eut un succès plus brillant encore.

Brazza quitta, pour la seconde fois, l'Europe le 27 décembre 1879 ; les péripéties de cette nouvelle expédition sont devenues, aujourd'hui, populaires. La conclusion d'un traité avec le roi des Batékés, Makoko, qui règne à Stanley-Pool, la prise de possession d'un territoire concédé à la France, au point où le Congo commence à être navigable, la découverte d'une voie entre le Stanley-Pool et la mer, plus praticable que le romanesque « escalier de Stanley », voilà quel fut le prix des fatigues, de l'énergie et de l'habile diplomatie de Brazza.

Il fallait mettre ces grands résultats hors de toute contestation.

Laissant à la garde du pavillon français, si hardiment planté sur le fleuve de Livingstone et de Stanley, le brave sergent Malamine Kamara, Brazza reprit la route de l'Europe. Il arrivait à Paris au commencement de juin 1882. Le souvenir des paroles vibrantes prononcées par l'intrépide explorateur partout où sa patriotique entreprise pouvait trouver des défenseurs, est encore vivant parmi nous. On admira le courage du soldat, la finesse du politique, le désintéressement du citoyen qui n'avait pas hésité à suppléer, par le sacrifice de sa fortune personnelle, à l'insuffisance des subventions recueillies avant le départ d'Europe. Les régions mystérieuses dont il évoquait l'image éblouissante, apparurent aux yeux des plus timides avec des séductions toutes nouvelles. La brillante perspective qu'il ouvrait au commerce d'exportation de la France, cruellement atteint depuis quelques années, lui gagna les suffrages des hommes pratiques. La sagesse et la fermeté de sa conduite, la générosité, l'économie d'une politique toute pacifique et toute bienfaisante lui concilièrent les hommes d'État et les philanthropes. Cette campagne nouvelle, menée en France pendant les longs mois qui s'écoulèrent avant la ratification, par les Chambres, du traité passé avec le roi Makoko, formera certainement un jour l'un des épisodes les plus intéressants de l'histoire de Savorgnan de Brazza.

La tâche était plus pénible qu'on ne pense. Bien des résistances durent être vaincues : le courage du vaillant enseigne de vaisseau fut soumis aux épreuves les plus délicates et les plus imprévues.

Stanley, mortifié des succès d'un collaborateur, dans lequel il avait la faiblesse de voir un rival, n'hésita pas à venir à Paris même se mesurer avec lui, afin de lui porter « un coup mortel ».

Les paroles qu'il prononça devant un auditoire d'Anglais et d'Américains, dans la soirée du 20 octobre 1882, ne lui font pas honneur[1]. Qui lui pardonnera jamais d'avoir calomnié « le noble drapeau » de la France? Sont-ce les froides plaisanteries qu'on va lire qui ajouteront quelque chose à sa réputation d'homme d'esprit? « Lorsque je l'ai vu pour la première fois, en 1880, M. de Brazza se présenta à mes yeux sous la figure d'un pauvre va-nu-pieds, qui n'avait de remarquable que son uniforme en loques et un grand chapeau déformé. Une petite escorte le suivait avec 125 livres de bagages. Cela n'avait rien d'imposant. Il n'avait pas même l'air d'un personnage illustre déguisé en vagabond, tant sa mise était piteuse et j'étais loin de me douter que j'avais devant moi le phénomène de l'année, le nouvel apôtre de l'Afrique, un grand stratégiste, un grand diplomate, etc..... » A peine cet étrange discours était-il achevé que Savorgnan de Brazza demandait à être reçu par l'assemblée et qu'il tendait la main à Stanley en lui disant : « J'apprends, cher collègue, que vous m'avez rudement attaqué dans votre discours; avant de connaître les paroles prononcées par vous, laissez-moi encore vous serrer la main. — Monsieur, répliqua le président de la réunion, vous avez fait preuve d'un grand tact. »

Nous n'avons pas l'intention d'insister longuement sur une rivalité que nous avouons ne pas comprendre. Le domaine de ce que l'on appelle, en Belgique, le *Comité d'études*, n'est-il pas absolument distinct de celui que Savorgnan de Brazza a acquis à son pays sur les bords du Congo? L'action particulière d'une société commerciale n'est-elle pas d'un tout autre ordre que l'action politique de la France? Où est l'incompatibilité dont on parle? La mission française et la mission de Stanley n'ont de terrain commun que celui de la civilisation, où une société d'explorateurs et de négociants ne peut trouver dans les représentants attitrés d'un grand pays que des amis et des protecteurs.

---

[1] Le *Stanley Club* avait offert un banquet à l'illustre explorateur. Le banquet fut présidé par M. Ryan, correspondant à Paris du *New-York Herald*.

Stanley et Brazza — les deux noms se trouvent désormais liés. On les oppose l'un à l'autre : on devrait les confondre. Stanley et Brazza ne sont-ils pas les ouvriers d'une même œuvre? Les avantages que Brazza a assurés à la France sur le Congo feront-ils jamais oublier aux Français que Stanley a traversé le continent mystérieux? Si la collaboration active de la France hâte l'heure où les barbares régions du centre de l'Afrique seront conquises par la civilisation, la gloire de Stanley, l'initiateur, en sera-t-elle diminuée?

Ce qui pèse sur la conscience de Stanley, ce sont peut-être les 30 combats livrés au Congo. Mais que d'excuses il peut faire valoir! Aurait-il passé s'il avait hésité à se servir de ses fusils?

Quoi qu'il en soit, les sanglants souvenirs laissés par lui traçaient la voie à ses successeurs. Non seulement l'humanité, mais la politique leur fit un devoir de se présenter aux indigènes comme des bienfaisants. Leurs entreprises ne pouvaient réussir que de cette manière. Brazza le comprit dès le premier jour. Sa générosité naturelle s'accommodait mieux aussi des moyens pacifiques et la finesse de son esprit trouvait de grands avantages dans l'emploi d'une procédure en quelque sorte diplomatique.

La colonie française du Gabon fut fondée vers 1842 pour servir au ravitaillement de la station navale occupée, sur la côte occidentale d'Afrique, à la répression de la traite. Par un singulier concours de circonstances, cette colonie est devenue le point de départ des expéditions civilisatrices de nos explorateurs à travers le continent noir, et ses destinées se trouvent liées, aujourd'hui, au succès de la cause généreuse de l'abolition de l'esclavage.

Parmi les nombreuses allocutions prononcées par Savorgnan de Brazza pendant son dernier séjour en France, nous voulons en rappeler une où ce point de vue est indiqué d'une manière fort saisissante.

Henri Martin, président d'honneur de la Société historique [1],

---

[1] La Société historique avait offert un punch d'honneur à Savorgnan de Brazza, le 31 octobre 1882. (Voy. Bulletin de la Société historique, n° 1, p. 13.)

souhaitant la bienvenue à l'explorateur, lui avait dit : « Vous venez d'ouvrir un chapitre nouveau de notre histoire coloniale. »

Brazza répondit : « Un chapitre nouveau !.... la vérité est que je n'en ai écrit qu'une ligne, la première et la plus modeste.

« Pourtant un grand pas est fait. Le drapeau de la France est désormais planté au centre de l'Afrique, comme un symbole des idées grandes et généreuses que la France a toujours, plus que toute autre nation, contribué à répandre. C'est l'amour de la science qui a conduit Bellot dans les glaces du pôle. Aujourd'hui, l'entrée de nos compatriotes en Afrique aura pour effet d'arrêter à sa source le commerce de chair humaine : la traite des nègres. Car la France, en défendant ses intérêts nationaux, n'a jamais abandonné les intérêts de la civilisation.

« Il y a 50 ans environ, notre drapeau fut planté au Gabon. Il y représentait dès le principe l'idée de liberté, car c'est pour fournir un port de relâche à nos vaisseaux, chargés d'empêcher la traite des noirs, qu'on s'était établi sur cette partie de la côte africaine. Le bruit s'est répandu vite, et jusqu'au centre de l'Afrique, qu'il y avait sur les côtes une terre qui rendait libres ceux qui la touchaient. Quand j'ai pénétré dans ce pays, nos couleurs étaient connues. On savait qu'elles étaient celles de la liberté. Les premiers habitants de Franceville ont été des esclaves libérés [1]. La question de l'esclavage est une question complexe. On se trouve à chaque instant en présence de difficultés presque insurmontables. Soutenir l'honneur d'un pavillon qui arrache leur proie aux négriers n'est pas chose facile, quand on ne peut pas, quand on ne veut pas employer la violence. En 1875, lors de mon premier voyage, je n'ai pas arboré le drapeau français au delà de la portée des canonnières françaises.

« Au début, j'ai dû acheter des hommes à prix d'argent et fort cher, selon le cours, trois ou quatre cents francs. Je leur disais quand ils étaient à moi, bûche aux pieds et fourche au cou : « Toi, de quel pays es-tu ? — Je suis de l'intérieur. — Veux-tu

---

[1] Il en avait été de même de ceux de Libreville.

« rester avec moi ou retourner dans ton pays ? » Je leur faisais toucher le drapeau français que j'avais hissé. Je leur disais : « Va ; maintenant tu es libre. » Ceux de ces hommes qui sont retournés, je les ai retrouvés dans l'intérieur. Ils m'ont facilité le chemin. Ils m'ont permis de remonter jusqu'au centre, là où il m'était possible de libérer un esclave au prix de quelques colliers, qui valent bien en tout dix centimes. Il était constaté que tout esclave qui touchait le drapeau français était libre.

« L'Afrique rend la guerre à qui sème la guerre ; mais comme tous les autres pays, elle rend la paix à qui sème la paix. Ma réputation allait devant moi, m'ouvrant les routes et les cœurs. On me donnait, à mon insu, le beau nom de *Père des Esclaves*.

. . . .

« Qu'est-ce, Messieurs ? Peu de chose. Demain nos libérés iront se faire reprendre dans le centre si nous ne soutenons pas nos premiers efforts. Je n'ai rien fait. J'ai seulement montré ce que l'on pouvait faire. Il y a un premier essai, un premier résultat. C'est quelque chose d'être connu dans ces régions nouvelles sous le nom de *Père des Esclaves*. N'est-ce pas l'augure de l'influence bienfaisante qui, seule, doit être celle de notre pays ?... »

Tandis qu'il continuait à exposer parmi nous, avec le succès le plus flatteur, les résultats de sa dernière campagne, Brazza ne pouvait pas, sans inquiétude, reporter sa pensée vers l'Ogôoué et le Congo. L'esprit de sa politique avait-il été saisi par ses compagnons demeurés là-bas ? La paix qu'il avait su établir parmi les peuplades rivales durait-elle encore et le pavillon, abandonné à la garde de quelques pauvres laptots, flottait-il toujours sur les rives du Pool, à l'abri de toute injure ?

Les nouvelles qui parvenaient à de grands intervalles, n'étaient pas toujours rassurantes. Cruelle déception ! Brazza pouvait perdre en Afrique une cause qui paraissait enfin gagnée en France.

Voici les renseignements que nous avons recueillis sur les événements dont l'Ogôoué et le Congo étaient alors le théâtre.

En 1880-1881, Brazza avait déjà dû se préoccuper des exactions commises dans les rivières par les traitants sénégalais. Deux d'entre eux étaient surtout suspects : Jamba Loin et Boubou Ndijaie. On parlait du meurtre de deux Pahouins. Une enquête dirigée par le commandant du *Marabout*, M. Pi, établit qu'un seul Pahouin avait été tué. L'affaire en resta là et quoique de nouvelles plaintes aient été adressées par M. Mizon[1] et par l'un des compagnons du Dr Ballay, en 1881, la paix ne fut pas sérieusement troublée dans l'Ogôoué.

C'est seulement lors d'un voyage de M. Mizon chez les Batékés que de nouvelles violences furent commises. Les agents du traitant Boubou Ndijaie s'emparèrent des pirogues de la mission française. Le vol fut découvert. Les coupables prétendirent qu'elles leur avaient été vendues par les Adumas. Mais les pirogues de la station avaient une forme particulière, bien différente de celle des embarcations du bas du fleuve. Les cinq plus grandes, construites en vue du transport du vapeur démontable du Dr Ballay, se trouvaient entre les mains des Sénégalais Samba Ndicou, Laty Diop, Raphaël Djembé, Chico, Abraham.

Lorsque M. Mizon descendit le fleuve en 1882, le Sénégalais Boubou se trouvait à Boué. Il alla se cacher dans une crique. Les Ossyébas, avec lesquels le commandant de la station française avait toujours eu les meilleures relations, vinrent vers lui en grand nombre, le fusil armé, faisant beaucoup de bruit et cherchant une querelle. Ils pillèrent les deux pirogues de M. Mizon. Cet officier se mit aussitôt à la poursuite de Boubou qui avait essayé de remonter la rivière Okono et se trouvait arrêté par une forte chute. Boubou fut pris, amarré à une pirogue, ramené à Boué. Immédiatement les Ossyébas restituèrent tout ce qu'ils avaient pris. Ils racontèrent plus tard « qu'on leur avait monté la tête par de mauvaises paroles ».

En arrivant chez les Okandas, M. Mizon trouva le pays désert. Le Sénégalais Laty Diop l'avait précédé, répandant le bruit que l'officier français venait pour faire la guerre.

---

[1] M. Mizon succéda à Brazza dans le commandement de la station de Franceville.

Aux factoreries où MM. Ballay et Mizon s'étaient trouvés réunis, M. Reading, ministre protestant, vint se plaindre d'un nommé Samba Sam. Un Galois au service de Samba était entré chez le pasteur et avait frappé l'un de ses serviteurs. On donna la chasse à Samba Sam et on l'arrêta. Ce n'était pas le seul grief qu'on eût contre lui. Mourna Révéglé, chef du village d'Adelinolanga, déclara que Samba avait réclamé des pagayeurs en menaçant de mettre le feu au village si on les lui refusait et qu'il avait enlevé une femme. Enfin, les caisses de marchandises laissées en dépôt au village d'Achuca avaient été ouvertes et l'on avait pris quelque chose dans chacune d'elles.

Au mois de septembre 1882, Laty Diop, Chico, Abraham et Raphaël Djembé étaient déférés au commandant supérieur du Gabon, Samba Ndicou était mis aux fers et M. Ballay, demeuré à Okanda, recevait l'invitation de s'assurer de Boubou Ndijaie, accusé d'excitation au pillage des pirogues de la station. M. Mizon jugeait dangereux de laisser derrière lui un pareil homme.

La création d'un poste à Lambaréné semblait être le seul moyen d'empêcher à l'avenir les exactions des Sénégalais.

Comme on le voit, le voyage de M. Mizon dans le bas fleuve avait été marqué par bien des incidents. Nous ne les avons pourtant pas tous mentionnés: chez les Okolas, un chef nommé Dyambala dévalisa une pirogue demeurée en arrière et réduisit l'équipage en servitude. Le lendemain, M. Mizon fit saisir neuf femmes et cinq hommes et continua sa route vers Franceville. Le soir du même jour, Dyambala renvoyait l'équipage de la pirogue en échange duquel ses femmes furent rendues, les hommes demeurant le gage de l'embarcation volée.

Indépendamment des désordres que pouvaient causer les violences des Sénégalais, d'autres dangers non moins sérieux étaient à craindre.

La migration des tribus pahouines: Maqueis, Ossyébas, etc., vers la mer entre l'Ogôoué et le Gabon, commencée depuis vingt ans et terminée en 1878, avait eu de graves conséquences. Arrivés à une limite qu'ils ne pouvaient plus dépasser, les premiers envahisseurs avaient dû se retourner contre ceux qui les poussaient en avant. Munis de fusils et de poudre, ils n'avaient pas eu de peine à repousser leurs ennemis. Ceux-ci dévièrent alors vers le Sud, c'est-à-dire vers l'Ogôoué, où les attirait le commerce.

Des factoreries à Achuca, les villages ossyébas couvrirent bientôt la rive droite du fleuve; d'Achuca à la rivière Ivindo, ils encombrèrent les deux rives. Attirés par le traitant établi dans l'île de Labouré, Ossyébas et Schakés descendirent chaque jour plus nombreux sur la rivière Ivindo.

« Les Schakés, lit-on dans un document daté de la fin de 1882, occupent les deux rives de Labouré à Boundji. Ces peuples, très guerriers, aiment autant le pillage que le commerce. » Le 17 septembre de la même année, ils attaquèrent le convoi de M. Mizon qui suivait la route de terre. Un mois plus tard, ils en usaient de même avec le Dr Ballay au delà du pays des Adumas.

Ces peuples étaient chassés par la tribu des Obambas, qui s'avançait en brûlant tous leurs villages de Dumé à Franceville. Le chef Onoéli avait osé mettre le feu chez les Baugues et les Oundoumbas, établis en vue de la station de l'autre côté de la rivière Passa. Le commandant français avait même été menacé.

Telle était la situation dans la région de l'Ogôoué à la fin de 1882.

Que s'était-il passé au Congo?

Vers le mois de mars 1882, deux Sénégalais, Dioume et Massa, vinrent apporter à Malamine, de la part de M. de Brazza, quelques ballots de perles et d'objets de troc. Quinze jours après environ, un blanc, M. Guiral, accompagné de plusieurs Sénégalais, arriva par voie de terre avec cinq nouveaux ballots de marchandises. Il était chargé par le commandant de Franceville de relever Malamine de son poste. Les Batékés avaient pris les armes, deux combats avaient eu lieu à Fégué et à Diabé et la navigation de l'Alima inférieur devenait impraticable pour M. Mizon.

Le courage du brave sergent ne fut pas abattu par cette retraite inopinée. « Je suis prêt à repartir avec M. de Brazza à son premier appel, déclarait-il à Saint-Louis du Sénégal, le 3 février

1883. Samba Thiam, qui habite Dakar, est, je crois, dans les mêmes intentions[1]. »

A l'époque où Malamine[2] revenait à Saint-Louis, la situation privilégiée acquise à la France par l'énergique initiative de Savorgnan de Brazza se trouvait consolidée par un vote du Parlement.

Le 21 novembre, l'article unique du projet de loi portant adoption du traité conclu avec le roi Makoko était voté à l'unanimité par la Chambre, aux applaudissements des députés de toutes les opinions.

Nous ne saurions mieux indiquer le caractère essentiellement pacifique de ce vote qu'en reproduisant le remarquable travail du rapporteur, M. Rouvier.

Messieurs, le projet de loi par lequel le Gouvernement vous propose d'autoriser M. le Président de la République à ratifier les traités et actes passés entre M. Savorgnan de Brazza et le roi Makoko a rencontré l'adhésion générale de la Chambre.

Nous croyons répondre à votre sentiment et au vœu de l'opinion publique en vous demandant d'accorder d'urgence l'autorisation qui vous est demandée.

Les voyages de M. de Brazza, leurs heureux résultats, sont présents à tous les esprits. Déjà, dans une première expédition, en 1875-1876, ce hardi explorateur avait remonté l'Ogôoué, découvert un de ses affluents, la Passa, puis les cours supérieurs de l'Alima et de la Licona, affluents du Congo. Il espérait, avec raison, arriver par cette voie sur la partie navigable de ce grand fleuve. Le résultat de ce premier voyage fut la découverte d'une route facile du Gabon à Stanley-Pool par l'Ogôoué, la Passa et l'Alima.

Chargé d'une nouvelle mission en 1879 par le ministre des affaires étrangères, puis par celui de l'instruction publique, M. de Brazza, que le ministre de la marine avait mis à la disposition du comité français de l'Association africaine, commença par fonder sur la Passa une station française, scientifique et hospitalière, Franceville, située à 815 kilomètres du Gabon et 120 kilomètres du point où l'Alima commence à être navigable. La station de Fran-

---

[1] Extrait d'une lettre de Malamine à M. de Brazza, que M. de Brazza nous a communiquée :
« Après, M. Gérard (Guiral) est venu me dire de venir avec lui, que M. Mizon ne peut pas venir au poste et de laisser le poste là. Nous sommes partis et le restant des marchandises, nous l'avons donné aux chefs. M. a passé par la rivière pour aller chez Makoko, et nous, nous avons pris le chemin de terre pour nous y rendre. M. Gérard (Guiral) a été dire à M. Stanley qu'il en peut faire ce qu'il veut et nous sommes rendus à Franceville, et nous avons trouvé M. Mizon...
[2] En récompense de ses services, le sergent Malamine reçut la médaille militaire le 8 avril 1883. Voici le libellé de sa nomination : « Malamine, tirailleur indigène au corps des tirailleurs sénégalais, deux ans de services ; services exceptionnels ; est resté fidèle à la garde de notre pavillon à Brazzaville, jusqu'au moment où il a été relevé de ce poste.

ceville est pourvue de maisons, de magasins, d'un dépôt de marchandises, d'armes, de munitions et de bétail : une factorerie s'y est installée. Elle offre, à l'abri du drapeau français, un refuge respecté aux noirs qui se soustraient à l'esclavage.

M. de Brazza se proposait de descendre l'Alima sur une chaloupe à vapeur. Celle-ci n'étant pas arrivée à temps, M. de Brazza se dirigea vers la rive droite de Stanley-Pool, par le pays des Batékés, parcourant ainsi une distance d'environ 500 kilomètres. Le roi Makoko, suzerain du pays des Batékés, dont le pouvoir s'étend sur la rive droite de Stanley-Pool, de la rivière Lefini à la rivière Djoué, demandait, à la date du 10 septembre 1880, la protection du pavillon français. Il signait un traité aux termes duquel il plaçait ses États sous la protection de la France et nous concédait un territoire à notre choix pour l'établissement d'un village qui ouvrirait aux Français une nouvelle route d'accès dans la contrée. Une seconde convention, signée le 3 octobre 1880, ratifiait la prise de possession faite par M. de Brazza, au nom de la France, du territoire compris entre la rivière de Djoué et Impila.

En présence des principaux chefs vassaux du roi Makoko, le pavillon français était arboré à Okila, à peu de distance de Ntamo. C'est à cette dernière station que la Société de géographie, interprète des sentiments de la reconnaissance nationale, a donné le nom de Brazzaville. (Très bien ! très bien !)

Le territoire choisi par M. de Brazza immédiatement au-dessus des dernières cataractes qui coupent le cours inférieur du Congo est admirablement situé. C'est seulement sur la partie du terrain concédé que peuvent déboucher sur le Congo les grandes voies de communication qu'on voudrait établir par la suite, sur la rive droite, pour relier le fleuve à l'Atlantique. Le projet de loi dont nous sommes saisis a pour but de ratifier la cession faite à la France de ce territoire. En accueillant par d'unanimes applaudissements, dans la séance du 18 novembre, la lecture de ce projet de loi, vous avez marqué tout le prix que vous attachez à une prompte ratification des conventions dont vous nous avez confié l'examen.

Votre commission, Messieurs, est unanime à vous proposer de voter le projet de loi. Elle estime que la ratification du traité offre des avantages considérables et ne présente aucun inconvénient sérieux.

Il est à considérer que la convention soumise à votre approbation n'est pas le résultat d'une action militaire. C'est librement, de leur propre gré, que les chefs indigènes ont demandé la protection du pavillon français. On peut dire que ce sont les avantages qu'ils espèrent tirer de notre présence qui les ont engagés à se placer sous la protection de la France. (Très bien ! très bien !)

Il a suffi du brave sergent Malamine et de trois hommes laissés par M. de Brazza à la garde du pavillon pour assurer l'exécution du traité par les indigènes. Aucune complication prochaine n'est donc à prévoir de ce côté. On n'en saurait prévoir davantage de la part des nations européennes, par la double raison que, d'un côté, nous sommes incontestablement les premiers occupants et que, de l'autre, notre organisation coloniale, éminemment libérale, assure au commerce de toutes les nations la même liberté, les mêmes avantages qu'à notre propre commerce, partout où flotte le pavillon français. (Très bien ! — Applaudissements.)

Il faut d'autant plus écarter l'éventualité de toutes difficultés de ce genre que, ni dans l'esprit de votre commission, ni dans les vues du Gouvernement, il ne s'agit en ce moment d'aller sur les rives du Congo ou sur le littoral voisin, avec un appareil militaire, mais simplement de fonder des stations scientifiques, hospitalières et commerciales, sans autres forces militaires que celles strictement nécessaires à la protection des établissements qui seront successivement créés. C'est au caractère pacifique qu'il a su donner à sa mission que M. de Brazza doit l'accueil bienveillant qu'il a reçu des populations indigènes. (Très bien très bien !)

Nous voulons, et vous voudrez avec nous, conserver à notre occupation ce même caractère. Il importe au développement de notre influence dans ces régions éloignées que la France apparaisse aux populations de l'Afrique centrale, non comme une puissance conquérante, mais comme une nation commerçante, cherchant bien moins à étendre sa domination que ses débouchés commerciaux et son influence civilisatrice. (Très bien ! très bien !)

Si la ratification du traité qui vous est soumis ne semble devoir faire naître aucune complication sérieuse, ses avantages sont considérables. En effet, le territoire qui nous est cédé est en quelque sorte la clef du Congo, cette magnifique voie navigable qui, depuis le pays d'Ouregga, à l'Ouest des grands lacs africains, jusqu'à l'Atlantique, se déroule sur un parcours d'environ 5,000 kilomètres, arrosant une contrée admirablement fertile.

Notre commerce trouvera le caoutchouc, la gomme, la cire, les graines oléagineuses, les pelleteries, l'ivoire, les métaux et les bois précieux ; notre industrie, des débouchés nouveaux pour ses produits, à mesure que les millions d'hommes qui habitent sur les bords de cet incomparable fleuve naîtront à la civilisation.

Cet immense mouvement commercial, dont on peut à peine entrevoir l'avenir et dont on ne saurait dès aujourd'hui mesurer l'étendue, se développera certainement au profit de ceux qui, les premiers, auront pénétré dans ces régions à peine entr'ouvertes au commerce du monde. (Très bien ! très bien !)

La France, plus voisine de l'Afrique que la plupart des autres nations, plus directement intéressée qu'elles à l'avenir de ce continent par ses possessions de l'Algérie, du Sénégal, du Gabon, par les nombreux comptoirs qu'elle possède sur la côte occidentale, méconnaîtrait gravement ses intérêts les plus certains si elle se laissait devancer dans le mouvement qui entraîne le monde civilisé vers ces régions hier encore mystérieuses.

Il faut, Messieurs, rendre hommage aux pionniers qui ont su, au mépris des fatigues et des périls, ouvrir des routes nouvelles à la civilisation, de nouveaux débouchés au travail national. (Nouvelles marques d'approbation.) Nous devons, au nom de la patrie, remercier MM. Savorgnan de Brazza, le docteur Ballay, son compagnon dans les deux premières expéditions. (Applaudissements unanimes.)

Il appartient aux pouvoirs publics de ne pas laisser compromettre, par des hésitations, par des faiblesses que rien ne justifierait, les bénéfices de ces conquêtes pacifiques.

C'est à l'abri de ces considérations que nous avons l'honneur de vous demander de voter le projet de loi que le Gouvernement vous a présenté. (Nouveaux applaudissements.)

Le 28 décembre 1882, la Chambre des députés adoptait, par 441 voix contre 3, un projet de loi portant ouverture d'un crédit de 1,275,000 fr. destiné à subvenir aux dépenses « de la mission de M. Savorgnan de Brazza dans l'Ouest africain [1] » et, le 31 décembre, l'avant-garde d'une nouvelle expédition, commandée par M. Rigail de Lastours, se mettait en route pour le Gabon, où elle arrivait dans les derniers jours de janvier 1883.

Dans la séance d'ouverture du Congrès géographique de Douai, le 26 août 1882, M. de Lesseps, après avoir fait allusion aux chemins de fer du Sénégal, prononça les paroles suivantes :

Allons plus au Sud et, dans une sorte de symétrie avec le Sénégal et le Niger, nous rencontrons l'Ogôoué et le Congo. Là aussi, nous trouvons un homme tenace et résolu à assurer à la France un champ digne d'elle sur les rives du Congo. Là, M. de Brazza, vous l'avez tous nommé, est à l'œuvre. Au moment où je vous parle, il doit être en route pour le grand fleuve, dont les indigènes riverains reverront sans doute avec joie un explorateur qui fut toujours vis-à-vis d'eux plein de justice et d'humanité.

On parle de difficultés possibles entre M. de Brazza et M. Stanley. Le caractère de la situation a été, je crois, fort exagéré. N'oublions pas qu'à l'origine de l'entreprise à laquelle M. Stanley consacre son énergie, se trouve l'œuvre de Sa Majesté le roi des Belges, constituée dans le but d'épargner aux voyageurs de toutes les nations une partie des périls de leur mission. Le généreux fondateur de l'Association internationale africaine fera certainement tout ce qui dépendra de lui pour établir de bons rapports entre deux des plus illustres parmi les pionniers de la civilisation et de la science.

D'autre part, M. de Brazza ne saurait démentir par ses actes les paroles qu'il a prononcées au dernier banquet de la Société de géographie en recevant un drapeau français des mains de ses collègues en exploration. « Là où

---

[1] Le but de la mission est de reprendre l'exploration au point où elle a été laissée et d'assurer par la fondation de stations et de postes le maintien de la situation déjà acquise en même temps que le libre parcours des deux voies de l'Ogôoué et du Niari. L'entreprise de Brazza est placée sous le patronage des ministères des affaires étrangères et de l'Instruction publique. La seule dépense inscrite au budget de la marine est celle du transport 230,000 fr.).

j'aurai mission, a-t-il dit, de porter le drapeau que vous me remettez, il sera un signe de paix, de science et de commerce ; il sera humain et compatissant avec les faibles, et courtois mais fier avec les forts. »

Soyons donc patients ; ne comptons pas qu'en des conditions comme celles où se trouve actuellement l'Afrique équatoriale, l'évolution, les progrès puissent être très rapides. N'oublions pas aussi que nous devons tous les égards possibles aux droits de nos amis les Portugais sur certaines parties des bords du Congo.

Nous ne saurions inscrire une meilleure épigraphe sur la première page de ce livre, qui n'est qu'un recueil de documents, reproduits tels qu'ils ont été publiés par le Ministère de la marine.

Les matières ont été réparties en trois grands chapitres, comprenant :

1° Les pièces relatives au premier voyage de Brazza et à l'exploration de l'Ogôoué ;

2° Les pièces relatives au deuxième voyage et à l'établissement d'une station française à Stanley-Pool ;

3° Les relations des voyages accomplis par les missionnaires français et anglais, de l'embouchure du Congo à Stanley-Pool, pendant le temps où Malamine résida près du roi Makoko pour garder le pavillon français [1].

Une introduction historique et une notice sur les missions du Congo ont été jointes à nos documents, auxquels elles peuvent servir de commentaire. On trouvera, à la fin du volume, une table alphabétique des matières et une carte précieuse, que nous devons à l'obligeance de M. Maunoir, secrétaire général de la Société de géographie.

---

[1] Les RR. PP. de la Congrégation du Saint-Esprit nous ont gracieusement autorisés à reproduire la relation du P. Augouard et le secrétaire général de la Société *Baptist*, M. Baynes, a bien voulu nous permettre de traduire et de publier les journaux de MM. Bentley et Crudgington. Nous ne donnons ici que le journal de M. Bentley, mais nous avons trouvé dans celui de M. Crudgington, la matière de quelques notes.

INTRODUCTION

LA GUINÉE, LE CONGO ET LE COMMERCE FRANÇAIS AU XVIIIᵉ SIÈCLE.

I.

Premiers établissements français. — Compagnies de commerce, leur création et leur décadence. — Observations du chevalier de Clerville. — Liberté du commerce de la Guinée.

Ce serait dans la seconde moitié du xivᵉ siècle que, selon certaines probabilités et certaines conjectures, il faudrait placer les premières entreprises des Français sur les côtes occidentales de l'Afrique. Nous n'entrerons point dans le débat que pourrait soulever cette proposition contestée d'un côté et soutenue de l'autre avec une égale vivacité. Quoi qu'il en soit, il est hors de doute que les marins de Normandie entretenaient des relations régulières avec le littoral africain au temps de François Iᵉʳ. Le trafic de ces parages n'avait pu échapper à l'action des marchands de Rouen, unis à ceux de Dieppe, toujours engagés avec ardeur dans les courses lointaines. Les documents des tabellionages de la Haute-Normandie nous ont conservé le souvenir des armements faits à Rouen pour la côte de Guinée en 1541 et 1543. On a même le nom des navires qui visitaient régulièrement cette région : c'étaient les nefs la *Perrine*, la *Madeleine*, la *Grande-Martine*, l'*Espérance*, le *Français*, la *Catherine*, équipées par des marchands qui tenaient dans le commerce rouennais le rang le plus élevé. Gens essentiellement trafiquants et par goût et par nécessité, ces négociants faisaient preuve d'une sollicitude extrême pour le grand commerce, pour le commerce au dehors. Sous ce rapport, on n'était jamais obligé de les presser. Viennent les guerres de religion; cette période de troubles suspendra pour plusieurs années les efforts de la France et la jettera dans les misères de la guerre civile. Cependant au milieu des soucis de cette époque, de 1546 à 1595, les armateurs expédieront les navires la *Salamandre*, la *Mulle*, la *Bonne-Aventure*, la *Prumerolle* visiter le cap des Trois-Pointes, les côtes de la Guinée méridionale et celles du royaume d'Angola[1].

L'élan ainsi donné en Normandie et en Bretagne résista aux troubles civils. Sous Henri IV, comme sous la régence qui suivit, on constate la même activité dans les armements, la même ardeur parmi les marins. Ceux-ci, on les rencontre dans l'Inde, au pays des épices, au Brésil, sur les côtes des futurs États-Unis, en Afrique. On ne nie guère que leurs entreprises, quel qu'en ait été le nombre, n'étaient que des voyages de trafic, des expéditions aux comptoirs européens, des campagnes de découvertes : pas un essai sérieux de colonisation n'avait été tenté. Sur un point de la côte africaine, le plus souvent à l'embouchure d'une rivière, quelquefois dans les îles semées aux bords de l'Océan, le marchand entreposait les objets manufacturés en Europe demandés par les noirs; sur ce même point aboutissaient, par la voie du désert, les denrées indigènes. Un lieu d'échange, un marché, un centre commercial se formait, mais sa durée était temporaire. L'arrivée du navire européen l'avait créé; son départ entraînait sa destruction ; les trafiquants se portaient sur un autre point quelconque de la côte, ou s'enfonçaient dans les profondeurs du continent. Pour développer ce commerce, on sait comment, à l'époque où Richelieu porta son attention sur les colonies, l'idée de recourir à l'association prévalut. Les efforts du ministre se portèrent sur l'organisation de grandes compagnies de commerce. Il voulut obliger les marchands à y entrer; il leur donnait d'importants privilèges, tels que le monopole de la navigation, le monopole perpétuel ou temporaire des échanges, le concours pécuniaire de l'État, la protection des escadres, la franchise d'impôts dans certains ports, enfin la concession des territoires colonisés. Comme on le verra, l'expérience eut lieu; elle ne donna que les résultats les plus médiocres. Dans des spéculations où l'esprit d'initiative, d'indépendance, de liberté avait réalisé pendant un siècle environ de notables bénéfices, les compagnies exclusives n'éprouvèrent que mécomptes. Cela tint au système de protection qui les maintenait pour ainsi dire en tutelle. La centralisation, l'influence administrative éteignirent la prospérité que l'indépendance absolue avait prolongée.

---

[1] Gosselin, *Glanes normandes*.

La preuve en est dans le sort de chacune des sociétés auxquelles fut dévolu l'entier domaine des côtes d'Afrique et dont nous allons rapidement parler.

Ainsi qu'il a été dit, les marchands de Rouen et de Dieppe avaient pratiqué le commerce avec la région africaine depuis plus d'un siècle[1]. La première compagnie qui s'était formée parmi eux n'avait été qu'une simple corporation de négociants. Elle était connue sous la dénomination de Compagnie du Sénégal et côtes d'Afrique. Sans lettres patentes, sans concessions personnelles, sans faveurs, cette société avait fondé le comptoir de Saint-Louis, à l'embouchure du Sénégal, dans un îlot formé par le fleuve qui se jette aujourd'hui à six kilomètres plus loin. Elle le fit administrer pendant près de quarante années, de 1626 à 1664, par des directeurs de son choix; grâce à leur intelligence, à leur activité, il ne cessa de grandir. Le trait qui caractérise cette première société, ce qui la distingue absolument des compagnies qui lui ont succédé, c'est l'indépendance, c'est la liberté, c'est le côté pratique vers lequel elle était tournée de préférence. Ce que l'on connaît de ses efforts permet d'affirmer que le comptoir de Saint-Louis lui donna des profits considérables, parce qu'elle fit simplement usage de ses propres forces, parce que l'élément administratif n'y était pas prépondérant, parce qu'enfin associés et directeurs y étaient unis d'action et d'intérêts. L'édit du mois de mai 1664 eut pour premier effet d'étouffer l'effort de ce commerce librement poursuivi. Après que l'ardeur de ce négoce, de cette industrie, de ces voyages fut éteinte, les compagnies exclusives ne purent la faire revivre. Pour qu'elle revînt un peu à la lumière cinquante-deux années plus tard, il fallut l'abolition du monopole et des concessions privilégiées.

En 1664, il se forma à Paris, sous les auspices de Colbert, une association qui se donna pour mission d'exploiter le commerce colonial; elle disposait d'un fonds capital de sept millions de livres et de privilèges étendus. C'était la Compagnie occidentale d'Afrique, créée avec un grand retentissement. Elle avait obtenu la faculté de faire exclusivement pendant quarante années le trafic dans les Indes occidentales, à Cayenne et sur la terre ferme d'Amérique, de la rivière de l'Amazone à l'Orénoque, au Canada, dans l'Acadie, aux îles de Terre-

---

[1] Les sources des paragraphes qui suivent sont le *Dictionnaire* de Savary (tome V) et une *Histoire des compagnies de commerce (1626-1749)*, manuscrit in-fol. appartenant aux Archives de la marine.

Neuve et autres terres depuis le Nord du Canada jusqu'à la Virginie et la Floride, en y comprenant également toute la côte d'Afrique. Qu'il nous soit permis d'ajouter, en passant, qu'il nous reste peu de chose de tous ces domaines que nos pères avaient découverts ou conquis et peuplés dans le Nouveau-Monde, de tout cet héritage qu'ils nous avaient préparé. La nouvelle compagnie se proposa d'établir en Afrique le centre de ses opérations et elle jeta les yeux sur l'établissement de Saint-Louis. L'achat de ce comptoir était pour elle nécessaire autant que naturel, si elle voulait se fixer solidement sur la côte. Mais les premiers occupants, gens qui s'étaient élevés par leur mérite, qui s'étaient enrichis par leur travail, marquèrent plus d'exigences qu'on ne l'avait prévu. On ne pouvait d'ailleurs contester combien ils s'étaient assis sur le littoral d'une manière avantageuse; on était contraint de reconnaître l'importance de l'habitation principale, laquelle consistait en plusieurs bâtiments, tours, tourelles, forts, jardins et enclos, situés tant sur l'île de la rive droite du fleuve qu'à Gorée, Ruffisque et Joal. Inébranlables dans leurs prétentions, les négociants de Rouen obtinrent comme prix de la cession du comptoir de Saint-Louis une somme de 150,000 livres tournois par contrat du 28 novembre 1664. Longtemps on avait dit que par la seule force des capitaux le commerce s'établirait sur le sol africain, que le principal intérêt pour lui était d'avoir de l'argent en quantité suffisante, qu'une association vaincrait avec ses ressources personnelles les difficultés et les embarras qui retombaient trop lourdement sur les sociétés privées; enfin que c'était le seul moyen de susciter aux Hollandais une concurrence sérieuse sur un point où ils paraissaient inexpugnables. Mais il n'est pas un seul des principes alors conçus qui ait tenu ce qu'il promettait. Les mesures restrictives et les privilèges compromirent l'œuvre patiente, commencée par l'initiative privée. La Compagnie des Indes occidentales était à peine établie depuis dix ans qu'un arrêt du Conseil (9 avril 1672) la révoquait, c'est-à-dire l'obligeait à céder ses comptoirs. Elle les vendit à trois particuliers moyennant le prix de 78,000 livres.

Une nouvelle compagnie s'était formée sous le nom de Compagnie du Sénégal, laquelle avait obtenu, par lettre du 8 novembre 1673, le privilège de négocier exclusivement depuis le cap Blanc jusqu'au cap de Bonne-Espérance. Elle fut supprimée au mois de décembre de l'année suivante. Par l'édit de suppression, le roi se chargea de l'administration des côtes d'Afrique. Toutefois, les anciens intéressés protestèrent contre l'édit, et, malgré la révocation, ils continuèrent leurs spéculations commerciales. Mais les épreuves ne leur manquèrent pas. En dépit des arrêtés et des lettres patentes (mars et juin 1679) qui confirmèrent les premières concessions, ils ne purent équiper assez de vaisseaux, ni fournir les fonds suffisants pour soutenir les dépenses nécessaires à la traite du Sénégal et au commerce de la poudre d'or sur une étendue de 1,500 lieues de côtes. Ruinée par les pertes éprouvées durant la guerre contre la Hollande — au cours de laquelle nous avions d'ailleurs pris les comptoirs de Gorée, Ruffisque, Portudal et Joal, — la Compagnie du Sénégal se vit réduite à céder ses établissements. Au mois de juillet 1681, une nouvelle société, qui prit le nom de Compagnie du Sénégal, côte de Guinée et d'Afrique, les lui acheta au prix de 1 million 10,000 livres tournois environ. Les encouragements dont cette dernière fut l'objet[1] demeurèrent impuissants à lui assurer une longue existence. Cependant on crut la sauver en limitant l'étendue de sa concession. Ses affaires n'en devinrent pas meilleures. Les associés perdirent leurs fonds et ils cédèrent leurs droits à une autre société, où entrèrent les plus riches marchands de Rouen, en 1696. Ce fut la Compagnie royale du Sénégal, qui fit d'assez bonnes opérations, construisit le fort Saint-Joseph, près de Dramané, en 1699, et subsista jusqu'en 1709. A cette date, la plus triste de la guerre de la succession d'Espagne, elle fut contrainte, par autorité royale, de vendre son monopole pour la somme de 240,000 livres. Quelques années plus tard, privilèges et matériel furent achetés par la Compagnie d'Occident que Law avait fondée au mois d'août 1717 et qui devint la Compagnie des Indes (édit de mai 1719), laquelle embrassait à peu près tout le commerce maritime de la France, dans les mers des Indes, sur les côtes de l'Océan africain, sur les côtes de la Barbarie et en Louisiane. Ce monopole, de proportions colossales, la maintint durant cinquante années environ, jusqu'en 1769, année où un arrêt du 13 août mit fin à ses entreprises et ouvrit à tous les négociants le commerce de l'Orient[2].

En résumé, aucune des grandes compagnies commerciales, dont il vient d'être parlé, n'avait joui d'une prospérité sans mélange. Soutenues au premier jour par les privilèges, elles avaient décliné peu à peu, elles avaient langui, elles s'étaient éteintes, écrasées sous le poids

---

[1] Arrêts des 12 septembre 1684 et 6 janvier 1685.
[2] *Encycl. méth.*, t. II, p. 568 et 595.

d'une réglementation tyrannique. Ce dont ces sociétés auraient eu surtout besoin et ce dont elles avaient été privées, c'était de liberté. A la fin du règne de Louis XIV, époque de décadence pour l'industrie et le commerce, ce principe de la liberté commerciale méconnu par l'État était néanmoins proclamé par des cités d'où la richesse n'avait pas disparu, mais où avaient pénétré la défiance et le découragement. Pour relever le trafic extérieur, écrivait un intendant, le plus grand secret est de laisser toute liberté au commerce. Trois choses paraissent opposées aux progrès du commerce et de la navigation, disait le député de Dunkerque, et il citait les compagnies exclusives et les privilèges de quelques villes et ports. Les députés de Nantes et de La Rochelle ajoutaient, dans le même esprit, que la liberté est l'âme et l'élément du commerce, qu'elle excite le génie et l'application des négociants, qu'afin que le peuple vive avec aisance il faut ouvrir les ports et la liberté aux étrangers[1]. Le commerce colonial était-il donc devenu si stérile qu'il fallût renoncer à en exploiter le champ pour laisser, en désespoir de cause, tout le bénéfice aux Pays-Bas et à la Grande-Bretagne? On voulut connaître à quelles considérations les armateurs cédaient en se désintéressant des opérations coloniales. Ce qui, d'ailleurs, eût prouvé à défaut d'enquête que le temps des grandes compagnies commerciales n'avait pas constitué une période florissante, c'est que la traite des marchandises tirées des comptoirs africains ne s'était pas élevée à plus de 500,000 livres en gommes, ivoire et cuirs. En ce moment, vers 1716, les produits divers, sans désignation d'espèces, exportés de France par les compagnies du Sénégal et de la Guinée étaient évalués en masse à 650,000 livres.

Pour étudier l'état du commerce extérieur dans le Nord de la France et recueillir les doléances des marchands sur les côtes de la Flandre, de la Picardie et de la Normandie, le choix de la cour tomba sur le chevalier de Clerville. C'est dans les mémoires qu'il adressa au ministre de la marine que nous chercherons les détails relatifs à ce commerce[2]. Il visita Dunkerque, Calais, Boulogne, Abbeville, le Tréport, Dieppe et les ports du Havre, de Rouen et de Honfleur, où s'étaient jadis formées les associations dont une, un beau jour, s'était entendue pour enrichir la patrie d'un territoire aussi grand que la patrie elle-même. Nous voulons parler du Canada. En 1608, les capitaines et les navires mis à

---

[1] *Corresp. des contrôleurs généraux*, p. 55 et 259, nos 306, 987.
[2] Voy. aux Archives de la marine le fonds du service général, Commerce, 1701.

la disposition de Champlain par les armateurs de Rouen et de Honfleur avaient permis à cet illustre colonisateur d'entreprendre le second voyage au cours duquel il fonda Québec. Des documents cités plus haut, nous retiendrons une suite d'observations qui ont leur intérêt.

A Dieppe, le chevalier de Clerville trouva le commerce tellement anéanti par l'excès du régime fiscal, que de douze ou quinze navires qui auparavant faisaient voile chaque année pour l'Amérique, il n'y en avait plus qu'un ou deux et le plus souvent point. Le port était également fort détérioré. On comptait dans la ville 167 négociants qui trafiquaient avec les Antilles. Mais il ne leur restait que 24 navires, depuis 100 jusqu'à 350 tonneaux, du nombre de 120 qu'ils avaient eu dans leur port. Ils restaient néanmoins les gens de tout le royaume les mieux intentionnés pour les voyages de long cours. Si le commerce de Dieppe avait périclité, cela tenait aux droits d'entrée et de sortie réclamés par le domaine d'Occident, c'est-à-dire aux droits imposés sur les importations d'Amérique, et en outre au monopole des tabacs. On constatait, comme un fait incontestable, que l'excès des droits joint à l'âpreté des traitants, plus redoutables pour le commerce que les tempêtes et les pirates, disait Boisguilbert, détournait au profit de Flessingue le courant commercial. De sorte qu'il était prouvé que les sucres, le coton, l'indigo expédiés des Antilles prenaient la route de la Hollande avant de parvenir à Paris. De même il est établi que, de nos jours, Anvers et Hambourg viennent, dans tous nos départements de l'Ouest, faire concurrence au port du Havre pour l'importation et l'exportation de certains produits.

Au Havre-de-Grâce, le chevalier de Clerville nous montre un port en mauvais état, réclamant de nombreuses améliorations; celles-ci étaient en projet. Quant au commerce maritime, les habitants représentèrent que, leur ville étant petite, ils n'avaient jamais eu le moyen ni la force d'y pouvoir introduire un grand négoce et que, partant, il ne la fallait regarder, non plus que leur port, que comme un entrepôt du commerce qui se faisait en la place de Rouen. Les gens qui s'y livraient au trafic, disaient-ils, ne sont point des marchands mais des facteurs, des administrateurs de l'argent que les bourgeois de Paris et d'ailleurs mettent à la grosse aventure. Par eux-mêmes, ils n'avaient pas de fonds suffisants pour mettre plus de quinze navires à la mer pour la pêche des morues qui était alors le seul objet de leur navigation. Toutefois, à l'aide de l'argent qui leur avait été confié, ils avaient pu équiper 92 navires pour cette pêche, dont 40 avaient été construits depuis la paix.

La ville de Rouen, d'après le même mémoire, était l'une des plus fameuses écoles où l'on se pouvait instruire de tout ce qui regarde le commerce. Il s'y trouvait des négociants aussi éclairés qu'il en pouvait être dans le reste du royaume. Aussi le chevalier de Clerville, après s'être abouché avec eux, les convia-t-il à former des compagnies pour le commerce étranger, les plus fortes et les plus puissantes qu'il se pourrait. Mais le sort des compagnies privilégiées n'était pas et ne pouvait être ignoré des Rouennais ; leur zèle pour ces associations en était diminué, et tout en usant de réserves, ils se déclarèrent absolument opposés aux compagnies exclusives, c'est-à-dire au monopole. Ces négociants soutenaient, avec l'autorité qui appartiendrait de nos jours aux chambres de commerce, que non seulement les grandes compagnies n'étaient pas nécessaires, mais qu'elles étaient même contraires aux intérêts des échanges. Par un remarquable esprit libéral bien fait pour étonner lorsqu'on songe aux systèmes qui avaient cours alors en matière d'économie sociale, les marchands de Rouen proclamaient que le commerce veut en France être indépendant aussi bien que libre, qu'il exige la concurrence, qu'il est de son essence que chacun selon son dessein puisse supplanter son voisin par son industrie. Or, qu'est-ce que cela, sinon les principes libéraux que la fin du siècle verra appliquer ? Qu'est-ce encore, sinon le désir de rompre les entraves apportées aux échanges par le monopole ? Lorsqu'au mois de janvier 1776, Turgot supprima les jurandes et les corporations, il ne fit pas valoir d'autres raisons. En définitive, l'appel ne fut pas entendu et le chevalier de Clerville, après avoir longuement négocié avec les bourgeois de Rouen, et ne pouvant les convaincre, ne persista point dans ses projets. La cause des puissantes associations, des privilèges et du monopole était irrémédiablement perdue, au moins en ce qui concernait le trafic africain. En effet, en 1716, on rendit à tous les négociants des ports de mer la liberté du commerce de la Guinée, depuis la rivière de Sierra-Leone inclusivement jusqu'au cap de Bonne-Espérance : les denrées prohibées et utiles aux cargaisons pour la côte jouirent de la faculté de l'entrepôt, celles de France d'une franchise absolue à la sortie et les retours d'Amérique de l'exemption d'une moitié des droits. C'est ainsi qu'on trouva de grands avantages à substituer la prime d'encouragement aux concessions de privilèges qui entravaient la liberté du commerce. Les derniers encouragements donnés aux colonies et aux armateurs furent réglés par un arrêt du Conseil d'État du 26 octobre

1784 ; les dispositions qu'il édictait demeurèrent en pratique jusqu'à l'époque de la Révolution. L'Assemblée nationale rendit le décret du 18 janvier 1791, relatif à la liberté du commerce, lequel fut converti en loi le 23 janvier suivant. Mais les événements politiques et les guerres qui suivirent, en arrêtant l'activité des armateurs, brisèrent les relations de nos ports avec les marchés africains. Ces relations s'étaient agrandies ; il semblait qu'il y eût là un grand centre commercial à développer. Telle était la conviction profonde des députés au bureau du commerce et celle des principaux négociants du Havre et de Nantes quelques années avant la Révolution. Grâce aux explorations modernes de l'Afrique équatoriale, grâce aux laborieuses expéditions de M. de Brazza, on est autorisé à penser que notre époque verra à l'œuvre de nouvelles entreprises de colonisation pour lesquelles, en définitive, nous sommes aussi bien faits que d'autres.

II.

Comptoirs et factoreries françaises sur la côte occidentale d'Afrique.
Histoire de l'établissement Marion-Brillantais sur le Niger.

En 1785, dans quelle mesure la France prenait-elle part au commerce africain, quels étaient les points du littoral fréquentés par son pavillon ? Tel sera le double objet des pages suivantes. Le commerce que les Européens exerçaient sur les côtes occidentales d'Afrique s'étendait depuis Salé dans l'empire du Maroc jusqu'au cap de Bonne-Espérance, mais ce n'était, à proprement parler, qu'après avoir passé le tropique du Cancer, à compter des rochers blancs du cap dans l'anse duquel se trouvaient les salines d'Arguin, que les navires français faisaient escale. L'étendue de la concession pour la traite des marchandises et des esclaves sur ces côtes était divisée en deux parties qui avaient entraîné la double dénomination de *commerce du Sénégal* pour celui qui s'exerçait depuis ce fleuve jusqu'à la rivière de Gambie, de *commerce de Guinée* pour le trafic qui s'exerçait depuis Sierra-Leone jusqu'au cap de Bonne-Espérance. C'est de cette dernière région qu'il sera plus particulièrement question dans la suite.

Nous passerons sous silence le Sénégal rangé au nombre de nos colonies et les points principaux qui s'y rattachent : l'île de Gorée protégée par le cap Vert, Ruffisque dans un renfoncement de la côte, plus bas Portudal et Joal, Dakar, la tour de Kaolakh sur le Saloun, les îles de Djogué, de Carabane, de Guimbéring à l'entrée du fleuve Casamance. Sur cette partie du littoral, la France a possédé jadis d'autres comptoirs : Gambie, par exemple, où M. de La Jaille, commandant la *Bayonnaise*, s'était fait céder, en 1785, le terrain nécessaire à un établissement. En ce moment, sur l'île de Gambie, les Français étaient les maîtres de la traite ; c'était un sieur Ancel[1], du Havre, qui y servait de principal facteur et son action était prépondérante à ce point, que les correspondances commerciales ne désignaient plus l'île de Gambie que sous le nom d'île Ancel. Albreda, dans le royaume de Bar, était également un comptoir français avant la guerre de 1778. Dans l'île Bissao, la Compagnie des Indes possédait un fort. Mais ces établissements ont disparu ou ont passé en d'autres mains depuis le traité de Versailles conclu en 1783[2]. Franchissons donc les limites de la Haute-Guinée, la côte de Sierra-Leone où l'on rencontre les embouchures des principales rivières qui, pendant deux ou trois siècles, servirent de débouché à la traite des nègres ; arrivons vers Free-Town, au point où le rivage change de nom et où était fixée la limite du partage fait en 1685 entre l'ancienne Compagnie du Sénégal et la nouvelle Compagnie de Guinée.

Sur la côte des Graines ou côte de la Malaguette, du nom d'une espèce de poivre très recherchée jadis, les Français commençaient ordinairement leur trafic à la rivière des Gallines, — le rio das Gallinhas des Portugais, — qui tirait sa dénomination de la quantité de volailles dont ses bords étaient remplis, — quantité si grande que les nègres donnaient deux ou trois poules pour un couteau d'un sou. De cette rivière, on tirait des cuirs secs et des dents d'éléphant. La rivière Maguiba, qui coule un peu plus loin sur la même côte, les nombreux villages échelonnés jusqu'au cap Monte ou Mount, offraient d'assez bons endroits pour le négoce du morfil, de la civette et de l'ambre gris. Au cap Monte, en 1666, le roi du pays assurait à Villault de Bellefonds que nous avions eu de grands établissements dans son royaume et que

---

[1] Vers la même époque, un autre Français avait su se créer une situation supérieure dans l'île du Prince où les vaisseaux portugais faisaient escale et apportaient les diamants du Brésil. C'était M. Bapst, correspondant de la maison Sénat, de Bordeaux, lequel devint plus tard courtier de commerce à Paris. En 1785, la maison Henry, Romberg, Bapst et C.ᵉ, de Bordeaux, armait pour la côte d'Afrique.

[2] Toutefois, nous devons dire qu'aujourd'hui trois établissements français existent à Boulam, le principal lieu d'échange des îles Bissagos, et que dans la région de Casamance et de Gambie notre commerce est largement représenté par des maisons de Bordeaux et de Marseille.

dans ses États notre pavillon serait toujours bien vu de préférence à d'autres. En 1724, selon le chevalier Des Marchais, officier distingué auquel on doit une description des côtes de la Guinée supérieure qui reste un document de premier ordre [1], le chef de la même contrée, ses femmes et particulièrement ses filles faisaient un usage journalier de la langue française, tenaient à honneur de la parler et témoignaient n'aimer que les Français. D'autres voyageurs rapportent que les habitants sont d'un naturel doux et sociable. C'est sur cette côte que les Normands, émules de leurs voisins dans le champ des explorations maritimes, avaient créé un trafic régulier ; la compagnie de marchands rouennais dont nous avons parlé y avait une factorerie en 1626. Plus tard, lorsque la puissante Compagnie des Indes envoya ses vaisseaux au cap Monte, en 1726 et 1729, les officiers y trouvèrent encore vivant le souvenir de notre langue. Sur ce point, on achetait beaucoup d'ivoire, des peaux de lions, de panthères, de tigres. On y traitait aussi de l'or apporté de l'intérieur par les marchands mandingues. Nos marins jetaient l'ancre à l'embouchure de la rivière Mesurado, autrement dite rivière de Saint-Paul, ou près de la rivière de Junko. Entre ces deux cours d'eau, les Français rencontraient l'accueil le meilleur. On attendait impatiemment leur arrivée ; les indigènes encombraient de fruits leurs chaloupes et ils s'efforçaient de les retenir. En 1724, lorsque le chevalier Des Marchais y séjourna, le roi de Mesurado vint lui présenter des cadeaux ; il le pressa de former un établissement sur la côte. Cet officier en choisit la situation sur le cap même et il pensait que les frais en auraient été d'autant moins considérables que le pays est fertile, que le bois de teinture y est commun et que la Compagnie de l'Assiento, dont il était l'agent, y aurait trouvé en abondance les bois de construction, la pierre et les vivres. En 1704, le bois tout coupé apporté au bord de la mer y valait moins de 15 sols la corde ; le quintal de riz était évalué à 40 sols. Tout cela payé en verroteries ou en toiles de coton blanches.

Nos marchands en suivant la côte visitaient Sanguin, touchaient au Petit-Sestre, au Grand-Sestre et aux villages voisins où, suivant d'anciens récits, les Dieppois se seraient établis au XIVe siècle. Aujourd'hui, sur la côte des Graines, peu fréquentée par les navires français, bien qu'elle soit exploitée avec avantage par ceux de la Grande-Bretagne et

---

[1] *Voyage du chevalier Des Marchais en Guinée et aux îles voisines*, publié par le P. Labat. Paris, 1730.

des États-Unis, les points les plus favorables aux opérations sont : Bassa, très visité de 1764 à 1778; Core, Grand-Buteau et Garroway. Si l'espèce de poivre dit poivre de Guinée ou Malaguette, qui formait la richesse de cette contrée, n'est plus estimé en Europe, on peut néanmoins recueillir presque sans frais sur tout le littoral l'ivoire brut, l'huile de palme, le bois de teinture nommé *camwood* et la pulpe de noix du palmier, qui forme un excellent engrais.

On s'accorde généralement à faire commencer la côte d'Ivoire ou des Dents au cap des Palmes, un des meilleurs pays de la Guinée. Les vaisseaux y rencontrent une bonne retraite contre les vents du Sud. De même que la côte dont elle est la suite, dans toute son étendue elle était bordée de villages et de hameaux situés à l'embouchure d'autant de rivières dont ces localités portent les noms. Au milieu du xviii° siècle, notre pavillon marchand flottait devant Tabou, le Grand-Drouin, la rivière Saint-André, où l'on traitait du plus bel ivoire du monde et que sa heureuse situation désignait pour l'établissement d'un comptoir français ; le cap Lahou, canton de toute la côte le plus favorable au commerce ; la petite rivière Jaque-Lahou, enfin les lagunes de Grand-Bassam et d'Assinie. Sur ces deux derniers points, depuis 1840, la France a fondé des comptoirs et leur situation paraît des plus prospères. Au Grand-Bassam, en 1875, une maison de La Rochelle y louait un poste; deux années plus tard, en 1877, une maison de Bordeaux essayait d'y créer une factorerie. Nous ignorons ce qu'il est advenu de ces tentatives. A Assinie, nous avions formé un établissement en 1701 ; il fut abandonné en 1705, de même que la demi-lieue en carré de terrain que M. de Flotte s'était fait céder au cap Lahou, en 1787, moyennant 200 onces en marchandises, soit une somme de 8,000 fr. environ. Aujourd'hui, l'établissement français d'Assinie est situé sur la rivière, en face de l'ancien qui portait le nom de fort Joinville. Il a été longtemps occupé par une maison de Nantes, mais depuis l'évacuation militaire de nos comptoirs africains, cet établissement aurait été loué à un négociant anglais. Par l'abandon de ces postes, il semblerait que la France se désintéresse de plus en plus d'une contrée où l'intérêt et les tendances des populations paraissent au contraire appeler fortement l'extension de nos rapports commerciaux avec elles. Ces dispositions amicales sont les mêmes dans tous les points de relâche de la côte. Dès que les indigènes de Grand-Bassam et d'Assinie connaissent l'arrivée d'un de nos navires chargé d'un assortiment d'objets de troque, c'est en foule que leurs pirogues, remplies de fruits, de volailles et d'oiseaux, viennent sans cesse à bord échanger leur cargaison et offrir la poudre d'or et l'huile. Les peuplades du littoral, on ne peut trop le répéter, se plaignent de ne pas voir plus souvent notre pavillon ; toutes demandent l'établissement de factoreries dans les lagunes. Les plaines de Dabon et d'Assinie se prêteraient à la culture du cotonnier qui y pousse à l'état sauvage. L'or y est très pur, l'ivoire y est apporté en abondance, la plus grande partie du pays est couverte de forêts dont les arbres, d'essences variées, sont propres à la construction, à la teinture, à l'ébénisterie ; il ne manque que des bras pour exploiter les richesses végétales de cette côte, sur laquelle la production de l'huile de palme pourrait être indéfinie. On a donc lieu de regretter l'éloignement des capitaux et le défaut d'esprit d'entreprise dans une région qui leur présente un vaste champ à cultiver et dont il n'est aucun point où nous ne puissions aller en toute sécurité avec notre pavillon.

Du cap Apollonia au Volta, nous sommes au milieu des anciens forts européens qui forment le premier plan de la côte d'Or, dénomination due à la richesse métallique du sol. De toutes les côtes d'Afrique, c'était celle qui était la plus fréquentée. Les Français ont été longtemps les seuls qui y eussent des établissements : à Takorai on voit encore les ruines d'un fort français ; au Petit-Commendo, où se tenait un marché célèbre, nous avions un comptoir dont les nègres montraient encore les débris sur une colline au xviiie siècle. Un siècle auparavant, on chercha à tirer parti des bonnes dispositions des rois indigènes à notre égard. En 1682 et en 1688, le comptoir établi par le commandant Du Casse fut pillé et ruiné après son départ. Plus loin est situé le principal comptoir de la côte d'Or, le château de la Mine ou Saint-Georges-de-la-Mine qui, selon d'anciens récits, est absolument l'œuvre des Normands. Puis viennent : Cap-Corse, où le commerce français fut jadis considérable ; Anamabou, où nous fîmes en 1749 plusieurs tentatives pour nous établir ; Cormantin, très connu des négociants du Havre et de Nantes ; Amokou, sur un des points les plus salubres de la côte et environné de villages riches et puissants. Là encore, la France planta son drapeau ; elle y avait construit un fortin et elle y entretenait une garnison d'une quinzaine d'hommes en 1788 ; cet établissement offrait les plus grands avantages pour le commerce français de la côte d'Or.

Nous passons de la côte d'Or à Whydah, Badagry et Lagos ; c'est ce qu'on nomme la côte des Esclaves. C'est là que l'on commence à rencontrer les factoreries françaises qui se sont échelonnées de nos jours jusque près du Niger. Le Petit-Popo, situé sur le rivage, est un village très important. En 1724, la France y créa un comptoir, et nous possédons encore une factorerie près du Grand-Popo. En longeant le golfe de Benin, qui baigne toute la côte entre le cap Saint-Paul et le cap Formose, on arrive à Whydah, que les Français nommaient Juda ou Juida, véritable centre des affaires dans la contrée. Tous les Européens qui ont fait le voyage de Whydah conviennent que c'est un des plus agréables pays de l'Afrique occidentale. La grandeur et la magnificence des bananiers, des figuiers, des orangers, la verdure des plaines, la fertilité du sol, la richesse de la terre qui produit trois sortes de blé, la multitude des villages et l'industrie des habitants en font une région des plus remarquables. En mouillant devant Whydah, le premier objet qui attirait le regard était le drapeau français qui flottait sur le comptoir de Gregoué ou Gregoy. Gregoué était une ville ou plutôt un village situé à 4 ou 5 milles de la rade de Whydah, de l'autre côté de la rivière de Jakin. Ce fort consistait en quatre bastions avec un large et profond fossé ; sa défense extérieure était une espèce de demi-lune qui couvrait la porte et le pont-levis. L'édifice servant d'habitation était formé d'un grand bâtiment à quatre ailes, qui renfermait des magasins, des appartements pour les officiers, des baraques pour la garnison. Au milieu de la cour s'élevait une chapelle. La garnison était composée de dix soldats français, deux sergents, un tambour, deux canonniers et trente esclaves. Cet établissement avait été commencé en 1671, à la suite du voyage fait par d'Elbée, commandant la *Justice* et la *Concorde* armées au Havre en 1669. Il fut agrandi en 1704, époque où la Compagnie de l'Assiento fit équiper à Rochefort quatre vaisseaux, l'*Avenant*, la *Badine*, le *Faucon* et le *Marin*, dont elle confia le commandement à un ancien corsaire, le capitaine Jean Doublet[1] ; le chevalier Des Marchais, déjà cité, homme de mer qui, dans ses voyages en Afrique, avait acquis de vastes connaissances de ce pays, servait en qualité de major sur l'un de ces navires. L'expédition renouvela les traités avec le roi de Whydah, obtint la concession d'une plus grande étendue de terrain et construisit un nouveau fort, dans lequel deux

---

[1] Voy. *Revue historique*, XII, 48.

agents français devaient séjourner. En outre, dans la capitale de ce royaume, à Xavier ou Sabi, se voyaient les maisons des directeurs des compagnies européennes. Le plus spacieux et le plus beau de ces édifices était le comptoir ou l'hôtel de France. Il consistait dans une grande cour environnée de bâtiments uniformes, au milieu desquels était le jardin potager avec quelques orangers. La porte d'entrée était un gros bâtiment sur lequel on voyait le pavillon français déployé. Elle avait de chaque côté un corps de garde. Derrière le principal logement s'élevaient les offices et les cuisines. Le directeur y entretenait une bonne table, où les capitaines et tous les officiers des vaisseaux avaient leur couvert. Il y invitait souvent les chefs indigènes.

Depuis 1844, une factorerie fondée dans l'ancien comptoir est en voie de prospérité. Elle appartient à une importante maison de Marseille. C'est principalement pour l'exploitation de l'huile de palme qu'elle offre au commerce de grandes facilités. Les marchandises françaises qui y sont portées en échange se placent avantageusement. Enfin, les navires de Nantes, de La Rochelle, de Bordeaux et du Havre jetaient l'ancre devant Porto-Novo, entrepôt du commerce du pays voisin. Sur ce point encore, en 1787, la France avait passé un traité avec le roi d'Ardres, aux termes duquel ce chef lui avait cédé une portion de territoire, et M. de Flotte, envoyé sur cette côte par le Gouvernement, choisit l'emplacement d'un comptoir. Cette acquisition paraît n'avoir produit aucun résultat.

Il n'en avait pas été de même à l'embouchure du Niger, connu alors sous le nom de rivière Formose; les marchands de Saint-Malo y avaient fondé un établissement qui, dans l'intervalle de six années, avait atteint un rare degré de prospérité. De nos jours, on ne sait trop pourquoi on agite la question de nos aptitudes à la colonisation comme si le peuple qui a dominé l'Inde avec Dupleix, qui a fait un paradis terrestre de Saint-Domingue, qui a découvert et colonisé la moitié de l'Amérique du Nord avec Champlain et Cavelier de La Salle, avait encore besoin de faire ses preuves. Mais on parle, d'autre part, de la nécessité de débouchés lointains pour nos produits ou de colonies pour assurer ces débouchés. C'est là une œuvre qui incombe aux négociants; c'est à leur esprit d'initiative et d'entreprise auquel il est du devoir du Gouvernement de faire appel. Au temps passé, c'est à l'initiative des armateurs, c'est à l'action de leurs agents que la France a dû dans la Guinée une prépondérance très marquée sur les autres nations de l'Europe. L'histoire peu connue de l'établissement de M. Marion de la Brillantais sera peut-être de nature à éclairer, à stimuler le commerce français qui cède trop facilement le pas aujourd'hui aux maisons étrangères.

La prospérité du comptoir Marion-Brillantais, situé sur le Niger, était l'œuvre opiniâtre autant qu'habile du capitaine Landolphe[1], marin qui visita les côtes d'Afrique pour la première fois en 1759, sur l'*Africaine*. Ce fut douze années plus tard, en 1771, qu'embarqué sur le navire les *Deux-Créoles*, armé par M. Gruel de Nantes, il entra dans les eaux de la rivière Formose (le Niger), au Benin; qu'il remonta cette rivière jusqu'à vingt lieues de la côte et que, de concert avec son capitaine, il établit une factorerie au village nommé Gathon[2]. Il resta trois mois dans ces eaux, essaya d'apprendre la langue des indigènes, ensuite voyant les heureuses dispositions des habitants pour ses compatriotes, forma le dessein de fonder dans cette contrée un établissement avantageux à la France. De retour, il en rédigea le prospectus et le présenta à deux anciens gouverneurs du Sénégal, MM. David et Briès, qui l'approuvèrent, mais qui découragèrent le marin par des faux-fuyants et une trop longue attente. Cette tactique est encore en usage. Landolphe reprit le chemin de Nantes et bientôt celui des côtes d'Afrique sur le navire la *Négresse*. A la suite d'un quatrième voyage, en février 1778, il entrait de nouveau dans le Niger et descendait à terre au village de Gathon où il prenait une maison à loyer. C'est à compter de ce moment qu'il est intéressant de suivre l'action par laquelle le capitaine Landolphe rend favorables les dispositions des chefs, se concilie leur amitié. La droiture de ses relations, son humeur débonnaire qui rassurait les indigènes sur ses desseins lui permirent de se lier avec les grands du pays et de trouver des centaines de noirs disposés à concourir à ses entreprises. Ici, il est difficile d'échapper à une comparaison, de ne point rappeler qu'à cent années d'intervalle la fidélité aux engagements et une conduite généreuse ont assuré à M. de Brazza comme au capitaine Landolphe une très grande autorité chez certaines tribus de l'Afrique.

Ce dernier avait besoin pour ses projets de gagner les bonnes grâces

---

[1] Landolphe (Jean-François), né à Auxonne le 5 février 1747. Lieutenant de vaisseau en 1795; capitaine de frégate en 1796; capitaine de vaisseau en 1799.
[2] *Agathon* ou *Gathon*, suivant les voyageurs du siècle dernier; *Agaton* suivant d'Anville; *Jacqua Town* d'après les cartes modernes.

du roi de Benin. Il lui rendit visite, lui offrit quatre pièces d'indiennes, deux colliers de corail, une robe de satin blanc à fleur d'or et d'argent et une paire de sandales de même étoffe. Après quoi il lui exprima le vœu d'élever un fort à l'entrée de la rivière et d'y former un établissement. L'autorisation lui en fut accordée; le roi lui donna gratuitement, à son choix, autant de terrain que Landolphe le souhaiterait pour élever un fort dans le village de Gathon. Mais cette concession ne pouvait s'étendre à l'entrée du fleuve Formose, parce que les deux rives appartenaient à un autre chef. Il fallait donc nouer des relations pacifiques avec le souverain d'Owhère[1]. Landolphe y parvint avec tant de réussite que ce chef lui dit en le quittant : « Pour te prouver « jusqu'à quel point j'aime les Français, je te demande un pavillon qui « sera porté par une de mes pirogues. Tu la reconnaîtras à ce signe et « tu lui feras l'accueil qu'exige l'amitié. » Comme on le voit, le morceau d'étoffe, « le chiffon » qu'un célèbre voyageur a récemment raillé sans miséricorde, jouissait d'un certain crédit sur les côtes de l'Afrique. Quelques jours après, Landolphe reçut la visite d'une autre peuplade. Celle-ci ayant appris la présence du Français, vint entourer son navire, montée sur cinq grandes pirogues portant chacune divers pavillons et plus de 200 hommes. Le chef, grand guerrier bossu par devant et par derrière, sorte de polichinelle de 45 à 50 ans, se présentait dans l'unique dessein de contracter amitié avec Landolphe et de lui assurer que les chaloupes et les canots français n'éprouveraient aucune insulte dans la rivière de nulle autre nation.

Le terrain était préparé, mais la guerre d'Amérique éclata et les projets d'établissement furent abandonnés. Repris par M. Marion-Brillantais, de Saint-Malo, au milieu de l'année 1782, ils furent poursuivis par le capitaine Landolphe au cours d'un nouveau voyage sur le navire la *Charmante-Louise*. Vers les premiers jours du mois de janvier 1783, Landolphe jetait l'ancre devant le village de Gathon. Le premier objet qui frappa ses yeux, ce fut une pirogue armée en guerre, montée de 50 noirs et à l'avant de laquelle flottait le pavillon blanc fleurdelysé. Amené à bord, le chef déclara que cette pirogue appartenait à un roi nommé Bernard qui, pour fournir une preuve de la préférence qu'il donnait aux Français sur toutes les nations, avait fait arborer les

---

[1] *Owhère* ou *Oëre* d'après les cartes du XVIIIe siècle. La rivière de Oëre ou *dos Forcados* est marquée sur la carte de d'Anville. Les géographes modernes placent ce cours d'eau au nord du Niger, et ils nomment *Owari* le pays d'Owhère.

couleurs de France. Le lendemain, à la pointe du jour, plus de 40 pirogues de même grandeur, contenant chacune 20 à 30 hommes, sortirent d'une petite rivière éloignée tout au plus d'une portée de canon de la *Charmante-Louise* : toutes portaient des pavillons blancs. C'étaient les envoyés du roi d'Owhère qui venaient saluer le Français par des chants et des salves de mousqueterie.

Landolphe quitta de nouveau le Benin. Il revint en France et ce fut pendant le séjour qu'il fit à Paris, en 1785, que Marion-Brillantais et lui arrêtèrent les dernières dispositions de leur futur établissement sur le Niger. L'exécution de ce dessein commença par la création d'une société sous le nom de *Compagnie d'Owhère et de Benin*. M. Marion-Brillantais en devint le premier administrateur; son siège était dans la rue du Croissant. La compagnie obtint par arrêt du conseil du 27 mai 1786, un privilège exclusif pendant trois ans pour commercer dans ces parages. Deux mois après, Landolphe mit à la voile en rade de l'île d'Aix avec trois navires : le *Pérou* de 400 tonneaux, l'*Afrique* de 70 et la *Petite-Charlotte* de 40; le 21 novembre 1786, l'expédition jetait l'ancre dans le golfe de Benin, après 127 jours de mer. « Je ne saurais exprimer, dit le capitaine Landolphe, toute la joie des indigènes; leur chef fit arborer le pavillon blanc sur sa case; les chefs, ses voisins, agirent de même. On m'envoya des messagers, porteurs d'ordres pour me laisser débarquer toute mon artillerie, et choisir le terrain qui me conviendrait pour mon établissement. »

Landolphe avait amené de France deux ingénieurs, M. Glais, premier ingénieur du comte d'Artois, et M. Forestier, ingénieur en second. Les ingénieurs désignèrent dans l'île de Borodo, sur la rive gauche du Niger, le terrain le plus convenable; on avait délaissé le village de Gathon, par suite de l'insalubrité de sa situation. Bientôt un fort formé de quatre bastions, armé de 32 pièces de canon et entouré d'un fossé large de 20 pieds fut élevé dans cette île. A son abri, on construisit un édifice de 120 pieds de long, huit maisons solides, un colombier et un parc pour les porcs, les vaches, les chevaux et les cabris. Le sol fut défriché à une grande distance du lieu où l'artillerie pouvait porter. 800 noirs mis à la disposition de Landolphe, menèrent à leur perfection, en fort peu de temps, l'exécution de ces travaux. Ce fut alors que, pour avoir un vaste terrain autour du fort, le capitaine Landolphe acheta du roi d'Owhère, après qu'une assemblée des chefs vassaux eut ratifié le traité, 30 lieues de territoire. Le contrat de cette acquisition, daté du 4 mai 1788, fut déposé dans les bureaux du ministère de la marine. Comme il y a tout lieu de croire que ce contrat n'a été conservé ni dans les bureaux ni dans les archives du ministère, nous en analyserons les principales stipulations. Il était consenti entre Sébastien Otobia, roi d'Owhère, Jabou et autres lieux, et le sieur Jean-François Landolphe, chef et chargé de l'établissement français situé à l'embouchure de la rivière Formose. Le roi d'Owhère cédait à perpétuité l'île Borodo, les terres nommées Sal-Town pour le prix de 400 pagnes, soit la somme de 800 livres payée en marchandises, et sous la réserve de droits de coutumes.

Les Français obtenaient le droit d'abattre les bois, de bâtir, de planter, de trafiquer à l'exclusion de tout pavillon étranger. En cas de guerre, il était stipulé que les chefs indigènes prendraient le parti de la France, soutiendraient ses amis, leur fourniraient tout ce qui dépendrait d'eux. A la vente, étaient présents les vassaux du roi d'Owhère et son neveu le prince Marc Boudakan, amené en France en 1786 et présenté à Louis XVI.

Lorsque tous les travaux furent totalement achevés, le terrain parut défriché dans une étendue de trois lieues de circonférence, ce qui produisait l'aspect d'une vaste prairie. Chevaux, ânes, vaches, moutons, remplissaient l'intérieur de l'établissement et étaient échangés contre des cargaisons qui donnaient de très gros bénéfices. Landolphe s'était résolu, en opposition avec l'arrêt de 1786, à recevoir les vaisseaux étrangers, portugais, anglais et danois; il opéra ainsi les marchés les plus fructueux. « Mes bénéfices, dit-il, devinrent immenses, ils excédaient 30,000 francs par jour. » Ce fut cette prospérité qui, ayant excité la jalousie des Anglais établis sur la même côte, entraîna la destruction du fort et de l'établissement français élevés à l'embouchure de la rivière de Benin ou Formose, autrement dit du Niger. Dans la nuit du 30 avril 1792, le fort fut pris à l'improviste; il fut pillé et incendié; le feu ayant atteint un magasin contenant plus de dix milliers de poudre, les maisons, le colombier, les batteries furent dispersés en éclats par l'explosion.

Nous voilà parvenus à la Basse-Guinée, sur laquelle l'attention du public s'est vivement portée depuis quelque temps. Après le cap Sainte-Claire, lieu fort connu de tous les gens de mer, la terre tourne à l'Est pour former une large et profonde baie, l'une des plus belles de la côte occidentale. C'est l'estuaire du Gabon, à cheval sur la ligne équinoxiale;

c'est le pays de l'ivoire pour le commerçant. Pour nous, à l'heure présente, ce pays a une importance considérable parce qu'il est situé très près d'un grand fleuve, l'Ogôoué ou Ogoowai, appelé longtemps la rivière du Cap-Lopez et qui peut être à juste titre considéré dès aujourd'hui comme un fleuve français. La prise de possession du Gabon par la France date de 1843, et ce fut en 1849 que fut fondé, sur le plateau où étaient les magasins, le village de Libreville. Nos possessions s'y sont complétées en 1862 par la cession d'un territoire important situé au cap Lopez, un peu plus vers le Sud : la région comprise entre l'Ogôoué au Nord, rivière très rapide, souvent aussi large et aussi profonde que le Gabon ; dans l'intérieur, en s'éloignant de la côte, le massif montagneux situé vers l'Est et d'où paraît sortir la rivière Alima ; au Sud, le magnifique fleuve du Zaïre ou Congo, ou Ouloumo, ou Livingstone, qui entre avec tant d'impétuosité dans l'Océan, qu'à 30 milles de la terre ses eaux se conservent fraîches ; enfin à l'Ouest, l'Atlantique ; les territoires compris dans ces limites, disons-nous, sont ceux où M. de Brazza va asseoir sur une base inébranlable notre influence, à la fois par l'activité commerciale et par les bienfaits de la civilisation que nous y apporterons. Nous ne parlerons pas ici des explorations de M. de Brazza. Nous nous bornerons à ajouter quelques lignes aux descriptions données autre part. Du cap Lopez au Congo, de l'Océan à l'Alima, des populations très denses, les unes laborieuses, les autres indolentes, habitent les côtes et les hauts plateaux. Cet immense pays, encore très peu connu des Européens, était partagé, au dire des géographes, en une infinité de races noires et de royaumes. On peut en avoir une idée très nette si l'on consulte la carte de l'Afrique publiée par Guillaume Delisle en 1707. Au Sud de l'équateur, dans la région même où l'établissement de Franceville a été fondé en juin 1880, le géographe Delisle a placé ces Batékés, chez lesquels M. de Brazza a rencontré un cordial accueil. Seulement Delisle les nomme Bakké-Bakké ; il les donne bien comme sujets du grand Makoko, le plus puissant souverain de la contrée, mais il en fait, on ne sait pourquoi, une nation de nains.

Les côtes étaient mieux connues des marins. Arrosées par une quantité de rivières qui rendent le sol extrêmement fertile, elles offraient des mouillages que fréquentaient et que fréquentent encore les Européens. Ceux-ci visitaient la rivière de Sette, où finissent vers le Nord, les relations du Loango, et vers le Sud, celles du Gabon ; la petite rivière appelée Banna, la rivière de Konkouate, le Nombé, le fleuve

Kouilo, dénommé Quille et Quillou sur les cartes anciennes. Parmi les villes ou villages dont les cases apparaissaient à l'embouchure de chaque rivière, soit s'alignant le long des eaux, soit descendant en pente abrupte jusqu'au bord du fleuve, on distinguait Mayombe, un des points les plus importants de la côte, au Sud d'une grande baie sablonneuse ; Loango, capitale du royaume de ce nom, autrefois fort considérable, chef-lieu d'une province peuplée, montagneuse, où les palmiers abondent et où les navires venaient chercher une sorte de bois rouge, dur et de couleur foncée ; le village de Mambé, qui s'élève en amphithéâtre dans une position réputée très salubre ; Ponta-Negra, l'entrepôt du commerce pour cette partie de la côte; Landana, où la mission catholique française a établi sa résidence ; Cabinda, ville et pays couvert de jardins et de vergers magnifiques ; enfin, à l'embouchure du Zaïre, sur la rive droite, sur une langue de terre fort étroite resserrée entre un bras du fleuve et la mer, l'excellent port de Banana, où les plus gros bâtiments trouvent un mouillage sûr. De toute cette région, de toute la côte qui s'allonge de Camma au Congo, Samuel Braun a fait jadis une description enthousiaste. Drapper en a également parlé avec éloge. Les récits des voyageurs modernes, malgré la diversité de leur origine, ne contredisent sur aucun point les faits allégués par les explorateurs des XVIIe et XVIIIe siècles. La fertilité des plaines et des vallées, où croissent en abondance et sans culture les arbrisseaux qui produisent la gomme élastique, l'arbre qui donne un produit oléagineux équivalent au suif, l'arachide, le palmier à huile, est reconnue d'une manière unanime. Les relations ne parlent pas d'une manière moins expresse et moins nette du caractère des habitants. Ils sont vigoureux et de haute taille ; un grand nombre d'entre eux sont laborieux et connaissent l'industrie. Au temps de Jacques Barbot, la contrée était remplie de tisserands, de forgerons, de potiers et de charpentiers. L'observation est restée scrupuleusement exacte ; en effet, on trouve à Cabinda les meilleurs artisans de toute la côte. Barbot ajoutait que les indigènes vendaient aux blancs de l'ivoire, du cuivre, de l'étain, du plomb et du fer. La richesse métallurgique du sol a été aussi remarquée par M. de Brazza. On se rappelle qu'avant d'atteindre la côte de l'Atlantique, le 17 avril 1882, le courageux explorateur séjourna dans un groupe de villages nommé M'boko et situé dans une plaine où le minerai de cuivre se ramasse à fleur de terre. Nul doute que ce ne soit de la même région qu'étaient tirés les échantillons de métal offerts à Jacques Barbot en 1700. Quelques heures de navigation au Sud de Cabinda amenaient les navires à l'embouchure du Zaïre ou Congo, l'un des plus grands fleuves de l'Afrique, artère importante du continent noir, connu par la rapidité de son cours et le volume considérable de ses eaux. C'est dans le cours moyen de ce fleuve, sur un point où il devient définitivement navigable, que M. de Brazza a obtenu une concession de territoire et établi la station de Brazzaville.

III.

État du commerce français avec la côte d'Afrique. — Nombre des armements. — Nature et valeur des échanges.

La France, dans ses établissements sur les côtes occidentales d'Afrique, a souvent eu la supériorité sur l'Angleterre. Malgré l'affaiblissement de sa marine et l'appauvrissement de son commerce, elle se maintint dans cette partie du monde avec avantage. Les rades, les ports, les villages cités dans les pages qui précèdent étaient connus de ses marins depuis trois siècles, abordés par eux, visités par les marchands de Bordeaux, de Nantes, de Rouen chez lesquels le goût du trafic colonial avait pénétré depuis longtemps; ces régions explorées par nos voyageurs, ces comptoirs, dans quelques-uns desquels nous étions solidement établis, ouvraient un immense champ au commerce d'exportation. C'est encore dans la voie tracée par les hardis explorateurs de l'Afrique que ce commerce doit chercher de nos jours de nouveaux débouchés à son activité. Durant deux périodes, les dix années qui ont précédé la guerre d'Amérique et les sept ou huit années qui ont suivi le traité de 1783, on vit se produire le mouvement commercial le plus actif avec la côte. Nous n'avons pas à en rechercher les motifs, de même qu'il serait superflu de rappeler le genre de commerce que les armateurs poursuivaient. Si l'on tient compte toutefois, non point des bénéfices que la traite procurait, mais du mouvement d'expansion extérieure qu'elle favorisait, on ne peut méconnaître l'influence du trafic africain sur l'exportation de nos produits manufacturés. Un coup d'œil jeté en arrière suffira à le démontrer.

En 1785, soixante-sept maisons françaises expédiaient des cargaisons de diverses marchandises à la côte occidentale d'Afrique. Elles appartenaient: 2, au port de Dunkerque ; 14, au Havre ; 5, à Honfleur ; 2, à Saint-Malo ; 22, à Nantes ; 7, à La Rochelle ; 12, à Bordeaux ; 3, à Marseille. La plupart de ces maisons étaient de fondation ancienne ; quelques-unes comptaient plus d'un siècle d'illustration commerciale. Au Havre dans le populeux quartier Saint-François, à Nantes sur les quais de la Loire, il subsiste des souvenirs de l'époque fortunée où notre commerce maritime avait des relations régulières avec l'Afrique occidentale : ce sont les maisons monumentales des anciens armateurs. Des ports désignés plus haut faisait voile pour le Sénégal et la Guinée un nombre de navires qu'on peut porter à 100 ou 110 par année. En 1785, 99 bâtiments y furent armés. Par le nombre des armements, Nantes tenait la première place ; le Havre, Bordeaux et La Rochelle venaient ensuite. Si l'on consulte les états de commerce publiés alors, on voit qu'en 1785 les opérations de traite conduisirent 21 navires français au Sénégal, 42 à la côte d'Angola, 33 à la côte d'Or, 2 à Kalabar et 1 à Mozambique. Au point de vue de l'exportation de nos produits, on doit se demander ce que représentait l'ensemble des chargements de ces navires. Les journaux de traite et les livres de factures que nous avons sous les yeux permettent de répondre que la valeur moyenne de chaque cargaison peut être portée à 160,000 livres, ce qui permet d'évaluer à 15 millions 800,000 livres l'ensemble des exportations à destination de la côte occidentale d'Afrique pour 1785.

D'après d'autres calculs empruntés aux statistiques contemporaines, la traite faisait vendre sur la même côte, en 1788, pour 16 millions 783,000 livres de marchandises diverses. En somme, au moment de la Révolution nous exportions pour le littoral africain des produits dont la valeur montait à 18 millions environ, dont plus de 10 millions 800,000 livres en objets manufacturés, bonneterie, chapellerie, dentelles, étoffes, mouchoirs, mousseline, rubanerie, toilerie, et près de 3 millions de livres en armes blanches et à feu, corail ouvré, mercerie, coutellerie, cordages, toiles et fil à voile, savons, ouvrages de cuir, de bois, de métaux. Les ports d'envoi étaient Nantes, le Havre, Bordeaux, La Rochelle, Rochefort, Marseille, Saint-Malo, Honfleur et Saint-Louis, lesquels expédiaient 105 navires d'un tonnage total de 35,227 tonneaux[1].

Nous n'avons pas épuisé la série de renseignements que les tableaux

---

[1] Arnould, *De la Balance du commerce*, etc. Paris, 1795.

de commerce fournissent. Il n'était pas une province de France qui ne tirât profit de ce trafic lointain. Si l'on veut bien se souvenir que les vins, les spiritueux et les tissus de toute espèce venaient en première ligne des produits exportés, on sera conduit de suite à désigner la Guyenne et le Bordelais, la Bretagne et la Normandie parmi les provinces principalement intéressées à la fabrication des marchandises de troque. Et, en effet, l'évaluation des exportations pour l'année 1787 porte à 3 millions 627,000 livres les expéditions des produits de l'agriculture et des produits de l'industrie sorties des généralités maritimes de Bordeaux et de Bayonne. Au second rang venait la généralité de Rennes pour la somme de 2 millions 719,000 livres figurées par les platilles, espèce de toile de lin très blanche qui se fabriquait particulièrement à Cholet et à Beauvais. Pendant six années, de 1749 à 1754, les ports de Nantes et de Saint-Malo en avaient envoyé aux côtes d'Afrique 277,870 pièces, d'une valeur totale de 1 million 500,000 livres. Aux platilles se joignaient les toiles peintes de Bretagne, les indiennes, les mouchoirs et les robes de Cholet, les toiles de Vitré, de Fougères, de Morlaix [1]. La généralité de Rouen et les élections de Louviers, Bernay, Elbeuf et Lisieux tenaient la troisième place, avec les coutils rayés, les toiles calandrées, les unes à carreaux et les autres rayées de diverses couleurs, les guinées légères, les linons unis à fond bleu ou lilas foncé, les indiennes à fleurs ou genre meuble, les cretonnes, les draps et les mouchoirs de fil : ces produits donnaient ensemble une valeur de 2 millions 153,000 livres. Venaient ensuite la généralité d'Aix pour une somme de 674,000 livres, dont 368,000 en bonneterie, chapellerie, étoffes et papeterie; la généralité de Montpellier pour 400,000 livres, dont 275,000 en draps et en bonneterie; la généralité de La Rochelle pour la somme de 393,000 livres en sel, farine, eaux-de-vie, vins, clouterie et verrerie; la généralité de Lille pour la somme de 213,000 livres représentée par des dentelles, des étoffes, des toiles, de la batiste, des couvertures et des bas de laine; la généralité de Châlons-sur-Marne pour la somme de 88,000 livres en draps, toiles, fusils et clouterie; enfin la généralité d'Amiens pour la somme de 43,000 livres en batiste, draps, mouchoirs de linon, étoffes de laine, mousseline, bas de fil et de laine, tapis de moquette, verres en bouteilles, sacs vides. Tel est le tableau sommaire du commerce français avec la côte occidentale d'Afrique, il y a un

---

[1] *Journal du commerce*, janvier 1760. — *Droit du citoyen*, p. 176.

siècle environ. Pour le développer, nous nous proposons d'ajouter quelques détails touchant la nature et le prix des marchandises exportées. On verra qu'un grand nombre d'industries, celles des tissus et des toiles particulièrement, trouvaient de bons débouchés à la côte; on en pourra conclure que les transactions commerciales de ces mêmes industries n'y sont pas de nos jours ce qu'elles devraient être.

IV.

LE COMMERCE FRANÇAIS SUR LA CÔTE OCCIDENTALE D'AFRIQUE.

Commerce de la France avec la côte occidentale, moins le Sénégal, de 1831 jusqu'en 1881. — Marchandises propres aux échanges. — Assortiment. — Nomenclature et prix des marchandises. — Facture. — Opération de traite d'ivoire.

Il est impossible de se rendre compte de nos opérations en marchandises avec les comptoirs français ou étrangers, notamment ceux du Gabon et de Whydah, pendant la période antérieure à 1831, le tableau officiel du commerce ne donnant aucun chiffre sous la rubrique de *Côte occidentale d'Afrique*. En 1831, on y relève la valeur de 68,215 francs au commerce spécial. Depuis cette époque, les opérations n'ont cessé d'y prendre de l'accroissement. On en jugera par les chiffres suivants; ils présentent les valeurs officielles du *commerce spécial* qui ne s'appliquent qu'aux marchandises nationales.

	Exportation.
	Francs.
1831-1836, moyenne de la période	269,020
1837-1846, —	624,567
1847-1856, —	1,236,756
1857-1866, —	2,471,507
1867-1876, —	5,829,690
1877 pour l'année	2,979,866
1878 —	2,255,574
1879 —	3,009,234
1880 —	2,591,185
1881 —	1,995,389

Le mouvement de ces échanges durant les périodes indiquées a compris les articles suivants : tissus de coton, tissus de laine, vins, eaux-de-vie, armes et munitions de guerre, savons, mercerie, vêtements et lingerie, ouvrages en peau et en cuir. Nous négligeons d'indiquer dans nos expéditions au littoral Ouest africain une variété infinie d'autres articles, tels que la bijouterie d'or, le sucre raffiné, les matériaux de construction, le tabac fabriqué ou simplement préparé, le sel marin, etc., etc. Comme on le verra, les principales marchandises exportées aux comptoirs de la côte des Esclaves, du golfe de Bénin, du Gabon et du Congo, depuis 50 ans, sont les mêmes que par le passé. Les cotonnades, les tissus de laine, en raison de leur bon marché et de l'usage qu'en font généralement les noirs, s'écoulent avantageusement aujourd'hui comme il y a un siècle. Quant aux armes à feu et à la poudre, la consommation en est devenue considérable. Il en est de même de la consommation du sel ; la quantité disponible de ce dernier produit, dans les factoreries du Gabon et de la côte du Loango, est tout à fait inférieure aux demandes des tribus indigènes. La connaissance des produits et des objets d'échange convenables pour le commerce africain, à la fois très actif et très rudimentaire, reste la première condition du succès de ce trafic. Elle l'était jadis, alors que le troc à la côte était considéré comme assez difficile à conduire, car il fallait s'y montrer marchand, c'est-à-dire savoir acheter, vendre et savoir quelle marchandise convenait à chaque port où l'on descendait. Pour ne s'être pas conformé à cette règle, le négociant manquait son voyage de traite. Voici ce qu'un capitaine en opération de trafic au cap Lopez écrivait à ses armateurs en 1791 :

« C'est de l'assortiment de ma cargaison, messieurs, dont je vais vous parler ; Premièrement des vingt boucauts de tabac que vous m'avez donnés, ils m'ont été refusés dans trois endroits, et j'ai été obligé pour faire accepter les autres marchandises, d'en acheter neuf d'une qualité bien supérieure au mien, que les Américains apportent en grande quantité et le seul qui soit prisé. Je crains d'être forcé de faire comme l'ami Joseph[1], qui a fait brûler le sien. Je serai encore forcé d'acheter au moins 3,000 pots de rhum; la quantité d'eau-de-vie que j'ai étant bien moins que suffisante pour ici. Il en est de même pour la poudre, avec cette différence que je n'aurai pas la même facilité de m'en procurer, et en admettant que je puisse la trouver, ce ne sera aussi qu'à un très grand prix, et voilà encore une perte. — Il est en-

---

[1] Joseph Lacoudrais, devenu plus tard capitaine de frégate. Il commandait le *Prince-Noir*, navire négrier qui trafiquait à la côte depuis 14 mois.

core quelques articles dont je ne suis pas pourvu, tels que les sabres, fusils fins, les mouchoirs de soie; les manilles, le corail, les boucles d'oreilles, les bagues, beaucoup plus de chaînettes d'argent et de cuivrerie, des coffres (en bois léger, à serrures), différentes rassades (verroteries). Tous ces articles sont de première nécessité et *j'ai déjà manqué une quantité d'échanges, faute d'en avoir.* Je serai donc forcé de me les procurer et je les payerai plus cher qu'ils vous auraient coûté.

« Un autre objet non moins essentiel que ces derniers, c'est les *indiennes* et *liménéas suisses*, desquels je suis malheureusement trop garni et dont on ne peut se débarrasser que très difficilement dans ce pays, rapport à leur infériorité sur ceux que les Anglais y apportent. Si je n'avais pas de Nantes, je manquerais totalement mon expédition. Cependant M. Ancel[1] m'a assuré vous avoir laissé des patrons et une facture pour une expédition telle que la mienne, mais il a vu avec surprise qu'on ne s'y était aucunement conformé. D'après ces détails, messieurs, ne me permettrez-vous pas de vous répéter qu'il est malheureux que mon expédition ait été pour ici avec un assortiment tel que le mien. »

L'assortiment est donc encore la chose la plus importante à observer pour le succès d'une opération d'échange sur la côte d'Afrique. C'est pour cette raison que nous donnerons la nomenclature des principaux produits nécessaires pour composer la cargaison d'un navire expédié à destination de la côte vers 1780. Si la géographie commerciale initie les négociants aux conditions climatériques et topographiques d'un pays, la connaissance des marchandises qui ont constitué jadis et qui constituent de nos jours le commerce de ce pays rentre aussi dans son domaine. Par les détails qui suivent, on verra que l'industrie française peut fournir au pays des nègres des calicots et des percales, des soieries, des mousselines, des tissus dits *limæneas* : ceux de France sont tellement supérieurs aux tissus analogues d'Allemagne et de Manchester que les derniers ne se vendent plus quand les nôtres se présentent en concurrence; les mouchoirs dits *romalhs* ou *Tom-Coffee* (fabrique de Rouen) dont les indigènes se servent pour faire des pagnes, des madras, des guinées légères, des guinées blanches d'un tissu fort, chaîne corsée, trame ronde et non plate, tel que

---

[1] Négociant français, établi dans l'île de Gambie.

le calicot écru fabriqué à Rouen pour l'Algérie ; des indiennes à grands effets sur fond blanc ; des chapeaux, de la poudre en barils de 5, 10 et 20 livres anglaises ; du tabac en feuilles aussi longues que possible, à côtes fines, c'est-à-dire léger, mais non du tabac fabriqué, car la préparation du tabac est chez les noirs l'objet de soins particuliers et entre dans les attributions de la femme préférée ; de la coutellerie, des chaudrons avec âmes de fer ; des neptunes en cuivre largement allié de zinc, aussi légers que possible ; des couteaux-manchettes à poignée en bois, d'Allemagne ou de Saint-Étienne, des fusils, des fers en barres, des baguettes de cuivre, des pierres à fusil noires, de la verroterie, des pipes de terre, des hameçons, des aiguilles, du savon, des miroirs d'Allemagne, des grelots d'Allemagne, des jambettes (petits couteaux) ; ces derniers articles sont généralement donnés en cadeau, soit aux chefs, soit aux noirs qui ont servi d'intermédiaires.

Les indications qui suivent se rapportent aux produits qui formaient le chargement d'un navire en opération sur la côte vers les années 1783 et 1785. Plus loin, nous réunirons en un tableau l'assortiment de marchandises de ce même bâtiment qui venait trafiquer soit à Whydah, soit au Gabon.

Tissus de lin ou de chanvre. — Les *toiles* dites *de Rouen* qui se fabriquaient dans la généralité de Rouen, dans les élections de Pont-Audemer, de Lisieux, de Bernay, d'Évreux et de Louviers étaient en grande réputation. Il se faisait nombre de toiles, façon d'étoffes, les unes à carreaux et les autres rayées de diverses couleurs, composées toutes de fil ou de fil et coton ; les premières se nommaient petites toiles rayées, les secondes étaient appelées siamoises. Les toiles de Louviers et d'Évreux étaient de lin, blanches, assez fines ; elles s'envoyaient beaucoup aux pays étrangers, particulièrement en Espagne et de là aux colonies. Les toiles de Rouen se vendaient 5 livres l'aune[1].

Les toiles de Rouen dites *gingas*, tout fil à carreaux, l'espèce ordinaire se vendait 14, 15 et 21 sols l'aune.

Les *platilles*, espèces de toile de lin blanche qui se fabriquait particulièrement à Cholet et à Beauvais. Elles étaient spécialement propres au commerce de la côte d'Afrique, au delà de la rivière de Gambie. Suivant le tableau des exportations des ports de Nantes et de Saint-Malo pour la Guinée, pendant 6 années, de 1749 à 1754, le commerce

---

[1] *Journal du commerce*, mai 1762, septembre 1759.

avait expédié à la côte 277,870 pièces de platilles. Le prix ordinaire des platilles de cette espèce était de 5 livres 5 sols. Ainsi, pendant 6 ans, deux seules villes de Bretagne en avaient acheté pour 1,458,817 livres 10 sols. Le taux de l'année commune restait donc à 46,311 pièces d'une valeur de 243,136 livres 5 sols.

Les *coutils*, grosse toile forte et serrée, qu'on tirait de la Normandie et de la Bretagne. Le prix des coutils rayés bleu et rose était de 50 sols l'aune; celui des coutils rayés cramoisi, de 54 sols l'aune.

Les *toiles de Flandre*, soit fines et blanches, soit demi-blanches, soit écrues ou à carreaux de différentes couleurs, se fabriquaient à Gand, à Courtrai, à Bruges, de même que quantité de toiles d'étoupes appelées *brabantes* et *prexillas crudas*. Elles étaient destinées pour l'Afrique et les Antilles.

Les *mouchoirs Cholet*, fond blanc avec une petite bordure rouge ou bleue, du prix de 13, 15 et 18 livres la douzaine. Les *robes Cholet* de 24 aunes à la pièce, en toile de lin, écrues, les unes bises et unies, les autres rayées de différentes couleurs; l'aune à 45 livres.

Les *toiles* de Fougères à 15 sols l'aune; de Vitré à 16 sols l'aune; de Morlaix à 36 sols l'aune; de Bretagne à 36 sols l'aune, la pièce de 50 aunes[1].

Les *néganépaux*, toile rayée de jaune, à 28 et 33 livres la pièce.

Les *bajutapaux* à 27 et 28 livres la pièce, toile rayée de bleu.

Tissus de coton. — Une exportation pour la côte d'Afrique qui avait atteint un haut degré de prospérité était celle des tissus de coton écrus ou blanchis ou teints ou imprimés. Après avoir dans le principe reçu du Levant le coton tout filé, la France avait appris à filer cette matière et à en composer des tissus variés. C'étaient la Normandie et la Picardie qui filaient et tissaient la plus grande partie des 11 millions de livres de coton que nous importions en 1788.

Pour la traite, on connaissait deux espèces de ces étoffes : la première comprenait les toiles de coton des Indes orientales, achetées à Surate et à Pondichéry, importées par les vaisseaux de la Compagnie française des Indes et vendues à Nantes où cette Compagnie avait ses magasins; la seconde consistait en imitations de ces tissus de coton, fabriquées en Angleterre, en Allemagne, en Suisse et en France. Les

---

[1] *Journal du commerce*, janvier 1760, p. 199.

qualités des toiles de coton qui venaient des Indes étaient différentes; leur dénomination était extrêmement variée et elle avait été adoptée par les fabricants européens. Voici les noms que nous avons pu recueillir :

Les *guinées* blanches, d'un tissu fort, plus fin que gros; l'espèce rayée blanc et bleu convenait beaucoup.

Les *tapsels*, grosses toiles de coton rayées ordinairement de couleur bleue. C'était l'une des meilleures marchandises que le trafiquant portait sur les côtes d'Afrique.

Les *guingans*, toile de fil de coton; il y en avait de bleue et de blanche, dont la pièce contenait d'ordinaire 8 aunes de longueur. Le commerce connaissait les guingans unis, rayés et à petits carreaux. On tirait ces sortes de toiles des Indes orientales, particulièrement du Bengale ou plutôt de la côte de Coromandel. Elles valaient 12, 15 et 18 livres la pièce.

Les toiles de coton dites *coupis*, *chillas*, *percales-mauris*, *douriasses*, *lachorias*, *chiauters*, *dongrys*, *salempouris*, *photasses* ou *phottes*, *nicquaniasse* ou toile nicanaise, *corroots*, *béthilles*, *dosories*, etc.

Les *limæneas*, sorte de toile de coton à fond bleu ou lilas foncé, à effets de rouge dans les dessins, très appréciée par les noirs. La pièce valait 26 livres.

Puis venaient les pièces de *mouchoirs assortis* tirées de Pondichéry et du Bengale. La valeur du mouchoir était de 30 sols; celle de la pièce de 8 à 10 mouchoirs était de 60 livres; les mouchoirs dits *romaals* de toile de coton teinte; le *basin* blanc ou rayé par carreaux, étoffe croisée toute de fil de coton qui se fabriquait particulièrement à Troyes et à Rouen, dans le Beaujolais et à Lyon; le *velours* noir, bleu, cramoisi à 18 livres l'aune, enfin les toiles peintes et imprimées comprises sous la dénomination de *perses* et d'*indiennes* que les industriels français fabriquaient à l'imitation des toiles de l'Orient.

Toutes les indiennes, de quelque couleur ou façon qu'elles fussent, même les toiles de coton blanches, à moins qu'elles n'eussent été apportées par les vaisseaux de la Compagnie et marquées de son plomb, étaient défendues en France par quantité d'arrêts et de déclarations. Mais il s'en imprimait en Angleterre sur les toiles de lin du pays, de même que sur des toiles de coton, dont les couleurs étaient aussi solides que celles des Indes. Cette fabrication d'indiennes s'établit en Allemagne et en Suisse où l'on imprimait sur les toiles du pays, et sur toutes les qualités de toiles. La fabrication en était portée à Genève, à un si haut degré de perfection, qu'elle allait de pair avec celle de Hollande et d'Angleterre, tant pour la beauté et le bon goût des dessins que par rapport à la vivacité et à la solidité des couleurs.

Les indiennes qui convenaient le mieux pour la traite étaient les patrons à grands effets, genre meuble, la plupart fond blanc, rouleau bleu ou lilas, couleurs très vives. Des indiennes à fleurs valaient 35 livres la pièce; d'autres indiennes ne coûtaient que 23 livres.

Pour en finir avec les toiles de coton, nous ajouterons que toutes les toiles des Indes orientales qui se voyaient en France vers 1762, étaient importées par les vaisseaux de la Compagnie des Indes qui les tirait de Surate, du Bengale et de Pondichéry. Il n'était permis à qui que ce fût d'en faire venir par quelque autre voie que ce pût être. La vente des toiles de coton des Indes se faisait pour l'ordinaire à Nantes où la Compagnie avait ses magasins, et le temps de cette vente était notifié aux marchands et négociants par des affiches qu'on faisait apposer dans les principales villes de commerce.

Tissus de laine. — En continuant notre revue, nous dirons que l'industrie lainière trouvait un immense débouché sur la côte d'Afrique. Les nègres craignent le froid et ils sont frileux, par cette raison le lainage rencontrait sur leurs marchés des milliers de consommateurs. Il ne serait point facile de déterminer la moyenne des connaissances des noirs en matière de tissage, quoiqu'il se voit parmi eux des tisserands, des fileurs, des tondeurs et des ourdisseurs. On peut, néanmoins, assurer qu'ils préféreraient des tissus légers de laine aux tissus lourds, les draps unis de couleur vive aux draps ouvragés, enfin les étoffes françaises aux produits analogues d'Angleterre et d'Allemagne.

Nos négociants envoyaient à la côte les *serges* grossières, étroites et bleues; les *bas de laine* rouge; les *casaques* de drap écarlate; la *bayette*, étoffe de laine non croisée; les *ratines* rouges, jaunes et blanches; les *étamines* foulées; les *draps* dits de Silésie et de Maroc, de diverses couleurs; les *flanelles*.

Tissus de soie. — Parmi les tissus de soie, nous citerons : les *écharpes* de soie avec frange; les *robes de chambre* de soie; le *droguet* de soie à 12 livres l'aune; les *satins* rayés, unis, bleus, cannelés rose, cramoisi, à 6 livres l'aune et 6 livres 10 sols; le *taffetas*, dit rouge cramoisi à 6 livres l'aune; le *gros de Tours* à 4 livres l'aune; le *damas* broché or, soit uni, soit cramoisi, en pièces de 30 aunes, à 6 livres l'aune.

Tissus mélangés. — En dehors des quatre catégories de tissus dont nous venons de parler, il existait encore un autre genre d'étoffe d'un écoulement assuré dans les tribus africaines. A côté des draps et des étamines, des toiles de coton et des coutils, des toiles de Rouen et de la Flandre, il y avait les *siamoises*, espèce de toile, de fil et coton, dont la fabrication était exercée en Normandie. La beauté et la qualité des siamoises de Rouen expliquaient leur succès; la fabrication qui s'en était répandue aux environs de cette ville fournissait à l'exportation coloniale des produits justement estimés. Telles étaient les *calamandres* de toutes couleurs, rayées et unies; les *cotonnettes*; la *flanelle* à chaîne blanche; la *moirette*; la *siamoise* sur soie; les *siamoises* rayées bleu et blanc ou rouge et bleu; l'étoffe *camelot* rayée, unie et quadrillée.

Suivant le *Journal du commerce* du mois de juillet 1759, les siamoises de Rouen se vendaient, la qualité inférieure 20 livres la pièce, et la qualité supérieure 10 livres l'aune.

Quincaillerie et coutellerie. — Les produits fabriqués énumérés ci-après n'étaient pas à beaucoup près d'un aussi grand rapport que les tissus, mais le trafiquant devait cependant en posséder un assortiment très varié. A mesure que les relations avec les indigènes s'étendaient, la nécessité d'apporter les ustensiles à notre usage se faisait sentir; l'insuffisance de ces menus objets rompit plus d'une fois les opérations d'échange. S'il voulait remédier à cet insuccès et se placer dans des conditions favorables de concurrence vis-à-vis du pavillon étranger, l'armateur faisait choix d'*aiguilles*, de *barettes* de cuivre, de *bassins* de cuivre jaune, de boucauts de quincaillerie tirés de Châtellerault, de *canettes* de Hollande couvertes d'étain, de *chaudières* de fer, de *ciseaux*, de *couteaux flamands* qu'il payait 30 sols la douzaine, de *grelots* de fonte dits grelots d'Allemagne, de *fer* plat en barres, de *haches*, d'*hameçons*, de petits *miroirs* ronds montés en étain, de *plomb* en saumon ou en grenaille, de *sonnettes* et de *trompettes* de cuivre, d'*outils* en fer, de *cadenas*, etc., etc.

Verroterie. — Aucune règle n'était établie pour le choix des présents ou cadeaux. Le plus communément, les capitaines offraient aux rois, princes, chefs des peuplades africaines de grosses perles de verre, des colliers de corail, des armes et des parasols. En 1785, le roi de Dahomey exigea d'un capitaine négrier la canne à pomme d'or dont il faisait usage. Cette canne donnée en cadeau au monarque noir figure au journal de traite pour une valeur de 300 livres. D'ordinaire, on s'en tirait à meilleur compte, à l'aide de verroteries communes. Nous citerons l'*ambreade* rouge, les *cristaux* faux, le *blanc de neige*, le *contrebordé* blanc et noir, les *grains* rayés, les *margriettes* rayées blanc ou jaune; les *olivettes* couleur citron ou à petits fleurons, la *rassade* citron, le *verrot* jaune, noir ou rouge.

Armes et munitions. — Les armes exportées étaient les fusils, pistolets et sabres. On comptait deux espèces de fusils : les fusils boucaniers garnis de cuivre : on les payait 9 livres la pièce; les fusils communs à 6 livres la pièce. Il était bon que la crosse de ces armes portât ou des dessins ou des enluminures. Ensuite, venaient les lames de sabres de 3 pieds de long, les lames de sabres courbés, les lames de sabres ordinaires, les pistolets, les barils de poudre à feu, à 12 sols la livre, les pierres à fusil noires à 4 et 6 livres le cent, le plomb à giboyer du prix de 5 sols la livre.

Articles divers. — Parmi les autres marchandises dont s'alimentaient nos relations commerciales avec la côte occidentale d'Afrique, on comptait :

Les *cauris* ou *bouges*, menu coquillage blanc, le *Cyprea moneta* des naturalistes. Il s'apportait d'ordinaire des îles Maldives par les Hollandais qui le revendaient assez cher aux autres nations d'Europe. C'était et c'est encore de nos jours la monnaie en usage dans l'Afrique intérieure. Les cauris étaient achetés de 25 à 30 sols la livre. En 1783, ils valaient 22 sols la livre à Rouen. Au XVIIe siècle, pour traiter de 500 à 600 noirs, il fallait pour la cargaison du navire 12,000 livres pesant de cauris; en 1720, il en fallait plus de 25,000 livres pesant. Enfin, les cauris devenant de moins en moins estimés à la côte, en 1785 il en fallait 60,000 livres pesant. Aujourd'hui, dans le Soudan, la pièce de 5 francs vaut, suivant les cours, 2,000 à 2,300 cauris.

On doit citer en outre : l'*ambre*, les *ancres* de fer, les *assiettes de faïence* commune à 48 livres 5 sols la barrique; les barils de *suif* à 35 livres le cent pesant; les barils de *farine* à 24 livres le baril; les *boucles d'oreille* en bijouterie fausse; les *bagues*; les *chaînettes d'argent* d'une valeur de 40 livres qu'on donnait en présents : il fallait qu'elles fussent avec des anneaux elliptiques, allongés, ainsi qu'on travaille les chaînes de fer; les *bougies* du Mans à 38 sols la livre; le *corail* d'un rouge vif, la *cornaline* longue; les *chapeaux à nègres* d'une valeur de 12 livres la douzaine; les *chapeaux* blancs ou de couleurs vives à plumet; les *chapeaux* castor communs à 2 livres 10 sols la pièce; le *cuivre* vieux; les *ancres d'eau-de-vie* à 12 livres l'ancre de 15 pots; l'*étain* vieux; le *fil à coudre*; les *grappins*; le *miel*; le *papier*; les *peignes de bois*; les *coffres* en bois léger et à serrure; les *pipes* de Hollande fines et longues; les *souliers* de maroquin et les *pantoufles*; les *tambours* et leurs baguettes; le *tabac* en feuilles au prix de 50 sols la livre; le *vin* de Bordeaux, bon ordinaire à 80 livres la barrique; le *vin nantais* à 16 livres le quart; les *vins blancs* de Provence; les *liqueurs* telles que l'anisette, l'absinthe, le genièvre, — mais ces derniers articles s'exportaient en petite quantité.

On vient de voir les produits que le commerce français pouvait expédier pour la côte occidentale, avec chance d'un placement avantageux. Nous les réunirons en un tableau.

Facture des marchandises qui formaient la cargaison du navire, le Pactole, *de Bordeaux, commandé par M. Van Absteins, ayant fait la traite en 1783.*

Savoir :

	Livres.	Sols.
31,221 livres pesant cauris en pièces.	34,343	2
3,591 — platilles en 8 pièces	24,239	5
1,300 — rôles de tabac pris à Lisbonne.	58,500	»
53 pièces coutil rayé, bleu et rouge	2,650	»
49 — — rose	2,450	»
97 — — cramoisi.	5,238	»
260 pièces robes de Cholet, de 24 aunes.	11,700	»
1,020 douzaines mouchoirs Cholet, de 12 à la pièce	13,260	»
100 pièces guingans	8,000	»
50 — néganépaux	1,650	»
50 — bajutapaux bleus	1,350	»
50 — salempouris bleus.	1,750	»
120 — fusils à baguette de fer	1,080	»
300 — barres de fer.	1,500	»
108 douzaines couteaux flamands.	324	»
30 — coffres de 12 grosses de pipes	840	»
2,005 ancres d'eau-de-vie.	22,655	»
19 pièces eau-de-vie.	3,420	»

	Livres.	Sols.
150 barils poudre à feu	2,250	»
150 — —	2,550	»
60 chapeaux à nègres	150	»
25 paniers anisette	175	»
31,000 pierres à fusil	124	»
20 pièces siamoises, diverses couleurs	1,124	10
66 aunes taffetas, diverses couleurs	396	»
141 aunes gros de Tours en 5 pièces	564	»
66 aunes 1/2 velours noir, bleu, cramoisi	1,197	»
2 pièces damas cramoisi, en 30 aunes	180	»
71 aunes 1/2 satin, diverses couleurs en 5 coupons	429	»
8 pièces damas vert	720	»
18 aunes velours (avarié)	180	»
23 filières corail (44 livres, 14 onces pesant)	1,795	»
2 chapeaux bordés, à plumet	120	»
	199,121	17

Voilà les produits offerts en vente aux naturels. On recevait en échange des esclaves, de l'or et des dents d'éléphant. Il ne peut plus être question du trafic de la traite, mais l'échange des mêmes marchandises fournira encore de l'or, de l'ivoire, de l'huile de palme, des arachides, des noix de touloucouna, des bois d'ébénisterie et de teinture, etc. Quant à l'ivoire, la livre pesant prise à la côte ne revenait pas à plus de 30 sols 9 deniers en 1776. Nous donnerons l'extrait d'un compte d'achat de 109 dents d'éléphant pesant 2,157 livres, traité la rivière Saint-André et au cap Lahou par un capitaine du port du Havre :

« *Traité de morphil à la rivière Saint-André, par le capitaine Le Prevost, en 1776.*

« Traité à Saint-André par le nommé Crasse que j'ai pris pour mon premier courtier :

« 5 dents pesant 114 livres.

	Liv.	Sols.
12 fusils	96	»
4 barils de poudre	16	»
3 pièces Cholet	38	10
2 barres de fer	6	»
4 bassins d'étain	6	18
1 coroot	6	»
4 canettes	1	»
2 livres tabac	1	»

	Livres.	Sols.
2 clochettes	0	10
12 couteaux	2	»
2 miroirs	1	»
4 masses de diverses verroteries	6	»
	180	18

« Traité au Grand-Drouin, 4 dents pesant 70 livres.

	Livres.
4 fusils	32
2 barils de 4 livres poudre	8
1 1/2 ancre eau-de-vie	9
1 bassin de cuivre	2
1 barre de fer	3
1 pièce romaal	11
10 couteaux	2
2 canettes de grès	1
10 livres pesant de cauris	10
	78

L'achat des 109 dents d'éléphant, du poids de 2,157 livres, s'éleva à la somme de 3,369 livres 6 sols.

V.

Les Portugais eu Congo. — Rivalité de l'Angleterre. — Ses menaces et ses négociations. — Occupation de Punta-Negra. — Conclusion.

Comme il s'agit par-dessus tout de stimuler l'initiative privée, nous avons cru intéressant de mettre sous les yeux du lecteur les forces et les ressources mises en œuvre jadis par le commerce. Durant bien des années, l'action intelligente et hardie des négociants a été couronnée de succès. Il convient de le rappeler aujourd'hui, au moment où nous trouvons devant nous, et malheureusement contre nous, non pas seulement la concurrence, mais l'hostilité de nos voisins. Ce n'est pas que ce sentiment d'opposition soit de nature à nous étonner, puisque, soit qu'il s'agisse du Tonkin, des Indes, de Madagascar ou de l'Égypte, soit qu'une rivalité éclate au Congo, sur toutes les côtes, sur tous les océans, l'antagonisme de la Grande-Bretagne tend à nous barrer le chemin. En ce qui concerne les régions que la mer baigne du Gabon à Ambriz, les pays où M. de Brazza, parti avec de fort modestes ressources, a établi deux stations, conclu un traité et obtenu une concession de territoire, en ce qui les concerne, disons-nous, sur quoi sont fondées les prétentions de l'Angleterre ou plutôt celles que le gouvernement britannique fait valoir au nom d'un autre pays? L'intervention de la France sur le Congo a causé une vive inquiétude de l'autre côté du détroit, de même que le Portugal s'en est inquiété à son tour, mais ne sait-on pas que le commerce a été absolument libre dans ces parages pendant deux cent cinquante années, que nos négriers trafiquaient directement avec les indigènes à Loango, Molimbo et Cabinda, au Nord du fleuve Zaïre? C'était seulement plus au Sud, au delà de la rivière d'Ambriz, que l'on rencontrait les établissements portugais, où les autres nations ne pouvaient aborder [1]. Quant à penser avec la cour de Lisbonne que la Providence semble avoir assigné à l'Angleterre et au Portugal la glorieuse mission de civiliser les vastes régions de l'Afrique australe à l'exclusion de tout autre peuple [2], on peut sans témérité rejeter cette prétention. D'ailleurs, si l'on avait besoin d'être éclairé sur l'influence et les sympathies que les Portugais ont su se créer dans la région du Congo, et de connaître de quelle manière leurs maisons de Banana, de Punta, de Lenha et de Boma entendent la liberté commerciale, pratiquent la tolérance religieuse, sauvegardent les droits de l'humanité, les lettres du consul David Hopkins à lord Derby, datées du 28 avril et 29 mai 1877, fourniraient la lumière la plus éclatante. Mais la question n'est pas là. Elle réside dans l'explosion du mauvais vouloir auquel se heurte, chez nos voisins, la mission pacifique de M. de Brazza; elle est dans l'arrière-pensée qui les conduit à soutenir aujourd'hui les prétendus droits du Portugal. Depuis 1846, les prétentions du cabinet de Lisbonne sur la région qui s'étend sur la côte occidentale d'Afrique, entre le 5ᵉ degré 12 minutes et le 8ᵉ degré de latitude australe, n'ont jamais été admises par l'Angleterre : nous rappellerons les déclarations diplomatiques dont elles ont été l'objet.

Jusque vers les dernières années du XVIIIᵉ siècle, la traite était autorisée universellement, sans conditions, sans limites; les négociants avaient le droit d'acheter des nègres sur toutes les côtes d'Afrique et d'en trafiquer entre eux en toute liberté. Graduellement, la traite fut soumise à certaines restrictions; d'un côté, toute opération dont le but

---

[1] Voy. aux *Archives de la Marine, Colonies*, les cartons intitulés *Sénégal* et *Guinée*.
[2] Lettre au duc de Sallandah, 4 décembre 1875, communiquée à lord Derby le 24 janvier 1876.

était d'importer des esclaves dans les colonies des autres gouvernements fut interdite par certaines cours; de l'autre, plusieurs gouvernements prohibèrent toute acquisition de nègres faite ailleurs que dans leurs propres établissements sur la côte d'Afrique. Ainsi, un acte du 22 mars 1794 porta défense à tout citoyen des États-Unis de prendre aucune part au commerce des noirs lorsqu'il se dirigeait vers des colonies européennes. L'Angleterre suivit cet exemple en 1806. L'année suivante, en 1807, ces deux grandes puissances proclamèrent l'abolition complète de l'esclavage. Par suite de la guerre et du système continental, le Portugal seul, en sa qualité d'allié de l'Angleterre, resta en position, à cette époque, de continuer la traite. C'est alors qu'un traité fut conclu à Rio-Janeiro, le 19 février 1810, entre Sa Majesté Britannique et le prince régent de Portugal pour la suppression de la traite sur la côte d'Afrique. Le prince régent y réserva les droits de sa couronne sur les territoires de Cabinda et de Molembo, droits que la France avait autrefois contestés. La même réserve fut insérée dans la convention additionnelle signée à Londres le 28 juillet 1817.

Pendant 35 ans, aucune contestation ne s'éleva au sujet des droits réels ou prétendus du Portugal sur cette région. Mais la querelle s'engagea en 1845; le Portugal formula des réclamations, s'appuyant sur les limites assignées à la station de croiseurs établie par la France et l'Angleterre, et se plaignant que ces limites comprenaient la totalité des territoires soumis à sa souveraineté. De nouvelles plaintes étant parvenues au Foreign-Office en 1846, à propos de la capture du brick brésilien la *Bonne-Union*, lord Palmerston déclara nettement que le gouvernement britannique entendait maintenir les relations directes du commerce anglais avec la région dont il s'agissait, qu'il se refusait à admettre les droits de souveraineté prétendus par le Portugal sur les territoires compris entre le 5° degré 12 minutes et le 8° degré de latitude australe, et où sont situés les ports de Cabinda et d'Ambriz[1]. Soit qu'il crut la cause perdue, soit qu'il lui parut imprudent d'aborder des détails où ses prétentions n'auraient pas eu l'avantage, le cabinet de Lisbonne se tint sur une grande réserve pendant dix ans. En 1853, la démarche habilement provoquée du roi et des chefs de Cabinda ralluma une lutte qui ne semblait pas alors de nature à avoir tant de durée. L'ambassadeur du Portugal écrivit de nouveau, encore qu'il n'y

---

Lettres des 26 septembre et 30 novembre 1846.

eût aucun de ses arguments qu'on ne pût réfuter. S'il était véritable qu'en 1484 et les années suivantes les Portugais eussent découvert partie des côtes d'Afrique, le Portugal en avait-il pris une possession effective et continue? Même, sans en avoir pris possession, le Portugal avait-il tenté de la civiliser? La condition et l'état de la côte, depuis Loango jusqu'à Ambriz, on pouvait les opposer à tous les arguments. Les marchands d'esclaves y résidaient impunément; l'esclavage y florissait avec toutes ses horreurs et ses pratiques les plus odieuses. La réponse de lord Clarendon fut donc des plus nettes et des plus fermes. Il était manifeste et notoire, écrivit-il au comte Lavradio, que les tribus africaines qui habitent la ligne de côtes revendiquées par le Portugal, entre le 5° degré 12 minutes et le 8° degré de latitude australe, étaient en réalité indépendantes, et que le droit résultant pour le Portugal de la priorité de ses découvertes dans ces parages, au XVe siècle, était depuis longtemps frappé de caducité, le Portugal ayant négligé d'occuper les territoires découverts par lui. En présence de ces faits, lord Clarendon réitérait que les intérêts du commerce commandaient au gouvernement britannique de maintenir sans restrictions son droit de relations directes avec le territoire en question [1].

Le cabinet de Lisbonne resta peut-être étourdi du coup, mais il ne se tint pas pour vaincu. Il fit appel aux géographes et aux savants. Le vicomte de Santarem publia une brochure en vue de démontrer les droits de la couronne de Portugal sur les territoires de Molembo, Cabinda et Ambriz. Il fut suivi dans cette voie par le vicomte de Sá da Bandeira, qui lança la publication imprimée à Lisbonne en 1855 et traduite en langue française [2]. Par l'effet seul de ces travaux érudits, le Portugal espérait-il obtenir gain de cause auprès de son adversaire? C'est peu probable. Ce qui confirme cette conjecture, c'est qu'il fit occuper militairement le port d'Ambriz, où existaient des factoreries françaises et anglaises. Le cabinet de Londres acquiesça à cette occupation, non sans toutefois renouveler et aggraver ses représentations. Le 26 mai 1856, lord Clarendon déclarait de nouveau que l'Angleterre avait formellement et à plusieurs reprises refusé d'admettre la revendication du Portugal et il ajoutait, en manière d'*ultimatum*, que toute

---

[1] Lettre du comte Lavradio, 17 septembre 1853 — Réponse de lord Clarendon, 26 novembre 1853.
[2] *Faits et considérations relatifs aux droits du Portugal*, etc. Lisbonne, Imprimerie nationale, 1855.

tentative des autorités portugaises en Afrique en vue d'étendre en deçà d'Ambriz leur occupation serait réprimée par la force [1]. Le Portugal, malgré tout, ne se pressant pas d'obéir, des instructions furent adressées aux croiseurs anglais; et lord Clarendon affirmait de nouveau sa précédente déclaration le 15 août 1856. Enfin, la même question ayant fixé l'attention du Foreign-Office en 1867 et 1876, lord Stanley et lord Derby rappelèrent au gouvernement de Lisbonne que les instructions expédiées en 1856 aux commandants de la station navale demeuraient en vigueur et que l'Angleterre s'opposerait par la force à l'occupation des ports de la côte d'Afrique autres que le port d'Ambriz [2].

Il est donc démontré que le gouvernement anglais a eu la même manière de voir jusqu'aux années dernières. Mais les récentes discussions qui ont eu lieu à la Chambre des communes [3] ont révélé que le Foreign-Office s'est subitement montré disposé à adorer ce qu'il avait jadis brûlé, c'est-à-dire à sanctionner les vieilles revendications portugaises sur les territoires situés à l'embouchure du Congo. Il est probable, suivant ce qu'on écrivait de Lisbonne le 10 avril dernier, qu'un traité sera signé dans ce sens entre l'Angleterre et le Portugal et que la nouvelle convention sera immédiatement soumise aux Cortès portugaises. Si, comme on l'a dit, le cabinet britannique s'est pris tout à coup d'une telle ferveur pour les droits du Portugal, c'est qu'il a vu, dans leur reconnaissance, le moyen d'entraver l'œuvre que M. de Brazza poursuit au nom de la France. Le traité en question constituera-t-il, de fait, un obstacle à cette œuvre? Il y a tout lieu de croire que non : les terres avoisinantes des prétendues possessions portugaises dans le Zaïre (Congo) et concédées par un chef indigène à M. de Brazza ne touchent aucunement aux limites de ces possessions. Le Loango et Stanley-Pool sont hors de ces limites, par conséquent aucune difficulté diplomatique ne viendra arrêter la marche du courageux explorateur.

L'affaire n'est au fond qu'une escarmouche; une plus sérieuse bataille est inévitable; le commerce anglais la sent venir et s'y prépare, n'ignorant pas la manière merveilleuse dont les relations commerciales avec les côtes d'Afrique se sont développées depuis 25 ans. En 1855, un seul navire côtoyait de temps à autre ces bords pour y déposer des passagers, les lettres, de petites cargaisons. Aujourd'hui, ces

---

[1] Lettre à M. Howard, du 26 mai 1856.
[2] Lettres des 21 août 1866 et 8 février 1876.
[3] Séance du mardi 3 avril 1883.

parages sont parcourus par 25 ou 30 bateaux à vapeur qui transportent chaque année 2 millions sterling de marchandises. La compagnie africaine d'Angleterre, à elle seule, en emploie huit. L'intérêt de l'industrie britannique étant donc d'affermir la prépondérance déjà acquise, les membres les plus éminents des chambres de commerce lui en ont indiqué les moyens. Et il faut distinguer parmi eux l'honorable James Hutton qui, dans une lettre datée de Manchester et adressée au *Times*[1], déclare que l'importance commerciale du Congo est dans l'avenir incalculable pour le commerce et l'industrie de la Grande-Bretagne et en particulier du Lancashire, où sont situées, comme on le sait, d'immenses houillières et les 500 filatures de coton de Manchester.

« Déjà, dit-il, sur le cours inférieur de ce fleuve et dans la région
« avoisinante, il s'est établi un commerce considérable, principale-
« ment de marchandises anglaises. Les navires marchands de 5,000
« tonneaux remontent aisément la rivière sur un parcours de 120 milles.
« Dans le haut Congo et au cœur de l'Afrique habitent des peuplades
« industrieuses, avides de recevoir la civilisation et de trafiquer....
« A Noki et Vivi, on compte à l'heure présente 15 établissements euro-
« péens, et il est à considérer que le Lancashire, Glasgow, Birming-
« ham et les autres centres manufacturiers expédient vers cette région
« des produits d'une valeur de 500,000 ou 600,000 livres sterling....
« Le Portugal n'a pris aucune part à ce développement commercial ;
« il n'y a aucun intérêt ; il n'existe pas sur le Congo un seul marchand
« portugais, sauf sur la côte quelques factoreries sans importance. A
« la Chambre des lords, lord Granville a établi que l'état des choses
« n'était pas satisfaisant ; que le pays était abandonné à l'anarchie, à
« l'esclavage, à la cruauté, à la violence. Livrer le Congo au Portugal,
« ce serait favoriser le commerce des esclaves et non point l'abolir.... »

Il nous semble superflu d'expliquer le sentiment qui perce dans ces lignes. Soyons surs qu'il est dicté par les intérêts les plus positifs des commerçants du Royaume-Uni. Rien n'est plus opportun ou n'est mieux fait pour stimuler nos propres efforts que d'entendre les exhortations de M. James Hutton. Elles ont peu de chance d'être goûtées de ses compatriotes qui font depuis quelque temps aux Portugais les plus significatives avances. Mais déjà un courant d'opinion publique s'est formé à Lisbonne contre la prédominance de l'Angleterre dans les af-

---

[1] 3 avril 1883.

faires portugaises. Il ne faudra pas s'étonner si, maintenant fermement ses sentiments de patriotisme, le parti progressiste et démocrate exprime sa satisfaction du voisinage de la France sur le Congo, applaudissant ainsi au caractère de la civilisation française et montrant la nécessité pour le Portugal de trouver en elle un équilibre à l'exclusive autorité des Anglais dans les colonies des côtes d'Afrique.

Voilà donc à quoi se réduiront sans doute les efforts de l'Angleterre : à Lisbonne, on donnera peu d'attention à des compliments, à des promesses qui n'engagent à rien, ou que rien ne doit suivre. C'est pourquoi, sans s'exagérer les avantages de la hardie expédition de M. de Brazza, nous inclinons à penser que l'énergique explorateur la mènera à bonne fin et qu'aucun incident politique ne viendra se mettre à la traverse. En somme, M. de Brazza a acquis, par de périlleux labeurs, le droit de faire de l'ancien royaume de Loango une colonie française.

On a su que la petite expédition qu'il dirige a ouvert ses opérations sur deux points de la côte africaine, à Loango et à la Pointe-Noire (Punta-Negra), dans la basse Guinée. Ces deux positions où flotte notre pavillon, sont situées dans un pays arrosé par quantité de petites rivières, ce qui le rend extrêmement fertile. D'anciens voyageurs l'ont trouvé fort peuplé, quelque peu montagneux, rempli de bestiaux et de palmiers; ils avaient remarqué ses plaines et ses vallées. Ces deux mouillages que les paquebots européens fréquentent, serviront de bases aux futures opérations de M. de Brazza et à ses explorations dans les régions entre l'Océan et le port de Brazzaville, sur le Congo. Voici ce qu'écrivait, le 26 août 1874, le R. P. Duparquet, supérieur de la nouvelle mission du Congo, à propos de Quillou ou Kouïlo, dans le Calongo, de Loango situé plus au Sud et de la baie de la Pointe-Noire[1].

Kouïlo. — A l'embouchure du grand fleuve de ce nom. Ce fleuve a été exploré tout récemment par le docteur allemand Günsfeld. Il lui a servi également de point de départ pour sa présente exploration jusqu'au Gabon.

Outre la gomme élastique, Kouïlo fournit, comme produits commerciaux, de l'huile de palme, des coconotes et un peu d'ivoire.

Factoreries. { 1° hollandaise.
{ 2° anglaise. . *William Cooper.*

---

[1] *Missions catholiques*, 5 mars 1875, n° 300.

Loango. — Capitale du royaume de ce nom, autrefois considérable, aujourd'hui bien diminué et renfermé entre le Kouïlo et le Louiza-Loango.

Mêmes produits qu'à Kouïlo.

Factoreries.
- 1° portugaise. *Leitao et Castro*.
- 2° — *Ferrao*.
- 3° — *Saboga*.
- 4° anglaise. *Parks*.
- 5° — fermée.

Punta-Negra. — Point de relâche des paquebots et entrepôt de commerce pour cette partie de la côte.

Factoreries.
- 1° hollandaise (de Rotterdam).
- 2° française. *Daumas, Lartigue et C*^{ie}.
- 3° portugaise. *Leitao et Castro*.
- 4° — *Laurentino*.
- 5° anglaise. *Taylor*.
- 6° espagnole. *Miguel et Laureiro*.

Plus récemment, le vice-préfet apostolique du Congo parlait de Punta-Negra dans les termes suivants[1] :

« A 12 ou 15 kilomètres au Sud de Loango, se trouve la jolie baie de Pointe-Noire, fréquentée par les packets anglais et de nombreuses embarcations à voile. Le chef du pays est baptisé, sait lire et écrire et est civilisé. Il vient de nous être d'un grand secours dans notre voyage à Stanley-Pool. Sans son influence, nous n'aurions jamais pu trouver des porteurs pour un pays si éloigné dans l'intérieur et si effrayant pour les gens de la côte. Ce chef a, depuis plusieurs années, son neveu à la mission. Il ne cesse, en outre, de faire des instances pour nous attirer dans son pays. Les offres sont vraiment avantageuses. Nous espérons donc pouvoir y installer, cette année, son neveu comme catéchiste et maître d'école. »

Enfin, pour répondre aux théoriciens qui soutiennent que nous courrons au Congo une romanesque et sentimentale aventure, nous ajouterons qu'il y a tout au plus 6 mois, le P. Augouard, à son retour de Stanley-Pool, déclarait que la situation de cette station était admirable, qu'elle était la véritable clef du continent et que, dès que M. de

---

[1] *Missions catholiques*, 24 mars 1882, n° 668.

M. de Brazza aurait reparu dans la contrée, celle-ci nous serait largement ouverte, surtout avec l'influence française qui y domine présentement et exclusivement. A défaut d'autres colonies plus désirables, le Congo offre un vaste territoire dont les ressources naturelles peuvent être développées et utilisées, et qui peut servir dans une certaine mesure de débouchés à l'industrie. Or, ces avantages seront assurés à la France si nous manifestons le ferme dessein de soutenir M. de Brazza dans sa mission glorieuse et civilisatrice.

18 mai 1883.

Ch. BRÉARD.

I

PREMIER VOYAGE DE M. SAVORGNAN DE BRAZZA

OGOOUÉ

(1875-1878)

I

PREMIER VOYAGE DE M. SAVORGNAN DE BRAZZA

EXPLORATION DE L'OGOOUÉ

(1875-1878)

I. — **Lettre de M. de Brazza au Ministre de la marine et des colonies sur un projet d'exploration de l'Ogôoué.**

A bord de la *Vénus*, le 23 juin 1874.

Monsieur le Ministre,

A mon arrivée, en 1872, dans nos possessions du Gabon, voyant dans l'exploration du cours navigable de l'Ogôoué une grande importance commerciale, je me décidai à entreprendre ce voyage dès que les circonstances me le permettraient.

Recueillant les renseignements qui, par la suite, auraient pu m'être utiles, j'ai acquis la conviction que l'Ogôoué, en amont des premiers rapides, est encore un fleuve très considérable, qui s'enfonce au loin dans l'intérieur.

L'Ogôoué présentant ainsi, à mon avis, une voie à l'exploration de l'intérieur de l'Afrique, mon projet s'est beaucoup étendu. Après avoir fait les croquis hydrographiques de la partie du cours qui offre de l'intérêt au point de vue commercial, je compte le remonter aussi loin que possible. S'il n'a pas un cours aussi considérable que je le pense, je le quitterai et, sans penser au retour, je m'enfoncerai vers l'E.-N.-E.; à bout de ressources, je m'arrêterai chez les différentes peuplades et, apprenant leur langue, lentement il est vrai, je pourrai peut-être continuer ma route à la recherche des lacs ou du fleuve, par où doit s'écouler la grande masse d'eau qui tombe sous l'équateur.

Je viens vous prier, Excellence, de vouloir bien, autorisant l'accomplissement de mon projet, m'accorder l'avance d'une année de solde, qui augmenterait les ressources dont je pourrai personnellement disposer. Avec ces seules ressources, je ne crois pas pouvoir entreprendre l'expédition de la manière qui, selon moi, offre le plus de chances de réussir.

J'ai l'honneur, Monsieur le Ministre, de vous soumettre le plan général de cette expédition, parce que, le cours de l'Ogôoué présentant de l'intérêt pour l'extension du commerce du Gabon, j'ose espérer que, accueillant favorablement ma demande, Votre Excellence voudra bien m'accorder quelques facilités. J'ai, en outre, l'espoir que la Société de géographie ne restera pas indifférente au succès de l'entreprise et qu'elle me donnera aussi quelques ressources, ressources qui, réunies à celles que j'espère obtenir de Votre Excellence, me permettront d'entreprendre l'expédition dans les conditions que je viens exposer.

Je voulais d'abord être le seul blanc de l'expédition. Mais, je crois maintenant que j'augmenterais de beaucoup les chances de réussir si je pouvais m'adjoindre un autre blanc, deux tout au plus; blancs, qui ayant déjà, comme moi, vécu sous un climat semblable, croiraient pouvoir résister aux fatigues de l'expédition. Il serait très avantageux qu'un de mes compagnons possédât une certaine instruction, car alors l'exploration ne serait pas arrêtée si l'un de nous deux venait à faire défaut.

Je ne sais si je pourrai trouver ce compagnon, mais un matelot de la *Vénus* m'accompagnera. C'est un homme courageux et bien décidé qui, je crois, ne reculera pas. J'espère aussi pouvoir avoir à ma disposition quelques laptots Bambaras ou Saracollets, avec lesquels j'aurai quelques garanties de ne pas être pillé par les piroguiers et interprètes que je prendrai à la Pointe-Fétiche. Je pense décider ces derniers noirs à m'accompagner, leur donnant fort peu de chose, mais leur promettant une forte récompense pour le jour où, avec des lettres de moi, ils arriveront dans les établissements européens où je les aurai renvoyés. J'aurai, avec moi, une valeur en marchandises inférieure à celle qu'ils recevront à leur retour au Gabon. J'écarterai ainsi, j'espère, le danger d'être pillé par ces noirs.

C'est à la Pointe-Fétiche, où l'Okanda se jette dans l'Ogôoué, que commencerait réellement l'expédition et elle commencera, je pense, par sa partie la plus difficile. Dans un pays malsain, parmi des peuples qui monopolisent la traite et qui doivent craindre de perdre le monopole de nos marchandises, si les blancs remontent le fleuve, ce que conseille une prudence bien raisonnée, c'est de s'enfoncer résolument vers l'intérieur, en remontant le plus rapidement possible le cours du fleuve et n'ayant, avec les villages riverains, que les relations strictement nécessaires.

Je m'avancerai ainsi, me défiant beaucoup des noirs de l'escorte. Je les forcerai à m'accompagner jusqu'à ce que la sûreté de l'expédition soit compromise par leur mauvaise volonté. Alors, avec des lettres résumant les observations faites jusque-là, je renverrai ceux des noirs qu'il serait dangereux de garder plus longtemps. Ainsi, quoi qu'il arrive, les résultats déjà obtenus ne seront pas perdus.

J'ai beaucoup de confiance dans ce projet, qui me soustraira rapidement à l'influence d'un pays que je crois plus malsain que le haut du fleuve et qui me transportera chez des peuples inconnus et peut-être plus hospitaliers que ceux qui avoisinent les blancs.

Je continuerai ensuite ma route, prenant dans les tribus où je passerai des noirs pour remplacer ceux qui seront partis. Là, je serai presque à la merci des peuplades riveraines, mais je pense me trouver chez des peuples auprès desquels un blanc aura un certain prestige.

Jusqu'où pourrai-je m'avancer, d'abord en pirogue, ensuite à pied ? Je ne sais. Je ne puis prévoir les événements qui peuvent entraver cette expédition, mais je ne crois pas devoir rentrer au Gabon si certains objets indispensables venaient à me manquer dès le commencement du voyage : je ferais alors connaître ma position à M. le gouverneur du Gabon et j'attendrais dans le pays ce qui m'est nécessaire. Je serai ainsi dans les meilleures conditions pour continuer ensuite ma route.

Je connais, Monsieur le Ministre, les dangers auxquels je m'expose et, quoique pendant mon séjour sur la côte d'Afrique ma santé n'ait pas été altérée par les fatigues que, en prévision de cette expédition, je me suis imposées, je sais que la santé même la plus robuste n'affronte pas impunément, dans ces climats, des fatigues et des privations pareilles. Je sais aussi qu'il faut que je sois très heureux pour que le résultat que j'espère vienne couronner mes efforts. Néanmoins, fermement décidé et avec un ardent désir de réussir, je l'entreprends et je n'aurai pas été inutile si l'Ogôoué aura eu sa première victime, car un autre, plus heureux, reprendra la route que j'aurai ouverte.

L'avenir seul peut décider quel sera le résultat de l'entreprise, mais je crois me connaître assez pour espérer remplir dignement la mission que je m'impose et pour l'accomplissement de laquelle je viens prier Votre Excellence de vouloir bien me prêter une bienveillante assistance.

Je suis, etc.

P. SAVORGNAN DE BRAZZA,
Aspirant de 1re classe.

II. — **Rapport au Ministre de la marine et des colonies sur le projet d'exploration du cours de l'Ogôoué supérieur, présenté par M. de Brazza.**

Paris, le 23 juillet 1874.

M. de Brazza, aspirant de 1re classe, qui revient d'une campagne dans l'Atlantique Sud, pendant laquelle il a eu l'occasion de séjourner au Gabon et de connaître les populations de ce pays, frappé du développement que prennent nos relations commerciales avec les peuplades de l'intérieur, notamment par cet immense cours d'eau, connu depuis quelques années seulement, qu'on appelle l'Ogôoué, se propose de remonter ce fleuve aussi loin que ce sera possible et d'aller étudier sur place la géographie, les productions et toutes les particularités de ces régions inconnues. Il espère que le département de la marine voudra bien lui accorder son appui pour cette exploration, et lui fournir, au moins en partie, les ressources qui lui seront nécessaires pour donner à son projet toutes les chances favorables de réussir. « Si le cours de « l'Ogôoué n'est pas aussi considérable que je le pense, dit-il dans le « rapport qu'il adresse au Ministre, je le quitterai et sans penser « au retour, je m'enfoncerai vers l'E.-N.-E.; à bout de ressources, je « m'arrêterai chez les différentes peuplades et, apprenant leur langue, « lentement, il est vrai, je pourrai peut-être continuer ma route à la « recherche des fleuves ou des lacs par où doit s'écouler la grande « masse d'eau qui tombe sous l'équateur. »

Nous ne pouvons pas prévoir jusqu'à quel point M. de Brazza pourra s'enfoncer dans l'intérieur de l'Afrique. Peut-être même, avec suffisamment de résultats obtenus, serait-il préférable de revenir sur ses pas, pour en assurer la conservation, plutôt que de s'exposer à tout perdre par trop d'audace; mais, en tout état de cause, nous croyons qu'il est bon d'encourager les hommes jeunes, pleins de bonne volonté et d'ardeur, qui, avec une certaine témérité, se lancent dans des régions qui n'ont pas encore été parcourues, et ouvrent à ceux qui leur succéderont des voies dont l'importance ultérieure ne saurait être prévue à l'avance.

Dans le pays que M. de Brazza se propose d'explorer, tout est à étudier, tout est inconnu. Non seulement la configuration géographique des lieux a besoin d'être déterminée; mais la nature du terrain, la faune et la flore de ces régions, les peuplades qui les habitent avec leur langue, leurs mœurs, leurs idées religieuses, leurs caractères anthropologiques, leurs industries, etc., sont autant de sujets d'observation et la quantité de documents intéressants à recueillir est indéfinie. C'est là, si l'on veut, le côté théorique de l'exploration. A ce seul titre, elle mériterait d'être encouragée; mais au point de vue pratique, elle ne saurait manquer, si elle est bien conduite, de donner des résultats aussi fructueux.

Les conséquences commerciales pourront en être importantes, et notre établissement du Gabon pourra s'en ressentir au point de vue de sa prospérité. Depuis l'époque où nos avisos à vapeur ont remonté pour la première fois l'Ogôoué, les négociants ont usé largement de cette voie commerciale; ils circulent sur le fleuve même avec des chaloupes à vapeur, ils y font un commerce régulier. D'après les renseignements fournis à M. le lieutenant de vaisseau Aymes, par M. le marquis de Compiègne, qui revient d'explorer ces régions, le commerce s'est déjà établi d'une façon sérieuse sur un point notablement éloigné de l'embouchure, au lieu qu'on appelle le Confluent, parce qu'une seconde rivière assez large vient se jeter dans l'Ogôoué, par 0°40′ Sud et 8°15′ Est environ. On communique directement de ce point avec l'estuaire du Gabon, par le Remboé et une route terrestre très fréquentée. Chaque maison du Gabon a maintenant au Confluent une factorerie; le pays offre des ressources considérables (notamment en ivoire et en caoutchouc). L'installation du commerce sur un point aussi éloigné du littoral prouve, d'une part, l'importance du trafic que l'on y fait, d'autre part, la facilité des relations avec les populations du fleuve. Le voyage de M. de Brazza permettra peut-être à nos commerçants de porter leurs comptoirs encore plus loin dans l'intérieur. Les peuplades qui habitent le haut du fleuve ont dû entendre parler des blancs de la côte et de leur supériorité relative; à défaut de bienveillance de leur part, on peut supposer que la crainte les maintiendra inoffensives vis-à-vis des blancs qui pénètrent sur leurs territoires.

L'importance de l'exploration de M. de Brazza ne me semble pas pouvoir être contestée. Resterait à en examiner le plan et les moyens d'exécution. A cet égard, nous ne saurions émettre que quelques idées générales. L'auteur du projet restera toujours maître de les modifier suivant les circonstances; c'est à lui qu'il incombe d'en préparer en détail les voies et les moyens.

M. Aymes, qui a exploré tout le cours inférieur de l'Ogôoué, M. de Compiègne, qui l'a remonté encore plus haut, les négociants qui sont sur les lieux, lui donneront à ce sujet des conseils qu'il appréciera et qui lui permettront de se mettre dans les conditions les plus favorables.

Le but de M. de Brazza est de remonter aussi loin qu'il pourra le fleuve Ogôoué et d'atteindre les sources, s'il est possible. Le point de départ de M. de Brazza doit être le Confluent, c'est-à-dire le point le plus avancé où il pourra concentrer ses moyens d'action. Là, il se procurera des renseignements oraux sur les pays qu'il doit parcourir, au moins les plus voisins, se mettra en rapport avec quelques membres des tribus qu'il aura à visiter. Nul doute qu'il ne puisse aller loin, en remontant le fleuve. Il a été devancé (dans la partie qu'il parcourra d'abord) par M. de Compiègne, qui a pu franchir toute la partie du fleuve où se trouvent des rapides qui en gênent la navigation. Suivant M. de Compiègne (cité par M. Aymes), les rapides sont à cinq ou six petites journées du Confluent; ils continuent, plus ou moins violents, sur une trentaine de lieues. Ils sont constitués par des roches qui obstruent le cours du fleuve; il n'y a pas de grandes chutes, et les pirogues peuvent les franchir. M. de Compiègne prétend avoir remonté l'Ogôoué à une très grande distance (100 ou 150 lieues environ). A la distance où il parvint, des indigènes du cours supérieur de l'Ogôoué l'engageaient vivement à se rendre au milieu d'eux. Interrogés sur le fleuve, ses sources, ses rapides, ces indigènes répondaient invariablement : « Le fleuve ne finit jamais, il n'y a pas de rapides. »

Tout indique donc dans ces contrées un champ d'exploitation considérable pour le commerce, et en même temps une route facile pour y parvenir. Il est donc permis de supposer que M. de Brazza pourra s'avancer fort loin dans l'intérieur des terres, cette probabilité de succès doit être une des raisons les plus puissantes de l'encourager et de l'aider dans son entreprise.

M. de Brazza a pour lui sa jeunesse, sa santé qu'il a exercée à supporter le climat si dangereux du Gabon et qui supportera encore mieux probablement le climat moins insalubre de l'intérieur, sa volonté ardente de réussir. Il a déjà étudié la langue des peuplades gabonaises et leurs habitudes; il a vu les *Fans*, ces tribus qui, depuis quelque temps, émigrent de l'intérieur et viennent se réfugier sur le littoral de l'estuaire. Or, s'il faut en croire M. de Compiègne, des tribus qui ressemblent beaucoup aux Fans (les Ochébas)[1] et ont probablement la même origine, commencent à apparaître sur les rives de l'Ogôoué. M. de Brazza désire emmener avec lui un compagnon de voyage. Nous croyons devoir l'encourager dans cette idée et l'engager à emmener avec lui soit un médecin, soit un naturaliste. Si l'instruction de M. de Brazza lui permet de nous rapporter des détails précis sur la configuration géographique du pays qu'il va parcourir, ses connaissances dans les sciences naturelles ou en anthropologie, sont sans doute moins étendues, et s'il devait partir seul, il ferait bien, avant son départ, de perfectionner son instruction sur ces matières; mais à tous égards, nous croyons avantageux qu'il puisse recruter un collaborateur.

En résumé, notre avis est que le projet de M. de Brazza, tant au point de vue des intérêts scientifiques et géographiques qu'à celui des intérêts de notre commerce, mérite d'être pris en très sérieuse considération. Nous émettons le vœu que M. le ministre de la marine accorde à cet officier une bienveillance efficace et facilite l'exécution de son voyage, en lui fournissant les moyens de se transporter à son point de départ (le Confluent), et lui accordant une partie des ressources pécuniaires qui lui sont indispensables.

L'Ingénieur hydrographe de 1re classe.

III. — **Lettre de M. de Brazza à M. l'amiral commandant en chef la division navale de l'Atlantique du Sud.**

Paris, le 15 décembre 1874.

Amiral,

A mon retour de la côte d'Afrique, j'ai eu l'honneur de transmettre à M. le Ministre de la marine le projet succinct d'une exploration de l'Ogôoué.

---

[1] Osayébas.

A la suite du rapport que le Dépôt des cartes et plans a envoyé sur ce sujet, M. le Directeur des mouvements m'a demandé un projet plus étendu de cette expédition.

J'ai l'honneur de vous présenter ce projet, en y ajoutant, d'après vos ordres, un état détaillé du personnel et du matériel nécessaires.

La reconnaissance du cours supérieur de ce fleuve, dans lequel est venue se concentrer la majeure partie du commerce du Gabon, est du plus grand intérêt pour l'avenir de la colonie.

La route que ce fleuve semble présenter pour pénétrer dans l'intérieur de l'Afrique équatoriale permet d'espérer de cette expédition des résultats du plus haut intérêt pour la science.

Je ne suis pas sans connaître les difficultés de cette entreprise, mais, croyant posséder les qualités nécessaires pour l'accomplir, je viens solliciter de M. le Ministre la mission d'aller reconnaître le cours supérieur de l'Ogôoué, d'essayer d'ouvrir par la route du fleuve un débouché aux produits de l'intérieur, et de pousser l'exploration aussi loin que possible vers l'Est.

Espérant que vous accueillerez favorablement ma demande, j'ai l'honneur de vous prier, Amiral, de vouloir bien l'appuyer auprès de M. le Ministre de la marine.

Je suis avec un profond respect, Amiral, votre très obéissant serviteur

P. SAVORGNAN DE BRAZZA.

IV. — Développement du projet d'exploration du fleuve Ogôoué.

L'Ogôoué, dans la région qui s'étend de la Pointe-Fétiche à la mer, est très malsain.— Les marchandises, qui sont l'unique objet d'échange, augmentent rapidement de valeur dès qu'on s'éloigne de la côte. Le voyage en pirogue de la mer à la Pointe-Fétiche serait très long et surtout très coûteux.

Si le *Marabout* profitait de l'époque de mon départ pour remonter à la Pointe-Fétiche, toute fatigue me serait épargnée jusque-là.

Convaincu de l'intérêt qu'il y a à nouer des relations commerciales avec le haut du fleuve, M. Pilastre, le commerçant français le plus important du Gabon, mettra à ma disposition, sans frais et à ses risques et périls, le nouveau vapeur qu'il vient d'envoyer dans l'Ogôoué. L'expédition remonterait de la sorte aussi loin qu'il sera possible de le faire sans dangers pour ce vapeur.

Je pourrais aborder ainsi, dans les conditions hygiéniques les plus favorables, la partie difficile et importante du voyage.

Ce sont, en effet, les fatigues et le séjour prolongé dans le bas du fleuve qui ont nui au succès des explorations précédentes.

Près de la Pointe-Fétiche, au village Lambaréné, on se trouve en présence de Renoqué, roi des Inengas, avec lequel M. Aymes a conclu un traité quand il a remonté le fleuve jusqu'à la Pointe-Fétiche.

Renoqué, bien qu'aveugle, est le roi le plus influent du fleuve ; son autorité s'étend jusqu'aux Okandas qui habitent la partie supérieure des rapides. C'est à Lambaréné qu'on engage comme piroguiers les Inengas et les Galois. Le roi de ces derniers, Manilo, est sans influence.

Il est *indispensable* d'avoir alors des pirogues achetées à l'avance. L'acquisition en devient longue, difficile et surtout très coûteuse pour un voyageur forcé de partir promptement.

Mon arrivée à Lambaréné à bord du *Marabout* lèverait de grandes difficultés et exercerait un prestige dont l'effet s'étendrait jusqu'au pays des Okandas par l'intermédiaire de Renoqué. En effet, ce roi, selon son habitude, me conduirait ou me ferait conduire jusqu'aux Okandas. De la Pointe-Fétiche à Adéké le fleuve est libre, d'Adéké à Lopé, chez les Okandas, il ne présente d'autres difficultés que ses rapides. Les Galois et les Inengas les franchissent avec une adresse surprenante. Arrivés à Lopé, au pays des Okandas, les Galois et les Inengas redescendent le fleuve.

Les Okandas, auxquels le voyageur est désormais livré et recommandé par Renoqué, ont actuellement le plus grand intérêt à reprendre leurs relations commerciales avec le haut du fleuve ; mais, sur l'autre rive, habitent depuis peu les Ossyébas (tribu des Pahouins) qui leur inspirent une certaine crainte.

Pour rassurer les uns et contenir les autres, il est de toute nécessité d'avoir une escorte de douze laptots. Les Ossyébas ne sont d'ailleurs point hostiles aux blancs. Un voyageur arrivant chez eux accompagné de deux Pahouins du Como, comme interprètes, serait vraisemblablement bien accueilli, surtout s'il apporte quelques cadeaux et laisse entrevoir l'effet des armes perfectionnées.

Voulussent-ils s'opposer à mon passage, leurs fusils à pierre de peu de portée, chargés avec des fragments de métal, seraient impuissants à me créer de sérieux dangers.

Les Ossyébas une fois franchis, le voyageur se trouve chez les Adumas, lesquels sont amis des Okandas qui, à partir de Lopé, fournissent les piroguiers. L'Ogôoué, dont les rapides cessent avant la rivière Ivindo, coule, autant qu'on peut le savoir, sans présenter désormais de nouvelles difficultés à la navigation.

Il est permis d'espérer que je pourrai, à l'aide du fleuve, m'avancer déjà fort loin dans l'intérieur. Dans le cas où les circonstances me rendraient possible, en quittant cette voie, de continuer à m'avancer par terre vers l'Est, il va sans dire que mon intention est de poursuivre le voyage.

Je me trouverai alors dans une contrée entièrement inconnue, dont les Anglais et les Allemands s'efforcent à l'envi d'être les premiers explorateurs.

Il serait hautement à désirer que la France n'abandonnât pas à d'autres l'honneur de cette exploration, dont le point de départ serait une terre française.

En daignant m'accorder les moyens d'action que je sollicite de sa haute bienveillance, M. le Ministre de la marine me placerait dans des conditions qui autoriseraient l'espoir de la réussite.

La Société de géographie, appréciant l'importance d'un semblable voyage, a fait une démarche auprès du Ministre de la marine et j'ai toute raison de penser que la Société contribuerait, dans la limite de ses moyens, à faciliter l'accomplissement de mon projet.

Le *Marabout* remonte souvent l'Ogôoué ; il a même, en janvier dernier, dépassé de 15 milles la Pointe-Fétiche. La crue du fleuve a lieu de novembre à mai avec une petite baisse vers la fin de février. C'est au commencement de novembre que je devrais être rendu à la Pointe-Fétiche.

Pirogues.

Il est indispensable que les pirogues soient achetées à l'avance ; elles doivent être sans quilles et semblables à celles dont se servent les Galois et les Inengas pour remonter les rapides.

Quatre grandes pirogues, pouvant porter chacune vingt à vingt-quatre pagayeurs, sont indispensables. A la condition expresse d'être prévenu longtemps d'avance, le commandant particulier du Gabon peut se procurer ces pirogues.

Personnel.

Douze laptots du Sénégal (Baba-Cardion, laptot de l'*Espadon*, serait du nombre). Il faudrait les choisir avec soin et les faire engager à l'avance, à Saint-Louis, par le commandant de la marine prévenu de leur destination et auquel on donnerait une certaine latitude pour augmenter les prix d'engagement et les porter, par exemple, à 5 ou 10 fr. en plus des engagements ordinaires pour le Gabon.

Je prendrais ces laptots à Dakar, où ils devraient se trouver prêts à l'époque de mon passage.

Arrivé au Gabon, je verserais les deux plus mauvais laptots à la *Cordelière* et je les remplacerais par Moussa (Congo), laptot du *Loiret*, et par le laptot de Kerno qui parle pahouin ; le nom de ce dernier m'échappe, mais il est bien connu au Gabon.

Chef des laptots : il doit être choisi avec le plus grand soin à Saint-Louis. C'est de ce choix que dépend la discipline des laptots.

Gabonais Chico (a déjà été chez les Okandas).

Shallow (ancien domestique de M. Sinclair), Pahouin.

Deux Pahouins du Como parlant m'pongué. Il serait impossible de les avoir en ne s'y prenant pas longtemps à l'avance.

L'engagement du laptot de Kerno, de Chico, de Shallow est ce qui peut contribuer dans la plus large mesure au succès de l'expédition. Ces hommes, en outre des qualités personnelles qu'ils offrent, sont, à ma connaissance, les meilleurs interprètes qu'on puisse se procurer. Il est donc d'une importance capitale que ces hommes soient engagés et que, à mon arrivée au Gabon, je les trouve prêts à me suivre. Il serait à désirer que, dans un bref délai, des ordres en conséquence fussent envoyés au commandant particulier du Gabon.

Solde.

Les deux Pahouins et les treize laptots et Gabonais que le Ministre de la marine mettrait à ma disposition, ne devraient recevoir la plus grande partie de leur solde qu'à leur retour au Gabon.

La faculté qui me serait accordée d'augmenter dans une raisonnable limite la solde de ces hommes, jointe aux récompenses qu'il me serait permis de leur faire espérer, augmentant mon autorité, rendraient ma mission plus facile.

Matériel.

Armes. — 14 chassepots d'artillerie à cartouches métalliques; 4 fusils des tirailleurs sénégalais; revolvers.

Instruments. — 2 sextants de poche; 2 horizons, à glace, à huile et mercure; 1 cercle; 3 compas d'embarcation; 3 compas de poche; 3 baromètres anéroïdes; 4 thermomètres; 2 chronomètres.

Armement. — 4 grappins avec faux-bras, 200 mètres filin de petit diamètre; gaffes, marteaux, haches, scies, etc., etc.

Campement. — 17 couvertures de laine (couvertures d'équipage); 3 couvertures de laine (couvertures d'officier); 17 havresacs de soldat (construits avec soin); caisses aménagées pour l'arrimage facile des objets à transporter; 8 barils; toiles, etc., etc.

Munitions. — 5 fusées de guerre dans une boîte étanche en plomb; 24 fusées de signaux, par paquets de 8, dans 3 boîtes étanches en plomb; 3,000 cartouches métalliques de chassepot, par paquets de 200, dans des boîtes étanches en plomb; 3,000 cartouches de revolver (boîtes étanches en plomb); 2,000 cartouches métalliques de chassepot pour exercer les laptots au tir avant le départ; 500 cartouches de revolver pour le même usage; 20 kilogr. de poudre à fusil.

Médicaments. — Sulfate de quinine, alcool et poudre de quinquina, arséniate de soude, émétique, sulfate de morphine, laudanum, rhubarbe, pilules de fer, nitrate d'argent, glycérine, acide phénique, extrait de Saturne, camphre, sinapismes, toile à cataplasmes, taffetas gommé, agaric, charpie, bandes.

Vivres. — Biscuit, riz, café, sucre, sardines en daubage, eau-de-vie, vivres d'hôpital, chocolat.

Marchandises. — 600 kilogr. de sel; 40 fusils à pierre destinés à être offerts en cadeau.

Paris, le 29 septembre 1874.

P. DE BRAZZA.

V. — **Instruction du Ministre à M. de Brazza pour son premier voyage d'exploration.**

Paris, 15 février 1875.

Monsieur, j'ai pris connaissance du projet de voyage d'exploration dans l'Ogôoué supérieur et dans l'intérieur de l'Afrique orientale que vous m'avez présenté et j'ai reconnu qu'il y aurait en effet un sérieux intérêt, au double point de vue de la science et de l'extension de notre commerce, à ce que l'importance réelle du fleuve, l'état des populations qui habitent ces contrées, leurs ressources commerciales, ainsi que les relations qu'il serait possible d'établir avec elles fussent constatés d'une manière plus certaine que cela n'a pu être fait jusqu'à ce jour.

J'ai décidé, en conséquence, que vous effectueriez ce voyage, dans les conditions énoncées dans votre travail et que le département de la marine vous prêtera en personnel et matériel, le concours que vous lui avez demandé.

Un aide-médecin de la marine, un quartier-maître, douze laptots et un chef laptot, deux Gabonais et deux Pahouins, tous à la solde du département, vous seront adjoints pour cette exploration. Il sera certainement mis à votre disposition une quantité de vivres correspondant à 10 rations par jour, pendant 6 mois; quatre pirogues réunissant les conditions voulues pour remonter les rapides de l'Ogôoué, les objets nécessaires à l'armement de ces embarcations, des instruments, des effets d'habillement, des armes, etc..., en un mot tous les objets qui figurent sur l'état que vous avez annexé à votre projet et dont le nombre ne m'a pas paru exagéré pour mener votre entreprise à bonne fin.

Une année de solde, à titre d'avances, vous sera comptée avant votre départ de France, ainsi qu'au médecin qui vous accompagnera.

Pour assurer, dans tous ses détails, l'exécution de cette décision, les ordres nécessaires vont être donnés, par les soins des services compétents, au gouverneur du Sénégal, au commandant particulier du Gabon, au Dépôt de la marine et au port de Toulon.

M. le gouverneur du Sénégal sera invité à faire choisir, avec le plus grand soin par M. le commandant de la marine à Saint-Louis, douze laptots et un chef laptot, dans la classe dite des laptots marabouts. Ces treize hommes devront être engagés vers la fin du mois d'août et aussitôt exercés à la marche avec des souliers, ainsi qu'au maniement et au tir du fusil Chassepot. Ils seront ensuite dirigés sur Dakar en temps utile, pour que vous puissiez les prendre à votre passage sur ce point vers le milieu du mois de septembre.

Des instructions relatives au choix et à l'engagement des Gabonais et des Pahouins seront adressées à M. le commandant particulier du

Gabon avec ordre de faire acheter par le capitaine du *Marabout* chez les Galois, si c'est possible, quatre pirogues qui devront être amenées à la *Cordelière* pour y être mises en état.

Dans le cas où ces pirogues ne pourraient être trouvées dans le fleuve, on les ferait construire, d'après vos indications, chez Bounda dans le Como. Le commandant du Gabon sera invité en même temps à faire embarquer au titre de la *Cordelière*, les Gabonais et les Pahouins, du jour de leur engagement qui devra courir du 1er octobre, et le personnel complet de l'expédition, du jour de son arrivée au Gabon. Il recevra également l'ordre de mettre le *Marabout* à votre disposition pour vous transporter au confluent avec le personnel, les pirogues, le matériel, etc., etc. L'administration du Gabon devra également vous remettre dix mille francs que je vous fais allouer pour les frais accessoires de votre voyage.

La liste des instruments qui devront vous être confiés pour vos observations scientifiques est transmise à M. le directeur général du Dépôt, qui aura soin de vous les faire remettre avant votre départ.

Enfin, le port de Toulon recevra prochainement les ordres nécessaires pour la préparation du matériel, des vivres, des objets d'armement, etc., qu'il y aura lieu de mettre à votre disposition et d'emballer dans des caisses en fer-blanc renfermées dans de doubles caisses en bois ainsi que les marchandises que vous emporterez avec vous. J'invite M. le préfet maritime du 5e arrondissement à vous fournir tous les moyens nécessaires pour surveiller la confection de ces caisses, le choix, l'emballage et la répartition des divers objets destinés à l'expédition.

Vous partirez de Toulon par le transport du 1er septembre prochain qui vous conduira à Dakar où vous vous embarquerez avec les treize laptots que vous y rencontrerez sur le *Loiret* qui vous transportera au Gabon.

J'espère, Monsieur, que par votre zèle et votre dévouement aux intérêts de la science et de notre commerce, vous justifierez la confiance dont je me plais à vous accorder le témoignage.

Recevez, etc.

Le Ministre de la marine et des colonies.

VI. — Lettre de M. de Brazza au Ministre sur la situation de l'expédition au commencement de l'année 1876.

Lambaréné, 11 janvier 1876.

Monsieur le Ministre,

N'ayant trouvé au Gabon que deux des pirogues qui devaient être préparées pour moi et ces pirogues n'ayant pas la forme voulue, je n'ai pu m'en servir et, en arrivant à Lambaréné, j'ai dû acheter cinq grandes pirogues qui puissent remonter les rapides.

Quant aux pagayeurs, j'ai éprouvé de telles difficultés pour engager les Inengas et les Galois qui font ordinairement ce service, que, afin de les décider à m'accompagner, j'ai dû les mettre en rivalité avec les Bakalais qui font aussi ce trajet. Dans ce but, j'ai envoyé M. Marche chez les Bakalais, à Samquita (située à environ 15 milles en amont de Lambaréné). M. Marche doit prendre des Bakalais, remonter avec eux chez les Okandas, au milieu des rapides et m'envoyer chercher par ces derniers. Le départ de M. Marche a décidé les Inengas et les Galois à venir s'engager, mais il m'a été impossible de les payer moins de 35 fr. par pagayeur et un grand cadeau à chaque chef (le docteur Lenz les avait payés 50 fr.), et encore le jour du paiement de la somme de 10 fr. qui devait être payée à l'avance à chaque homme, les Galois se sont retirés en disant que je n'étais pas négociant, et pour cela, je ne devais pas les payer comme les négociants; en un mot, ils prétendaient recevoir pour 10 fr., ce que dans les factoreries on leur donne pour 20 fr. Les Inengas ont tous accepté mes conditions, et deux jours après, les Galois aussi les acceptaient.

Le départ est fixé aujourd'hui et je partirai avec 100 hommes et 10 pirogues, dont cinq ont été louées pour le voyage.

M. Marche doit partir de Samquita avec 40 Bakalais. Ce n'est pas sans peine que j'ai pu arriver à ce résultat.

Les dépenses imprévues de l'achat des pirogues, ainsi que la solde des pagayeurs que j'ai dû élever à 35 fr. au lieu de 25 fr., qu'avaient payés MM. de Compiègne et Marche, ont usé mes ressources au delà de mes prévisions et j'ai dû déjà avoir recours aux factoreries pour une somme d'environ 3,500 fr., que j'ai fait payer avec une partie de l'argent que j'avais laissé en dépôt au Gabon et qui était promis en prime aux laptots. Cet argent sera remplacé par mes soins, mais j'ai tenu à vous informer de la situation pécuniaire dans laquelle se trouve l'expédition.

Quand j'ai eu l'honneur de vous présenter mon projet de voyage, je ne pouvais pas prévoir le surcroît de dépense auquel j'ai eu à faire face, car il est entièrement causé par la générosité du docteur allemand Lenz, qui m'a précédé. Il m'est difficile d'expliquer les causes de cette prodigalité qui n'était nullement nécessaire à la marche de l'expédition du docteur Lenz, mais qui devait gêner ses successeurs.

Quant au docteur Lenz, je n'ai pas de ses nouvelles, mais je ne vois que trop qu'il m'a précédé en prodiguant, peut-être à dessein, des marchandises sur son passage.

Avec ma solde et avec mes ressources personnelles, j'ai fait jusqu'à présent face à de très fortes dépenses pour l'expédition et je continuerai toujours à subvenir à ses besoins, mais voyant les frais devenir toujours plus considérables, j'ai l'honneur de vous prier de vouloir bien me faire assigner des frais de mission, pour remplacer le traitement de table que je ne touche pas.

Je vous prie, Monsieur le Ministre, de vouloir bien m'excuser si j'ai pris la liberté de faire cette demande, mais j'ai osé le faire, parce que personnellement je ne profiterai pas de cette somme. Mais j'en justifierai l'emploi pour les besoins de l'expédition, comme j'ai déjà justifié de l'emploi des 10,000 fr. que le budget local du Gabon m'a donnés, et de l'année de solde qui m'a été avancée.

Je vous serai, Monsieur le Ministre, d'autant plus obligé, de vouloir bien prendre en considération ma demande, que je prévois de grandes difficultés dans le paiement des pagayeurs, qui doit s'effectuer chez les Okandas. Les prétentions de ces hommes seront tellement exagérées, que pour ne pas voir mes marchandises, transportées à grande peine chez les Okandas, s'épuiser, je serai obligé d'augmenter la solde des pagayeurs et la porter probablement à 50 fr. et les payer alors avec des bons payables à la factorerie anglaise qui est ici.

Je puis déjà prévoir bien d'autres dépenses qui seront payées dans l'intérieur, avec des bons sur la factorerie.

D'après une de vos dépêches, un supplément de solde de 40 cent. par jour est accordé aux laptots faisant partie de l'expédition ; les trois Pahouins et le Gabonais qui m'accompagnent, étant engagés comme interprètes, M. le commandant par intérimaire du Gabon n'a pas cru pouvoir les faire profiter du supplément.

J'ai l'honneur de vous informer que, ne prévoyant pas la distinction que M. le commandant par intérim du Gabon aurait faite entre les laptots et les Pahouins et Gabonais, engagés comme interprètes, j'avais promis à ces hommes, en les engageant, le même supplément de solde qu'aux laptots; et je viens vous prier, Monsieur le Ministre, de vouloir bien prendre une décision à ce sujet et d'en informer M. le commandant du Gabon.

J'ai l'honneur de vous informer aussi, Monsieur le Ministre, que je renvoie au Gabon, pour être rapatriés au Sénégal, deux de mes laptots sénégalais, dont l'état de santé est assez peu satisfaisant pour craindre qu'ils ne gênent par la suite la marche de l'expédition. Le nombre de mes laptots se trouve en conséquence réduit à dix, et le personnel complet de l'expédition se compose ainsi qu'il suit :

Samba Gamou, chef laptot sénégalais; Samba N'Dicou, laptot sénégalais; Jugofalli Djem, laptot sénégalais; Omar Gueie, laptot sénégalais; Amadi Samba, laptot sénégalais; Metoufa, laptot sénégalais; Detie, laptot sénégalais; Malic Coumba, laptot sénégalais; Balla Toure, laptot sénégalais; Nourre, laptot sénégalais; Samba Djulo, laptot sénégalais; Chico, interprète (M'Pongoué), Gabonais; Denis Dotioume, interprète (Pahouin-M'Pongoué), Pahouin; Mando Mango (*oyoula*), interprète (Pahouin-Bakalais), Pahouin; Isingona, interprète (Pahouin), Pahouin; tous ces hommes sont à la solde du ministère de la marine, et ont été engagés au Sénégal ou au Gabon.

Rebanani, interprète, esclave de Renoqué, roi des Inengas, qui vient de très loin dans l'intérieur, et que j'ai engagé comme interprète pendant toute la durée de l'expédition, à la solde de 40 fr. en marchandises ;

Byrahim Fow, laptot sénégalais; Latir Diop, laptot sénégalais; renvoyés tous les deux au Gabon, comme malades.

Nous avons déjà tous été éprouvés par le climat, mais en ce moment nous sommes bien portants.

Prêts à endurer les privations et les fatigues qui nous attendent, nous quittons aujourd'hui les derniers établissements européens, pour nous avancer vers l'intérieur. Une expédition allemande nous précède, mais nous ne négligerons rien de ce qui pourra contribuer à la réussite de notre expédition.

Je suis, etc.

P. SAVORGNAN DE BRAZZA,
Enseigne de vaisseau.

VII. — Lettre de M. de Brazza au commandant supérieur du Gabon.

Lopé, le 27 février 1876.

Commandant,

J'ai l'honneur de vous informer que le 16 janvier 1876, j'arrivais à Samquita (Bakalais). M. Marche, d'après mes instructions, venait de quitter cette place le 14, avec une pirogue louée à un chef bakalais et 17 hommes qui, moyennant 25 fr., dont 10 payables à l'avance, s'étaient engagés à le remonter, avec sa pirogue, jusqu'à Lopé. D'après une lettre que M. Marche avait laissée, j'apprenais que le 2 janvier 1876 il avait eu un palabre assez grave avec les Bakalais. Un chef bakalais, voulant entrer dans l'enceinte du camp, malgré le factionnaire, avait dégainé son sabre pour passer par la force. M. Marche, de crainte d'un accident de la part du factionnaire, s'était avancé vers le chef et l'avait désarmé pour prévenir toute dispute; mais les Bakalais, qui entouraient le campement, peut-être à dessein, s'étaient tous levés en armes. M. Marche fit amarrer le chef qui avait voulu forcer l'entrée et qui excitait ses hommes à l'attaque, et, après avoir retenu, avec beaucoup de peine, les laptots qui, voyant le danger, avaient sauté sur leurs armes, le chef, qui avait voulu forcer, les armes à la main, l'entrée du campement, demeurait dans les mains de M. Marche. Le lendemain, M. Marche, voulant faire un exemple, apprenait au chef que pour l'attaque qu'il avait commise la veille, il méritait d'être envoyé au Gabon pour être jugé, mais que, comme il ne voulait pas sévir contre les Bakalais, qui avaient toujours été ses amis, il lui imposait en amende le paiement d'un mouton et qu'il le garderait prisonnier tant que le mouton ne serait pas arrivé. Vers le soir, on apportait le mouton, et le chef fut relâché. M. Marche réunit alors tous les Bakalais et fit tuer et couper en morceaux le mouton devant eux, et après leur avoir fait dire que ce n'était pas pour avoir le mouton qu'il avait imposé l'amende, mais bien comme punition, il faisait jeter les morceaux du mouton dans la rivière. Je porte à votre connaissance ce fait, espérant que, comme moi, vous approuverez la conduite de M. Marche en cette occasion.

Le Dr Ballay, avant son départ de Lambaréné, était déjà souffrant et son état n'ayant fait qu'empirer pendant le voyage, je me suis arrêté à Samquita, espérant que quelque temps de repos le remettrait. Après trois jours, son état de santé ne s'était pas amélioré et il était complètement dans l'impossibilité de continuer sa route ; d'un autre côté, je ne pouvais pas prolonger plus longtemps mon séjour à Samquita, car cette place n'offrait pas assez de ressources en vivres pour nourrir mes pagayeurs, dont les provisions s'épuisaient et qui, en partant de Samquita, avaient trois jours de route à faire. Je me vis dans la nécessité de partir et de laisser M. Ballay en arrière ; il était trop gravement malade pour rester seul avec des laptots et je dus laisser auprès de lui, pour le soigner, le quartier-maître Hamon et un de mes laptots, ainsi qu'un autre Sénégalais que j'avais engagé à mon service pour garder les caisses que j'aurais été obligé de laisser à Samquita.

Pour ne pas laisser M. Ballay à la merci des Bakalais, je lui laissais une de mes pirogues et, le 18 janvier 1876, je partais de Samquita pour remonter à Lopé. Le 22 janvier 1876, j'arrivais chez les Okotas, où je trouvai M. Marche qui était retenu là par la désertion de ses Bakalais, les Okotas voulant forcer M. Marche à rester chez eux, avaient décidé ces derniers à l'abandonner. Il leur était d'autant plus facile d'arriver à ce résultat, que les Bakalais avaient déjà reçu à Samquita une partie de leur paiement. Les Okotas donnaient des pirogues aux Bakalais, qui partaient la nuit, volant tout ce qu'ils pouvaient à M. Marche. M. Marche ayant aperçu une petite pirogue montée par trois de ses Bakalais, qui se sauvaient en emportant des marchandises et des fusils qu'ils lui avaient volés, tirait d'abord, vainement, deux coups de fusil en l'air ; un troisième coup, tiré alors sur la pirogue, blessait un homme qui, en tombant, la faisait chavirer.

La pirogue qui doit transporter ces lettres à Lambaréné, étant prête à partir, j'espère que vous m'excuserez si, n'ayant pas le temps de vous écrire, je vous prie de prendre connaissance de la lettre que j'écris à M. le président de la Société de géographie, que je laisse ouverte dans ce but. J'ai l'honneur de vous informer que le nommé Singona, interprète pahouin, étant très malade, je l'ai envoyé au D' Ballay, à Samquita. J'ai l'honneur de vous informer aussi que, jusqu'à mon arrivée ici, je n'ai eu qu'à me louer des laptots, mais, depuis quelques jours, je crois qu'ils reçoivent de mauvais conseils des hommes du D' Lenz, qui est déjà venu deux fois nous rendre visite. Ainsi les laptots sont venus me demander à ce que je leur paie leur supplément (supplément facultatif) ici, en marchandises. Je leur ai naturellement dit qu'à une autre demande semblable, je supprimerais tous les suppléments; ils m'ont alors demandé que j'achète et tue trois moutons par semaine. Je ne sais ce qui peut motiver ces demandes, mais, dans tous les cas, tenant à prévoir ce qui pourrait arriver par la suite, j'ai l'honneur de vous informer que pas un de mes hommes, laptots ou autres, ne me quittera, avec mon consentement, sans être muni d'une lettre de moi à votre adresse, qui explique sa partance; je vous prie, en conséquence, de considérer comme déserteur quiconque ne se présenterait pas avec un papier signé de moi.

En dernier lieu, j'ai l'honneur de vous prier de vouloir bien faire envoyer, à mon adresse, à la factorerie d'Adanlina-longa, 5 kilogr. de sulfate de soude et un médicament pour la gale. Dans le cas où vous voudriez bien accéder à ma demande, je vous prie de faire bien emballer le tout dans une caisse en bois, et de prier M. Travis, représentant de la maison Hatton et Cookson à Adanlina-longa, de me les faire parvenir par la première occasion, en prévenant le noir qui me l'apportera que ce sont des médicaments; j'ai l'honneur de vous prier aussi de vouloir bien faire envoyer à cette factorerie tout ce qui pourra arriver pour nous au Gabon.

Je suis, etc.

P. SAVORGNAN DE BRAZZA.

P.-S. — L'argent que j'ai laissé au Gabon, n'étant pas suffisant pour subvenir aux dépenses que j'ai faites aux factoreries de la Pointe-Fétiche, j'écris à ma famille d'envoyer, par la première occasion, 5,000 fr. au Gabon, qui seront déposés à mon compte, au Trésor.

VIII. — Lettre du Dʳ Ballay au commandant supérieur du Gabon.

Lopé, 21 juillet 1876.

Commandant,

Je profite de la première occasion qui se présente à moi pour vous envoyer des nouvelles de l'expédition.

Parti du Gabon le 31 mai, je suis arrivé à Lopé le 27 juin seulement, après quelques petites difficultés chez les Inengas. M. de Brazza était absent. Comme il vous le disait dans la lettre que j'ai eu l'honneur de vous remettre, il était parti avec quelques hommes seulement dans les villages ossyébas, qui avaient menacé de nous barrer le passage, leur avait fait quelques cadeaux et avait été reçu très bien partout.

Après être rentré quelques jours à Lopé, il repartait bientôt après par voie de terre, conduit par nos nouveaux amis les Ossyébas, jusqu'au pays des Adumas, complètement inconnu jusqu'ici, et y arrivait après quelques jours de marche.

Quelques jours après son départ, le Dʳ Lenz, qui se trouvait ici depuis plus d'un an sans avoir trouvé le moyen d'avancer, profitant de la route que venait d'ouvrir M. de Brazza, suivait sa trace, à quelques jours de distance, et arrivait ainsi à rejoindre M. de Brazza au pays des Adumas. Pendant que M. de Brazza s'occupait de faire redescendre les Adumas pour chercher le matériel de l'expédition, le Dʳ Lenz s'avançait à trois journées de pirogue au delà du point atteint par M. de Brazza, mais dans un pays qui ne présentait aucune difficulté. Le Dʳ Lenz est de retour et rentre au Gabon. M. de Brazza n'est pas encore revenu, nous l'attendons tous les jours. Les Ossyébas ont tiré quelques coups de fusil sur la pirogue du Dʳ Lenz lors de son retour, mais cette attaque ne présentait pas la moindre importance.

J'ai tenu, Commandant, à vous rendre compte de ces faits immédiatement et sans attendre le retour de M. de Brazza, afin que le mérite d'avoir franchi le premier le passage difficile revint à qui de droit et ce mérite revient à M. de Brazza et à lui seul.

Je suis, etc.

BALLAY.

IX. — Lettre de M. de Brazza au commandant supérieur du Gabon.

Lopé, 23 janvier 1877.

Commandant,

Il ne s'est passé rien de nouveau ici depuis ma dernière lettre et je viens d'apprendre que chez les Adumas, M. Ballay a, d'après les instructions que je lui avais laissées, quitté le village de N'gchmé pour monter un peu plus haut, tout près de la cataracte de Dumé. La saison du maïs et des pistaches est enfin arrivée et nous avons plus de facilité pour nous procurer des vivres. Pour empêcher que les hostilités ne recommencent entre les Ossyébas et les Okandas, j'ai dû intervenir dans les palabres entre ces deux peuples. Les Ossyébas, dont le radeau s'était brisé, étaient partis en dérive et avaient été faits prisonniers par les Okandas. Je les fis relâcher et conduire sur leur territoire. Quelques jours après, un chef okanda venait me demander mon intervention pour délivrer deux de ses enfants faits prisonniers par les Ossyébas. Je me rendis chez les Ossyébas, qui, sans faire de difficultés, les relâchèrent. Depuis longtemps un des chefs les plus influents des Okandas, N'dundu, m'importunait pour que je lui fisse rendre deux esclaves qui lui avaient été volés par les Bangue ; je lui avais plusieurs fois dit que je ne voulais pas me mêler de palabres d'esclaves ; enfin, comme il me disait le village bangue tout près, pour ne pas trop le mécontenter, je lui offris ma protection pour aller chez les Bángue où, en toute sécurité, il pourrait parler de cette affaire, car quant à moi je ne voulais me mêler autrement de ce palabre. Je fus ainsi absent pendant six jours, car le village, qui était d'après N'dundu tout près, était à une journée et demie de marche. N'dundu rentra avec moi, mais il n'était pas parvenu à se faire rendre les esclaves.

En ce moment, de grandes discussions s'élèvent entre les Adumas et Ossyébas que j'ai amenés avec moi et les Okandas. Ces derniers, sachant que les Inengas et les Galois ne monteront pas assez de marchandises pour acheter tous leurs esclaves et prévoyant que la route du fleuve se fermera dès que je serai passé, veulent remettre le départ à l'époque où les Inengas et les Galois seront remontés une seconde fois ; aussi dès que le quartier-maître Hamon sera de retour, j'irai à Achuca, village okanda, près de l'embouchure de la rivière Ofoué. Là, je serai maître de la situation, parce que les Adumas, depuis longtemps absents, ont le plus grand désir de remonter au plus vite chez eux et ils sont plus nombreux qu'il ne faut pour remonter toutes mes marchandises.

Comme je vous en ai déjà manifesté l'intention, j'ai acheté plusieurs esclaves : dès que je les eus payés et en présence même des chefs qui me les avaient vendus, je leur annonçais qu'ils étaient libres et maîtres de s'en aller ou de rester avec moi; tous sont restés et je suis assez satisfait d'eux; néanmoins je ne crois pas pouvoir répondre qu'ils resteront avec moi quand je serai de nouveau chez les Adumas et dans le pays au delà. J'aurais voulu en acheter 40, l'armement de deux pirogues, mais j'ai reculé devant une dépense aussi considérable, les Okandas voulant me les faire payer presque le même prix qu'on les paye à la côte.

Je ne sais si dans mes précédentes lettres je vous ai parlé du Congo. Quoique les Adumas et les Ossyébas n'y entretiennent pas des relations directes, ce fleuve, ou du moins ses affluents ne doivent pas être très loin et il serait intéressant de savoir si le lieutenant Cameron a eu connaissance des tribus dont les noms suivent : Ashango, Umbété, Bangikine, Micanighi, Nabindélé, Ngiambi, Makuka, Magolo.

Jusqu'à présent, je dois m'estimer heureux d'avoir pu conserver des relations constantes avec la côte par le moyen des Okandas qui, depuis mon arrivée, ont commencé à descendre aux factoreries de Lambaréné, où ils ne descendaient pas auparavant; mais une fois que je serai de nouveau chez les Adumas, je crains que les relations avec la côte ne soient interrompues, car après mon passage la route du fleuve sera fermée par les Ossyébas; aussi je vous prie de considérer comme naturel le manque de nouvelles.

Lopé (Okanda), le 25 janvier 1877.

Je renvoie au Gabon le chef laptot Samba Gamou, que, malgré son dévouement et son grand désir de ne pas me quitter, je me vois forcé de renvoyer d'après les conseils du docteur Ballay. J'aurais voulu à tout prix le garder à cause de sa fidélité et de sa grande probité, mais je ne puis pas ne pas tenir compte des justes observations de M. Ballay et prendre sur moi cette responsabilité, surtout prévoyant que je serai, peut-être sous peu, obligé de quitter le fleuve et de prendre la route de terre, auquel cas les plaies que Samba Gamou a aux pieds et qui ne guérissent que pour reparaître ailleurs, le mettraient dans l'impossibilité de suivre l'expédition. Je n'ai qu'à me louer des services que Samba Gamou m'a rendus, aussi je vous prierai de vouloir bien le proposer pour la place de capitaine de rivière à M. le Gouverneur du Sénégal.

Le quartier-maître Hamon vient d'arriver; peu avant son départ de Lambaréné, il a reçu par le vapeur de M. Schulze, une des trois caisses que j'attendais, celle qui avait été retenue à Liverpool. Cette caisse n'a pour moi qu'une minime importance, car elle ne contient que du tabac.

Je vais faire tous mes efforts pour que les deux caisses que je ne puis attendre, malgré leur importance, me puissent parvenir.

Ces deux caisses sont de la plus grande importance pour moi. En outre des trois montres et des instruments qu'elles contiennent, ce qui me les rend le plus précieuses c'est la *Connaissance des temps* pour l'année 1877, et le *Nautical almanac* pour l'année 1878.

Les éphémérides me sont indispensables pour la détermination des longitudes absolues. Parti en 1874, je ne possédais que la *Connaissance des temps* 1875 et 1876 et le *Nautical almanac* de 1877, mais ce dernier ne peut m'être d'aucune utilité, car il était dans une des caisses en tôle soudée et en janvier 1876, quand mes pirogues chavirèrent dans les rapides, l'eau pénétra dans cette caisse que je croyais parfaitement étanche et au mois d'octobre, quand cette caisse fut ouverte, tout ce qu'elle contenait était pourri. Le *Nautical almanac* de 1877 n'était plus qu'un morceau de carton où il est impossible de déchiffrer quelque chose. C'est ainsi que je me trouve dépourvu d'éphémérides, même de celles de l'année courante. C'était la principale raison qui m'avait fait envoyer à Lambaréné le quartier-maître Hamon.

Avant de vous parler des moyens à employer pour que ces caisses me parviennent, je vais vous exposer l'état dans lequel je trouve le pays.

Les Okandas viennent de descendre (je les ai accompagnés pour leur éviter une attaque de la part des Ossyébas qui auraient fermé les communications entre le quartier général et Lopé, où était encore le quartier-maître Hamon); ils ont descendu une grande quantité d'esclaves malgré l'arrivée des Inengas, des Galois, des Okotas et Ahingis, qui viennent de monter. Il n'est pas arrivé dans le pays assez de marchandises pour acheter tous ces esclaves, aussi les Okandas ont fait et font tout leur possible pour que mon départ ne puisse avoir lieu avant l'époque où tous les peuples du bas de la rivière remontent une seconde fois. Prévoyant depuis longtemps cela, j'ai pu y remédier, de sorte que dans quinze ou vingt jours, je vais partir pour les cataractes de Dumé avec les Adumas et les Ossyébas, que j'ai fait descendre avec moi et probablement avec une grande partie des Okandas et quoique les affaires qui se sont passées entre les Pahouins et le commandant, en juillet de l'année 1876 (dix villages ont été brûlés), m'obligent à être très prudent en montant, j'ai la certitude de ne pas être molesté par eux

Vers le 20 avril, je serai à Dumé, ayant définitivement abandonné le pays des Okandas.

La descente du fleuve se faisant très rapidement, il est très probable que les Okandas éviteront une attaque de la part des Ossyébas, quand, leurs marchés d'esclaves faits, ils rejoindront leurs pays. Alors, ils enverront à Lambaréné une ou deux pirogues prévenir Renoqué du résultat du voyage et les Galois et les Inengas remonteront immédiatement chez les Okandas faire leur commerce d'esclaves et alors, quand le marché sera terminé, si les Okandas veulent de nouveau remonter chez les Adumas (ce dont je doute), comme ils n'auront personne avec eux, les Pahouins (Ossyébas) leur barreront certainement la route (plusieurs chefs ossyébas me l'ont dit). « Nous sommes vos amis, me disaient-ils, quand mes relations avec eux commençaient à devenir amicales, mais nous ne voulons pas être les amis des Okandas qui, quand nous n'avions pas de fusils, en 1860 environ, nous ont volé nos femmes et nos filles, et nous ont massacrés. Quand ils monteront avec toi, nous ne leur dirons rien, mais quand ils seront seuls, nous les tuerons. »

Maintenant tous les Ossyébas ont un fusil et plusieurs lui adjoignent un pistolet ; le résultat d'une attaque de leur part est la déroute certaine des Okandas. La difficulté est donc de faire monter les caisses chez les Adumas, une fois qu'elles seront rendues chez les Okandas, car les Inengas ne feront aucune difficulté pour les remonter chez les Okandas.

Tout le monde et surtout les Ossyébas connaissent mon bâton de commandement (usage que j'ai emprunté aux mœurs du pays et qui m'évite bien des courses pénibles et fatigantes) ; un noir porteur d'une lettre a pu, grâce à lui, traverser tout le territoire des Ossyébas, et par l'influence que j'ai acquise auprès d'eux, le pavillon français, qu'ils connaissent aussi, sera respecté partout.

Comme je renvoie au Gabon, pour cause de maladie, le chef laptot Samba Gamou, je vous prierai, si cela est possible, d'engager comme laptot de l'expédition (solde 40 fr. avec un supplément facultatif de 12 fr., si je suis content de lui), Ibrahim, le Sénégalais qui était avec le docteur Lenz ; les deux caisses me parviendraient assurément. Ibrahim, vers le commencement de mai, remonterait chez les Okandas avec les Inengas et les Galois ou mieux avec les Okandas qui iront prévenir Renoqué du résultat de leur voyage et il ferait transporter les deux caisses au village okanda d'Achuca. Là, il trouverait une petite pirogue aduma de six ou sept hommes, que j'aurais soin de faire descendre chez les Okandas au commencement de mai. Une belle pirogue, pouvant ne voyager que la nuit et se cacher dans les îles le jour (habitude que les Adumas ont), est capable de remonter le fleuve, même si les Ossyébas avaient recommencé leurs hostilités avec les Okandas et qu'ils eussent l'intention de l'arrêter, ce qui me paraît fort peu probable.

Ibrahim pourrait aussi rejoindre assez facilement Dumé, et pour plus de sûreté, je préviendrai les Ossyébas que j'attends une pirogue et qu'ils aient à la respecter, s'ils ne veulent pas que je prenne le parti des Okandas contre eux (c'est cette neutralité qui a beaucoup contribué à rendre amicales mes relations avec les Ossyébas).

Pour stimuler le zèle d'Ibrahim, je vous prierai de lui promettre, en mon nom, de 300 fr. à 500 fr. de gratification s'il me rejoint avec les deux caisses. Tout me porte à croire que de cette manière il ne se présentera pas de difficultés, mais prévoyant même l'imprévu et seulement comme dernier moyen, les caisses, une fois arrivées à Achuca, Ibrahim pourrait s'adresser aux chefs ossyébas, Mamiaca et Zaburef, et remonter alors par terre avec les hommes que ces chefs lui donneront, et dans ce cas seulement, comme les deux caisses ne sont pas assez maniables pour un tel voyage, Ibrahim n'aurait qu'à ouvrir les caisses en bois et la caisse en zinc qu'elles contiennent et dans chacune de ces dernières il trouvera deux petites caisses à porteur (poids, 20 à 23 kilos), en tôle étamée, s'ouvrant à charnières, qui (prévenez-le) ne contiennent pas de marchandises. Il serait nécessaire qu'Ibrahim eût une couverture et fût armé. A la factorerie allemande, on trouvera aisément un fusil à tabatière et des cartouches, l'armement qu'il avait avec le docteur Lenz ; il serait aussi nécessaire qu'il reçût 400 fr. de marchandises à son choix (20 pistolets à pierre, très prisés depuis peu dans le pays, lui rendraient grand service) : ces marchandises sont destinées à payer les Okandas ou les Inengas, et ensuite, s'il y a lieu, les Ossyébas.

Si Ibrahim ne voulait pas s'engager comme laptot, je vous prierai de chercher un autre Sénégalais, parlant au moins un peu le m'pongué, en évitant pourtant les hommes qui auraient été, pendant longtemps, traitants aux factoreries et en excluant surtout le reste des hommes qui faisaient partie de l'escorte du docteur Lenz.

Tous ces frais, ainsi que les factures des marchandises achetées en mon nom par le quartier-maître Hamon, ainsi que les 1,450 fr. de bons sur la factorerie Hatton et Cookson, que j'ai donnés aux Inengas et aux Galois et enfin toutes les dépenses que vous croiriez devoir faire seraient soldées avec l'argent qui reste au Trésor, celui que j'attends de l'Italie, ma solde, depuis le 1er août 1876 et mon traitement de table depuis le 12 novembre 1875, époque de mon débarquement du *Marabout*, que je vous prierai de vouloir bien toucher et déposer à mon nom au Trésor et j'écris à M. le trésorier du Gabon que je vous donne le droit de disposer en mon nom de toutes les sommes qui seront déposées pour moi au Trésor. Je vous prie, Commandant, de vouloir bien pardonner ma hardiesse, votre lettre si gracieuse m'a fait espérer que vous consentiriez peut-être à vous charger de tous ces tracas.

Dans le cas où, pour une circonstance quelconque, il ne vous serait pas possible de m'envoyer ces caisses par le moyen que je viens de vous indiquer, je vous prierai de les faire remettre à Renoqué, lui disant de les remettre à Ashuca (chef okanda), qui en échange lui donnera un bon de 150 fr. que je ferai porter à Ashuca par la pirogue d'Aduma, que j'enverrai de Dumé au commencement de mai, la pirogue avec laquelle Ihrabim devrait partir et qui, à son défaut, ne prendrait que les caisses.

Il me reste à vous parler d'un fait qui n'est pas, à mon avis, sans importance au point de vue de l'esclavage.

Il y a quelques nuits, je fus réveillé par les cris d'un homme qui m'appelait et demandait ma protection. C'était un esclave qui s'était sauvé du camp des Galois, qui ayant appris que j'avais donné la liberté aux esclaves (ceux que j'avais achetés auparavant), venait réclamer ma protection. Je le rassurai en lui disant que ceux qui venaient à moi n'étaient plus esclaves et que m'ayant demandé la protection et la lui accordant, suivant la loi des blancs, il n'était plus esclave.

Le propriétaire galois est venu le matin me prier de le lui rendre; je lui ai répondu que cet esclave, étant venu me demander ma protection, il était libre et que non seulement la loi des blancs ne permettait pas de le lui rendre, mais si la loi du pays me donnait le droit d'en faire mon esclave, d'après la loi des blancs je n'avais pas le droit de le prendre comme esclave et c'est pour cela que je lui avais donné la liberté. Comme ni la loi du pays, ni la loi des blancs ne m'obligeaient à le lui rendre, pour le dédommager de sa perte, je lui faisais cadeau d'un bon sur la factorerie de la valeur qu'il m'indiqua lui-même, comme étant le prix auquel il aurait pu le vendre au cap Lopez. Je sais que d'autres esclaves ont tenté la même chose, mais un seulement a réussi.

Il y a, en effet, une loi du pays qui réprouve le vol d'un esclave à l'évasion duquel on a participé et qui donne le droit de garder un esclave à l'évasion duquel on n'a pas participé. J'ai souvent entendu invoquer dans les palabres cette loi que N'dundu m'avait fait connaître, espérant me décider à me mettre à son affaire des esclaves sauvés. « Les esclaves, disait-il découragé par mes refus, ne se sont pas sauvés tout seuls : ce sont les Bangue qui les ont volés en leur donnant une hache pour couper leurs entraves. »

Je vous prie, Commandant, de vouloir bien excuser cette lettre, d'un style si décousu, mais depuis l'arrivée du quartier-maître Hamon, je n'ai pas eu de temps disponible et, tenu depuis quatre jours par une fièvre opiniâtre, je n'ai pu songer à vous écrire et à écrire ma correspondance et Renoqué partant demain matin au jour, je vous écris avec une fièvre très forte. Avant de finir, j'ai pourtant à vous parler du quartier-maître Hamon qui, attaché à moi depuis le mois de mars 1875, m'a rendu en Europe des services réels pour la préparation du matériel de l'expédition et qui, depuis notre arrivée à la côte d'Afrique m'a rendu des services réels et très importants, non seulement pendant le temps qu'il est resté avec moi, mais aussi pendant le temps qu'il est resté auprès de M. Ballay à Samquita. M. Ballay m'a, de son côté, présenté M. Hamon pour un avancement. J'ai écrit à M. le commandant du Gabon vers le commencement d'avril 1876, en le proposant pour le grade de 2ᵉ maître, mais je viens d'apprendre que plusieurs promotions ont été faites depuis et qu'il n'a pas été nommé. Je suis très douloureusement impressionné de cela, car M. Hamon aurait mérité de l'avancement, même s'il ne s'était pas trouvé dans une position qui me semble devoir mériter la bienveillance de M. le ministre. A son arrivée à Lopé, en 1876, il a été gravement malade et ensuite il a été atteint par les fièvres et toutes les autres maladies que nous commençons tous à trop bien connaître. M. Hamon ne s'est pas découragé et il m'est bien pénible de penser que, ayant résisté jusqu'à présent, un jour il se décourage en voyant tous ses camarades le dépasser. Tandis que lui expose sa vie et compromet sa santé, il perd l'avenir de sa carrière.

Je vous confesse que moi-même qui, grâce à ma modeste fortune, n'ai pas de préoccupations pécuniaires pour l'avenir, quand, à bout de forces, je me verrai forcé de rejoindre l'Europe et qui suis protégé contre le découragement par l'idée des services que je tâche de rendre à l'humanité et au commerce, souvent je me suis vu profondément découragé et je crois qu'il m'incombe le devoir de protéger ceux qui me secondent dans le but que je poursuis et qui, comme moi, ne sont pas en état de renoncer à leur carrière et à leur avenir : il ne me paraît pas juste que, exposant leur vie et compromettant leur santé, ils doivent aussi ruiner leur avenir. Aussi, je vous prie de vouloir bien transmettre à M. le ministre et appuyer auprès de lui la proposition du quartier-maître de manœuvre Hamon, que je propose pour le grade de second maître.

Veuillez agréer, Commandant, l'expression de ma reconnaissance pour les bonnes dispositions que vous me montrez et excusez, je vous prie, ma lettre. Recevez, à l'avance, mes remerciements sincères pour tous les tracas que je vous cause. Je vous remercie aussi de l'intention que vous m'avez manifestée, de transmettre mes lettres en entier à M. le ministre; je vous en remercie d'autant plus, que souvent les loisirs me manquent pour écrire en détail à ma famille, à laquelle le ministère transmet mes lettres. Je vous envoie, ci-joint, un croquis du cours du fleuve, depuis la rivière Ofoué jusqu'à la rivière Kailuy, que je vous prie de transmettre à M. le ministre. Ce petit travail, encore inachevé au point de vue des détails, peut être sujet à erreur, car il a été souvent interrompu par la fièvre. Agréez, de nouveau, mes remerciements.

Je suis, etc.

SAVORGNAN DE BRAZZA.

Lopé, 26 février 1877.

P.-S. — Un traitant gabonais vient d'arriver avec les Galois et compte remonter régulièrement avec eux. C'est le premier qui pénètre dans l'Okanda, où il a acheté de l'ivoire ; je suis heureux de vous signaler ce fait qui est peut-être le commencement de l'époque où l'ivoire et le caoutchouc commenceront à remplacer les esclaves sur les marchés du pays.

P.-S. — Le livret de Samba Gamou ainsi que tous les autres a été consigné au commissaire de la *Cordelière*. Je vous prie de le lui faire remettre avant son départ.

X. — **Rapport sur la marche de la mission de l'Ogôoué, adressé par M. de Brazza au Ministre de la marine.**

Paris, 15 janvier 1879.

Monsieur le Ministre,

J'ai l'honneur de vous envoyer des notes donnant les renseignements succincts sur la marche de la mission de l'Ogôoué, depuis l'époque où nos communications avec la côte furent interrompues.

Très souffrant en ce moment, j'avais dicté ces notes afin que la Société de géographie pût y puiser les renseignements que les journaux réclamaient. Je vous prie de m'excuser, Monsieur le Ministre, si, le temps pressant, je vous envoie ce travail tel qu'il est.

La Société de géographie m'ayant exprimé le désir que je fasse une communication sur notre voyage dans la séance qui sera donnée dans ce but, à la Sorbonne, le 24 janvier, je viens vous demander de vouloir bien m'accorder cette autorisation.

Espérant que vous voudrez bien accéder à ma demande, je vous prie de me faire renvoyer la copie de ces notes, qui, si vous les approuvez, serviront de base pour la relation du voyage.

Je suis, etc.

P. Savorgnan de Brazza,
Enseigne de vaisseau.

NOTES SUR LA MISSION DE L'OGOOUÉ.

Nous n'insistons pas sur la première partie du voyage, dont les lettres reçues en France donnaient les détails. Nous reprenons les événements au moment où M. de Brazza arrivait à Dumé, chez les Adumas, de concert avec le voyageur autrichien, le D' O. Lenz.

Tandis que M. de Brazza s'arrêtait chez les Adumas, du concours desquels il avait besoin pour descendre chercher MM. Ballay, Marche et Hamon, restés chez les Okandas, le D' O. Lenz, continuait sa route et reconnaissait le cours du fleuve jusqu'à la rivière Sébé ; là, épuisé par la maladie, dénué de ressources et abandonné par ses pagayeurs, il ne put plus continuer à avancer et se vit obligé à rentrer en Europe.

Peu après cette époque, sous la conduite du D' Ballay, le quartier général de la mission française était transporté chez les Adumas. Le chef de l'expédition envoyait immédiatement M. Marche reconnaître le fleuve au delà de la rivière Sébé, où s'était arrêté le D' Oscar Lenz en juillet 1876.

Le cours de l'Ogooué fut ainsi exploré sur 75 nouveaux kilomètres, jusqu'à la rivière Lékélé ; ce voyage dura 12 jours et peu après, M. Marche fut contraint par la maladie à rentrer en Europe.

En juillet 1877, après mille difficultés et retards causés par la petite vérole qui avait éclaté dans le pays, M. Ballay avec le quartier-maître Hamon transportait le quartier général à Poubara, gagnant ainsi 75 nouveaux kilomètres sur le parcours encore inconnu du fleuve.

Le rapport qui avait été adressé par M. Ballay sur cette partie du voyage est le dernier qui soit parvenu en Europe ; depuis lors en effet les communications avec la côte cessèrent entièrement.

On se rappelle que d'après ces nouvelles le chef de l'expédition était resté à Dumé. Les Adumas ne voulant pas lui donner des pagayeurs pour aller rejoindre le D' Ballay, il prit la résolution hardie de partir avec les 6 hommes de l'escorte qu'il avait gardés. Grand fut alors le désappointement des Adumas, qui, voyant beaucoup de caisses, avaient cru à l'existence de beaucoup de marchandises et pensaient pouvoir encore exploiter l'explorateur en lui faisant chèrement acheter ses pagayeurs. Les marchandises, secrètement enlevées, étaient déjà sur le haut du fleuve avec le D' Ballay.

Ce ne fut pas sans difficultés que M. de Brazza rejoignit M. Ballay, car les hommes de l'escorte étaient inexpérimentés dans la manœuvre des pirogues. Les embarcations chavirèrent cinq fois et ces accidents amenèrent la perte de la meilleure boussole ; la carabine de M. de Brazza put heureusement être repêchée, mais un chronomètre et le sextant furent assez mouillés pour faire craindre des erreurs dans les déterminations à venir. Ces instruments avaient pu jusque-là échapper aux conséquences des précédents naufrages.

Au point où étaient arrivés MM. Ballay et Hamon, le fleuve Ogôoué n'avait plus d'importance. Barré par des chutes, il ne pouvait plus être navigué sans risques hors de proportions avec les résultats à espérer. La rivière Passa, affluent de la rive gauche et presque aussi considérable que l'Ogôoué, fut explorée jusqu'à des chutes situées à 22 kilomètres de son confluent. Les deux cours d'eau prenaient d'ailleurs une direction qui les ramenait vers la côte.

Une reconnaissance du pays fut faite dans le but de s'assurer s'il ne serait pas possible de s'avancer par terre dans la direction de l'Est et de quitter le bassin de l'Ogôoué.

Le quartier général fut transporté par terre, en employant comme porteurs des riverains de la Passa, jusqu'à une demi-journée de marche. Ce trajet exigea quinze jours pendant lesquels les porteurs volèrent beaucoup de marchandises. Les naturels de cette contrée sont de détestables porteurs qui n'ont jamais fait ce métier. De plus, étant en guerre avec les gens de l'Est, où voulait se diriger l'expédition, ils ne consentirent jamais à s'avancer dans cette direction.

Arrêtés par ce fait, M. de Brazza et ses compagnons allaient ainsi se voir forcés à l'immobilité par la saison des pluies. Les marchandises ne faisaient pas défaut, mais bien les hommes pour les transporter. M. de Brazza dut, en conséquence, se décider à acheter des esclaves comme porteurs et à leur rendre ainsi la liberté. Plusieurs d'entre eux, prisonniers de guerre, furent renvoyés dans leurs villages, les autres furent conservés : esclaves de naissance ou depuis un long temps, ils eussent été partout dans des conditions analogues à celles où ils allaient se trouver.

C'est ainsi qu'en mars 1878, deux mois avant la fin de la saison des pluies, l'expédition entière reprenait sa marche vers l'Est, avec 35 porteurs aidés de naturels umbétés, qui ne manquèrent pas du reste de piller quelques caisses. Avec ces porteurs seuls, les explorateurs effectuèrent le passage du pays des Umbétés à celui des Batékés, qui dura environ vingt jours. Chez les Batékés, nouvelle tentative d'emploi des naturels comme porteurs et c'est avec cinquante d'entre eux que M. de Brazza, accompagné du quartier-maître Hamon, se mit en route. M. Ballay devait le rejoindre avec les porteurs engagés précédemment. A un moment donné, les cinquante indigènes batékés, ayant simultanément jeté leurs caisses à terre, entourent en brandissant leurs sagaies MM. de Brazza et Hamon qu'ils espéraient intimider pour procéder à un pillage des marchandises. Cette tentative échoua devant l'attitude résolue des Européens et de leurs laptots sénégalais. Hamon fut envoyé pour chercher M. Ballay et, pendant son absence, le chef de l'expédition fut de nouveau l'objet de démonstrations hostiles de la part des indigènes. Il n'avait conservé avec lui que trois hommes sur le courage desquels il ne pouvait guère compter. Pendant la nuit, il enterra en avant des bagages une caisse de poudre qu'il pouvait faire sauter en cas d'attaque et ce mystérieux travail suffit à inspirer aux assaillants une crainte qui calma leur ardeur. Quatre jours après M. Ballay et le quartier-maître rejoignaient le chef de l'expédition.

Un nouvel essai des Batékés comme porteurs, suivi d'une nouvelle tentative d'agression, obligea définitivement M. de Brazza à n'employer que ses porteurs réguliers. En de telles conditions, le transport exigeait trois voyages. C'est ainsi qu'on atteignit la rivière N'gambo qui n'a que 20 mètres de largeur, mais qui est très profonde ; son cours se dirige vers l'Est.

Le jour suivant, on arrivait à la rivière Alima ; celle-ci court vers l'Est et le Nord-Est. Depuis le jour où l'expédition avait quitté la Passa, trois mois s'étaient écoulés, pendant lesquels elle n'avait parcouru que 115 à 120 kilomètres, par suite des difficultés de tout genre qui avaient entravé sa marche.

L'Alima est une rivière fort importante ; sur le point où M. de Brazza a mesuré sa largueur elle avait 140 mètres ; sa profondeur était de 5 mètres sur presque toute la largeur du courant. La rapidité de celui-ci n'est que de 1 $1/2$ à 2 nœuds.

La largeur moyenne de l'Alima est d'à peu près 100 mètres ; elle est parfois moindre et, dans ce cas, le courant atteint une vitesse de 3 nœuds. Les plus grands vapeurs de rivière pourraient y naviguer. L'Alima, ont dit à M. de Brazza ses informateurs indigènes, n'a pas de rapides ; elle se dirige vers l'Est pour aller se jeter dans un très grand fleuve où, toujours d'après les indigènes, viennent la poudre et les fusils que les Apfourous, établis au confluent, achètent chez les gens qui naviguent sur ce grand fleuve. Ces achats se font en échange du manioc que les marchands de poudre apportent dans la rivière Alima.

Il fut décidé qu'on s'efforcerait de descendre l'Alima en pirogues, car la marche par terre chez les Batékés avait été on ne peut plus pénible ; la faim et la soif parfois s'étaient ajoutées à la fatigue.

Les Apfourous, les seuls noirs qui naviguent sur l'Alima, étaient pleins de défiance à l'égard des voyageurs et il fallut leur faire des cadeaux trop considérables peut-être. Ce ne fut qu'à un prix exorbitant qu'on put se procurer des pirogues. Tandis que se faisaient les préparatifs de la descente, les Batékés informèrent M. de Brazza des manœuvres des Apfourous. Ceux-ci abandonnaient plusieurs de leurs positions sur la rivière pour se concentrer aux points les plus favorables en vue d'une attaque contre l'expédition. Ils avaient mis à l'abri leurs femmes et leurs enfants.

Le 2 juillet, à la pointe du jour, la descente commença. Un premier village devant lequel passèrent les embarcations fut surpris non préparé à l'attaque et ne tira pas contre elles ; mais, aussitôt qu'elles eurent passé, des pirogues se mirent à leur poursuite.

Enfin, l'attaque commença devant un autre village d'où les Apfourous accueillirent les voyageurs à coups de fusil. A partir de ce moment, les attaques ne cessèrent plus et l'expédition dut ouvrir le feu ; mais les Européens seuls et les laptots de l'escorte répondirent à la fusillade, les noirs se bornant à pagayer vigoureusement ; toutefois, trois d'entre eux ayant été blessés, il fut impossible de les empêcher de quitter leurs pagaies pour prendre les armes.

Informé que la flottille devait, vers le soir, traverser un étranglement du fleuve dominé par des villages sur les deux rives, M. de Brazza se décida à attendre la nuit pour franchir inaperçu ce dangereux passage ; mais les villages avaient été prévenus de la marche par une pirogue envoyée en reconnaissance. Il ne fallait pas se risquer à un combat de nuit qui eût été plein de surprises et de risques fâcheux ; aussi l'expédition opéra-t-elle son débarquement. Elle avait alors parcouru l'Alima sur près de 70 kilomètres.

Pendant toute la nuit, les villages se préparèrent à l'attaque ; on entendait le bruit des pirogues qui remontaient du bas du fleuve pour leur prêter main-forte. Le tam-tam qui retentissait au loin indiquait que les villages étaient fort nombreux. De son côté, l'expédition prenait position sur le rivage, attendant les événements qui ne se firent pas attendre. Les pirogues commencèrent à déboucher d'une pointe qui masquait le bas du fleuve ; on en put compter une trentaine disposées fort régulièrement sur deux lignes pour attaquer les deux extrémités de la position occupée par la poignée d'hommes de l'expédition.

Ceux-ci étaient prêts. A environ 40 mètres, les indigènes quittèrent leurs pagaies et l'attaque s'engagea par deux coups de fusil. Les quinze noirs ouvrirent alors le feu et quelques minutes après les Apfourous étaient en déroute. Plus faible qu'eux sur la rivière, l'expédition reprenait sa supériorité sur terre, malgré sa faiblesse numérique. A la faveur de cette déroute, M. de Brazza forma le projet de continuer à descendre, mais les munitions allaient lui manquer et, des renseignements qu'il avait recueillis résultait pour lui la certitude que cette marche en avant ne serait plus qu'un combat contre les Apfourous sur le territoire même desquels l'expédition devait se trouver pendant quatre jours. Il eût été impossible de soutenir une pareille lutte dont l'issue défavorable eût entraîné probablement la perte totale des résultats acquis par l'expédition jusqu'à ce jour. Ignorant alors les voyages de Cameron et de Stanley, MM. de Brazza et Ballay ne pensaient point d'ailleurs que l'Alima dût les mener au Congo ; leur opinion était qu'ils se dirigeaient sur des lacs indiqués au Sud du Ouaday. La situation commandait impérieusement de quitter l'Alima et ce ne fut pas sans un profond regret qu'ils s'y résignèrent. Mais, bien qu'épuisés de fatigue, ils décidèrent de reprendre leur marche vers l'Est, en sacrifiant tout ce qui aurait exigé des porteurs pris dans le pays même. A peine avaient-ils pris cette résolution, qu'ils furent informés des dispositions des Apfourous pour une nouvelle attaque le lendemain. Soutenue par de nouveaux renforts, elle devait se produire simultanément de front par la rivière et par terre sur les derrières de la petite troupe. Cette annonce est confirmée le jour même par l'arrivée, à travers les marécages et la forêt qui bordent le fleuve, d'un Batéké qui ne pouvait être qu'un espion des Apfourous. Il n'y avait donc pas de temps à perdre et tout fut préparé secrètement pour une marche par terre. A la nuit, éclairé par des torches de bambou, on traversait la forêt marécageuse et il fallut trois heures pour parcourir 500 mètres. Tout ce qu'il n'était pas possible d'emporter avait été impitoyablement jeté à la rivière, y compris six caisses de marchandises et la lunette astronomique. Au jour, l'expédition avait atteint le pied des collines et le lendemain elle s'arrêtait hors de la portée des Apfourous.

La rivière Alima avait été descendue sur un trajet d'environ 100 kilomètres à vol d'oiseau.

Au pays des Batékés, M. de Brazza trouva la famine et il était impossible à la colonne de s'arrêter pour prendre du repos sans être bientôt à bout de vivres. Empêché de s'avancer dans l'Est où se trouve le pays des Apfourous, il se dirigea constamment vers le Nord et le plus souvent sans guide. On sortit ainsi du bassin de la rivière Alima pour atteindre la rivière Lébaï N'gouco, à 180 kilomètres du cours de l'Alima, et après avoir traversé un premier cours d'eau, l'Obo, affluent du Lébaï N'gouco. Cette dernière rivière, au moment où les explorateurs y arrivèrent, avait une profondeur de 1^m,50 à 2^m,50, on était aux basses eaux et M. de Brazza pense que la crue y peut être d'environ 2 mètres.

Cependant les porteurs fatigués avaient des plaies aux pieds, ce qui ralentissait notablement la marche et rendait difficile le ravitaillement. M. de Brazza et M. Ballay résolurent, en conséquence, de se séparer momentanément. Le docteur Ballay, avec Hamon et les moins valides des hommes de l'escorte ou des porteurs, devaient rejoindre l'Ogôoué au point où on l'avait quitté et faire là les préparatifs nécessaires au retour par une nouvelle route qui débouche à la côte de Mayombé et sur laquelle l'expédition avait eu des renseignements précis. De son côté, M. de Brazza, avec six hommes d'escorte et les dix porteurs les plus dispos, continua sa marche en avant.

Le 19 juillet, il traversait le Lébaï N'gouco en prenant la direction du Nord-Est. Le pays des Apfourous était bien dépassé, mais personne ne consentit à conduire M. de Brazza vers le Nord-Est où habitent les Anghiés. Cette peuplade, qui habite sur une grande rivière, est armée de fusils et vient souvent faire des razzias d'esclaves dans le pays où se trouvait alors l'explorateur. Force lui fut donc de se rabattre vers le Nord et, à une soixantaine de kilomètres du Lébaï N'gouco, il rencontra la rivière Licona, moins importante en ce point que l'Alima ; large de 100 mètres, elle a de 3 à 5 mètres de profondeur et la crue peut l'élever de plus de 3 mètres. Elle est située presque sous l'équateur et reçoit un peu en aval les eaux du Lébaï N'gouco, des deux Obo et du Lébaï Ocoua que M. de Brazza rencontra un peu plus loin.

Cette rivière Licona, au dire des indigènes, devient si considérable en aval, qu'il faut plus d'une demi-journée pour aller et venir d'une rive à l'autre. Là, sont des hommes qui naviguent sur la rivière pendant des mois, couchant le soir sur des îles et qui viennent chercher les esclaves pris par les Anghiés dans leurs razzias sur les rives du

Lébaï N'gouco, de l'Obo et de la Licona même. Ceux qui vont dans ce pays n'en reviennent jamais. C'est là qu'on a de la poudre et des fusils, « des sagaies comme les tiennes », disaient les indigènes à M. de Brazza.

Péniblement et lentement, à cause des blessures et de l'enflure de ses jambes, M. de Brazza continua sa route au Nord. Le pays était bas et marécageux, la saison des pluies était imminente et les marchandises étaient à leur fin ; il fallut, le 14 août 1878, se résoudre au retour.

Le voyageur était alors sur le bas Ocono, à 55 kilomètres de l'Iscoui. La route de retour fut des plus pénibles ; presque toujours sans guide, la colonne traversa en ligne droite tout le pays des Ashimboés, des Umbétés et des Batékés. Au commencement de septembre, elle rejoignit enfin le docteur Ballay.

Cependant les marchandises manquaient et il fallut renoncer à gagner la côte à travers un pays inconnu.

C'eût été d'ailleurs près de 290 kilomètres de plus à imposer aux porteurs déjà épuisés. M. de Brazza prit donc le parti de redescendre l'Ogôoué dans les pirogues de l'expédition qu'on avait retrouvées.

Les porteurs eurent le choix de rester ou de redescendre avec les voyageurs : tous optèrent pour le premier de ces partis. On leur abandonna les verroteries et menus objets sans valeur sur le bas de l'Ogôoué. Plusieurs d'entre eux ne tardèrent pas à être repris comme esclaves, « remis à la fourche ». Douze autres, ne voulant pas partager ce sort, revinrent avec l'expédition au Gabon où ils sont aujourd'hui libres, garantis de tout danger d'être de nouveau esclaves et pourvus des moyens de vivre.

Le 6 novembre 1878, les explorateurs arrivaient à la côte du Gabon qu'ils avaient quittée le 2 novembre 1875. Là, ils apprenaient l'étonnant voyage de M. Stanley. Ces rivières qui leur avaient été si fatales n'étaient que des affluents du Loualaba-Congo ou fleuve Livingstone que Stanley venait de redescendre. Les Apfourous qui les avaient si opiniâtrément attaqués appartenaient aux peuplades qui avaient attaqué l'intrépide voyageur américain. Avec 15 hommes et 500 cartouches, ils ne pouvaient songer à descendre une rivière qui, selon leur hypothèse, les conduisait à des lacs sans écoulement et à travers des populations hostiles ; mais s'ils avaient su que l'Alima dût en cinq jours les mener au Congo, ils n'eussent certainement pas hésité à forcer le passage pour revenir à la côte par le Congo. DE BRAZZA.

XI. — Communication adressée par M. de Brazza à la Société de géographie dans sa séance extraordinaire du 24 janvier 1879, tenue à la Sorbonne.

Messieurs, si vous voulez bien vous reporter à l'époque de notre départ, vous vous rappellerez que la reconnaissance de l'Ogôoué était considérée par un grand nombre de géographes comme une de celles qui pouvaient résoudre les plus importants problèmes de l'hydrographie de l'Afrique équatoriale.

Le volume des eaux déversées par les lacs méridionaux qui donnent naissance au Loualaba de Livingstone était beaucoup trop considérable pour le débit du Nil supérieur. Ce débit aurait dû, en effet, être double ou même triple de celui que les explorateurs avaient accusé. L'opinion que les eaux du Loualaba devaient trouver un écoulement vers l'Ouest et alimenter soit une grande mer intérieure, soit plutôt un des fleuves qui vont déboucher dans l'Atlantique, était généralement accréditée.

C'est cette opinion qui avait décidé les belles entreprises de Cameron et de Stanley à l'Est, et, du côté de l'Ouest, les entreprises plus laborieuses des Allemands vers le Congo, et du docteur autrichien Lenz sur l'Ogôoué.

Si le Congo, par son débit, pouvait en partie être considéré comme un déversoir des grands lacs équatoriaux, la situation australe de son embouchure, le grand nombre et l'importance de ses affluents déjà connus semblaient expliquer l'immense masse liquide qu'il verse dans l'Océan Atlantique.

L'Ogôoué, au contraire, donnait naissance, dans sa partie inférieure, à un grand nombre de lacs étendus et profonds, et la plus grande quantité de ses eaux semblait se perdre dans le vaste promontoire de sables et de terrains alluvionnaires qui s'étend du Gabon au Sud du cap Lopez. L'Ogôoué semblait donc emprunter son cours, soit au Loualaba, soit à quelque branche détournée de ce grand fleuve.

L'Ogôoué était d'ailleurs de découverte récente. Il y a trente ans, on en connaissait à peine l'existence; les premières explorations qui nous l'ont révélé sont celles de MM. Du Chaillu, Braouézec, Serval, l'amiral Touchard, Griffon du Bellay, l'amiral Fleuriot de Langle, puis celle de M. Walker, de la Société de géographie de Londres, qui, en 1866, venu par terre du Gabon, parvenait sur l'Ogôoué dans le pays des Inengas. Enfin M. Aymes, lieutenant de vaisseau, avec la canonnière le *Pionnier*, explora et releva, pour en faire la carte, le cours inférieur du fleuve jusqu'au confluent de la rivière Ougougné, où, peu après, s'établissaient les factoreries qui font encore la limite des établissements européens. Un peu plus tard, dans le courant de 1873, M. Walker revenait encore dans l'Ogôoué et, s'engageant dans les rapides du fleuve, remontait jusqu'à Lopé chez les Okandas.

C'est à cette époque que les hasards de la vie de marin m'amenèrent au Gabon comme aspirant de 1re classe à bord de la frégate amirale la *Vénus*.

L'amiral du Quilio, qui commandait la station de l'Atlantique sud, voulut se rendre compte par lui-même de l'importance de ce fleuve, et, accompagné de l'amiral Duperré, alors commandant la *Vénus*, et du docteur Gaigneron, il remonta jusqu'au point atteint par M. Aymes. Là, il conclut des traités avec Renoqué, chef des Inengas, et avec N'gombi, chef des Galois.

MM. de Compiègne et Marche, que l'amiral du Quilio rencontra chez les Inengas, allaient partir pour continuer au delà de Lopé l'exploration du fleuve.

Leur entreprise, accomplie en 1874, fut conduite avec autant d'énergie et d'activité que le permettaient leurs moyens d'action. Parvenus sur le cours moyen de l'Ogôoué, dans la partie de ce fleuve qui suit une direction voisine de l'équateur, ils eurent à franchir plusieurs rapides et se trouvèrent bientôt en présence de l'hostilité des Ossyébas, tribu considérable qui appartient à la race des Fans. Ils arrivèrent cependant au point où l'Ogôoué s'infléchit vers le Sud. La terreur des noirs qui les accompagnaient les contraignit à battre en retraite, mais ils avaient eu l'honneur de reconnaître pour la première fois le cours moyen de l'Ogôoué jusqu'à la rivière Ivindo.

A cette époque, un voyageur autrichien, le docteur Lenz, envoyé par la Société africaine allemande, se disposait aussi à remonter l'Ogôoué. Désireux de prendre part aux efforts dirigés sur un fleuve qui débouche dans une colonie française, je me proposai de donner suite au projet dès longtemps formé d'entreprendre l'exploration de l'Ogôoué, en cherchant par là une voie vers l'intérieur de l'Afrique et un débouché pour notre commerce. L'amiral du Quilio, qui encourageait ces idées, appuya mon projet auprès du ministère de la marine. C'est ainsi que, envoyé en mission par les ministres de la marine et de l'instruction publique, aidé par le ministère de l'agriculture et du commerce et grâce au concours de notre Société de géographie, je pus organiser une nouvelle reconnaissance de l'Ogôoué. J'avais pour collaborateurs M. le docteur de la marine Ballay et M. Alfred Marche, qui avait accompagné le marquis de Compiègne dans la précédente exploration. Quelques subventions auxquelles je pouvais joindre l'appoint de ressources personnelles, nous permettaient d'espérer que le fleuve n'aurait plus de mystère pour nous et pour la géographie.

L'amiral de Montaignac, alors ministre de la marine, venait de présider aux préparatifs des expéditions pour l'observation du passage de Vénus ; il donna une nouvelle preuve de sa sollicitude éclairée pour les entreprises scientifiques en mettant à notre disposition le quartier-maître Hamon, treize Sénégalais et quatre Gabonais qui devaient nous servir d'interprètes. Il avait, en outre, fait prendre toutes les mesures nécessaires pour faciliter autant que possible la mission dont il me chargeait. Elle avait en effet pour but, à côté du point de vue scientifique, de reconnaître l'importance réelle de l'Ogôoué comme voie de communication vers l'intérieur, l'état des populations qui habitent ces contrées et les ressources commerciales que le pays peut présenter.

Après un an de préparatifs minutieux, tout le matériel et les marchandises que nous devions emporter étaient prêts.

Partis de Bordeaux au mois d'août 1875, le 4 septembre nous touchions à Saint-Louis du Sénégal, où nous embarquions nos laptots, exercés depuis quelque temps au maniement des armes perfectionnées qu'on allait mettre entre leurs mains; nous arrivions au Gabon le 20 octobre. Le vapeur français le *Marabout*, commandé par M. le Troquer, nous transporta jusqu'à Lambaréné, point extrême des établissements européens.

A Lambaréné même, nous pûmes constater que les indigènes se montraient sinon hostiles, du moins peu empressés à nous être agréables. Ces sentiments, auxquels ne cessait de s'allier une forte dose de cupidité, entraînèrent une succession de débats et de discussions interminables, qui se renouvelaient chaque jour avec une continuité désespérante. Je les mentionne ici une fois pour toutes, en me contentant de faire remarquer que les désagréments incessants et les interminables lenteurs occasionnés par ces pourparlers furent pour nous l'objet d'une irritation permanente.

Il était impossible de nous y soustraire, car nous ne pouvions nous passer des indigènes pour conduire nos pirogues, en raison de la grande quantité de marchandises que nous étions forcés d'emporter. Vous savez en effet qu'en Afrique, partout où s'arrêtent les établissements européens, il est impossible de se procurer à prix d'or ou d'argent les objets et les aliments les plus indispensables et que tout se paye avec des étoffes, des verroteries, de la poudre, des armes ou autres produits d'échange auxquels les noirs attachent souvent une valeur arbitraire et variable suivant les pays.

Nous avions aussi à surmonter des difficultés d'un autre ordre : les rives de l'Ogôoué sont peuplées de tribus différentes dont chacune a ses exigences et prétend rançonner les blancs que la Providence lui envoie. En outre, ces tribus sont le plus souvent en querelle, sinon en guerre les unes avec les autres.

Ce ne fut donc pas sans peine que nous réussîmes à entrer en relation avec les premières peuplades sur le territoire desquelles nous allions passer. Ces négociations furent assez longues, mais elles me permirent de faire l'acquisition de huit grandes pirogues et de louer les services d'une centaine d'indigènes.

Nous parvînmes assez rapidement jusqu'à Samquita, chez les Bakalais, mais avec le regret de laisser en arrière le docteur Ballay, qui payait alors son tribut aux premières fièvres.

Chez les Okotas, où M. Marche avait pris les devants pour enrôler des pagayeurs, nouveaux déboires! Loin de se prêter à nos désirs, cette peuplade avait fait en sorte de déterminer la désertion des Bakalais que nous avions engagés. Je parle ici une fois pour toutes de la fièvre, ce triste compagnon des voyageurs européens dans l'Afrique équatoriale. Depuis cette époque, en effet, nous eûmes constamment à lutter contre les fièvres et il nous fallut un grand effort de volonté pour ne pas nous laisser décourager par l'affaiblissement et l'anémie, conséquences inévitables du mal. Au moment où j'allais marcher en avant avec les hommes restés fidèles, je fus moi-même atteint par la fièvre et paralysé dans mes mouvements.

Ces événements se passaient dans les premières semaines de janvier 1876. Le 26, j'étais assez bien remis pour remonter les premiers rapides avec onze pirogues.

Il me fallut alors, pour la première fois, agir d'autorité sur un des chefs qui m'accompagnaient et qui s'était approprié comme esclave une femme du pays que nous allions traverser. Comme il refusait de rendre cette femme à sa tribu et menaçait du couteau le laptot que j'avais chargé d'aller reprendre l'esclave, je lui fis enlever son poignard et lier les mains. Soit crainte, soit approbation tacite de ma conduite, la pirogue de ce chef fut dès lors celle dont j'eus le moins à me plaindre tant qu'elle marcha sous mes ordres.

Nous arrivâmes le 27 janvier chez les Apingis, à l'endroit où le fleuve présente des rapides fort dangereux. L'inhabileté ou la mauvaise volonté des pagayeurs firent que sept pirogues chavirèrent. La perte qui en résulta nous semblait d'autant plus cruelle que nous étions au début de notre expédition. Les Apingis se trouvèrent à point sur le lieu du désastre pour piller un ballot de tabac et une grande partie de marchandises. Une perte plus grave encore fut celle de plusieurs instruments, dont les uns disparurent et les autres demeurèrent avariés.

Nous arrivâmes enfin le 10 février à Lopé, village de la tribu des Okandas, situé à 9°17′ de longitude Est de Paris. Je résolus d'y établir mon quartier général, car il fallait, d'une part, entamer des négociations avec les riverains du cours supérieur, dont l'expédition précédente avait reçu un si mauvais accueil et, d'autre part, pourvoir au remplacement des marchandises perdues.

J'envoyai chercher le docteur Ballay, qui était resté malade à Samquita et le chargeai de ramener avec lui les marchandises qui nous faisaient défaut.

Au retour du docteur, les indigènes ne voulaient remonter le fleuve qu'à l'époque de la baisse des eaux, ce qui nous condamnait à une station forcée de plusieurs mois. Je profitai de ce temps d'arrêt pour renvoyer au Gabon un certain nombre d'hommes malades ou hors d'état de continuer la campagne; le docteur Ballay les accompagna, avec la mission d'en engager d'autres.

J'étais moi-même immédiatement entré en relations avec les Fans qui avaient arrêté MM. Compiègne et Marche. Un de leurs chefs, Mamiaka, chez lequel j'étais allé plusieurs fois presque seul et sans escorte, se décida à venir me voir avec trente-cinq de ses hommes et m'assura de leurs bonnes intentions à notre égard. Il me conduisit ensuite, par terre, aux chutes de Booué, où j'entrai en rapport avec d'autres chefs et enfin m'offrit de me faire conduire par son neveu Zabouret, jusqu'au pays des Sébés, inexploré jusqu'alors. L'entreprise était périlleuse mais tentante ; je partis donc avec trois hommes d'escorte seulement et quelques Fans pour porter mes bagages. Ce voyage fut extrêmement pénible ; nous eûmes à supporter des souffrances et des privations de toutes sortes et je fus forcé de laisser en arrière dans la forêt deux de mes hommes malades et incapables de me suivre.

Je n'eus d'ailleurs qu'à me louer de mes compagnons indigènes, et particulièrement de l'amitié et de la loyauté de Zabouret, qui alla jusqu'à se constituer en otage pour me permettre d'envoyer des pirogues à mes deux Sénégalais, lorsque j'eus rejoint l'Ogôoué.

A notre arrivée à Lopé, nous avions rencontré un voyageur autrichien, le docteur Lenz : après de vaines tentatives pour pénétrer dans l'intérieur, il avait été rejeté d'une peuplade à l'autre sous divers prétextes. Depuis deux ans sur la brèche, il déployait une énergie et une persistance extrêmes, mais sa santé et ses ressources commençaient à s'épuiser. Il fit cependant, à ce moment, une nouvelle tentative, vint par terre avec les Fans et me rejoignit au pays des Sébés. Nous marchâmes ensemble jusqu'au pays des Adumas où je m'arrêtai, pendant qu'il poussait la reconnaissance du cours inconnu de l'Ogôoué jusqu'à la rivière Sébé. Ce fut son dernier effort, après lequel il rentra en Europe.

J'avais espéré faire descendre les Sébés et les Adumas jusqu'au pays des Okandas, mais je ne pus rien obtenir. Ignorant ce que faisaient mes compagnons, surexcité par les mensonges, la fourberie et la duplicité des naturels, épuisé par cette longue marche à travers les terres, je me trouvai dans un état de santé tel que je crus ma dernière heure venue.

Pendant cette longue période de souffrances, MM. Ballay et Marche avaient pu remonter l'Ogôoué ; ils avaient trouvé le meilleur accueil sur toutes les rives habitées par les Fans qui leur avaient prêté aide à la chute de Booué et dans plusieurs passages difficiles. Après avoir dépassé la rivière Ivindo, dernier point atteint sur le fleuve par la précédente expédition, ils me rejoignaient au pays des Sébés au moment où, épuisé, j'allais descendre chercher leurs soins. Je remis alors le commandement de l'expédition au docteur Ballay, fortement affaibli lui-même par des accès de fièvre violents et répétés. C'est alors que je chargeai M. Marche de pousser une reconnaissance au delà du point atteint par le docteur Lenz ; il parvint ainsi au confluent de la rivière Lékélé, augmentant de 75 kilomètres nos connaissances sur le cours supérieur de l'Ogôoué.

Malheureusement, il avait fallu laisser en arrière une certaine quantité de marchandises sous la garde du quartier-maître Hamon et de quelques hommes; aussi, dès que je fus un peu remis de ma maladie, je redescendis au quartier général de Lopé pour y chercher un dernier ravitaillement. Au mois d'avril 1877, j'étais de nouveau revenu à Dumé avec tout le personnel de l'expédition. Nous eûmes, à ce moment-là, le regret de nous séparer de M. Marche, que l'état de sa santé rappela en Europe.

J'ai résumé, messieurs, aussi brièvement que possible, cette première partie de l'expédition, dont les dernières nouvelles sont parvenues en Europe avec M. Marche. Nous allions entreprendre la seconde partie, la plus fatigante de cette campagne. Nous étions dans des conditions fort peu encourageantes, assurés que toute communication serait suspendue avec la côte, par conséquent avec les pays civilisés, affaiblis par diverses épreuves, mais soutenus par le désir de mener à bonne fin la reconnaissance géographique de l'Ogôoué, et désireux de ne reparaître au milieu de vous qu'avec un ensemble de résultats satisfaisants.

Avant, toutefois, d'entreprendre le récit des événements dont je n'ai pu donner qu'une connaissance sommaire depuis mon retour, vous me permettrez de rappeler dans quelles conditions nous avons dû transporter notre quartier général de Dumé, chez les Adumas, sur le cours supérieur du fleuve, aux chutes de Poubara, en pays complètement inconnu.

Nous avions entrepris des négociations avec les Adumas pour les amener à nous conduire avec leurs pirogues dans la partie supérieure du fleuve. Ils nous promirent tout ce que nous demandions, reculant néanmoins sous différents prétextes le jour du départ; puis, de retard en retard, ils finirent par nous déclarer que le temps était venu pour eux, non de remonter, mais de descendre le fleuve pour faire leur commerce habituel avec les peuplades plus rapprochées de la côte.

Nous pûmes triompher de cette difficulté en gagnant le grand féticheur à prix d'or, c'est-à-dire en sacrifiant un fort lot de marchandises et lui faisant lancer une sorte d'interdit sur le cours en aval du fleuve. Chez ces peuples superstitieux, la résistance ouverte ou dissimulée aux féticheurs serait non seulement pour le coupable, mais pour la tribu tout entière, l'origine des plus grands malheurs.

Un autre incident était venu, à la même époque, compliquer notre situation; la petite vérole s'était déclarée chez les Adumas. Elle avait enlevé un certain nombre des chefs de cette tribu sur lesquels nous comptions le plus et, pour comble d'ennui, on nous accusait de l'avoir apportée : « Nous avions, disaient-ils, encore beaucoup d'autres caisses pleines de maladies. » La mortalité était d'autant plus considérable sur les indigènes, que leur mode de traitement, dont le bain froid faisait partie, leur était funeste. Cependant, grâce aux soins du docteur Ballay, qui chaque jour alla visiter les malades du voisinage, un grand nombre de ces malheureux guérirent, et les préventions dont nous étions l'objet se dissipèrent un peu.

Permettez-moi, messieurs, à ce propos, de vous raconter un fait qui vous démontrera bien la cupidité et l'abaissement moral de ces tribus. Le docteur Ballay, sortant d'une case où il venait de soigner deux enfants, demanda un peu d'eau à la mère pour se laver ses mains. « Que me paieras-tu, lui répondit-elle, si je t'apporte de l'eau ? »

Mais les Adumas ne pouvaient se résigner à voir toutes nos marchandises quitter leur pays. Ils désiraient en garder une partie avec quelqu'un de nous, soit à cause du bénéfice qu'ils en retiraient en nous vendant des vivres, soit à cause de la protection que notre présence assurait à ceux qui habitaient dans notre voisinage. Cette fois, nous eûmes recours à la ruse, en disposant en évidence un certain nombre de caisses vides qui, soigneusement fermées et chargées d'objets sans valeur, paraissaient constituer le plus net de notre capital.

Lorsque l'heure du départ fut arrivée, le docteur Ballay et le quartier-maître Hamon chargèrent les bonnes caisses sur les pirogues et remontèrent le fleuve. Pour n'éveiller aucune défiance, je restai au quartier général avec quelques-uns de mes laptots.

Quand les Adumas rentrèrent dans leur pays, je leur fis voir les caisses vides et leur annonçai que j'allais partir à mon tour, mais aucun d'eux ne voulut m'accompagner. Je dus donc m'embarquer avec mes laptots pour aller rejoindre mes compagnons. C'était une tentative assez périlleuse, car la partie de l'Ogôoué que nous avions à remonter est semée de rapides, et mes hommes n'étaient pas habitués à cette navigation. Mais, en somme, nous ne risquions guère que notre peau. Il est vrai qu'elle fut soumise à de rudes épreuves, car notre inexpérience nous fit chavirer à mainte et mainte reprise. J'y perdis ma meilleure boussole, mon chronomètre et mon sextant qui furent avariés. Cependant, après une succession de bains forcés, de heurts et de mésaventures de tout genre, nous parvînmes à rejoindre nos compagnons et leur précieux chargement.

Nous avions pu gagner ainsi, au delà des points atteints par M. Lenz d'abord, puis par M. Marche, 75 nouveaux kilomètres sur le cours inconnu du fleuve. Ces événements s'accomplissaient en juillet 1877.

Si vous vous étonnez, messieurs, de voir les dates marquantes s'échelonner à des intervalles aussi considérables, je dois faire observer que les saisons si variables de la zone équatoriale arrêtent souvent pendant des mois entiers toute entreprise de voyage, soit par eau, soit par terre.

M. Ballay avait établi le nouveau quartier général aux chutes Poubara, dans le pays des Aumbos. Là, le fleuve se divise en deux branches, l'Ogôoué, que les indigènes appellent Rebagni, et la rivière Passa. Les deux cours d'eau, interrompus par des chutes et des rapides rapprochés, ont perdu leur importance et ne servent plus de voie de communication. C'est à peine si l'on y voit encore quelques pirogues petites et mal faites, qui ne servent d'ailleurs qu'à traverser d'une rive à l'autre.

La rivière Passa et l'Ogôoué diminuent rapidement d'importance et peuvent bientôt être franchis à gué. Leur source doit se trouver dans la chaîne de montagnes dont le versant occidental écoule dans l'Atlantique, sur la côte de Mayombé, des rivières de peu d'importance.

Arrêtés par des difficultés de toute espèce, nous avions mis presque deux ans à arracher à l'Ogôoué le secret qu'il venait de nous livrer. Nous avions appris aux riverains à connaître et à respecter le nom de la France; nous avions acquis un tel ascendant sur les peuplades chez lesquelles les hasards et les obstacles de notre voyage nous avaient si longtemps arrêtés, que le pavillon français, arboré sur les pirogues d'une tribu, les protégeait contre les attaques des tribus ennemies, bien que depuis longtemps nous eussions quitté la contrée.

Ainsi, la question de l'Ogôoué se trouvait désormais résolue : ce fleuve n'était pas, comme on l'avait pensé, une voie pour pénétrer dans l'intérieur.

La mission de l'Ogôoué étant terminée, nous nous décidâmes à abandonner ce fleuve qui avait si longtemps trompé nos espérances. Mais notre tâche n'était point finie; notre objectif fut alors de nous avancer vers l'Est et de tenter de soulever le voile sous lequel se cachait l'immense contrée inconnue qui nous séparait des régions du haut Nil et du Tanganika, où nous croyions concentrés les efforts de Stanley et de Cameron.

Maintenant, il nous fallait nous frayer une route par terre et transporter nos bagages à dos d'hommes. Quels moyens allions-nous employer dans un pays où chaque village est en guerre avec son voisin et où il est rare de voir un homme qui ait franchi l'horizon du village où il est né? Comment se procurer des porteurs dans un pays où il n'y en a pas?

Jusqu'alors, le grand écueil de notre marche avait été les hostilités de tribu à tribu, mais dans la contrée où nous étions, les relations commerciales étendues et le transport des marchandises par des porteurs n'avaient jamais existé. C'est à peine si nous pouvions réunir à la fois des bandes de dix ou quinze hommes qui, moyennant un paiement exorbitant, consentaient à transporter nos caisses pendant quelques kilomètres.

Ce fut donc au prix de mille peines et de mille tracas que nous pûmes conduire tout notre bagage à une demi-journée de marche au Nord, sur les collines qui bordent la rivière Passa.

On ne saurait imaginer avec quelle irritation croissante nous accomplîmes cette première étape. C'est à droite et à gauche qu'il fallait aller racoler un à un des hommes qui, une fois le paiement reçu, abandonnaient le plus souvent leur fardeau à moitié chemin. Pour comble d'exaspération, nous constatâmes, une fois le transport terminé, que plusieurs de nos caisses avaient été ouvertes et en partie dévalisées.

Réduits à d'aussi tristes moyens d'action, nous étions dans l'impossibilité d'avancer. Nous allions, en effet, traverser la bande de pays qui sépare les peuplades de l'Ogôoué de celles de l'Est. Or, les unes et les autres se livraient une guerre acharnée, et personne n'aurait voulu me suivre sur ce terrain qui venait d'être dévasté par des combats continuels. Les gens de notre escorte eux-mêmes, épouvantés à l'idée de quitter le fleuve qui devait les ramener dans leur pays, nous créaient, par leur résistance passive, les plus sérieuses difficultés. C'est dans ces circonstances que nous eûmes à déployer la plus grande somme de patience et d'énergie dont nous pouvions disposer. Il arriva un moment où, sur le point d'être abandonnés par tous nos hommes, nous leur déclarâmes que leur départ ne saurait changer notre résolution et que s'ils ne voulaient pas nous suivre, nous continuerions à avancer seuls.

Il ne nous restait donc qu'une dernière ressource, celle d'employer des esclaves comme porteurs. J'avais déjà essayé, l'année précédente, d'utiliser des esclaves comme interprètes; mais l'essai n'avait point réussi. A peine rentraient-ils dans leur pays qu'ils me quittaient, usant de la liberté que je leur avais donnée dès l'origine, pour aller retrouver ceux qui les avaient déjà vendus et qui les revendaient encore. Nous avons vu même l'un d'eux mettre presque immédiatement la bûche de l'esclavage au pied de son compagnon de liberté.

Deux d'entre eux, N'djioué et Doumangoï, seuls, m'étaient restés fidèles et m'avaient été très utiles. Je me décidai à acheter des porteurs, mais cette fois en leur déclarant qu'ils ne jouiraient de leur liberté que le jour où je n'aurais plus besoin de leurs services.

La saison des pluies était arrivée et me permettait d'utiliser l'inaction à laquelle elle me condamnait, pour aller chercher à droite et à gauche chez les chefs environnants les hommes qui nous étaient nécessaires.

Pendant ce mois, j'ai été témoin de toutes les ignominies que peut présenter un pays où le seul commerce est le commerce d'esclaves.

Dans la région boisée et fertile, mais malsaine, que nous venions de traverser, nous avions trouvé une abondance relative de vivres.

Le pays des Batékés, au contraire, dans lequel nous allions nous engager, nous était dépeint sous les couleurs les plus sombres, peuplé par des hommes adonnés à la guerre et au pillage, dénué de vivres et présentant, par conséquent, les plus grandes difficultés de ravitaillement pour un personnel que nous avions triplé.

J'avais d'ailleurs pu vérifier une partie de ces dires dans deux reconnaissances qui avaient pour but de déterminer la route à faire suivre à notre caravane. Le pays se présentait, en effet, sous la forme d'un désert, avec le sable pour sol, creusé par endroits de gorges profondes où émergent des roches granitiques. J'y pus relever des traces du passage du lion, dont le domaine semblait succéder à celui de l'éléphant et du gorille qui habitent le bassin de l'Ogôoué.

Depuis quelques temps déjà, nous venions d'éprouver une cruelle déception. La caisse en fer-blanc soudée qui renfermait nos provisions de chaussures et que nous croyions parfaitement étanche, s'était remplie d'eau dès les premiers naufrages que nous avions essuyés sur l'Ogôoué. Lorsque nous l'ouvrîmes à Poubara, son contenu était absolument hors de service, en sorte qu'après avoir laissé sur la route les lambeaux de nos vieilles chaussures, nous en fûmes réduits à marcher pieds nus. Ce mode de locomotion, qui semble si naturel chez les noirs, était très dur pour nous ; cependant, il fallut nous y résigner pendant près de sept mois. Nous commencions à nous y faire lorsque nos vêtements en lambeaux laissèrent nos jambes exposées aux atteintes des broussailles et des buissons épineux.

La saison des pluies n'était pas encore terminée, qu'impatients de continuer notre voyage, nous nous mettions en route sans avoir souci des ondées qu'un ciel inclément versait chaque soir sur nos corps fatigués.

Dès lors la marche devint plus rapide ; en vingt jours nous traversâmes le pays des Umbétés pour entrer dans celui des Batékés où, de nouveaux porteurs libres s'étant offerts, nous eûmes une dernière fois la complaisance d'accepter leurs services.

La leçon devait être décisive. Comme M. Ballay était resté en arrière avec nos porteurs spéciaux, les Batékés, au nombre de cinquante, jetèrent à un moment donné leurs fardeaux à terre et nous entourèrent en nous menaçant de leurs sagaies. Un instant de faiblesse eût tout perdu, car ces gens-là n'attendaient que l'occasion de piller les bagages ; heureusement la fermeté de notre contenance les tint en respect.

Ils se décidèrent à reprendre leurs bagages, mais à contre-cœur et, en raison de leur mécontentement qui pouvait donner naissance à une nouvelle algarade, je les arrêtai dans le premier village que nous rencontrâmes. Ce village était situé sur les bords d'un ruisseau qui devient ensuite la rivière N'coni.

Croyant les gens du village animés de bonnes intentions, je renvoyai Hamon à M. Ballay pour lui indiquer la route la plus courte par laquelle il devait me rejoindre.

Après le départ d'Hamon, de grands attroupements formés des gens du village et de ceux des villages voisins commencèrent à m'entourer avec des démonstrations peu pacifiques. Resté seul avec trois hommes sur le courage desquels je ne pouvais compter, je dus prendre des mesures pour préserver les marchandises dont j'avais la garde.

Heureusement ces faits s'étaient produits à la chute du jour ; après avoir fait une sorte de retranchement de mes bagages, je voulus au moins être prêt pour une attaque de nuit et j'enterrai en avant de la position une caisse de poudre à laquelle il me serait facile de mettre le feu.

Cette opération nocturne, entourée des précautions que réclamait la circonstance, eut un tout autre effet que celui que j'avais imaginé. Les Batékés, d'abord intrigués de mes allures, puis croyant que je me livrais à quelque exorcisme, furent tout à coup saisis d'une frayeur superstitieuse. Le mot de « fétiche » ayant été prononcé, tous mes maraudeurs se reculèrent le plus loin possible de l'endroit où j'étais et finirent par me laisser la paix.

Cependant le nombre des porteurs réguliers était insuffisant ; il fallait faire trois voyages pour un, c'est-à-dire ne transporter à la fois que le tiers des marchandises. On arrivait cependant, non sans peine, à faire deux étapes en cinq jours.

En cheminant de la sorte, nous atteignîmes une petite rivière appelée par les indigènes N'gambo. Sa largeur ne dépassait pas 20 mètres, mais elle était très profonde et courait dans la direction de l'Est.

En suivant son cours, nous arrivâmes à une rivière plus importante dans laquelle elle versait ses eaux. Cette nouvelle rivière, qui coule également vers l'Est avec une légère inflexion vers le Nord, est appelée l'Alima.

Au point où je l'ai mesurée, cette rivière avait 140 mètres de large avec une profondeur moyenne de 5 mètres ; mais sa largeur moyenne doit être de 100 mètres. Quand les rives se rapprochent en deçà de cette distance, le courant normal, qui est de 1 mille et demi à 2 milles, atteint bientôt une vitesse de 3 milles à l'heure. Les indigènes affirment que l'Alima n'a pas de rapides et qu'elle va, après six jours de descente, se jeter dans un grand fleuve d'où viennent la poudre et les fusils.

Nous pensions alors que l'Alima nous conduirait vers quelque grand lac intérieur au Sud du Ouaday. Ce qui confirmait cette opinion, c'est que le sel que les indigènes obtenaient par cette voie n'était pas, comme en beaucoup d'autres points, le produit du traitement de quelques plantes salines, mais bien du véritable chlorure de sodium teinté de noir et qui ne pouvait être récolté que dans les vases de quelque grande surface d'évaporation.

L'Alima nous offrait une occasion beaucoup trop favorable de continuer notre route vers l'Est, pour qu'il nous fût permis de la négliger.

Mais notre situation donnait à réfléchir ; ce n'était pas impunément que nous venions de passer plus de deux ans en Afrique ; notre santé était délabrée et nous manquions de tout, même de cartouches, que nous commencions à ménager.

Où nous conduirait ce fleuve qui semblait ne pas devoir déboucher à la mer? Avec nos ressources épuisées et notre rudiment d'escorte, comment nous dégager des contrées où l'Alima allait nous enfermer?

Je ne me reconnus pas le droit d'engager, sans leur consentement, mes compagnons de route dans une entreprise aussi téméraire. Je les consultai et retrouvai en eux cette énergie et cette abnégation qui ne se sont pas démenties un seul instant dans toutes nos épreuves.

La route qui nous était ouverte allait nous entraîner au centre du continent inconnu. Nous nous résolûmes à tenter l'aventure, même au péril de notre vie et à marcher devant nous, cherchant une issue vers l'Est, sans songer un seul instant à revenir sur nos pas.

Les Batékés peu à peu s'étaient humanisés en constatant que nos relations étaient fort amicales et surtout accompagnées de grandes générosités. Bientôt ils devinrent nos amis et nous donnèrent des renseignements précieux sur les populations de l'Alima.

On y trouve, disaient-ils, les établissements d'un peuple qui habite à l'extrémité de la rivière, au point où elle se jette dans une plus grande, où l'on peut naviguer pendant des mois entiers. Ce peuple s'appelle Apfourou. Il vient dans le haut de l'Alima pour chercher du manioc et de l'ivoire, en retour desquels il se procure de la poudre, des armes et des pagnes blancs; mais, comme ici il n'est pas établi à demeure et comme il s'est approprié, en vertu du droit du plus fort, la possession du cours navigable de l'Alima, il abuse souvent de sa supériorité pour extorquer les pauvres gens avec lesquels il trafique. C'est ainsi qu'il avait réduit cette année le pays à la famine en lui enlevant toutes ses provisions. C'eût été une bénédiction que des blancs pussent attaquer les Apfourous et les réduire à la raison.

Quant aux Batékés eux-mêmes, il paraît qu'ils s'étendent jusqu'aux rives du Congo, puisque Stanley signale leur présence sur sa carte dans les régions qui correspondent à celles où nous les avons rencontrés.

Nous étions bien loin d'entrer dans les vues des Batékés; nous voulions nous appliquer, au contraire, à nouer avec les Apfourous des relations amicales et à gagner leurs bonnes grâces, comme nous l'avions fait pour les Fans.

Je commençai donc à suivre le cours de l'Alima, jusqu'à ce qu'il me fût permis d'entrer en relation avec un établissement d'Apfourous. Le premier campement que nous aperçûmes sur le rivage s'était en quelque sorte vidé comme par enchantement. Cependant, m'étant avancé seul, je trouvai un Apfourou étendu sur une natte à côté d'un feu où bouillait une marmite. Sans doute celui-là était endormi au moment de l'alerte et venait seulement de s'éveiller. Pour le rassurer, je m'assis à quelques pas et gardai le silence; mais, à peine eus-je fait un geste et prononcé deux paroles, que le malheureux, saisi d'une terreur folle, se releva et disparut en un instant.

J'examinai alors le campement: tout indiquait les préparatifs d'un départ précipité, causé sans doute par notre approche. Deux pirogues étaient accostées à la rive et on y avait entassé en désordre les objets les plus précieux.

Pour témoigner de la loyauté de mes intentions, je pris du tabac et quelque peu d'aliments, à la place desquels je déposai des marchandises pour une valeur dix fois supérieure, et je me retirai.

On m'observait, sans doute, car lorsque nous arrivâmes à un autre campement, les Apfourous manifestèrent moins d'effroi et nous pûmes peu à peu entrer en pourparlers avec ces hommes défiants.

Je constatai dans un autre village, où je fus bien reçu, des préparatifs de départ; on avait chargé une grande quantité de paniers de manioc d'une forme toute spéciale dans des pirogues qui semblaient prêtes à partir. Je fis un grand cadeau au chef et je me retirai discrètement, pendant que ces défiants indigènes adressaient mille questions aux hommes de mon escorte. Ils tenaient surtout à savoir si nous connaissions la manœuvre des pirogues. Après avoir envoyé d'autres présents, je rendis de nouveau visite à ce chef; mais ce ne fut pas sans peine que je pus me procurer des pirogues, car les chefs s'opposaient aux négociations. A chacune de mes offres, la réponse invariable: « Ce n'est point assez » m'apprenait que les chefs exerçaient leur pression sur les propriétaires des pirogues.

Il vint cependant un moment où l'accumulation des objets que j'avais étalés pour l'acquisition des barques finit par exercer une attraction irrésistible. Alors, presque affolés à la vue de tant de trésors, ils s'en emparèrent et s'enfuirent en abandonnant les pirogues.

Mais le mécontentement des chefs me faisait craindre pour l'avenir; j'aurais voulu pouvoir ne pas brusquer ce marché; les circonstances ne le permirent pas.

Le lendemain, je fus rassuré sur les intentions des Apfourous; ils nous proposèrent l'acquisition d'une nouvelle pirogue, ce qui porta à huit le nombre des embarcations dont nous pouvions disposer. Il est vrai que plusieurs d'entre elles étaient en mauvais état, mais notre industrieux quartier-maître, dont l'esprit inventif et l'adresse naturelle suppléaient à tout, trouva le moyen de les radouber avec de la gomme copal qu'il fallut faire fondre et dont l'emploi nous valut de cuisantes brûlures aux mains et aux pieds.

Nous embarquâmes donc nos bagages, notre escorte et nos porteurs, enchantés à la seule idée de faire en quelques jours plus de chemin que nous n'en avions fait depuis trois mois; mais nous ne tardâmes pas à voir se dissiper nos illusions. Les Apfourous n'entendaient pas qu'on naviguât sur leurs eaux, surtout avec des marchandises. Les noirs sont, en effet, les commerçants les plus défiants et les plus impitoyables que je connaisse. Nous nous engagions d'ailleurs dans cette région inhospitalière où Stanley avait dû livrer tant de combats.

Les Batékés venaient nous donner à chaque instant des indications sur les allures des Apfourous, qui, disaient-ils, voulaient s'opposer à notre descente dans leur pays où l'Alima devait nous mener.

Ils avaient abandonné une partie de leurs campements pour se concentrer sur ceux qui étaient situés dans des positions stratégiques plus avantageuses, afin de nous barrer le passage. L'indice le plus manifeste de leur résolution d'entrer en guerre était le renvoi de leurs femmes et de leurs enfants, qu'ils avaient mis à l'abri dans leur pays.

Nous persistions cependant, dans l'espoir que notre attitude inoffensive et nos dispositions pacifiques conjureraient au dernier moment les dispositions hostiles des Apfourous.

Le jour où, embarqués dans nos huit pirogues, nous commençâmes la descente, le premier village apfourou nous laissa passer sans nous inquiéter. Cette tolérance provenait-elle d'un revirement d'idées ou de la surprise causée par la rapidité de notre marche? Notre incertitude cessa bientôt, car le cri de guerre retentit et plusieurs pirogues se mirent à notre poursuite sans toutefois se rapprocher de nous. Mais, quand nous découvrîmes dans le lointain un nouveau village, les cris des pagayeurs qui nous suivaient redoublèrent d'intensité. On leur répondait des villages devant lesquels nous allions passer et où l'on se préparait à nous accueillir à coups de fusil.

Il ne pouvait nous rester aucun doute et nos porteurs ne s'y trompaient pas; ils abandonnaient leurs pagaies pour se blottir au fond des pirogues. Nos hommes d'escorte durent alors quitter leurs fusils pour maintenir les embarcations au milieu du fleuve. Nous étions partis de bonne heure et nous avions fourni une assez longue descente au moment où les premiers coups de feu partirent des rives. La fusillade, d'abord rare et mal assurée, devint plus nourrie et plus dangereuse. Trois de mes hommes ayant été légèrement blessés, il fut impossible de les empêcher de laisser leurs pagaies et de faire le coup de feu, inconvénient fort grave, car nos porteurs étant couchés au fond des pirogues, nos hommes étaient seuls à la manœuvre.

Pendant le reste de cette longue journée, nous fûmes attaqués par tous les villages devant lesquels nous passions et poursuivis par leurs pirogues.

Le soleil avait disparu sous l'horizon et la nuit allait bientôt être noire ; elle était la bienvenue, car elle nous promettait de protéger notre descente. Mais notre espérance fut trompée, nous venions d'être aperçus par une pirogue envoyée en reconnaissance et nos mouvements furent signalés aux villages qui se trouvaient en aval.

La passe dans laquelle nous allions nous engager était formidablement défendue et dominée par de nombreux villages sur les deux rives. Les habitants, à l'annonce de notre arrivée, poussaient des clameurs formidables et semblaient prêts depuis longtemps à l'attaque.

Il aurait été téméraire de s'engager dans une affaire de nuit contre des gens qui connaissaient la rivière et avaient sans doute pris toutes leurs mesures pour nous barrer le passage. Nos pirogues allèrent s'adosser à un banc d'herbes flottantes et attendirent. Soit que les Apfourous eussent deviné notre projet, soit qu'ils voulussent se tenir en éveil, des feux nombreux furent allumés sur chaque rive et nous enlevèrent tout espoir de passer inaperçus à la faveur de la nuit.

La nuit fut continuellement troublée par les clameurs, les chants de guerre, le son du tam-tam et les ombres qui circulaient à distance autour de notre groupe. On entendait vers l'Est le bruit des pagaies ; c'étaient les pirogues des établissements d'aval qui remontaient le fleuve pour prendre part à la lutte. On les entendait chanter que nous étions de la viande pour leur festin de victoire. En présence de ces préparatifs, je jugeai prudent de prendre position sur la rive, où mes laptots se trouvaient plus libres de leurs mouvements que dans nos embarcations.

Au point du jour, nous vîmes déboucher d'une pointe qui masquait le bas du fleuve, une trentaine de pirogues chargées de noirs armés de fusils. Cette flottille se distribua régulièrement sur les deux ailes, de manière à nous attaquer des deux côtés à la fois. Quand les Apfourous furent arrivés à une distance d'une quarantaine de mètres, le feu commença de part et d'autre. Nous avions quinze fusils entre des mains suffisamment exercées. La rapidité de notre tir et la précision de nos armes eurent bientôt raison de nos ennemis ; quelques minutes s'étaient à peine écoulées, qu'ils cherchaient un prompt salut dans la fuite.

Nous pûmes jouir alors de quelque répit, mais il fallait prendre une résolution rapide. Mon intention était de profiter du premier moment de stupeur des Apfourous pour franchir le passage, mais un inventaire de nos munitions me démontra qu'elles seraient rapidement épuisées avant que nous fussions arrivés au terme de l'immense route.

Il était évident, en effet, qu'à mesure de notre descente, nous traversions une quantité toujours croissante d'ennemis, car nous n'étions pas encore sur le véritable territoire des Apfourous, mais seulement sur celui de leurs établissements d'amont.

Ces Apfourous se battaient avec courage. Je me souviendrai toujours de l'homme qui était dans la pirogue de tête, celle sur laquelle se concentra tout notre feu ; il ne cessa jamais de se tenir debout et d'agiter son fétiche au-dessus de sa tête : il fut préservé des balles qui pleuvaient autour de lui.

Notre ignorance du pays, la faiblesse de notre escorte, ne nous permettaient pas de nous frayer un passage de vive force le long du fleuve. Ce n'eût plus été du courage, mais une témérité insensée dont le moindre inconvénient, sans compter les risques que couraient nos existences, était de compromettre les résultats que nous avions acquis.

Vous ne vous étonnerez donc pas de ma décision de quitter l'Alima peuplé de tribus si acharnées à notre perte.

J'ai regretté depuis lors de n'avoir pas obéi à ma première inspiration, lorsque j'appris, par le récit des voyages de Stanley, qu'en moins de cinq jours nous nous serions, par une pointe hardie, engagés dans les eaux du Congo, au lieu d'aboutir à quelque impasse lacustre où nous aurions été à la merci des Apfourous.

Pour nous mettre à l'abri de ceux-ci, il nous fallait reprendre la marche par terre, si pénible à cause du manque de souliers. Pour que ce mouvement fût rapidement opéré, il importait de garder seulement la charge de bagages que nos porteurs pouvaient enlever en une seule fois. Je fis donc noyer sept caisses de marchandises ; c'est là que le docteur Ballay dut sacrifier ses précieuses collections. Pendant ce temps, nous étions informés que les Apfourous faisaient leurs préparatifs pour une seconde attaque qu'ils se proposaient de livrer le lendemain. Cette fois, nous devions être assaillis non seulement de tous les points de la rivière, mais du côté même de la terre, où l'on se disposait à nous cerner. Ces nouvelles furent confirmées par l'apparition d'un espion dans la forêt marécageuse où nous nous supposions à l'abri, mais qui, investie par l'ennemi, aurait été notre tombeau, car nous y perdions, dans une lutte corps à corps, l'avantage de nos fusils à tir rapide.

Aussitôt que la nuit fut venue, nous nous mîmes en marche, toujours résolus à pousser vers l'Est aussi loin qu'il serait possible.

Les débuts de cette retraite furent très pénibles, car nous avions à nous dégager d'une forêt marécageuse sur une étendue de 500 mètres. Il ne nous fallut pas moins de trois heures pour nous tirer de ce bourbier à la lueur fumeuse de torches de bambou.

Au point du jour, nous avions atteint le pied des collines les plus rapprochées et le soir nous étions hors de portée des Apfourous.

En récapitulant notre malencontreuse navigation de l'Alima, nous pûmes constater que nous avions, en deux jours, descendu cette rivière sur un parcours d'une centaine de kilomètres à vol d'oiseau.

Je suis heureux de dire cependant qu'en dépit de tant d'obstacles et d'épreuves, la bonne amitié et le parfait accord qui régnaient entre nous n'eurent à souffrir aucune atteinte et c'est avec une fierté légitime qu'en ma qualité de chef de l'expédition je puis donner à mes courageux collaborateurs Ballay et Hamon les éloges auxquels ils ont droit.

Une nouvelle série de souffrances et d'épreuves nous attendait au pays des Batékés, dans lequel nous venions de rentrer. Le territoire était, comme je l'ai déjà dit, désolé par la famine et pour comble de malheur l'eau y était devenue si rare qu'il fallait la payer à des prix excessifs. Dès ce moment, comprenant qu'il fallait prêcher d'exemple pour nous assurer le concours dévoué de notre escorte et de nos porteurs, nous prîmes la résolution de faire à chaque repas les rations égales et de nous contenter des trois dernières, après que nos laptots et nos porteurs avaient fait eux-mêmes leur choix. Notre attitude en présence des Apfourous, la rapidité avec laquelle nous avions dissipé leurs attaques, nous avaient placés en haute estime auprès des Batékés, qui se montrèrent dès lors plus hospitaliers. Il nous fut donc possible de franchir le bassin de l'Alima et de nous engager dans celui d'un autre cours d'eau plus important encore, qui compte un grand nombre d'affluents.

Le premier de ces affluents que nous eûmes à traverser fut la rivière Obo, qui donne son nom à ses riverains. Nous rencontrâmes plus loin le Lébaï N'gouco à 180 kilomètres de l'Alima. Nous le passâmes à l'époque des basses eaux ; il présentait une profondeur de 1m,50 à 2m,50 ; aux époques de la crue, son niveau doit s'élever d'au moins 2 mètres, autant qu'il m'a été permis d'en juger par des traces d'étiage naturel. Nous fîmes halte à cet endroit. La difficulté de nous procurer des vivres devenait de plus en plus grande ; un certain nombre de nos porteurs étaient à bout de forces ; il n'était guère possible d'avancer dans ces conditions. Je pris sur moi de diviser notre colonne en deux parties, ne gardant que les gens les plus valides et chargeant Ballay et le quartier-maître Hamon de ramener le reste, à petites étapes, jusque sur les bords de l'Ogôoué, où je me proposais de les rejoindre ultérieurement.

Le 19 juillet 1878, avec la résolution de pousser aussi loin que je le pourrais dans une marche dégagée de toute entrave, je traversai le Lébaï N'gouco avec dix porteurs et six hommes d'escorte ; mais, quelque bonne intention que j'eusse de marcher dans la direction de l'Est, il fallut me rabattre vers le Nord, car nous approchions du territoire des Anghiés où aucun des indigènes ne voulait nous conduire.

Ces Anghiés forment une tribu guerrière et redoutée de tous les peuples voisins ; ils sont armés de fusils et font de fréquentes razzias hors de leurs frontières. Ils habitent les bords d'une grande rivière. Les esclaves qu'ils font dans leurs razzias sont emmenés dans des contrées si lointaines qu'on n'a pas souvenir d'en avoir jamais revu un seul.

A une trentaine de kilomètres au Nord du Lébaï N'gouco, je rencontrai la rivière Licona, un peu moins importante, au point où je la traversai, que l'Alima. Sa largeur était de 100 mètres ; sa profondeur aux basses eaux variait de 3 à 5 mètres, mais son niveau peut s'élever de 3 mètres au moment des crues. Elle suit approximativement la direction de la ligne équatoriale dans le sens de l'Ouest à l'Est et reçoit un peu en aval le confluent de l'Obo et du Lébaï N'gouco. Elle devient bientôt si considérable qu'il faut, au dire des indigènes, plus d'une demi-journée pour la traverser d'une rive à l'autre. Il y a des hommes qui y naviguent pendant des mois entiers, se refugiant le soir dans des îles pour y passer la nuit. Ce sont ces gens-là qui viennent chercher les esclaves enlevés par les Anghiés et qui emmènent leur marchandise humaine dans des régions dont personne ne revient. Ces mêmes gens ont de la poudre, des fusils et des pagnes (étoffes blanches) de fabrication européenne.

Ces indications, qui me semblaient alors suspectes, se justifient aujourd'hui, lorsque je réfléchis que les indigènes confondaient le cours inférieur de la Licona avec celui du Congo.

A partir de la Licona, le voyage devint extrêmement pénible; mes jambes, trop cruellement maltraitées par les broussailles, étaient couvertes de plaies; mon escorte et mes porteurs n'étaient guère en meilleur état, quelle que fût leur habitude de ces pérégrinations dans la brousse. Les marchandises touchaient à leur fin; c'est à peine si j'en avais une quantité suffisante pour assurer mon retour. L'imminence de *la saison des pluies*, qui menaçait le pays d'une inondation générale, allait me couper la retraite. Je parvins cependant jusqu'à la rivière Lébaï Ocoua, située à un demi-degré au Nord, soit à 55 kilomètres de l'équateur et dont la rive opposée est habitée par les Okangas. Mais l'oiseau qui annonce la saison des pluies avait chanté; je repris tristement le chemin de l'Ogôoué; c'était le 11 août.

Presque jour pour jour, il y avait trois ans que j'avais quitté l'Europe.

Lébaï Ocoua, dans la langue du pays, signifie : rivière de sel. En effet, ce produit si précieux en Afrique est obtenu là des indigènes par l'évaporation de l'eau des petits ruisseaux qui descendent de collines riches en sel. Cette découverte m'amenait à douter de l'existence des lacs de la région du Ouaday auxquels je pensais que l'Alima devait nous conduire. Le problème de l'hydrographie africaine me semblait de plus en plus obscur, car je ne pouvais imaginer que le Congo roulât ses ondes majestueuses en face de moi, dans la direction du soleil levant. De mieux informés que moi doutèrent eux-mêmes de ce fait extraordinaire lors des premières affirmations de Stanley. Pour mon compte, à peine eus-je pris connaissance de la traversée de cet explorateur, que tout s'illumina subitement: cette succession de cours d'eau que je venais de traverser aboutissait au grand fleuve de Livingstone et de Stanley.

Je compris alors que la découverte de l'Alima, qui devient navigable non loin du point où s'arrête la navigation des pirogues dans l'Ogôoué, était d'une importance considérable, non seulement au point de vue géographique, mais encore au point de vue commercial.

En effet, la distance des deux rivières est fort restreinte; elle est d'à peu près cinquante milles, et le terrain est fort propice pour le transport soit des marchandises, soit des canots démontables. Cette région, qui sépare le bassin de l'Ogôoué du bassin du Congo, est formée par des collines sablonneuses de médiocre hauteur qui offrent plusieurs passages des plus faciles, sans la difficulté d'une végétation épaisse.

Des canots à vapeur d'un fort tonnage peuvent naviguer dans l'Alima au point où nous l'avons atteint; ils pourraient rejoindre le Congo au delà des rapides qui barrent ce fleuve du côté de l'Atlantique, point difficile à atteindre à cause de l'hostilité de peuplades qui, de ce côté, monopolisent le commerce. Aussi, si l'Ogôoué n'est pas une voie directe vers l'intérieur, il en est indirectement une, puisqu'il ouvre le Congo et acquiert par là une importance capitale. Notre persistance à ne pas borner notre exploration au cours de l'Ogôoué et à la pousser plus loin malgré l'état de dénûment dans lequel nous nous trouvions était donc couronné d'un résultat qui dépassait nos espérances.

Notre retour à l'Ogôoué ne fut assurément ni moins long ni moins pénible qu'il ne l'avait été pour les invalides que j'avais renvoyés quelque temps auparavant sous la conduite de Ballay et de Hamon. Enfin, notre petite expédition se trouva réunie sur les rives de l'Ogôoué.

Au moment de descendre le fleuve, ce qui n'était qu'un jeu, je pensai à mes porteurs : qu'allaient-ils devenir? Ils étaient trop heureux de se voir dans leur pays natal pour songer à me suivre au Gabon, le seul endroit où leur liberté pouvait être sauvegardée. Ils partirent en grand nombre et presque tous furent arrêtés et réduits en esclavage dans les premiers villages qu'ils rencontrèrent. Ce fut une leçon pour ceux qui étaient restés et qui se décidèrent à nous accompagner au Gabon. Ils n'ont pu que se féliciter d'avoir pris ce parti, car je leur ai donné un village où leurs cases sont entourées de plantations et habitées par une population de poules, de cabris, etc. Leur existence est luxueuse et fait à peu de frais l'envie de leurs voisins ; heureux de pouvoir se livrer à cette douce nonchalance qui constitue pour le nègre la parfaite béatitude, ils se raillent à juste titre de la sottise de leurs anciens compagnons qui, trop pressés de me quitter, sont allés se livrer d'eux-mêmes à leurs persécuteurs et sont traînés à travers le pays la fourche au cou et la bûche aux pieds.

Pour moi, ce n'est pas sans tristesse que je songe à ces humbles auxiliaires à qui j'aurais voulu de meilleures destinées. Le malheur auquel ils semblent perpétuellement voués, l'obstination avec laquelle ils acceptent les dures conditions de leur existence ont souvent préoccupé ma pensée. J'ai déploré de ne pouvoir les arracher à leur misère ; mais, en présence de ces mœurs sauvages et de l'obstination résignée des pauvres gens qui en sont victimes, j'ai dû reconnaître mon impuissance. Il faudra bien des interventions généreuses pour triompher de préjugés barbares qui sont encore plus profondément enracinés chez les esclaves que chez leurs trafiquants eux-mêmes.

Notre descente de l'Ogôoué fut rapide ; nous avions à notre disposition les plus adroits pagayeurs et leur zèle était encore stimulé par la pensée qu'ils allaient nous ramener au pays où l'on désespérait peut-être de nous revoir. Chacun rivalisait d'adresse et d'entrain. Les bonnes relations que nous avions nouées avec les riverains ne pouvaient guère opposer à notre voyage d'autre retard que celui de répondre à leurs démonstrations amicales. C'eût été une descente triomphale, si un accident n'était venu nous apprendre que tous les triomphes ont leur contre-partie.

Lorsque Stanley apprit que les eaux de l'Atlantique étaient proches, il eut la douleur de perdre, dans les derniers rapides du Congo, son dernier compagnon européen. Le même accident faillit m'arriver aux derniers rapides de l'Ogôoué : mon ami, le docteur Ballay, que nos longues épreuves m'avaient rendu si cher, fut sur le point de périr sous nos yeux.

Ma pirogue venait de descendre les rapides, lorsqu'un hippopotame alla donner sur l'embarcation de Ballay, qui nous suivait à une cinquantaine de mètres. Atteinte en pleine violence du courant par la rencontre du monstrueux animal, la pirogue fut culbutée d'avant en arrière et tournoya comme une frêle épave au milieu du fleuve. Heureusement le docteur Ballay avait pu se cramponner à l'embarcation, et je réussis à arriver à temps pour le tirer de ce danger.

De retour chez les Okandas, nous étions désormais, sinon en pays civilisé, du moins en pays ami. Nous ressentîmes ici un premier effet de cette civilisation dont nous étions séparés depuis si longtemps. Au pays des Okandas, en effet, nous attendaient des caisses que la Société de géographie de Paris nous avait envoyées. Par malheur, elles étaient arrivées au Gabon même, pillées des objets qui nous eussent été le plus précieux s'ils avaient pu nous parvenir en temps utile. M. le commandant Boitard, commandant supérieur du Gabon, avait pris soin de compléter les vides des caisses dans les conditions les plus appropriées à nos besoins probables.

A ce sujet, nous devons ici rendre un hommage de vive reconnaissance au commandant Boitard, dont la sollicitude éclairée autant que prévoyante n'a cessé de veiller sur nous. Puissent ces remerciements aller le trouver dans les nouvelles fonctions auxquelles il a été appelé!

Chez les Okundas également, nous apprîmes qu'un second envoi fait par la Société de géographie n'avait pas été plus heureux que le premier, malgré les précautions les plus intelligentes. Il s'était dispersé, celui-là, entre les mains d'hommes inconscients et timorés. Nous le devions à la haute bienveillance du roi des Belges, président de l'Association africaine internationale. Que S. M. le roi Léopold II daigne agréer ici l'expression de notre gratitude. Nous avons appris, en effet, au retour, que le comité belge de l'Association africaine avait tenu à affirmer le caractère international de l'œuvre en venant au secours de voyageurs français. Si le comité français a quelque jour l'occasion de donner les mêmes preuves de libéralisme, nous sommes sûrs qu'il n'y manquera pas.

A partir de ce jour, notre marche fut accélérée par les rapides qui l'avaient si péniblement entravée au début du voyage. Ils emportèrent nos pirogues comme des flèches jusqu'à la station où, pour la première fois, nous revîmes des représentants de nos civilisations. Il eût été difficile de les trouver plus généreux, plus hospitaliers que ne le furent le docteur Nassau, missionnaire américain, et mistress Nassau. Cameron et Stanley avaient, à leur départ de la côte orientale, trouvé un précieux appui chez les missionnaires catholiques français de Bagamoyo; à notre retour, nous reçûmes l'accueil le plus cordial dans une mission protestante. L'épaisseur du continent africain n'a pas sur la charité l'influence des Pyrénées sur la vérité.

Quatre jours après la réception cordiale du docteur Nassau, nous étions sur terre française au Gabon. Le commandant par intérim, M. de Codière, nous fit un accueil dont nous conservons le durable souvenir.

Nos escales vers l'Europe nous mirent à même d'apprécier l'hospitalité de M. Fonseca, gouverneur de l'île des Princes et fidèle interprète du bon vouloir du gouvernement portugais en faveur des explorations africaines. A Lisbonne, l'un des plus augustes parmi les membres de notre Société, S. M. le roi de Portugal, auquel nous fûmes obligeamment présentés par M. de Laboulaye, ministre de France, nous donna de précieuses marques de sa haute bienveillance. S. M. dom Luis daignera nous pardonner si, absent d'Europe depuis longtemps, j'ai pu manquer en quelque point, et en particulier par mon costume, aux règles de l'étiquette. Enfin, messieurs, ce n'est pas la moindre de nos joies de nous trouver aujourd'hui parmi vous, devant un public d'élite, prêt à rendre justice, sinon à nos succès, du moins à nos consciencieux efforts.

Vous n'avez entendu, messieurs, qu'un aperçu à vol d'oiseau de notre voyage dans l'Afrique équatoriale. On ne raconte pas en une heure de temps trois années d'incidents variés, de tentatives vaines, de succès imprévus, d'impressions pénibles ou agréables, mais plus généralement pénibles.

Je ne terminerai pas sans vous faire remarquer la place relativement petite que tient sur la carte d'Afrique le territoire reconnu par l'expédition française. Il faut en tirer cet enseignement que la conquête géographique de l'immense continent coûtera bien des peines encore; bien des voyageurs encore y useront leur santé, y laisseront peut-être leur vie. Les explorateurs français ne failliront point à la tâche qui leur incombe, surtout du côté de nos possessions. Pour ma part, je suis prêt à reprendre la campagne. Mais, en terminant, permettez-moi de vous le dire, messieurs, l'explorateur a d'autant plus d'abnégation, j'allais dire d'entrain au sacrifice, qu'il se sent suivi de plus près par les sympathies de son pays !

II

SECOND VOYAGE DE M. SAVORGNAN DE BRAZZA

CONGO

(1879-1882)

II

SECOND VOYAGE DE M. SAVORGNAN DE BRAZZA

UNE STATION FRANÇAISE AU CONGO

(1879-1882)

XII. — **Extrait d'un rapport sur la situation générale de la colonie du Gabon.**

Libreville, 13 janvier 1881.

Lorsque M. de Brazza se rendit à Vivi, point où le vapeur *Belgique* remonte en venant de Banana, il venait de Dambi-N'Bongo, poste avancé de l'expédition de Stanley, où il était arrivé le 10 novembre et dont Vivi n'est séparé que par une distance de 25 milles, en ligne droite.

M. de Brazza ne passa que 48 heures à Libreville; il en repartit donc le 18 décembre pour l'Ogôoué, voulant, disait-il, prendre des mesures nécessitées par le retard dans l'envoi du chef de la première station, à laquelle il a donné le nom de *Franceville*. M. de Brazza est de nouveau arrivé de l'Ogôoué au Gabon le 30 décembre dernier, accompagné par les fils des différents chefs influents du pays des Ossyébas et des Adumas, descendus la première fois, en juillet, aux établissements de Lambaréné et déposés au Gabon, en même temps que M. de Brazza, le 30 décembre, par le petit vapeur *Pongwé* de la maison Schulze. Ces hommes, au nombre de dix-huit, ont été logés pendant leur séjour à Libreville dans une partie, actuellement vacante, du camp des laptots; ils ont visité la mission catholique ainsi que le *Talisman*, à bord duquel il a été tiré devant eux un coup de canon à boulet, sur la demande de M. de Brazza.

Je leur ai dit que je pensais qu'ils s'étaient rendu compte, par leurs yeux, des avantages qu'ils pouvaient retirer du voisinage des Français et qu'ainsi, ils devaient se prêter encore davantage qu'ils ne l'avaient fait jusque-là à tous les services qu'on réclamerait d'eux en vue de former dans leur pays un établissement comme celui du Gabon; que l'on attendait un officier déjà en route, pour commander une station; qu'ils auraient aussi à leur disposition les secours d'un médecin et ceux de missionnaires ou de sœurs qui élèveraient leurs enfants des deux sexes en leur apprenant un métier, etc.

Séance tenante, je distribuai quatre ou cinq fusils de traite à ceux dont les pères s'étaient le mieux conduits vis-à-vis de M. de Brazza, des mains duquel tous les autres allaient immédiatement recevoir des cadeaux.

M. de Brazza était revenu au Gabon pour chercher des nouvelles certaines relativement à l'arrivée de M. Ballay, ainsi que de M. Mizon, envoyé au Gabon pour prendre la direction de la première station, *Franceville*, sur la rivière Passa.

Si, comme il le suppose, MM. Ballay et Mizon doivent arriver dans le courant de ce mois au Gabon, M. de Brazza croit pouvoir envoyer un millier d'hommes et 60 pirogues pour effectuer leur transport ainsi que celui de leur matériel entre Lambaréné et la première station; seulement, en présence du manque d'instructions du commandant du Gabon et surtout des moyens mis à la disposition de ce dernier, M. de Brazza hésite à prendre la responsabilité d'une telle expédition.

D'un autre côté, si M. de Brazza, en remontant pour prendre les dispositions rendues nécessaires par le retard du personnel et du matériel destinés aux stations, ne fait pas descendre des pirogues pour chercher MM. Ballay et Mizon, ces deux officiers ne pourraient pas être rendus, avec leur matériel, à la première station, avant le mois de septembre prochain.

M. de Brazza aurait désiré voir mettre le *Marabout* et des chalands à la disposition de MM. Mizon et Ballay, pour recevoir leur matériel et le transporter à Lambaréné, ce qui priverait la station locale des services du *Marabout* (exposé peut-être à s'échouer en rivière pendant la décroissance du fleuve) ainsi que des chalands dont nous aurons le plus pressant besoin à la même époque, tant pour le *Loiret* que pour la frégate amirale et peut-être aussi, pour des bâtiments de commerce chargés pour l'État, sans compter que les chalands devraient être traînés à la remorque pendant plus de 60 milles en mer, du Gabon au cap Lopez.

Au reste, l'amiral, qui sera sans doute sur rade ou ne tardera pas à y arriver, statuera sur le parti à prendre à cet égard.

M. de Brazza a laissé à Banana, pour en partir le 10 décembre par le vapeur la *Normandie*, de la Compagnie hollandaise du Congo, des lettres ainsi qu'une dépêche, laquelle a dû arriver en Europe, le 25 décembre : elles étaient confiées à M. de Bloeme, directeur en chef de cette compagnie.

J'ai expédié hier, 12 janvier, par le trois-mâts français le *Brave*, à destination de Marseille, où il arrivera dans un délai de 2 mois :

1° Une caisse renfermant un théodolite ainsi qu'une montre marine, tous deux hors de service, à l'adresse de M. le secrétaire général du comité français de l'Association internationale africaine, 9, rue Charras, à Paris ;

2° Un rouleau de cartes et plans à l'adresse de M. le directeur du comité français de l'Association internationale africaine ;

3° Un petit rouleau de cartes et plans adressé à M. A. d'Abbadie, membre de l'Institut, à Paris ;

4° Une petite boîte, que M. de Brazza m'a remise aussi au moment même de son départ, sans m'en indiquer le contenu et adressée à M. le directeur du Muséum d'histoire naturelle, à Paris.

Voici, d'une manière générale, et d'après le récit textuel de M. de Brazza, les mouvements des deux Européens qu'il avait laissés pour desservir la station de Franceville, pendant que lui-même partait pour fonder la deuxième station.

M. de Brazza, en quittant au commencement de juillet la première station qu'il venait de fonder à la rivière Passa, y laissait un Européen, M. Noguez, et envoyait un autre Européen, M. Michaux, avec les pirogues des Adumas, des Ossyébas et Okandas, pour chercher aux factoreries de Lambaréné le matériel attendu d'Europe et qui aurait dû en être parti dans le mois d'avril.

La descente des pirogues, armées par des pagayeurs appartenant aux différentes peuplades de l'Ogôoué, jusqu'aux factoreries de Lambaréné, avait été organisée par M. de Brazza, à l'époque de sa montée, où les différents chefs féticheurs avaient fait avec lui un traité par lequel ils consentaient à laisser descendre les tribus de l'intérieur, à condition que les tribus voisines des factoreries remontassent elles-mêmes jusqu'à la station de Franceville.

A la suite de ces arrangements faits par M. de Brazza en montant,

M. Michaux descendait le fleuve, accompagné par les chefs les plus importants du pays des Adumas et des Ossyébas, avec un matériel de 44 pirogues et un personnel de 765 hommes, allant chercher le chef de la première station qu'on attendait d'Europe.

C'était la première fois que ces hommes descendaient en aval du pays des Okandas : ils étaient sans armes, escortés seulement par M. Michaux et deux Gabonais armés de fusils de chasse, ce qui dénote une très grande confiance de ces hommes, entraînés par un seul Européen dans un pays qu'ils n'avaient jamais parcouru et où, sans l'influence de cet Européen, ils auraient eu à craindre des hostilités de la part des Pahouins Ossyébas; M. Michaux, arrivé à Lambaréné le 7 juillet, n'y trouva ni personnel ni matériel pour la station et dut en partir à vide dans le courant d'août, sans avoir même chargé les 20 tonnes de sel que M. de Brazza avait demandées précédemment à M. le commandant Dumont.

Dans son voyage de retour à la station de Franceville, M. Michaux fit passer par une route de terre, à travers le pays des Pahouins Ossyébas, les deux ânes qui avaient été cédés par le commandant Dumont à M. de Brazza; ces deux ânes étaient seulement escortés par un homme, le laptot Yombic, à travers une route d'environ 300 milles que M. de Brazza avait indiquée.

M. Michaux, de retour à la station de Franceville, y séjourna environ un mois, puis avec 12 pirogues d'Adumas et d'Ossyébas, redescendit de nouveau la rivière jusqu'aux établissements de Lambaréné, pour y chercher le matériel et le chef de la station.

M. Noguez, nommé provisoirement par M. de Brazza chef de la station de Franceville, y effectua les différents travaux indiqués, plantations, jardins potagers et construction de maison d'habitation et magasins, avec les ressources du pays.

M. de Brazza, dont les dernières nouvelles par l'Ogôoué dataient du commencement de juillet, du pays des Batékés, poursuivit sa course avec un personnel restreint pour choisir l'emplacement de la deuxième station, qui devait être située dans un point pouvant servir de base d'opérations pour l'action humanitaire et civilisatrice que la France veut exercer dans le pays qui se trouve derrière sa colonie du Gabon et de l'Ogôoué.

Passant par les sources de la rivière Passa, M. de Brazza traversa la rivière Lékéti, par erreur désignée sous le nom de M'Pama dans la carte de son dernier voyage ; il trouva ainsi une route nouvelle et plus courte, mais moins peuplée, permettant de rejoindre en quatre jours la station de l'Ogôoué à la partie navigable de l'Alima, rivière marquée dans la carte de Stanley sous le nom de Kounia. La rivière Lékéti traversée, M. de Brazza rencontra un grand plateau, le plateau des Achicouyas (Batékés), qui se trouve à 800 mètres au-dessus du niveau de la mer; ce plateau, extrêmement fertile et habité par des populations extrêmement denses et pacifiques, borde probablement la rive droite de l'Ogôoué supérieur et se relie sans doute au plateau des Bellalis (Batékés), ainsi qu'au plateau des Bayakas, duquel descend probablement la rivière N'Gounié.

D'après l'avis de M. de Brazza, la rivière Quillu prendrait ses sources à 40 milles au Nord de Manianga et borderait la partie sud-ouest du plateau des Bayakas. Le plateau des Achicouyas sépare la rivière Alima de la rivière M'Pama (M'Paka de Stanley), laquelle, prenant ses sources dans le plateau des Bellalis, rejoint directement le Congo.

Du plateau des Achicouyas, en traversant la rivière de M'Pama, M. de Brazza passa sur le plateau de Abomas, également fertile et peuplé.

Les chefs des Abomas, N'Gamforou au N.-O., N'Ga-M'Pama au S.-E., appartiennent tous les deux à la famille du roi Makoko (le Makoko marqué sur toutes les anciennes cartes).

Le plateau des Abomas, allant du N.-O. au S.-E., sépare la rivière M'Pama de la rivière Léfini (Lawson de Stanley).

En quittant le chef N'Gamforou, M. de Brazza ayant la certitude de pouvoir rejoindre en quatre jours N'Tamo (*Stanley-Pool*) par le plateau de Makoko, modifia son itinéraire, espérant jeter les premières bases d'une entente pacifique avec les Oubandjis (*Apfourous-Anghiés*), avec lesquels Stanley, dans sa descente du Congo et M. de Brazza dans sa descente de l'Alima, s'étaient battus, lors de la précédente expédition.

Favorisé par les ordres donnés par le roi Makoko aux chefs, ses sujets, M. de Brazza descendit, en radeau, la rivière Léfini (Lawson), jusqu'à un jour de son embouchure dans le Congo.

Là, ne voulant pas brusquement arriver dans les eaux du Congo, où il avait des hostilités à craindre, M. de Brazza reprit la route de terre : pour être plus libre de ses mouvements, il laissait une partie de son personnel et toutes ses marchandises sur le bord de la rivière Lawson et, accompagné seulement de 5 hommes, en deux jours de marche forcée, il atteignit le Congo, en face de Bolobos, centre populeux des Oubandjis. Là, hôte de N'Gampéi (Batéké), chef sous l'autorité de Makoko, il chargeait N'Gampéi de faire les premières ouvertures de paix aux Oubandjis, avec lesquels N'Gampéi est en relation constante et, disant ne pouvoir pas attendre la réponse des Oubandjis, il retourna à la rivière Léfini, et avec tout son personnel, en deux jours de marche sur le plateau de Makoko, il arrivait à la résidence de ce chef, souverain de toute la contrée, qui s'étend entre la rivière Léfini, la rivière Djoué (*Gordon-Benett* de Stanley) et le Congo, plateau aussi fertile et aussi sain que les plateaux des Abomas et des Achicouyas.

M. de Brazza séjourna pendant quelque temps chez ce chef qui, sans même l'avoir vu, l'avait protégé pendant sa descente du Léfini et son séjour chez N'Gampéi. Makoko, au courant des démarches de M. de Brazza, qui se disait envoyé par le chef des blancs Fallâs (Français), pour proposer la paix aux Oubandjis et pour choisir la place où les blancs feraient un village, à l'effet de nouer des relations amicales avec les Batékés, proposa à M. de Brazza de lui faire avoir une entrevue avec tous les chefs oubandjis, jusqu'à ceux qui remontent dans les rivières Alima, Bakinga (Licona de l'ancienne carte de M. de Brazza) et Ikélemba. C'est ainsi que ces chefs réunis, grâce à l'influence du roi Makoko, acceptèrent la paix que M. de Brazza leur proposa, ainsi que le pavillon français que M. de Brazza donna aux Oubandjis, afin qu'ils puissent être reconnus comme amis par les Européens, qui, soit par l'embouchure du Congo, soit par l'Ogôoué, parviendraient dans le Congo intérieur.

Désormais ami des Oubandjis et n'ayant pas à craindre leurs hostilités, M. de Brazza demanda à Makoko d'être conduit par des pirogues à N'Tamo, point qu'il avait désigné à Makoko comme favorable à l'établissement d'une station française, ce qui fut exécuté.

Accompagné donc par un chef oubandji et par deux chefs, sous l'autorité de Makoko, M. de Brazza descendit à N'Tamo, où il arriva le 1ᵉʳ octobre.

A l'époque de son départ de chez Makoko, ce chef lui donna pour faciliter son voyage de retour, 50 brasses de pagnes européens et 300 pièces d'étoffes du pays.

Makoko ayant cédé à M. de Brazza, qu'il considérait comme l'envoyé du chef des blancs Fallâs, la place de N'Couna ou N'Tamo, M. de Brazza nomma provisoirement le sergent Malamine au commandement de cette deuxième station.

Pendant son séjour à N'Tamo, M. de Brazza alla reconnaître la route qui va directement du village de N'Gamforou à N'Couna (N'Tamo), en traversant le plateau de Makoko.

Selon M. de Brazza, la route directe de la station de Franceville (Ogôoué) à la station de N'Tamo (Congo) est très facile.

A travers un pays habité par des populations denses et pacifiques, il croit dès à présent possible de ravitailler avec des porteurs indigènes, la station de N'Tamo par la station de Franceville; d'ailleurs, dans ce premier voyage, M. de Brazza a toujours pu faire porter ses bagages par des indigènes.

La route qui relie les deux stations n'offre aucune difficulté naturelle : à travers un pays découvert et sur des plateaux également découverts, un convoi d'ânes assurerait facilement le transport; ce voyage ne présenterait pas d'autres difficultés, d'ailleurs insignifiantes, que les passages des rivières Lékéti, M'Pama et Léfini; M. de Brazza pense que des chariots pourraient suivre cette route presque sans difficulté.

Parti de N'Tamo le 18 octobre, il sortait, au bout de deux jours de marche, du pays où s'étend l'influence du roi Makoko.

A partir de ce moment, le caractère des habitants et les difficultés naturelles du pays rendirent sa marche difficile et pénible.

L'intention de M. de Brazza était de voir si, à une certaine distance du Congo, dans la partie interrompue par les rapides, il n'existait pas des plateaux, tels que les plateaux des Abomas, des Achicouyas, de Makoko et des Bayakas, qui faciliteraient dans l'avenir l'établissement de voies de communication faciles entre la nouvelle station et le point qu'atteignent dans le Congo inférieur les vapeurs qui partent de Banana, c'est-à-dire entre l'Atlantique sud et la nouvelle station.

M. de Brazza ayant reconnu que, si à une autre époque géologique l'immense plateau auquel se rattachent tous les plateaux qu'il a traversés devait border la rive droite du Congo, à peu de distance, ce plateau a été érodé et détruit par les petits affluents du Congo, qui débouchent sur la rive droite, dans sa partie comprise entre les rapides.

Ces débris de plateaux ne sont plus que des chaînes de montagnes de 200 à 300 mètres d'élévation au-dessus du niveau du fleuve; ils courent généralement S.-E., séparent entre eux les petits affluents du Congo et viennent mourir dans la rivière avec des pentes abruptes, de manière qu'une route longeant les rapides du Congo, aurait à traverser toute cette chaîne de montagnes.

Dans l'état actuel des choses, sans faire entrer en ligne de compte les mauvaises dispositions des habitants (les Bassoundis et les Babohendés), M. de Brazza pense que les difficultés naturelles du pays rendent cette route absolument impraticable pour le ravitaillement de la deuxième station.

M. de Brazza estime que, au point de vue des voies de communication par une route carrossable ou par un railway, il serait possible de profiter des plateaux, mais à condition de prendre comme point de départ de cette route, un point de la côte plus Nord que l'embouchure du Congo, comme Landana ou Loango ; il serait possible que cette route, une fois sur le plateau des Bayakas qu'on sait peu éloigné de la côte, puisse rejoindre N'Tamo sans descendre du plateau en passant par le plateau des Ballalis et de Makoko, ce qui ne donnerait pour cette route d'autres accidents qu'une montée sur le plateau du côté de l'Atlantique et une descente du plateau de Makoko, du côté de N'Tamo.

En approchant de Manianga, M. de Brazza se trouva en présence de populations surexcitées contre les Européens ; il ne pouvait s'expliquer l'attitude des habitants qui, embusqués avec leur fusil sur les routes ou derrière les cases dans les villages, semblaient prêts à l'attaque ou à la défense.

En arrivant à M'Boma (factoreries du Congo), M. de Brazza apprit que le 5 novembre, M. M. Call, voyageur anglais qui se trouvait précédemment sur la rive gauche du Congo, venait de passer sur la rive droite, pour éviter les hostilités des Makoutas, qui avaient arrêté déjà une fois l'expédition de M. Cumber, lequel, à son second essai, avait été blessé par eux d'un coup de fusil.

Le 10 novembre, M. de Brazza arrivait à N'Dambi-M'Bongo, situé à environ 25 milles en ligne droite de Vivi, où sont actuellement rendus, traînés sur des chariots, deux des vapeurs de Stanley, le *Royal* et l'*En-Avant*, ainsi que deux chalands.

C'est là qu'est actuellement le poste avancé de Stanley, qui, secondé par quatre officiers belges, tente de frayer une route à ses vapeurs jusqu'à N'Tamo, d'où ils doivent être lancés dans le vaste ensemble de voies navigables que présente au delà de la station de N'Couna, le Congo intérieur.

Cette route, frayée pour y traîner de lourds vapeurs, présente de telles difficultés naturelles, que si elle est la plus courte, elle paraît à M. de Brazza la moins praticable.

Déjà une fois, M. Stanley, en présence d'une des chaînes de montagnes qui, séparant les différents petits affluents du Congo, vient aboutir en pente abrupte à la rivière, a pu tourner les difficultés en mettant ses vapeurs à l'eau pendant l'espace de 2 milles; mais maintenant, en présence d'une difficulté semblable il n'a plus cette ressource, car, au pied même de la pente abrupte par laquelle une de ces chaînes de montagnes qui lui barrent la route se jette dans le Congo, il existe un rapide que ses vapeurs ne peuvent franchir.

M. Stanley a avec lui un lieutenant d'état-major, M. Harou, un lieutenant de cavalerie, M. Bracconier, et un lieutenant du génie, M. Walcke.

Un capitaine de la marine belge qui commandait le vapeur *Belgique*, servant à ravitailler Stanley dans son poste de Vivi, vient de rentrer en Europe.

Le poste de Vivi est commandé par M. Sparanck, Américain.

M. Stanley avait avec lui sept autres Européens, mais la presque totalité de ceux qui sont partis avec lui sont morts ou rentrés en Europe.

On peut être surpris que M. Stanley ayant un poste (celui de Vivi), le vapeur la *Belgique* qui le ravitaille et plusieurs Européens, n'ait ni avec lui, ni à Vivi, un médecin.

Depuis le commencement de l'expédition de Stanley, il est mort cinq Européens, et il en est rentré cinq autres en Europe.

XIII. — Extrait d'un rapport sur le Congo.

Saint-Paul-de-Loanda, 20 octobre 1881.

Lorsque j'ai quitté le Gabon, j'étais peu au courant du voyage de M. de Brazza dans l'Ogôoué. Dans le Congo, on accorde une grande valeur aux découvertes de M. de Brazza et on ne paraît pas éloigné de rroire qu'il aura bientôt trouvé le meilleur chemin pour pénétrer jusqu'au point le plus important du commerce de l'ivoire, parce que les difficultés onéreuses que rencontreront toujours les traitants pour franchir les 30 cataractes du Congo et arriver jusqu'à Stanley-Pool, absorberont et au delà leurs bénéfices.

Les nombreux renseignements que j'ai pu recueillir dans le Congo, sur les travaux de Stanley, sur le voyage de M. de Brazza et sur les agissements des Portugais, me décident à vous adresser sur ce sujet un rapport spécial. La carte manuscrite que j'y joins pour rendre mes explications plus claires est une copie de celle qu'a publiée Stanley, en 1878, à la suite de son voyage de trois ans à travers le continent mystérieux, mais la position de Stanley-Pool est rectifiée sur cette carte d'après les observations de M. de Brazza, car Stanley a reconnu depuis qu'il avait commis une erreur de 62 milles sur la longitude de ce lac; les dernières péripéties de son premier voyage avaient détraqué son chronomètre.

Mission de Stanley. — L'expédition de Stanley, dont le roi des Belges solde personnellement tous les frais, ne coûtera pas moins, dit-on, de 10 à 12 millions.

Stanley a sous ses ordres 20 blancs, dont 7 officiers belges, et 160 Zanzibarites; ces 160 noirs sont armés de fusils Winchester à 14 coups; 60 au moins ont déjà traversé avec lui le continent africain, ont pris part aux 32 combats qu'il a eu à soutenir et joignent à une longue expérience du pays, un dévouement à toute épreuve à la personne de leur chef; presque tous les autres Zanzibarites ont déjà voyagé en Afrique avec Livingstone ou l'abbé Debaize. Stanley emploie, en outre, comme porteurs et comme travailleurs, une moyenne de 150 à 200 noirs, qu'il recrute au fur et à mesure de ses besoins parmi les peuplades qu'il traverse.

L'intrépide voyageur a déjà fondé sur le Congo, à Vivi, à Issanghila et à Manianga, trois stations qui doivent servir de postes de ravitaillement pour la station principale qu'il compte établir à Stanley-Pool même. Vivi est le point où se trouve la première cataracte du fleuve; les communications de l'expédition sont assurées sur ses derrières, par le vapeur la *Belgique*, qui fait le service entre Vivi, M'boma, Punta-da-Legna et Banane. Entre Vivi et Issanghila, se trouvent cinq cataractes infranchissables par eau; puis le fleuve redevient navigable jusqu'à la ville de Manianga, au-dessus de laquelle il présente encore jusqu'à Stanley-Pool une série de 24 cataractes. C'est donc à Vivi qu'en mars 1879, Stanley a mis à terre son premier vapeur, le *Royal* et, tantôt sur le flanc des montagnes, tantôt dans le lit des torrents, partout au milieu de difficultés gigantesques qui auraient paru insurmontables à tout autre et qui l'ont fait surnommer *Boulametadi* par les indigènes (pourfendeur de rochers), il a ouvert la route qui a conduit le *Royal* à Issanghila. Depuis longtemps déjà, le *Royal* a assuré les derrières de l'expédition en faisant le service entre Issanghila et Manianga, mais à l'époque des basses eaux (en août), il est exposé à suspendre momentanément sa marche.

Le *Royal* est un vapeur insubmersible, calant à peu près 1 mètre d'eau et possédant 16 à 17 nœuds de vitesse; les rapides sont fort nombreux entre Issanghila et Manianga et souvent pour les lui faire franchir avec le chaland qu'il remorque à couple, il faut le haler de terre à la cordelle pendant que sa machine développe toute sa force. La descente du fleuve se fait au contraire avec une rapidité vertigineuse et souvent au milieu des roches à fleur d'eau; quelquefois, le *Royal* est entraîné dans des tourbillons qui se trouvent en dessous des rapides et il y tournoie sur lui-même; mais une heureuse combinaison entre sa longueur et celle de son chaland fait que l'extrémité de l'un ou de l'autre se trouve toujours en dehors des tourbillons, ce qui, grâce à la puissance de sa machine, lui permet généralement d'en sortir assez vite.

Au-dessus de Manianga, Stanley a ouvert une nouvelle route qui doit conduire le vapeur *En-Avant* à Stanley-Pool même; au 10 août dernier, l'*En-Avant* était déjà rendu aux chutes de Zinga, ce qui permettrait de conclure, au vu des distances de la carte, qu'il doit flotter aujourd'hui sur le fameux lac. Il ne m'a pas été possible, à mon passage dans le Congo (5 octobre), d'obtenir des renseignements précis sur la position actuelle de l'*En-Avant*, mais les obstacles allant en grandissant à mesure que l'on approche de Stanley-Pool et le passage de la rivière Gordon-Benett devant, en particulier, causer de longs retards, je crois pouvoir en conclure que l'*En-Avant* n'est pas encore rendu à son point de destination. Au mois d'août dernier, Stanley lui-même n'espérait pas avoir terminé son travail avant le courant de janvier prochain. Au-dessous du lac, l'*En-Avant* pourra parcourir 400 milles sans rencontrer de nouvelles cataractes.

Les territoires des Bascoundis et des Babouendés que l'on traverse en remontant le cours du Congo sont habités par des populations craintives et affables; les noirs sont voleurs comme partout, mais ils sont inoffensifs et, en général, ils ne possèdent point d'armes. Le pays est partagé entre une foule de chefs indépendants, qui se jalousent entre eux et sont incapables de s'entendre et de s'unir pour former un État capable de quelque résistance.

Les environs de Stanley-Pool, au contraire, sont habités par une population essentiellement guerrière; en outre, les Batékés sont, dit-on, anthropophages et leurs habitudes ne sont pas de nature à rassurer le voyageur sur ce point. Leur visage et leur poitrine bariolés de rouge, de jaune et de blanc, leurs cheveux enduits d'un mélange d'huile et de charbon, tressés en forme de cornes de rhinocéros sur le milieu du front et retombant sur leurs tempes en forme de trompes d'éléphants, leur fusil, leur sagaie et leur large coutelas, dont ils ne se séparent jamais, tout concourt à leur donner un aspect à la fois repoussant et terrible.

Le pays qu'ils habitent est dévasté par des bandes d'éléphants et d'hippopotames, dont on rencontre les traces à chaque pas; aussi les Batékés sont-ils totalement étrangers aux travaux de l'agriculture: leurs seules occupations sont la chasse, la pêche et le commerce de l'ivoire, qui acquiert sur ce point une importance considérable; au seul village d'Omfoa, il se vend chaque jour de 80 à 100 défenses. Les indigènes de Stanley-Pool achètent l'ivoire aux caravanes qui l'apportent de l'intérieur, principalement par la voie du fleuve, puis ils le revendent sur place à d'autres caravanes, qui le transportent à Zombo et à San-Salvador; là, d'autres courtiers s'en emparent pour le porter dans diverses directions et particulièrement aux factoreries de Kissembo et d'Ambriz.

Stanley-Pool est donc incontestablement un des marchés d'ivoire les plus importants de l'intérieur et il n'est pas étonnant qu'après le premier passage de Stanley ce point ait attiré l'attention de tout le commerce européen établi sur la côte; mais depuis, le commerce a pu faire ses calculs. Inutile de songer à détourner les caravanes qui viennent chercher l'ivoire sur les bords du lac et à leur faire descendre le cours du Congo: des noirs qui, bien que très imparfaitement recouverts de vêtements en paille tressée, ne songent à se servir des étoffes européennes qui abondent entre leurs mains que comme monnaies pour faciliter leurs transactions, ne renonceront pas facilement à suivre une route qu'une tradition immémoriale leur a apprise. La rareté et la cherté des vivres sur les bords du lac, conséquence de l'absence de toute agriculture et de l'affluence des caravanes arrivant de tous côtés pour vendre ou pour acheter de l'ivoire, les efforts gigantesques de

Stanley pour déplacer les masses énormes de terres et de rochers qui obstruaient la route de ses vapeurs et, par-dessus tout, l'impossibilité d'entretenir cette route à cause de la puissance de la navigation et des ravages que causent les torrents à l'époque de la saison pluvieuse ont prouvé au commerce que tous ses bénéfices seraient indubitablement absorbés par les frais de transport de ses marchandises de troque à Stanley-Pool. Nos commerçants établis au milieu d'une population guerrière, qui verrait d'un très mauvais œil la concurrence européenne s'établir, ne jouiraient d'ailleurs, sur les bords du lac, que d'une sécurité tout à fait problématique.

Aussi, le commerce du Congo renonce-t-il aujourd'hui à pénétrer par la voie du fleuve au centre du trafic de l'ivoire et il se berce volontiers de l'espoir que les récentes découvertes de M. de Brazza lui ouvriront bientôt une voie plus facile et plus sûre.

Mission de Brazza. — En novembre ou décembre 1880, Stanley travaillait encore à sa route entre Vivi et Issanghila, lorsque des noirs vinrent lui annoncer qu'un blanc, descendant le Congo, arrivait de l'intérieur! L'illustre voyageur haussa les épaules : il ne pouvait pas croire qu'un autre que lui fût capable de pénétrer l'Afrique et cependant, 24 heures après, il voyait arriver M. de Brazza sous sa tente.

Le roi des Belges avait recommandé à Stanley, à son départ d'Europe, de se rendre le plus tôt possible à Stanley-Pool et d'y conclure un traité avec les chefs du pays pour éviter qu'un représentant d'une puissance quelconque n'y vînt avant lui dans le même but. Convaincu que personne n'oserait affronter les périls et les difficultés d'un semblable voyage, Stanley avait négligé de se conformer aux sages recommandations du roi Léopold : aussi, l'arrivée de M. de Brazza venant du Gabon, par la voie de l'Ogôoué, fut-elle pour lui une déception, comme il en est convenu plus tard. L'entrevue des deux voyageurs fut cependant pleine de courtoisie, et Stanley s'empressa fort gracieusement de venir en aide à M. de Brazza, dont les modiques ressources étaient bien épuisées par son long voyage; mais il ne put maîtriser un mouvement involontaire de dépit lorsque l'officier français lui apprit qu'il avait laissé près du lac un poste composé de deux noirs et d'un sergent sénégalais.

Vers la fin du mois de juillet dernier, les travaux de la route de l'*En-Avant* étaient assez avancés au-dessus de Manianga pour qu'on eût la certitude de les mener à bonne fin. Stanley prit avec lui 70 Zanzibarites et remonta jusqu'au bord du lac pour revoir les chefs batékés avec lesquels, lors de son premier voyage en 1877, il n'avait eu que des relations excellentes. A sa grande surprise, il aperçoit de loin le pavillon français flotter de toutes parts sur les villages. (Brazza manquait de tout, a-t-il dit plus tard, mais il ne s'était pas fait faute de bourrer ses bagages de son pavillon national.) Stanley avance et il se trouve arrêté par une immense barricade d'arbres abattus, derrière lesquels les indigènes se sont retranchés avec leurs fusils et leurs sagaies. Il parlemente ; on lui envoie le sergent Malamine qui lui présente une copie du traité que M. de Brazza a conclu avec le roi Makoko et ses vassaux et les chefs lui font savoir que, sans une autorisation spéciale du commandant de Brazza, il ne pourra passer outre! Avec ses 70 Zanzibarites armés de fusils Winchester, Stanley pouvait facilement balayer la place, mais le roi des Belges lui a strictement recommandé la modération et il se laissa conduire dans un horrible bas-fond marécageux, resserré entre une épaisse forêt et le fleuve, ayant à peine 30 mètres carrés ; c'est là seulement, à 2 kilomètres de tout village, que les chefs batékés l'autorisent à camper provisoirement, tout en défendant aux indigènes de lui vendre aucune nourriture.

Quelques jours après, les trois chefs les plus influents tiennent conseil pendant la nuit ; ils décident la peine de mort contre tous les indigènes qui vendront des vivres à ces blancs, qui sont venus sur les bords du lac avec un pavillon différent de celui du *commandant* et ils font savoir à Stanley que, si dans quatre jours il n'a pas vidé les lieux, il sera infailliblement massacré. Par mesure de prudence, Stanley fait distribuer des cartouches à ses hommes, car les dispositions hostiles de la population allaient en grandissant chaque jour ; les Zanzibarites bondissent de joie en pensant qu'ils vont faire usage de leurs armes, mais, fidèle aux ordres de modération du roi des Belges, il lève son camp le quatrième jour et redescend le Congo pour rejoindre le gros de son expédition aux environs des chutes de Zinga.

On comprend facilement le dépit que cette hostile réception des chefs batékés fit ressentir à l'illustre voyageur qui, trois ans auparavant, avait ouvert le premier la route du lac et n'y avait rencontré que des dispositions bienveillantes ; aussi depuis, se plaint-il amèrement de ce qu'il appelle la déloyauté de M. de Brazza. « Brazza est un maître homme, dit-il, il a fait là, j'en conviens, un coup de maître, mais il n'a pas agi loyalement à mon égard ; devant moi, il a prétendu par ses discours, que le Congo ne devait être ni anglais, ni français, ni portugais, qu'il devait rester neutre : en même temps, il me cachait le traité d'annexion qu'il avait dans sa poche. Si j'avais connu ce traité, je ne serais pas remonté au lac, ou du moins, j'aurais agi tout différemment vis-à-vis des indigènes. Si la France confirme le traité d'annexion de Brazza, ce dont je doute fort, il n'est pas possible qu'elle maintienne l'interdiction du passage qui m'a été signifiée par les chefs batékés, sans doute par suite d'une mauvaise interprétation des ordres qu'ils peuvent avoir reçus ; toutes ces difficultés ne peuvent manquer de s'aplanir par la voie diplomatique, mais, quoi qu'il puisse arriver, Stanley ne reculera pas pour la première fois. »

En quittant les bords du lac, Stanley a eu l'adresse d'y laisser une pomme de discorde entre les chefs du pays. L'un d'eux, avec lequel trois ans auparavant il avait conclu l'alliance du sang[1], lui était resté fidèle et avait refusé d'apposer sa signature au traité de M. de Brazza ; Stanley avait avec lui 2 ânes fourbus par les fatigues de l'expédition et l'un des officiers belges de sa suite avait un beau chien noir d'Europe. C'était un cadeau véritablement princier qu'on s'empressa d'offrir la veille du départ au chef resté fidèle. Ce dernier se mit aussitôt à parcourir tous les villages suivi de son chien noir et monté tour à tour sur ses deux ânes et la stupéfaction générale fut si grande, que Stanley put dire en plaisantant : « Si Brazza, à son retour de l'Ogôoué, ne leur apporte pas à tous autant d'ânes et de chiens noirs qu'il leur a donné de pavillons français, il risque d'être fort mal reçu à son retour. »

Lorsque M. de Brazza a quitté Stanley-Pool dans les premiers jours d'octobre 1880, il y a laissé le sergent français Malanime avec deux laptots, à la garde du pavillon français et, faute de ressources, il leur donna un fusil et une ample provision de cartouches, en les engageant à chasser pour assurer leur existence. Au mois d'août dernier, la provision de cartouches était déjà bien diminuée et Stanley, qui ne manque pas d'esprit, ne se faisait pas faute de plaisanter agréablement sur le dénûment du chef de la station française, qu'il appelle le gouverneur de Brazzaville. Aux débuts, faute de palais, le gouverneur couchait avec ses deux laptots à la belle étoile sous les avant-toits des cases indigènes ; mais bientôt un noir du pays étant venu à mourir, le

---

[1] Deux chefs se font une légère piqûre au bras, et chacun boit une goutte du sang de l'autre en signe d'une alliance éternelle.

gouverneur a déclaré sa maison propriété de l'État et en a fait son palais. Quelque temps après, apercevant une pirogue s'en allant à la dérive dans le fleuve, le gouverneur s'en est emparé à la nage, l'a déclarée propriété de l'État et en a fait le commencement de sa flotte.

Faute de vêtements, le sergent Malamine ne porte plus aujourd'hui qu'un pagne en paille tressée, réservant pour les seules circonstances où il doit communiquer son traité, les lambeaux de chemise de laine galonnée, échappée au voyage de l'Ogôoué; il se coiffe en corne de rhinocéros et en trompe d'éléphant comme les Batékés, il se bariole la poitrine à la mode du pays et c'est dans cet accoutrement bizarre que les officiers belges de la suite de Stanley ont représenté dans moult caricatures le gouverneur de Brazzaville, défilant avec ses troupes, ou armant sa flotte pour aller à la pêche.

Les Portugais. — De tout temps, le Portugal, déjà propriétaire des vastes territoires qui s'étendent du cap Rio à Ambriz et qui constituent les trois provinces de Mossamédés, de Benguela et d'Angola, a réservé de prétendus droits sur le Zaïre (Congo) et sur toute la côte qui s'étend au Nord d'Ambriz jusqu'à la rivière Chi-Loango, près de Landana.

Depuis que le Congo attire l'attention générale, le Portugal ne néglige aucune occasion d'y prendre de l'importance; il profite habilement de ce fait que nombre de maisons de commerce anglaises et françaises, établies dans le Congo et sur la côte, ont au nombre de leurs employés des sujets portugais, pour intervenir dans les conflits, sans grande importance, qui s'élèvent de temps à autre, tantôt entre ces maisons, tantôt avec des factoreries portugaises et tantôt avec les noirs du pays. On m'a assuré que, de ce fait, leurs canonnières apparaissent au moins une fois par mois dans le Congo. Français et Anglais commencent à s'impatienter de cette immixtion trop fréquente du Portugal dans leurs affaires.

M. Quériol, officier de la marine portugaise et membre de la Société de géographie de Lisbonne, a publié dans le *Bulletin* de cette Société, un article intitulé: *Une Visite à Landana; les Missions catholiques en Afrique.* Le fait que le gouvernement portugais accepte les idées de M. Quériol et les met en pratique donne une importance spéciale au travail de cet officier; je joins donc à ce rapport un exemplaire de la *Revue* qui contient cet article, et j'y ajoute une traduction des passages les plus saillants. A la suite de cette publication, le gouvernement portugais a décidé la création d'une mission catholique portugaise à San-Salvador, capitale du royaume du Congo et ce point, situé en dehors du territoire de l'Angola, n'a été très certainement choisi que parce qu'il se trouve sur la route des caravanes qui descendent de Stanley-Pool. Au mois de février 1881, la canonnière le *Bengo*, partait de Saint-Paul-de-Loanda portant 3 missionnaires et 2 officiers portugais qui allaient officiellement les installer à San-Salvador; la canonnière s'arrêtait à Noki, un peu au-dessous de Vivi, dans le Congo, pour y débarquer en même temps que ses passagers tout le matériel de la mission et les nombreux présents que la couronne de Portugal envoyait au roi du Congo[1]. On ne saurait mieux préciser l'importance que le Portugal attachait à cette nouvelle mission, qu'en répétant que le roi du Congo, après entente avec le gouverneur de Loanda, envoya plus de 600 porteurs noirs à Noki pour prendre et porter à San-Salvador tout le matériel qui accompagnait les missionnaires. Quelque temps après, le *Bengo* arrivait encore à Noki, pour y débarquer la maison d'habitation des Pères, l'église et la maison d'école, le tout construit en Europe; des ouvriers portugais et des ouvriers indigènes étaient expédiés pour monter ces constructions qui partaient sur les épaules d'une nouvelle caravane.

L'installation de la mission de San-Salvador n'est pas encore ce qu'il y a de plus saillant dans les agissements du Portugal. A quelques milles au Sud de Loanda, se trouve la rivière Coanza, sur les bords de laquelle sont établis bon nombre de commerçants portugais; six vapeurs de commerce d'un faible tirant d'eau assurent le service entre cette rivière et Loanda, pour le transport des marchandises. Une autre rivière, le Kouango, qui déverse ses eaux dans le Congo, à 60 milles environ de Stanley-Pool, a ses sources non loin de la rivière Coanza et près des limites occidentales de l'Angola. (Voir la carte d'Afrique d'Andriveau-Goujon, 1881.) Or, le Portugal se dispose à faire explorer le Kouango, évidemment dans le but de relier à ses possessions le centre du commerce de l'ivoire. M. Quériol et deux explorateurs portugais qui ont déjà voyagé en Afrique, sont attendus de Lisbonne; mais je n'ai pu démêler si M. Quériol doit être le chef de cette exploration ou s'il ne vient pas plutôt pour être le chef d'une mission militaire, qui s'établirait à Noki, sous la dénomination de mission scientifique et civilisa-

---

[1] Un service en vaisselle plate, un habit de général, un sabre, 10 barriques de tafia, etc., etc.

trice, en réalité pour protéger la mission religieuse de San-Salvador et surveiller ce qui se passe dans le fleuve.

Les Anglais. — Les Anglais, de leur côté, ne restent pas inactifs; leurs missionnaires, puissamment aidés par les ressources considérables de la Société biblique, ont déjà établi dans le Congo plusieurs stations civilisatrices dont la plus éloignée se trouve à Vivi; leur chef, M. Mac-Call, est confortablement installé à Banane, je dirais presque luxueusement, car son mobilier et sa maison surpassent en confortable tout ce qu'on trouve dans les diverses factoreries européennes établies sur la pointe française; il a à sa disposition une charmante petite chaloupe à vapeur nommée *le Livingstone*, qui le relie avec le haut fleuve. (Il en faudrait une semblable à M. de Brazza dans l'Ogôoué.) Chacun sait que les missionnaires anglicans ne sont partout que l'avant-garde du commerce de la Grande-Bretagne, souvent suivie à peu de distance par une occupation effective.

Les navires de guerre anglais paraissent d'ailleurs très souvent dans le Congo; ils y séjournent et entretiennent des relations suivies avec les chefs noirs des environs, notamment avec le roi de San-Antonio, près de l'embouchure, sur la rive gauche. On répète volontiers dans le fleuve que, sans les difficultés qui les ont occupés dans le Transvaal et sur la côte d'Or, les Anglais eussent déjà pris pied quelque part.

Conclusions. — En résumé, la voie directe du Congo ne paraît pas devoir devenir jamais une voie commerciale qui puisse permettre au commerce européen de pénétrer jusqu'aux richesses de Stanley-Pool et plus tard jusqu'à celles plus considérables encore du haut du fleuve. M. de Brazza cherche à relier ce centre de richesses au Gabon par la voie de l'Ogôoué et, d'après tout ce que l'on sait sur ces parages, il ne serait pas étonnant qu'il y réussisse, soit par la rivière Lekalé, Alima ou Kouria qui déverse ses eaux dans le Congo, à 60 lieues au-dessus de Stanley-Pool, plus près par conséquent du véritable centre de l'ivoire, soit par la rivière Léfini ou Lawson (voir les cartes de Stanley et de Brazza), qui tombe seulement à 20 lieues au-dessus du grand lac. Peut-être même, prétendent quelques-uns, Brazza trouvera-t-il que l'Ogôoué n'est qu'une branche dérivée du grand fleuve. — Les Portugais, de leur côté, veulent relier Stanley-Pool à Loanda par le Kouango et les Anglais, déjà fortement quoique non officiellement établis à Kabenda, envoient leurs apôtres faire une active propagande dans le Congo, courtisent les chefs noirs du pays et épient l'occasion de s'y établir.

La France, à première vue, semble n'avoir dans toutes ces questions qu'un intérêt purement platonique ; le commerce des embouchures de l'Ogôoué, voire même celui du Gabon, nous échappent et le nombre de nos concitoyens qui se sentent l'énergie nécessaire pour aller chercher fortune sous ces climats torrides est trop restreint pour que nous puissions songer à réserver à notre travail national l'exploration des grandes richesses de cette partie de l'Afrique. Cependant, notre pays, qui a joué un si grand rôle dans le passé au point de vue civilisateur et qui sera bientôt définitivement évincé par l'Angleterre de toute la portion de la côte africaine qui s'étend de la Sénégambie au cap Saint-Jean, notre pays, dis-je, ne peut pas renoncer pour l'avenir à exercer une légitime influence sur les destinées du centre africain. Un jour viendra, nous en avons la certitude, où la France reprendra son ancienne expansion dans le monde et où ses enfants, plus intrépides qu'ils ne le sont aujourd'hui, porteront encore sur toutes les parties du globe, ses idées et ses principes. Notre rôle doit donc être aujourd'hui de sauvegarder l'avenir en réservant à notre influence les bassins de l'Ogôoué et du Congo, le plus grand fleuve de l'Afrique centrale.

Le droit d'arborer officiellement nos couleurs donné à Grand-Bassam et à Assinie à des agents commerciaux de second ordre suffit, depuis dix ans, pour y sauvegarder les droits de propriété de la France vis-à-vis des étrangers et vis-à-vis des indigènes. A l'époque où nous avons réduit l'occupation du Gabon, il fut question de l'évacuer totalement et de n'y laisser qu'un résident qui devait être le supérieur de la mission française. Ne serait-ce pas là le moyen le plus politique et le plus économique de nous réserver des droits pour l'avenir sur les bassins de l'Ogôoué et du Congo?

La mission de Landana, qui a déjà établi des succursales à M'bôma dans le haut Congo et à San-Antonio à son embouchure sur la rive gauche, est toute prête à en établir une nouvelle à Stanley-Pool même ; M. l'abbé Augouard, l'un des missionnaires de Landana, a déjà remonté tout le haut Congo pour étudier la question et s'est rencontré avec Stanley sur les bords du lac, précisément à l'époque où il y fut si mal reçu par les indigènes ; comme Stanley, le missionnaire reçut par le sergent Malamine communication du traité de Brazza, mais, arrivant avec le pavillon français, il fut mieux traité que l'illustre voyageur :

au lieu de le reléguer sans vivres dans un bas-fond marécageux, l'un des chefs du pays le fit camper près de sa case. Lorsque Stanley fut menacé, au cas où il ne viderait pas les lieux dans les quatre jours, le chef en question assura à l'abbé Augouard qu'il n'avait rien à craindre pour le moment, mais que beaucoup de noirs doutant de l'authenticité du pavillon avec lequel il s'était présenté, il ne lui serait pas permis de s'établir sur les bords du lac avant le retour du commandant Brazza. Le jour de son départ, le même chef l'engagea à revenir bientôt avec Brazza et lui promit tout son concours pour l'aider dans son projet d'établissement, surtout s'il voulait bien lui rapporter 2 ânes et un chien noir pareils à ceux que Stanley venait de donner à un autre chef. Il n'est donc plus douteux que si M. l'abbé Augouard se représentait à Stanley-Pool en même temps que M. de Brazza, ce dernier aurait toute qualité pour l'y faire reconnaître officiellement comme résident et représentant de la France.

A défaut de M. de Brazza, rentré depuis 6 mois dans les labyrinthes de l'Ogôoué et dont nous sommes sans nouvelles, je ne mets pas en doute que 2 officiers français arrivant avec M. l'abbé Augouard à Stanley-Pool pour y porter, sur de beaux parchemins et avec des cadeaux suffisants, la ratification officielle du traité conclu avec le roi Makoko, arriveraient sans peine au même but. Le temps presse : les environs du lac sont la clef du haut Congo ! N'oublions pas les paroles de Stanley, bon juge en cette matière : « Brazza est un maître homme, a-t-il dit, il a fait là un coup de maître. »

Je crois devoir ajouter que la mission de Landana, qui a pu recruter autour d'elle les porteurs qui ont formé la petite caravane de M. l'abbé Augouard, se chargerait, je n'en veux pas douter, de recruter encore les éléments de la nouvelle caravane. Des cuillers et des assiettes en argent, ou même en métal blanc (pas de fourchettes), des couteaux à pieds argentés, des étoffes à grands dessins et de couleurs bien voyantes, des manteaux à fond rouge brodés d'or et pardessus tout de vieux habits brodés d'officiers généraux ou de hauts fonctionnaires seraient les principaux cadeaux à envoyer au roi Makoko et à ses six vassaux des bords du lac.....

TABLEAU.

TABLEAU du commerce français sur la côte occidentale d'Afrique au Sud du Gabon.

1º Maison Daumas-Béraud.

NOMS DES COMPTOIRS.	CHIFFRES d'affaires d'après les prix conventionnels des marchandises de troque à la côte.	OBSERVATIONS.
Punta-Nera		Établissement brûlé il y a un an; il n'est pas question pour le moment de le rétablir.
Landana	550,000f	4 comptoirs et 6 agents, dont 3 français.
HAUT CONGO { Banane, San-Antonio, Porto-Fico, Chimpozo, Funtadelegna, M'bôma, Mosouko, Noki	1,127,000	Ces divers comptoirs sont gérés par 10 Français et plusieurs sous-agents portugais.
Mocoula	240,000	Comptoir ouvert en mars 1881 — 2 Français —; point destiné à devenir important; il y a à Mocoula 6 factoreries (2 françaises, 2 anglaises, 1 hollandaise et 1 portugaise); les paquebots anglais y touchent tous les mois.
Ambrizette	465,000	2 Français.
Mousseira	170,000	2 Français.
Kissembo	365,000	2 Français.
Ambriz	1,275,000	
Total	4,192,000f	

La maison Daumas-Béraud charge en moyenne chaque année 11 bâtiments de 400 tonnes chacun et expédie par cette voie 4,400 tonnes environ de marchandises en Europe.
Le café, l'ivoire et le caoutchouc sont en général expédiés par les paquebots anglais qui font le service de la côte.
   Environ 170 tonnes de caoutchouc;
   — 600 tonnes de café;
   — 16 à 18 tonnes d'ivoire.

2º Maison Conquy.

Kacongo	150,000	Ouvert en juin 1881.
Mocoula	300,000	
Ambrizette	450,000	
Mousseira	175,000	
Kissembo	300,000	
Ambriz	550,000	
Total	1,925,000f	

Saint-Paul-de-Loanda, le 15 octobre 1881.

XIV. — **Rapport de la tournée du « Marabout » du 9 décembre 1881 au 2 janvier 1882.**

Libreville, 2 janvier 1882.

Commandant,

Le 16 décembre, au moment de partir des factoreries pour le Nord de l'Ogôoué, j'avais confié au quartier-maître Rio de l'expédition Ballay, un rapport dans lequel j'avais l'honneur de vous rendre compte de la première partie de mon voyage; le *Pionnier*, le *Batanga* et le *M'Pongwé* étaient attendus d'un jour à l'autre et devaient repartir bientôt après; j'espérais que, par l'un d'eux, vous auriez des nouvelles du *Marabout* bien avant son retour. Les circonstances en ont décidé autrement.

Je vais donc reprendre mon rapport à partir de notre départ de Libreville; le premier, écrit sous l'impression du moment, ne peut tarder à arriver et comblera les lacunes qui pourront exister dans celui-ci.

Parti de Libreville le 9 à 5 h. 30 m. du matin, j'ai pu mouiller le soir au Sud de la pointe N'Gouézé.

10 décembre. — Nous entrons dans l'Ogôoué et nous rencontrons, quelques heures après, le côtre à l'embouchure de la rivière Sincoujo; aussitôt le charbon embarqué, le côtre fait route pour le Gabon et nous continuons pour N'Gola où nous arrivons vers 2 heures. Après avoir vu le douanier, et lui avoir remis l'argent envoyé par le service local, je me mets à la recherche d'un pilote; je n'en ai pas trouvé. Je suis reparti comptant en prendre un dans l'un des villages devant lesquels je mouillerais.

Le soir, nous avons mouillé près de l'île Boniti, devant un village cama, où j'ai débarqué l'otage John Bull qui devait, de là, se rendre auprès de Rengondo.

Tout le village était en fuite et, le lendemain matin, quand je suis parti, John Bull n'avait encore trouvé ni un pilote ni même une pirogue pour le conduire dans le Fernand-Vaz. On lui en promettait une pour le retour du chef du village en tournée en ce moment dans le fleuve et qui devait revenir le lendemain.

11 décembre. — Fait route dans l'Ogôoué selon les indications de la carte. Passé par la crique Azintongo au lieu de suivre le grand bras du fleuve qui est plus long et tout encombré de bancs. La crique est connue jusqu'à la crique Tgongounoué; depuis ce point jusqu'à son retour dans le grand bras du fleuve, la crique Azintongo est parfaitement saine, présente toujours de grands fonds et est bien préférable au fleuve.

Au sortir de la crique Azintongo, je suis la rive gauche du fleuve jusqu'à l'île Olindé, où je recommence à gouverner suivant la carte. En arrivant à l'île Angola, nous touchons, le banc a descendu depuis l'époque où la carte a été faite; à partir de là, d'ailleurs, elle ne peut plus servir. Je prends pour pilote le matelot Oualdaga, du cap Lopez, qui a beaucoup navigué dans l'Ogôoué et je mouille pour passer la nuit au village N'Goumbi. Il n'y a plus personne et je suis décidément obligé de renoncer à me procurer un pilote.

12 décembre. — Le pilote me fait gouverner suivant la route prise par le *Marabout* à son dernier voyage; mais, arrivés sur la rive gauche du fleuve, à l'Ouest de l'île Dembé, nous touchons; nous regagnons la rive droite et nous arrivons sans incident au mouillage devant le village Tongoué, où nous passons la nuit. Le matin à 9 h. 40 m., nous avons rencontré le *Pionnier* qui descend la rivière.

13 décembre. — Continué notre route; les rives du fleuve sont très élevées et couvertes de grands villages très peuplés. A 10 h. 15 m., nous mouillons devant les factoreries établies autrefois à Lambaréné, mais qui se sont transportées sur la rive de l'île formée par le fleuve et la crique Ozoungavizza.

Je reçois la visite des deux missionnaires catholiques et de M. Schift, agent de la maison Schulze. Le pays est tranquille en somme, il y a sans doute des réclamations de la part des commerçants, mais je suis fondé à croire qu'ils n'ont pas trop à se plaindre et si les indigènes n'apportent pas toujours toute la bonne foi désirable dans l'exécution de leurs traités, je crois, d'autre part, que les traitants employés par les maisons de commerce voudraient être beaucoup trop les maîtres du pays; l'un d'eux m'a même demandé le droit de se faire justice lui-même, ce que je me suis, bien entendu, empressé de lui refuser. Ce même droit de justice, les chefs de village voudraient se l'arroger. Dans un grand palabre tenu à la Mission le 14 au matin, je leur ai formellement déclaré que ce droit n'appartenait qu'à vous, représentant de la France, souverain du pays et, pour commencer, je les ai sommés de me livrer une femme nommée Adomba que l'on se préparait à mettre à mort; cette femme en avait tué une autre en se battant, mais fort involontairement. La famille de la victime ayant refusé la rançon, Adomba devait être attachée au cadavre et jetée avec lui dans le fleuve. Les Européens se sont opposés à cet acte de barbarie et ont confié la garde de cette femme aux hommes de l'expédition Ballay. Mon départ pour le Fernand-Vaz ne me permettant pas de la transporter ici moi-même, j'ai laissé l'ordre de l'embarquer sur le premier vapeur qui partira, pour être jugée au Gabon par l'autorité française. Les chefs ont reconnu sans difficulté le droit que je revendiquais en votre nom ; la meilleure preuve en est qu'à mon retour de mon voyage dans le Nord, le chef du village Aïenano m'a livré un de ses hommes, nommé N'Gondé, qui devait aussi être mis à mort pour avoir blessé grièvement d'un coup de couteau l'amant de sa femme. J'ai pris cet homme à bord. En terminant le palabre, un des chefs a exposé ses droits à être nommé chef de la rivière. Les autres les ont contestés immédiatement et j'en ai profité pour leur dire que personne autre que le Gouvernement ne devait être le chef de la rivière. Il est incontestable que ce titre ne pourrait que pousser celui qui en serait investi à prélever un péage, ce qu'ils ne sont déjà que trop disposés à faire.

Les hommes de l'expédition Ballay sont établis dans une ancienne factorerie sur la rive droite de la crique Ozoungavizza. En l'absence de tout chef blanc et pendant la longue période d'inaction qui vient de s'écouler pour eux, ils se sont livrés, les Sénégalais surtout, à de véritables actes de brigandage ; maisons enfoncées, pirogues pillées, menaces de mort envers leurs chefs Rio et Johanno, rien n'y manque.

J'ai fait rédiger des plaintes par ces deux blancs et j'ai fait conduire à bord comme prisonniers les 4 laptots, y compris le chef dont ils se plaignent.

16 *décembre*. — Ces affaires réglées, j'appareillai pour le haut fleuve. Vers 2 heures, j'ai mouillé devant l'île Sakouélé au Zora-Kotcho, je visite le grand village pahouin de Beboulo qui est certainement une des plus grandes agglomérations d'habitants de ces pays. Le village, composé de 3 groupes d'habitations, a plus de 2 kilomètres de longueur.

A 4 heures nous appareillons et nous mouillons vers 5 heures devant l'île de Ningué-Saka, où M. Schulze a une factorerie. Les cartes que j'ai à ma disposition s'arrêtent avant cette île, mais j'ai invité à venir avec moi M. Schift et un de ses traitants qui parcourent constamment la rivière et la connaissent très bien.

J'ai pris aussi comme pilote le chef okanda de l'expédition Ballay, mais qui ne m'est pas d'un grand secours, ne se doutant pas de ce que c'est que de piloter un vapeur au lieu d'une pirogue. D'ailleurs, le fleuve, qui s'est beaucoup rétréci, est sain à partir de l'île Sakouélé et il n'y a qu'à suivre la rive gauche jusqu'à la crique Itchen qui se trouve à environ 25 milles plus loin que cette île.

De l'île Ningué-Saka, le fleuve se dirige pendant une dizaine de milles vers l'E.-N.-E.

17 *décembre*. — Appareillé vers 8 heures et mouillé devant le village de Samquita. Nous avons passé devant la factorerie de Sulima où le traitant sénégalais a été tué par les Camas au mois d'octobre : les renseignements recueillis prouvent qu'il était absolument dans son tort ; sa maison a été pillée, mais le chef du village akalais voisin promet de faire restituer les marchandises prises.

Nous passons aussi devant la crique M'Bilé qui conduit très loin jusqu'aux montagnes Akota devant Bolanda où était autrefois une mission protestante ; les rives sont très peuplées. Vers midi, nous laissons Samquita ; le fleuve se dirige vers le Nord jusqu'au village d'Angolaké, où se trouve une factorerie Schulze et où nous mouillons à une heure et demie ; je prends des hauteurs. En face se trouve un grand village nommé Isségmé avec des plantations considérables de tabac et de pistaches ; plus loin se trouve aussi, dit-on, une source de pétrole dont l'odeur arrive quelquefois jusqu'à la rivière.

18 *décembre*. — Vers 7 heures, nous quittons le mouillage d'Angolaké ; à 8 heures, nous passons devant une grande rivière nommée Libanga qui s'enfonce très loin dans le Nord, mais qui n'est pas connue même des traitants ; un peu plus loin, sur l'autre rive, se trouve un grand lac. Environ deux milles plus loin que ce lac, la rivière se rétrécit brusquement. Elle est dominée sur la rive droite par une colline élevée au sommet de laquelle se trouve un village pahouin et bornée près de la rive gauche par une roche ; il faut tenir le milieu avec un courant très fort.

Les rives à partir de ce point sont très élevées, couvertes de grands bois, mais les villages deviennent rares. A 9 h. 30 m., mouillé sur la rive gauche ; appareillé à 10 h. 51 m. A 11 h. 45 m., la tige du tiroir de la machine arrière casse ; mouillé pour la réparer jusqu'à 4 h. 45 m. A 5 heures, nous passons devant le dernier village akalais ; à partir de là, les Pahouins occupent les deux rives ; le fleuve n'a pas plus de

150 mètres de largeur. A 6 h. 15 m., nous mouillons pour la nuit devant le village Bella-Akambou.

19 *décembre*. — A 6 heures et demie, appareillé ; nous suivons le milieu du fleuve qui devient de plus en plus étroit et encaissé. A 7 h. 50 m., nous arrivons devant l'île N'Jolé où M. de Brazza avait établi deux cases comme magasins; aujourd'hui, ces cases sont en ruines. Les pilotes ne sont plus d'accord sur la route à suivre; la rivière devient de plus en plus étroite, le courant atteint 2ⁿ,5, les roches se montrent, nous ne sommes plus qu'à 8 milles des rapides ; en présence de l'indécision des pilotes, je ne crois pas prudent de continuer à marcher et je mouille par le travers de N'Jolé. Je fais arborer le pavillon français sur l'île et je le salue de 21 coups de canon. Le *Marabout* est le premier vapeur qui soit remonté jusque-là; une chaloupe à vapeur appartenant à M. Schulze y est seule venue, il y a quelques années. J'ai voulu faire des observations, mais le temps est resté couvert et j'ai été obligé d'y renoncer. J'estime que nous avons fait 50 milles dans le N.-E. de Lambaréné.

A 11 h. 50 m., appareillé pour redescendre le fleuve; à 3 h. 55 m., nous étions déjà devant l'île Ningué-Saka. En venant sur tribord pour mouiller devant l'île et y débarquer le traitant de M. Schulze qui nous avait pilotés, nous touchons sur un banc. Nous travaillons à nous déséchouer sans y réussir jusqu'à 10 heures du soir; le lendemain matin à 10 h. 55 m., nous étions à flot.

20 *décembre*. — Aussitôt déséchoués, nous reprenons la route de Lambaréné, où nous mouillons à 3 h. 10 m. Le soir à 8 heures, on trouve le fourrier mort dans la dunette ; il était malade depuis le 16, mais paraissait mieux portant depuis la veille ; la mort de ce malheureux, qui était très aimé de tout le monde, produit une très grande impression sur l'équipage et la santé, qui s'était maintenue jusqu'à ce jour, décline visiblement ; le lendemain, il y avait deux exempts de service et depuis j'en ai eu jusqu'à six; cependant nous buvions encore de l'eau du Gabon.

21 *décembre*. — Je m'entends avec les missionnaires, qui se mettent à notre disposition pour l'enterrement avec le plus grand empressement. A 5 heures et demie, l'enterrement a lieu dans le cimetière de la Mission. Cet événement ne me permet pas de visiter la rivière N'Gounié, car ce voyage demandait au moins trois jours et nous devons partir au plus tard le 24 pour être dans le Fernand-Vaz le 25.

22 *décembre*. — Le chef du village galois d'Aïenano, se soumettant à ce que j'ai dit dans le palabre relativement au droit de justice que vous seul possédez, vient demander à ce que je prenne à bord, pour le mettre à votre disposition, le nommé N'Gondé de qui j'ai déjà parlé. Je le fais prendre et amener à bord par les laptots de l'expédition qui habitent à côté de ce village. A 2 h. 20 m., j'appareille pour redescendre le fleuve. Les factoreries nous saluent avec leurs canons à notre passage ; je leur réponds par deux salves de cinq coups. A 5 heures, mouillé devant la crique N'Gomo.

23 *décembre*. — Pris un pilote pour nous conduire dans le lac Zonangué, au prix d'un pagne et d'une bouteille d'alougon.

A 6 heures, nous descendons dans la crique qui est très saine et nous entrons dans le lac. Je relève avec soin la route que nous suivons, mais il est impossible de se rendre le moindre compte de la configuration de cette nappe d'eau qui est plutôt un dédale de canaux entre des îles innombrables et couvertes d'arbres ; nulle part on ne voit les bords du lac ; vers le milieu seulement se trouve un espace de 2 ou 3 milles un peu plus découvert. Dans le Sud, les îles sont plus élevées que dans le Nord ; on aperçoit d'immenses prairies bordées de grands arbres qui donnent au pays l'aspect d'une contrée cultivée. A 9 h. 30 m., nous mouillons au fond du lac par 17 mètres ; là seulement, nous apercevons une partie des rives. Le pilote ne se chargeant pas de nous conduire dans une autre direction, j'appareille à 2 h. 10 m. ; à 4 h. 40 m., je débarque le pilote et je remets en route. 6 h. 40 m., mouillé près de la pointe Aboungué N'Pongi.

24 *décembre*. — J'appareille à 6 heures avec l'intention d'arriver le soir même dans le Fernand-Vaz. Arrivés près de la pointe Idouménaïa, nous prenons, sur les indications du pilote, la route indiquée par M. Pi. Dès le milieu du fleuve, le navire talonne légèrement et à 7 h. 40 m., rendu au dernier tiers du fleuve, il s'échoue par l'arrière en venant sur tribord. Une ancre de bossoir mouillée par tribord devant et la machine mise en avant nous dégagent ; nous appareillons, mais nous n'avions pas fini de venir sur tribord pour longer la rive gauche que nous échouions par l'avant sur le banc opposé au premier ; il était 8 h. 30 m. Après avoir mouillé successivement toutes les ancres, je parviens à retirer le navire du banc, mais il ne se déplace qu'autant que la machine marche et toujours en talonnant sur des sables mouvants qui forment des bancs en aval du navire dans l'espace d'une demi-

lieue. Nous arrivons, avec la machine en arrière, jusqu'à nous mettre à pic d'une ancre de bossoir mouillée dans le lit du courant avec une aussière. Vu le peu de place, je fais prendre le double de cette aussière par bâbord devant et larguer la bridure de l'arrière, mais le navire, malgré le vent qui vient de bâbord et le courant, est déjà de nouveau échoué et ne vient pas à l'appel ; je fais alors mouiller la seule ancre qui nous reste, un grappin par tribord derrière avec un faux bras et je fais pousser de fond avec les avirons, le faux bras casse et le navire ne vient pas. J'envoie un homme regarder en plongeant si l'hélice n'est pas trop près de l'ancre ; on sonde avec des gaffes ; on trouve l'ancre sur l'arrière de l'hélice et à bâbord ; je fais mettre en avant doucement la barre toute à venir sur bâbord ; je ne sais si à ce moment l'ancre s'est déplacée, ce qui est fort possible, car nous avions vu que nous tombions avec elle sur le banc en aval en la draguant rien que par l'effet du courant ; ce qu'il y a de malheureusement certain, c'est qu'après quelques tours l'hélice a frappé sur la patte et trois ailes ont été cassées. Ce n'est qu'à 4 heures du soir, après 6 heures et demie de travail, que nous avons pu sortir de cette fâcheuse situation et mouiller devant le village Idouménaïa. Dans cette saison où les eaux baissent quelquefois d'un pied en 12 heures comme nous l'avons vu, il était urgent de se retirer du banc.

25 *décembre*. — Appareillé à 8 h. 15 m., le navire gouverne encore assez bien et file de 2 nœuds à 2",5. A 8 h. 30 m., en suivant toujours la route indiquée, nous échouons encore par l'arrière au moment de longer la pointe Est de l'île Dembé.

L'ancre à jet par devant et la machine nous déséchouent. Nous continuons la route et gouvernons sur N'Goumbi, le courant nous drosse et nous échouons l'arrière. A ce moment, nous sommes obligés d'éteindre les feux et de démonter tout le tuyautage : tous les organes de l'alimentation sont pleins de sable ; nous passons la nuit échoués.

26 *décembre*. — Le navire est remis à flot à 8 heures et je mouille dans le chenal devant N'Goumbi, qui est très profond mais très étroit. A midi, la machine est réparée ; à 1 heure, on allume les feux et à 2 h. 15 m. nous sortons enfin de ces mauvais parages.

En résumé, il existe trois bancs devant N'Goumbi sans compter l'île Élimbé qui a accumulé en aval une telle quantité de sable, qu'on est obligé de rallier la rive gauche à l'île Angola, plus de 3 milles dans l'*Est* de N'Goumbi et de gouverner ensuite obliquement sur ce village pour l'atteindre en remontant. Ces trois bancs laissent entre eux deux passes praticables, il y a peu de temps encore et même maintenant si les eaux sont tout à fait hautes; mais la vraie route, en ce moment, est de gouverner d'Angola sur N'Goumbi et de suivre la rive droite; on trouve là partout des fonds de 8 à 15 mètres. A 5 h. 20 m., nous mouillons dans le S.-O. de l'île Olindé pour y passer la nuit.

27 décembre. — Appareillé à 6 h. 25 m., passé par la crique Azintongo et mouillé à 6 h. 30 m. devant N'Gola. Vu le douanier. 11 h. 10 m., appareillé. 12 h. 45 m., trouvé le côtre devant la rivière Siccouja; je le prends à la remorque. 2 h. 45 m., arrivé à l'entrée de l'Ogôoué; la mer est basse. Mouillé, ne pouvant pas doubler les îles avant la nuit. Le maître mécanicien m'apporte une poignée d'étoupes toute remplie de paillettes de bronze sortant du presse-étoupes; l'eau entre en quantité par ce presse-étoupes, surtout lorsque la machine marche; il est serré à bloc et il devient absolument nécessaire d'en changer la garniture avant de se mettre en route pour le Gabon.

28 décembre. — Nous doublons les îles et je m'échoue pour reconnaître l'avarie et réparer le presse-étoupes sur le banc près de la crique qui conduit au village Lisboa. Malheureusement, le banc est accore, le sable très mou et la mer descend fort peu; ce n'est qu'au toucher que l'on peut se rendre compte des choses; l'arbre ne paraît pas faussé. Je vais avec la baleinière chercher un point du banc plus favorable pour nous y échouer le lendemain. Le soir à 7 heures, nous quittons le banc.

29 décembre. — J'échoue le *Marabout* à la pleine mer vers 9 heures sur le point choisi la veille.

L'hélice découvre jusqu'au moyeu et l'on refait le presse-étoupes. L'arbre a beaucoup de jeu dans son tube; les languettes de gaïac sont usées depuis longtemps et la rupture de trois ailes, en faisant osciller l'arbre, a encore augmenté ce jeu dans les deux jours de route que nous venons de faire. Le presse-étoupes a 4 centimètres de serrage et j'espère dans ces conditions pouvoir regagner le Gabon. Le soir, à 10 heures, nous rejoignons le côtre à son mouillage.

30 décembre. — Je fais embarquer le charbon et nous appareillons aussitôt après à 7 h. 50 m. A 8 h. 5 m., le presse-étoupes était déjà serré à bloc et la machine pleine d'eau. Le siphon et la pompe à bras ne suffisent pas à épuiser la quantité d'eau qui entre et qui ne peut qu'augmenter. Je mouille et j'envoie le côtre vous demander un remorqueur. L'après-midi je fais exécuter le tir au fusil.

31 *décembre*. — La brise se lève au Sud; j'appareille à la voile pour me rapprocher de la pointe N'Gouézé. Je prends les diverses allures depuis le vent arrière jusqu'à quatre quarts de largue, point que le *Marabout* ne peut franchir. La grande voile de la baleinière installée en tape-cul nous permet de dériver jusqu'au vent de travers, allure nécessaire pour arriver à la pointe Sangatanga.

Le *Marabout* gouverne assez bien, nous filons 1ⁿ,5. Voyant cela, la brise, le courant et l'heure étant favorables, je continue ma route pour le Gabon. A la nuit, la brise fraîchit; je fais tirer une fusée toutes les heures dans l'espoir que le remorqueur nous apercevra, s'il est en route.

La mer devient grosse à l'approche des bancs, mais le *Marabout* se comporte bien quoique roulant beaucoup. Au jour, je me trouve dans le Nord de la pointe Gombé, à deux milles; je gouverne sur elle vent de travers et épaulés par le jusant, nous parons les bancs et je m'engage dans la passe de la pointe Pougara, près de laquelle je mouille à 7 h. 15 m., à cause d'une tornade qui ne nous aurait pas permis de manœuvrer entre ces bancs qui déferlent violemment.

A midi j'appareille, mais la brise saute au Nord au moment de doubler la pointe. Enfin, l'après-midi, nous entrons en rade.

Je suis, etc.

XV. — Rapport de M. Mizon au comité français de l'Association internationale africaine.

Gabon, 13 juillet 1882.

Avant la découverte du fleuve Ogôoué, le commerce de cette rivière consistait principalement en la traite des esclaves. Lorsque les croisières françaises et anglaises eurent, sinon aboli, du moins considérablement diminué ce genre de commerce, les relations des Européens avec les indigènes subirent un moment d'arrêt. Peu après, des commerçants établis au Gabon fondèrent de petites factoreries aux diverses bouches du fleuve, puis essayèrent de le remonter. Ils durent s'arrêter aux Inengas, alors maîtres du bas fleuve. Les produits de ces régions devenant un aliment insuffisant au commerce, plusieurs négociants essayèrent de remonter chez les Okandas, au-dessus de la première série de rapides (1863-1867)[1]. Ils atteignirent avec peine et au milieu des hostilités des riverains le village de Lopé, chez les Okandas, mais ne purent réussir à s'y maintenir. Les Inengas et les Galois, sous leurs chefs Renoqué et M'Combé, défendaient le monopole qu'ils avaient possédé jusque-là, monopole du commere entre les Européens et les peuples situés en amont. Les commerçants durent retourner chez les Inengas, où ils établirent des factoreries qui achetaient le bois rouge, l'ébène et l'ivoire.

MM. Marche et de Compiègne, en 1873[2], remontèrent à 15 milles au-dessus des Okandas, c'est-à-dire jusqu'à l'embouchure de la rivière Ivindo; les Inengas n'ayant consenti à les remonter que parce qu'ils ne faisaient pas de commerce[3]. Le même motif avait poussé les Okandas à les mener jusqu'à l'Ivindo. Mais au delà de cette rivière, la question du monopole fut remise en avant par les Okandas, qui se défiaient des Européens et ne voulaient pas les conduire chez leurs tributaires, les Adumas[4].

Moins heureux, le docteur Lenz ne put dépasser Lopé, où il était depuis un an environ, lorsque M. le ministre de la marine chargea M. de Brazza d'explorer le fleuve Ogôoué et de l'ouvrir au commerce.

M. de Brazza se heurta à l'obstacle des monopoles commerciaux, et il ne fallut pas moins de trois années d'efforts pour les vaincre[5].

---

[1] Les premiers Européens qui essayèrent de remonter l'Ogôoué en amont des rapides furent MM. Genoyer, lieutenant de vaisseau, Serval, Griffon du Bellay et M. Walker, négociant ; ils n'arrivèrent pas chez les Okandas. Walker, en 1866, ne dépassa pas le confluent de l'Ocono. Ce ne fut qu'en 1873 qu'il atteignit le premier district okanda de Lopé, d'où il fut obligé de revenir après avoir été retenu et exploité pendant six mois par les Okandas.
(V. *Année géographique*.)

[2] C'est en 1874 que MM. de Compiègne et Marche atteignirent le confluent de la rivière Ivindo. Les Inengas ne consentirent à les remonter chez les Okandas que pour se débarrasser de leur présence : ils espéraient bien ne pas les revoir. Avant de retourner dans leur pays, ils avaient fait promettre aux Okandas de garder chez eux nos compatriotes.
(V. *Trois Voyages dans l'Afrique occidentale*, par Alfred Marche, p. 214.)

[3] Les Okandas consentirent à conduire MM. Marche et Compiègne, non pas jusqu'à l'Ivindo seulement, mais jusque chez les Adumas, parce qu'ils avaient besoin eux-mêmes d'y aller chercher de l'ivoire et des esclaves et qu'ils comptaient sur l'influence et l'appui des deux blancs pour effrayer les Ossyébas, maîtres de la route du fleuve entre les Okandas et les Adumas. (V. A. Marche, p. 216.)

[4] Au delà de la rivière Ivindo, la question de monopole ne fut pas remise en avant par les Okandas et ils ne refusèrent pas d'aller chez les Adumas qui se proposaient de bien les accueillir ainsi que MM. Marche et de Compiègne. Si leur tentative échoua, ce fut uniquement par suite de l'état de guerre entre les Okandas et les Ossyébas.
(V. A. Marche, p. 223, 225.)

[5] A son arrivée dans l'Ogôoué, en 1875, M. de Brazza trouva la même situation que ses devanciers. Les plus sérieux obstacles qu'il rencontra étaient de deux sortes : les monopoles commerciaux que s'attribuaient diverses tribus riveraines et l'état d'hostilité entre quelques-unes de ces tribus, les Okandas et les Ossyébas cannibales qui barraient la route de l'intérieur.

Trompant les Okandas, il se rendit par terre chez les Adumas, fit miroiter aux yeux de ceux-ci les avantages qu'ils auraient à descendre le fleuve et à entrer en relations directes avec les blancs [1]. Mais il ne put les faire descendre au delà de Lopé [2], à cause de la crainte que leur inspiraient les peuples situés au delà de ce point. M. de Brazza remonta avec eux à la tête de l'Ogôoué, puis, quittant le fleuve, traversa les hauts plateaux qui séparent les bassins de l'Ogôoué et du Congo. Il arrivait ainsi à l'Alima, rivière qui se jette dans le Congo, dans sa portion navigable, c'est-à-dire au-dessus de Stanley-Pool.

Il ne put la descendre à cause de l'état de surexcitation des Apfourous qui, quelques mois auparavant, avaient combattu avec Stanley. Attaqué lui-même par des forces considérables, à bout de ressources et de force, il dut se résigner à retourner en Europe, non sans avoir auparavant poussé une pointe dans le Nord et découvert la Licona, affluent considérable du Congo.

Après un an de séjour en Europe, il repartit pour l'Afrique. M. le ministre de la marine l'avait placé aux ordres du comité français de l'Association africaine pour aller choisir l'emplacement de deux stations hospitalières et scientifiques à fonder dans les bassins de l'Ogôoué et du Congo. M. de Brazza accomplit rapidement sa tâche, désigna l'emplacement des stations, l'une sur la rivière Passa, petit affluent de l'Ogôoué, l'autre à Ntamo-Ncouna (Stanley-Pool), sur le Congo.

Après y avoir apposté des hommes pour réserver la place, M. de Brazza, redevenu libre, reprit la série d'explorations de son premier voyage et se rendit à la mer en suivant la rive nord du Congo, remonta l'Ogôoué en janvier 1881, construisit une route destinée au passage des marchandises et des canots à vapeur entre les deux fleuves. Il se rendit ensuite à la côte par une route intermédiaire à celles de l'Ogôoué et du Congo [3].

Il avait profité de ses deux années dans l'Ogôoué pour y établir la

---

[1] Le but de M. de Brazza, en se rendant par terre chez les Adumas, était de ne pas éveiller les susceptibilités des tribus intermédiaires (Ossyébas), qu'il s'agissait avant tout de pacifier. Le résultat de cette pacification fut le rétablissement entre Okandas et Adumas des relations commerciales par le fleuve, que ne troublèrent plus les Ossyébas.
(V. *Rapport sur le concours au prix annuel.* — *Séance de la Société de géographie.* — 18 avril 1879, p. 8 et 4.)

[2] Plus tard, lorsque cela devint nécessaire, M. de Brazza fit descendre plusieurs fois le cours entier du fleuve par les populations du haut Ogôoué. (Envoi de flottilles au-devant de MM. Mizon et Ballay.)

[3] M. Mizon, désigné pour prendre la direction de la station de Franceville, y étant arrivé le 27 septembre 1881, M. de Brazza lui remit cette station et se rendit à la côte.

liberté du commerce. Au mois de juillet 1880, 769 Okandas, Adumas, Shébas et Aouangis descendirent au bas du fleuve, au-devant de MM. Ballay, chargé par M. le ministre de l'instruction publique d'une mission d'exploration dans le Congo, et Mizon, enseigne de vaisseau, chargé de fonder les stations d'une façon définitive et d'en prendre le commandement[1]. Les maisons de commerce reprenant leur ancien projet avaient fait suivre M. de Brazza et bientôt il y eut des factoreries secondaires de l'embouchure du fleuve à la chute de Bôoué.

Malheureusement, les traitants, pour la plupart Sénégalais, crurent devoir faire le commerce à la façon dont Mahomet propageait sa religion et apportèrent ainsi des entraves à l'œuvre entreprise. Les exactions qu'ils commettaient, leur mauvaise conduite, amenaient le désordre dans le fleuve et, lorsqu'ils demandèrent à M. de Brazza d'abord, et à M. Mizon ensuite, le concours de la station pour les aider à forcer la chute de Bôoué fermée par les Ossyébas, ce concours leur fut chaque fois refusé. Il était en effet impossible, avant que la station fût assez assise pour surveiller les contrées nouvellement découvertes, qu'il fût permis aux traitants de pénétrer parmi les populations douces et craintives du haut fleuve, étant donnés les actes commis par les Sénégalais. Un rapport sur ces actes a été envoyé à M. le commandant de la colonie. Le nommé Samba-Sons avait coupé la tête à un Pahouin et l'avait placée à l'extrémité d'une perche devant sa factorerie, tandis que son gendre, Boubou Ndyaie, arrêtait les pirogues et en gardait les équipages comme esclaves. Ceux-ci furent délivrés et ramenés dans leur pays[2].

Dès que M. Mizon eut pris le commandement des stations, il se porta chez les Batékés, pour essayer de ravitailler le poste de Ncouna, soit par la voie de terre, soit par celle de l'Alima. Il ne put y réussir. La rivière fut fermée par les Apfourous, à cause de leurs combats avec MM. Stanley et de Brazza[3] et M. Mizon ne crut pas devoir forcer le pas-

---

[1] Les stations avaient été fondées et installées par M. de Brazza, celle de Franceville en juin 1880, celle de Brazzaville en octobre 1880.

[2] Ce fait s'était passé en 1879. Lorsqu'en octobre 1881, M. de Brazza remit à M. Mizon la direction des stations, la situation générale était bonne ; ainsi que le présent rapport le constate plus haut, M. de Brazza avait brisé les monopoles particuliers et établi la liberté du commerce dans l'Ogôoué. On lira plus loin que *depuis cinq ans la paix la plus profonde a succédé à l'anarchie d'autrefois*, p. 145.

[3] « L'officier qui me remplaçait (M. Mizon) n'avait pas cru devoir profiter des relations que je m'étais créées pour envoyer un nouveau ravitaillement (à Ncouna) que je m'offrais d'escorter moi-même. Il avait tenu à prendre tout entière la direction de notre station. Aussi, dégagé de toute responsabilité, je me lançai de nouveau vers l'inconnu, et remet-

sage, afin de réserver l'avenir, et fonda un poste au confluent du Ngambo et de l'Alima, à une demi-journée de leurs établissements. D'un autre côté, les Batékés, désireux de retenir dans leur pays les marchandises destinées au poste de Ncouna, refusèrent des porteurs. Il fallut trois mois de discussions, de promesses et de menaces, pour qu'ils consentissent à laisser partir quinze ballots, sous la conduite du marin Guiral et de trois Sénégalais.

Cependant, cette campagne n'a pas été perdue. Les Batékés s'habituèrent au contact des Européens, le portage de long trajet remplaça le portage de village à village, étendant ainsi jusqu'à l'Alima la route commerciale qui part de notre colonie du Gabon, pour se diriger vers les bassins moyen et supérieur du Congo. En trois voyages successifs, plus de 1,500 Adumas ont parcouru la rivière, d'une extrémité à l'autre et, par les connaissances qu'ils ont prises de tous les rapides, sont devenus les auxiliaires indispensables de toute expédition scientifique et commerciale qui cherchera à pénétrer au cœur de l'Afrique par la voie de l'Ogôoué [1].

L'année prochaine, 1,500 nouveaux Adumas, Aouangis, etc., descendront le fleuve, ce qui, ajouté aux 500 Okandas, aux Inengas et aux Galois, donnera un total suffisant pour descendre à la mer, tous les produits du haut fleuve, et ceux qui pourraient provenir du bassin du Congo.

Le modèle des pirogues a été l'objet d'une étude sérieuse, et partout l'on s'est mis activement à la construction d'un grand nombre de pi-

---

tant à M. Mizon le reste de nos marchandises et le surcroît du personnel que j'y destinais, je n'emportai que l'indispensable pour ce nouveau voyage.

« J'étais déjà en route, lorsqu'au commencement de février 1882, apprenant que M. Mizon avait eu des difficultés avec les Batékés des bords de l'Alima, et craignant que cela ne retardât son arrivée à la 2e station, j'expédiai deux hommes à Malamine, avec quatre charges de marchandises dont je pouvais absolument me passer.

« Par cette même occasion, j'envoyai au sergent Malamine l'ordre de se mettre à la disposition de M. Mizon et aux chefs batékés le signe par lequel ils devaient reconnaître que je lui avais délégué provisoirement mes pouvoirs. D'ailleurs, il avait été convenu avec M. Mizon qu'il fallait à tout prix conserver notre position à Brazzaville..... »

(*Rapport de M. de Brazza*, p. 154.)

[1] Lorsque le 27 septembre 1881, M. Mizon, enseigne de vaisseau, désigné pour prendre la direction de notre station, arriva à Franceville avec tout son matériel sur les pirogues que M. de Brazza avait envoyées pour la quatrième fois le chercher, la situation était celle-ci : une route carrossable de 120 kilomètres, dont 45 avaient été rendus praticables par les soins de M. de Brazza, était ouverte entre Franceville et le point choisi sur l'Alima pour lancer nos vapeurs ; le service général des transports était assuré pour Franceville, comme il l'avait été pour le cours entier de l'Ogôoué ; enfin, du Gabon au Congo, toutes les populations, gagnées par nos bons procédés et unies à nous par leurs intérêts dans un même sentiment de bienveillance, voyaient dans le pavillon français un emblème de liberté, de paix, un gage d'heureux avenir, grâce aux relations qu'il leur ouvrait avec la côte. (*Rapport de M. de Brazza*, p. 153.)

rogues d'une forme appropriée au service auquel elles étaient destinées, c'est-à-dire à la navigation dans les rapides.

Il a été formellement interdit aux riverains de faire la guerre sans l'autorisation du chef de la station et, depuis cinq ans, la paix la plus profonde a succédé à l'anarchie d'autrefois.

Le 1er octobre, les pirogues de la station descendirent. Elles devaient remonter à la station de Franceville M. le Dr Ballay et le matériel de son expédition. Au retour, l'Européen qui les conduisait succomba à la suite des fièvres et les Okandas arrêtèrent les pirogues, pillant les marchandises des pagayeurs adumas et forçant ceux-ci à abandonner leurs pirogues dont ils s'emparèrent. Les traitants, qui pouvaient, d'un seul mot, empêcher la chose, étaient restés impassibles et quelques-uns d'entre eux se servirent de ces pirogues pour descendre leurs produits. Il restait à la station 16 pirogues presque terminées. Le 1er avril, M. Mizon descendit chez les Adumas en presser la construction, puis remonta à Franceville. Le 15 mai, il descendit pour aller au-devant de M. Ballay, mais ne trouva plus dans leurs villages les nouvelles pirogues. Les Okandas étaient remontés en expédition armée jusque chez les Adumas, s'étaient saisis des pirogues et, après les avoir chargées d'esclaves, remontaient à Lopé.

La plupart des traitants, qui n'ignoraient pas que ces pirogues étaient celles de la station, les achetaient aux Okandas, espérant que ce semblant de paiement constituerait une preuve de leur bonne foi dans ce marché. Il fallut plusieurs jours pour forcer les traitants à les rendre. Et de tout ce désordre, il résulta que 28 pirogues sur 47 purent seulement descendre, ce qui obligera M. Ballay à faire deux voyages et lui occasionnera un retard de 6 mois.

Le 2 juin, les pirogues arrivaient à Lambaréné avec des armements insuffisants, quoique s'élevant à 430 hommes.

En résumé, les campagnes entreprises dans l'Ogôoué et la fondation de la station ont eu jusqu'ici les résultats suivants :

Une reconnaissance superficielle du fleuve a été faite, le pays des hauts plateaux parcouru jusqu'à l'Alima d'un côté et jusqu'au Congo lui-même de l'autre.

Les monopoles commerciaux ont été brisés et la navigation rendue libre dans l'Ogôoué. Les traitants sont parvenus à la chute de Bôoué qu'ils franchiront dans un mois, sous la surveillance et sous la protection de la station. Les hommes de celle-ci ont enseigné aux peuples d'en haut à faire le caoutchouc et, dès à présent, un stock considérable de produits attend l'arrivée des commerçants.

Il reste à terminer la reconnaissance du fleuve, à explorer et relever ses grands affluents, le N'gounié, l'Ivindo, le Lolo, le Sébé, etc...., à établir avec les Apfourous des relations amicales [1] qui permettent de descendre l'Alima et de pénétrer au cœur de l'Afrique par la voie du Congo. Tandis que le chef de la station remplira cette tâche, l'un de ses aides parcourra la rive, prêtant aux voyageurs l'assistance dont ils auraient besoin et les protégeant. Et ainsi, le fleuve et ses affluents reconnus, les noirs habitués à reconnaître l'autorité de la France, les stations permettraient au gouvernement de la colonie d'occuper le bassin de l'Ogôoué lorsqu'il le jugera convenable, en envoyant seulement le personnel destiné aux garnisons.

Au moment où s'effectuerait ce remplacement, la station se transporterait dans les régions encore inconnues de l'Alima, de la Licona et du Congo, pour recommencer ce qu'elle a fait dans l'Ogôoué, et étendra peu à peu, vers l'intérieur du continent, l'influence française et notre colonie du Gabon deviendra le marché sur lequel s'échangeront les produits de notre industrie contre les matières premières qui lui sont nécessaires. Les efforts gigantesques faits par toutes les nations pour pénétrer dans le bassin du Congo, efforts qui se traduisent par des sacrifices en hommes et en argent, ne sont-ils pas une sorte de garantie de l'importance qu'elles attachent aux expéditions scientifiques ou commerciales qu'elles envoient et aux stations qu'elles ont fondées pour les appuyer?

Tandis que le gouvernement égyptien, après s'être réservé le monopole du commerce dans le Soudan, cherche à pénétrer par le haut Nil et l'Ouellé dans le bassin du Congo, d'autres nations ont fondé des stations sur les lacs Victoria, Tanganika et Nyassa et travaillent à rejoindre ces établissements à la côte par des routes.

Le Portugal s'avance par la voie du Kouanza et du Couango. Des expéditions officielles ou particulières se dirigent vers le Congo (missions Stanley, Combers, Peschel, etc.), les autres par Benoué. Enfin, en ce moment, trois expéditions russe, espagnole, allemande, partent de la frontière même de notre possession du Gabon, se dirigeant vers les

---

[1] M. de Brazza avait pacifié les Apfourous qui vont à Stanley-Pool et remontent l'Alima.

affluents du Congo, situés au Nord de l'Alima. Elles devront, sur leur parcours, traverser les affluents de la rive droite de l'Ogôoué.

La France, en face de pareils faits, ne peut se désintéresser de ce qui se passe dans cette partie de l'Afrique. Maîtresse par l'Algérie, Tunis et le Sénégal, de l'Afrique occidentale septentrionale, elle a, par l'occupation du Gabon, placé un pied dans les riches contrées de l'Afrique équatoriale, par la fondation des stations, elle a mis le second dans le bassin du Congo, il ne lui reste qu'à marcher.

Et pour assurer le maintien de ces stations et la continuation de leur œuvre, il ne s'agit pas des millions que les nations étrangères prodiguent à leurs explorateurs et à leurs stationnaires.

Le Parlement a voté, il y a deux ans, une somme de 100,000 fr., à laquelle étaient venus s'ajouter des dons particuliers. Les ministres de la marine et des affaires étrangères contribuaient pour 10,000 et 12,000 fr., donnant ainsi une preuve de leur sollicitude pour l'œuvre entreprise. Mais celle-ci ne peut dépendre d'un vote; pour travailler, il faut la certitude qu'un jour tout ne sera pas abandonné faute d'un crédit et que six années de peines et de sacrifices ne seront pas perdues.

Pour cela, il suffirait d'une subvention annuelle de 60,000 fr. Employée avec la plus grande économie, cette somme permettrait de ne pas abandonner nos installations qui reviendraient d'ailleurs en partie à la France sous la forme de matériel et de construction, si un jour elle jugeait convenable d'occuper militairement le haut fleuve.

L'augmentation croissante des douanes qui s'est produite malgré la diminution des tarifs, depuis l'ouverture du commerce du bas et du moyen Ogôoué, permet d'assurer que cette subvention serait largement couverte par l'accroissement des ressources de la colonie, alors qu'elle deviendra l'entrepôt des produits du haut fleuve, de l'Alima et du Congo.

L'Enseigne de vaisseau,
L. MIZON.

XVI. — **Rapport de M. de Brazza sur son second voyage (établissement de deux stations françaises dans le haut Ogôoué et le Congo).**

Paris, août 1882.

Monsieur le Ministre,

Avant de vous rendre compte de ma dernière mission dans les bassins de l'Ogôoué et du Congo, je dois rappeler sommairement les résultats des travaux accomplis dans ces régions, de 1875 à 1879.

Tandis que Stanley, traversant l'Afrique de l'Est à l'Ouest, reconnaissait le cours du Congo, je découvris, entre le Gabon et le grand fleuve, la voie directe de l'Ogôoué et de l'Alima. Plus au Sud, les Portugais rêvaient de mettre leurs établissements d'Angola en communication avec le Congo, par la voie du Kouanza, la route de Malangé à Cassangé et la vallée du Couango, affluent du Congo. — Brito-Capello et Ivens étaient sur cette route.

Situation en 1879. — Le but de toutes ces tentatives est facile à saisir. L'Afrique équatoriale apparaissait, en effet, sous son véritable aspect, qui nous montre un immense plateau, dont les richesses considérables peuvent être facilement drainées, en suivant trois directions principales :

A l'Est, par les grands lacs et le Nil ;
Au Sud, par la vallée du Zambèze ;
A l'Ouest, par le Congo.

Malheureusement, le plateau africain central, drainé tout entier par le Congo, loin de s'incliner en pente douce vers la côte, en est séparé par une série de terrasses ou étages parallèles, que ce fleuve doit traverser en cascades, chutes et rapides. Ainsi, de Ntamo, à 500 kilomètres de la côte, à Vivi, à 200 kilomètres de l'embouchure du Congo, ce fleuve présente 32 chutes ou cataractes, obstacles infranchissables.

Ces obstacles ne découragèrent pas Stanley, dont le plan, excessivement simple, n'exigeait que des millions. Stanley les trouva et repartit en 1879. Abordant de face la difficulté, il allait ouvrir, à travers ravins et montagnes, sans chercher à les tourner, une route parallèle au Congo, en profitant des espaces libres entre les rapides pour y lancer ses vapeurs.

Si, par sa longueur, la route des Portugais, entre Angola et le Congo, ne nous inspirait aucune crainte de concurrence sérieuse, en était-il de même du projet de Stanley? Devions-nous assister, les bras croisés, à la lutte de l'intrépide explorateur contre les obstacles de la nature et peut-être à son triomphe qui assurerait, à notre détriment, la prépondérance des intérêts dont il était le représentant?

A l'énergie de Stanley nous avons opposé notre persévérance et notre célérité. Comprenant l'importance de la voie directe et relativement facile de l'Ogôoué et de l'Alima, que trois ans de séjour dans le pays nous avaient ouverte; comprenant la nécessité de sauvegarder et d'étendre notre influence dans ces contrées, le ministère des affaires étrangères mit à ma disposition une somme de 10,000 fr. et ultérieurement, M. le ministre de l'instruction publique voulut bien me charger de continuer, avec le D\u1d63 Ballay, l'œuvre que, — envoyé en mission dans ces contrées par M. le ministre de la marine, — j'avais commencée en 1875.

C'est ainsi qu'après une première campagne de trois ans, je quittai l'Europe le 27 décembre 1879. Cette fois, je partis du jour au lendemain et seul, car il fallait, avant tout, assurer à la France une priorité de droits et d'occupation sur le point le plus rapproché de l'Atlantique où le Congo intérieur commence à être navigable; il fallait sauvegarder, sans retard, notre avenir dans cette contrée qui, rendue importante par les dernières découvertes, devenait l'objectif de toutes les nations.

Le D\u1d63 Ballay, chargé de terminer nos préparatifs d'exploration, devait venir me rejoindre, en amenant les vapeurs démontables, destinés à naviguer sur l'Alima et le Congo. En attendant, mis, par le ministère de la marine et des colonies, à la disposition du comité français de l'Association africaine, et avec son concours, j'allais remplir les instructions du comité, consistant à choisir l'emplacement de deux stations hospitalières et scientifiques et à y apposter deux Européens. L'une de ces stations, établie sur le haut Ogôoué, devait servir de point de départ pour nous ouvrir la voie du Congo; l'autre, sur le Congo même, devait servir de base d'opérations et de point d'appui à l'action humanitaire et civilisatrice que la France était en droit d'exercer dans ce pays, situé à portée de notre colonie française du Gabon.

Mission de M. de Brazza, 1879-1882. — Cette mission, qui ne devait durer que huit mois, se prolongea deux ans et demi, pour une cause indépendante de ma volonté, le retard dans l'arrivée du chef des stations. Je dus, en conséquence, non seulement constituer plus complètement la première station, celle du haut Ogôoué, mais encore, ayant la responsabilité des hommes que j'avais établis sur les emplacements choisis, conserver, pendant 18 mois, la direction de cette première station et, pendant 15 mois, prendre soin des hommes établis sur le Congo.

Comme chef provisoire des stations, je crus rigoureusement de mon devoir de préparer les moyens d'action pour l'expédition qui, sous les auspices du Gouvernement, devait s'organiser en Europe après mon départ.

N'ayant pas le droit de mettre à la charge du comité le surcroît de dépenses occasionné par l'entretien des stations pendant 18 mois, puisque je n'avais pas mission de les diriger, je ne pouvais, non plus, mettre à la charge du ministère de l'instruction publique les dépenses relatives à la mission dont ce ministère m'avait chargé après mon départ, puisque j'ignorais la solution donnée aux démarches entreprises et ne disposais pas des fonds attribués à l'expédition projetée; mais il s'agissait d'intérêts considérables auxquels me liait une responsabilité dont je ne pouvais m'affranchir, je n'hésitai donc pas à accepter personnellement la lourde charge de la situation.

Fondation de Franceville. — Après avoir organisé les moyens de transport directs entre la station future et les établissements de la côte, en amenant les peuplades riveraines à renoncer aux monopoles de la navigation qu'elles s'appropriaient sur certaines parties du fleuve, je fondai, six mois après mon départ, près de Nghimi, dans le pays des Oudoumbos et des Aumbos, notre station du haut Ogôoué, appelée aujourd'hui Franceville.

Située près du confluent de l'Ogôoué et de la rivière Passa, dans un pays salubre, fertile, habité par une population pacifique et dévouée à nos intérêts, notre station se trouve ici en communication directe avec le Gabon, dont 815 kilomètres la séparent; elle est à 120 kilomètres du point où l'Alima, affluent du Congo, commence à être navigable.

Croyant que je serais suivi de près par le matériel et le chef de la première station, j'envoyai, pour le chercher, l'élève mécanicien Michaud, à la tête de 740 indigènes Adumas et Okandas, montés sur les 44 pirogues que j'avais acquises à la station. Pour la première fois, les indigènes du haut Ogôoué, brisant des monopoles séculaires, arrivaient jusqu'à la côte. Par ce seul fait, le cours supérieur du fleuve se trouvait désormais ouvert au commerce européen.

Ouverture de l'Ogôoué supérieur au commerce. — Au commencement de juillet, confiant notre station à la direction du quartier-maître Noguez, je partis pour Ntamo, sur le Congo. — Sur cet itinéraire d'environ 500 kilomètres, en pays inconnu jusqu'alors, notre bonne réputation, acquise depuis 1876 dans le haut Ogôoué, nous valut partout un excellent accueil des populations batékés, achicouyas, abomas, etc.

Avant même d'arriver à Ngampeï, je reçus la visite d'un chef envoyé par le roi Makoko, pour me servir de guide dans ses États, qui s'étendent sur la rive droite du Congo, jusqu'à Ntamo.

Vous vous rappelez, sans doute, Monsieur le Ministre, que Stanley avait descendu le Congo, ne laissant d'autre souvenir de son passage que celui des 32 combats qu'il avait livrés. Moi-même, subissant le contre-coup des hostilités qu'il avait semées, lors de ma première tentative pour descendre l'Alima en 1878, j'avais dû me battre contre les Apfourous, qui sont les maîtres de la navigation du Congo, de l'Alima, de la Licona et de l'Ikélemba, entre Ntamo et le pays des Mangalas.

Je n'oubliais pas que le premier voyage dans le Congo intérieur, après celui de Stanley, ne pouvait être qu'un voyage de pacification et je n'étais pas très rassuré sur la manière dont seraient accueillies les propositions de paix que j'allais faire aux Oubandjis, dans le but d'assurer la tranquillité de notre future station du Congo, ainsi que la navigation du fleuve et de ses affluents.

Mais, mes dispositions conciliantes une fois connues, je recueillis ici le bénéfice des procédés pacifiques que j'avais toujours employés et ma situation fut d'autant plus facile que Stanley avait semé la terreur parmi ces populations.

Non seulement le roi Makoko fut le premier à rechercher notre amitié, mais encore il appuya, de toute son influence, nos négociations avec les Oubandjis.

Le 10 septembre 1880, Makoko demandait à notre pavillon une protection contre les hostilités qui pouvaient de nouveau surgir, dans le Congo intérieur, entre les indigènes et les Européens, dont on annonçait la prochaine apparition ; il signait un traité, dont la copie est jointe à ce rapport et aux termes duquel il plaçait ses États sous la protection de la France et nous concédait, à notre choix, un territoire pour l'établissement d'un village, qui ouvrirait aux blancs français une nouvelle route d'accès dans la contrée.

Pacification des Oubandjis. — Quelques jours plus tard, à Nganchouno, la paix ayant été conclue entre nous et les Oubandjis, je descendis le Congo jusqu'à Ntamo, espèce de lac formé par un écartement des rives au moment où le fleuve va s'engager dans les rapides. Après avoir choisi, pour notre concession, le territoire situé sur la rive droite, entre les rivières Impila et Djoué, je convoquai tous les chefs voisins à Ntamo.

Prise de possession du territoire cédé par Makoko. — C'est seulement sur la partie du terrain concédé que peuvent déboucher dans le Congo intérieur, les grandes voies de communication qu'on voudrait établir, par la suite, sur la rive droite.

Occupation de Ntamo, appelé Brazzaville par la Société de géographie. — J'y laissai le sergent Malamine et trois hommes, à la garde de notre pavillon et je partis pour le Gabon, où je pensais que le Dr Ballay devait déjà être arrivé.

Difficulté d'une route latérale aux rapides du Congo. — L'itinéraire rapproché du Congo, que je suivis entre Ntamo et Vivi, me permit d'apprécier les difficultés de l'entreprise de Stanley.

Sur tout ce parcours, le Congo traverse un pays très accidenté ; c'est un entassement de montagnes séparées par des ravins dont la profondeur varie entre 50 et 200 mètres. Sans compter un grand nombre de torrents, le long de ces perpétuelles montées et descentes, il lui faut hisser et affaler, tour à tour, les vapeurs démontés qui, lancés définitivement en amont des cataractes, iront sillonner les 1,200 à 1,500 kilomètres de voies navigables sur le Congo et ses affluents et drainer les produits d'un bassin aussi étendu que le tiers de l'Europe.

Importance du Congo intérieur navigable. — Les relations de tous les voyageurs ont confirmé l'importance du marché de l'Afrique équatoriale que draine le Congo intérieur. Si je n'ai pas à rentrer ici dans le détail de ses productions aussi riches que variées, je dois au moins vous faire remarquer, Monsieur le Ministre, que de toutes les grandes artères fluviales de l'Afrique, aucune ne peut rivaliser avec le Congo intérieur. Par sa position centrale et la disposition en éventail de tous ses grands affluents, il semble, comme une artère gigantesque, prête à vivifier toutes les forces des contrées extrêmes, depuis le Soudan jusqu'aux bassins du Nil, des grands lacs et du Zambèze.

En outre, et cela est un fait capital, l'élément musulman n'a pas pénétré ici et l'on n'y rencontre pas ce fanatisme qui peut rendre difficiles nos entreprises dans le bassin du Sénégal et du haut Niger.

Si donc l'entreprise de Stanley, audacieuse en apparence, est en réalité parfaitement justifiée, abandonnerions-nous notre situation, acquise à peu de frais et infiniment meilleure que celle de Stanley, que nous avons devancé deux fois, en nous assurant la voie de l'Alima et en prenant pied à Ntamo? Sans doute, cette dernière acquisition n'aurait qu'une valeur relative, tant que nous n'aurions pas trouvé une voie de communication entre Ntamo et l'Atlantique, car l'escalier de 300 kilomètres de Stanley ne peut être considéré comme une voie commerciale et ne saurait répondre aux besoins d'un transit de premier ordre ; mais si le temps me manqua alors pour reconnaître la route la plus avantageuse, je recueillis à ce sujet des renseignements que je comptais mettre à profit plus tard.

Pressé d'arriver au Gabon, je m'arrêtai à peine chez Stanley, qui se trouvait près de Vivi. Je m'y embarquai sur la *Belgique* et le 16 décembre 1880, j'arrivai au Gabon. J'y trouvai Michaud, qui était descendu pour la deuxième fois aux factoreries, pour chercher le Dr Ballay et le personnel des stations. Le Dr Ballay n'était pas arrivé.

Je pensai alors aux hommes que j'avais laissés dans les deux stations. Devais-je les abandonner, sans ressources, à l'intérieur? En présence de la responsabilité qui pesait sur moi, je repartis pour Franceville au bout de 24 heures.

Percement d'une route. — Nos deux stations furent ravitaillées. Une route carrossable de 120 kilomètres, dont 45 furent rendus praticables par nos soins, fut ouverte entre Franceville et le point choisi sur l'Alima pour lancer nos vapeurs ; un service général de transport fut assuré ici, comme je l'avais fait pour le cours entier de l'Ogôoué ; enfin, du Gabon au Congo, toutes les populations, gagnées par nos bons procédés et unies à nous par leurs intérêts, dans un même sentiment de bienveillance, voyaient dans le pavillon français un emblème de liberté, de paix, un gage d'heureux avenir, grâce aux relations qu'il leur ouvrait avec la côte.

Résultats obtenus. — Telle était la situation lorsque, le 27 septembre 1881, M. Mizon, enseigne de vaisseau, désigné pour prendre la direction de notre première station, arriva à Franceville, avec tout son matériel, sur les pirogues que j'avais envoyées, pour la quatrième fois, le chercher, de même que le Dr Ballay.

A cette époque, je me trouvais aux sources méridionales de l'Alima. Trop malade pour me rendre à Franceville, je venais d'y envoyer un homme pour chercher des médicaments et prévenir que j'étais prêt à aller chercher, à la station, le Dr Ballay et son vapeur, avec 500 porteurs de l'Alima et que tout était prêt pour transporter son matériel sur ce fleuve. La réponse de M. Mizon m'apprit que les réparations nécessitées par l'état défectueux du matériel retiendraient longtemps M. Ballay au Gabon et tout faisait même prévoir qu'il allait retourner en Europe.

Étude de différentes voies de communication. — Dès lors je devais, d'après une dépêche du comité de juin 1880, remettre entre les mains de M. Mizon une œuvre dont il ne restait plus qu'à tirer parti. Mon rôle et ma responsabilité, dans la fondation de nos stations hospitalières et scientifiques, avaient pris fin, mais, si je voulais que mon retour fût encore utile à la science et à la patrie, je devais poursuivre ma tâche jusqu'au bout, en cherchant une route commerciale pour relier directement la station de Ntamo à la côte, c'est-à-dire le Congo intérieur navigable à l'Atlantique.

Je savais qu'après ma visite, Stanley avait essayé de gagner Malamine et de détourner les chefs indigènes de leurs engagements envers nous, mais il n'y avait pas là de quoi s'alarmer. Nos intérêts étaient entre des mains fidèles et dévouées et ma présence à Ntamo n'était pas nécessaire pour faire respecter nos droits. D'ailleurs, l'officier qui me remplaçait n'avait pas cru devoir profiter des relations que je m'étais créées pour envoyer un nouveau ravitaillement, que je m'offrais d'escorter moi-même. Il avait tenu à prendre tout entière la direction de notre station. Aussi, dégagé de toute responsabilité, je me lançai de nouveau vers l'inconnu et, remettant à M. Mizon le reste de mes marchandises et le surcroît de personnel que j'y destinais, je n'emportai que l'indispensable pour mon nouveau voyage.

J'étais déjà en route, lorsqu'au commencement de février 1882, apprenant que M. Mizon avait eu des difficultés avec les Batékés des bords de l'Alima, et craignant que cela ne retardât son arrivée à la deuxième station, j'expédiai deux hommes à Malamine, avec quatre charges de marchandises, dont je pouvais absolument me passer.

Par cette même occasion, j'envoyai au sergent Malamine l'ordre de se mettre à la disposition de M. Mizon et aux chefs Batékés le signe par lequel ils devaient reconnaître que je lui avais délégué provisoirement mes droits. D'ailleurs, il avait été convenu avec M. Mizon, qu'il fallait à tout prix conserver notre position à Brazzaville et que j'allais en Europe pour faire ratifier le traité.

Cela fait, je pouvais donc, sans inquiétude, m'élancer de nouveau vers l'inconnu.

J'arrivai le 9 mars sur les bords du Niari, dont la source orientale est voisine de celle de la rivière Djoué et qui va se jeter dans l'Océan sous le nom de rivière de Quillou.

Découverte de mines de cuivre. — Riche en mines de cuivre et de plomb, le bassin du Niari est séparé de celui du Congo par des montagnes qui ne laissent entre elles qu'un seul passage facile. Ce passage est situé à la hauteur du coude formé par le Niari à son confluent avec le Ndouo, de sorte que la véritable voie de communication entre Ntamo et l'Atlantique se dirige presque droit à l'Ouest, sans présenter d'autre obstacle à la construction d'une ligne ferrée, que le passage du col entre la vallée de Djoué, qui débouche à Brazzaville et celle du Niari, généralement plate et facile, qui débouche à l'Atlantique.

Découverte de la voie la plus avantageuse pour relier le Congo intérieur navigable à l'Atlantique. — Fixé sur la valeur de la route du Niari, je l'avais abandonnée pour étudier si, dans la région, au Nord de Vivi, il n'y avait pas une bifurcation de la voie que je venais de découvrir, lorsque, arrivé dans un village bakamba, je fus attaqué par des indigènes qui n'avaient jamais entendu parler de moi. Sauf ce petit incident, d'ailleurs sans importance, le retour s'effectua heureusement. Le 17 avril, je fus accueilli à bras ouverts par le supérieur de la mission française et par les commerçants de Landana, et le 7 juin 1882, j'arrivai à Paris.

Résultats scientifiques de la dernière mission de M. de Brazza. —

Au point de vue scientifique, nous avons obtenu des résultats qui ne seront point stériles :

Les études orographiques de la contrée qui entoure notre colonie du Gabon et qui s'étend jusqu'à la rive droite du Congo, ont donné une solution complète.

La ligne du partage des eaux entre le bassin du Congo et l'Ogôoué a été nettement établie. Le cours du Congo, à partir du 3° de latitude jusqu'à Stanley-Pool, que nous connaissions seulement par le rapide passage de Stanley, a été mieux étudié et nos observations nous ont permis de rectifier la position du point le plus important de ce fleuve : Stanley-Pool, qui fut marqué 80 milles plus près de la côte.

La route suivie dans l'intérieur des terres situées sur la rive droite du Congo, traversant le pays des Basouendés et des Basoundis, nous a fait connaître la constitution géologique de ce pays.

L'itinéraire nouveau par lequel, du haut de l'Ogôoué, j'ai traversé le triangle compris entre ce fleuve et le Congo, m'a permis de marquer sur une carte provisoire, qui sera bientôt suivie d'une autre plus complète, des noms et des positions inconnus dans cet espace vierge de toute indication géographique.

Le parcours sinueux que nous effectuâmes, représente une longueur de plusieurs milliers de kilomètres et nos levés à la boussole, accompagnés de déterminations au baromètre anéroïde, contrôlés par des observations hypsométriques, nous ont acquis des données très utiles sur les altitudes de notre itinéraire, qui sera définitivement fixé sur la carte par de nombreuses observations astronomiques remises à M. d'Abbadie.

Une collection de pierres et de minerais recuelllis le long du chemin a permis à M. Daubrée de classer géologiquement les terrains parcourus.

Nous avons aussi récolté des renseignements utiles et précis sur la densité de la population ; notre séjour assez prolongé dans ces régions nous a permis d'en faire le dénombrement approximatif, de compter les tribus, d'étudier les mœurs, les aptitudes, les intérêts et la religion de ces peuplades.

Ces notions scientifiques pourront être utilisées, non seulement par notre gouverneur du Gabon, mais aussi par tout voyageur qui voudra étudier ces contrées ou les traverser pour se rendre dans le centre de l'Afrique.

Nous n'avons pas négligé non plus la question économique, et nous possédons aussi des notions exactes sur la quantité et la qualité des produits indigènes, tels que : ivoire, caoutchouc, huile de palme, arachide, etc., et sur leur développement à venir dans toute la région.

Notre collection minéralogique prouve l'existence de riches mines de plomb et de cuivre dans la vallée du Niari.

Mais la plus importante découverte que nous fîmes fut celle du passage facile qu'offre cette vallée du Niari et celle de la rivière Djoué, pour relier dans l'avenir, par une voie ferrée, Brazzaville à la côte, le Congo intérieur à l'Atlantique.

L'avenir viendra prouver la valeur économique de ce passage, et nous espérons que ce sera pour constater les avantages que la France aura remportés, si elle profite de cette indication.

Les intérêts moraux d'un pays, étroitement liés aux intérêts commerciaux, dépendent de son influence politique ; ne soyons donc pas les derniers à mettre en communication directe avec l'Europe, ces 80 millions d'hommes de population noire de l'Afrique équatoriale, qui ouvriront leurs bras au premier arrivant.

La question du Congo, inconnue il y a cinq ans, ne l'est plus aujourd'hui ; c'est pourquoi nous la voyons entrer dans sa période d'action. La France y est particulièrement intéressée, non seulement comme puissance africaine de premier ordre, mais encore par les rapports étroits qui existent entre cette question et notre colonie du Gabon.

Resterions-nous inactifs et impassibles en présence de l'Angleterre, qui a doublé en dix ans le tonnage de son exportation africaine, sans compter l'influence morale ou plutôt mercantile qu'elle exerce sur ces peuples lointains, au détriment de l'influence française, dont l'essence est, sans contredit, plus civilisatrice ?

On a pu constater l'absence complète de tout élément musulman dans la contrée, ce qui offre la perspective certaine de pouvoir exploiter cet immense pays, sans redouter les incursions des pillards musulmans, qui sont la terreur et la plaie de nos importantes possessions africaines.

Les stations africaines rendent des services incontestables, mais il faut que leur action soit à la hauteur de la situation. C'est là le seul moyen de leur donner, aux yeux des indigènes, un prestige que, sans cette condition, elles ne sauraient garder.

Au point de vue humanitaire, qui se rattache, plus qu'on ne le pense, à la question scientifique et économique, nous avons étudié les causes qui ont maintenu la traite des esclaves, faite par les indigènes, dans les contrées limitrophes de notre colonie du Gabon et les remèdes qu'on pourrait appliquer pour faire disparaître cette plaie qui désole la contrée. D'ailleurs, ce fut le but principal que la France poursuivit en établissant ses stations africaines, dont l'influence peut réellement devenir salutaire, surtout dans cette contrée; en effet, grâce aux relations établies entre la côte et le cours supérieur de l'Ogôoué, le commerce, qui en fut la conséquence, offrit aux indigènes des avantages plus sûrs que ceux de la traite des esclaves, qui fut supprimée par ce fait.

Abolition de la traite des esclaves. — Autour de notre station de l'Ogôoué s'est groupée une population d'esclaves qui est venue chercher et qui a trouvé la liberté sous notre pavillon.

La fondation de nos stations nécessitait l'étude du pays, de ses ressources, de son avenir. La sécurité des stations dépendait des bonnes dispositions des habitants ; ceux-ci nous sont tout à fait dévoués et la preuve en est, non seulement dans les traités passés avec les chefs, mais encore dans ce fait que, du Gabon au Congo, les courriers ont pu voyager sans crainte au milieu de populations parfois aussi compactes que celles de la France et que nos convois de provisions et de marchandises ont franchi des centaines de kilomètres sans aucune escorte.

Mais, après avoir servi les intérêts de la science et de la civilisation, nous croirions-nous quittes envers le pays ? Évidemment non. Je crois donc remplir un devoir en terminant ce rapport par quelques considérations économiques et politiques dont l'importance ne saurait vous échapper.

Il suffit de constater le mouvement significatif qui pousse différentes nationalités, tels que Belges, Allemands, Anglais, etc., vers les côtes et le centre africains, pour comprendre qu'elles cherchent fiévreusement à étendre leurs relations commerciales et leur influence politique, et qu'en ce moment, si nous n'y prenons garde, d'autres récolteront ce que nous avons semé.

Ne négligeons pas de saisir l'occasion qui se présente, de nous créer, à peu de frais, un immense débouché qui alimentera notre navigation et notre industrie.

Il existe, en Afrique, une vaste mer intérieure, avec une étendue de côtes d'au moins 20,000 kilomètres et une population évaluée à 80 millions d'hommes. En dehors des richesses qu'on peut tirer, dans l'avenir, du travail de cette population indigène et de la fertilité du sol, le temps a accumulé, sur les rives de cette mer intérieure, des trésors qui peuvent entrer en exploitation du jour au lendemain.

L'étude approfondie que nous fîmes de l'Ogôoué, ouvert depuis peu au commerce, dont le développement fut si rapide et où l'on dédaigne la culture du café, du cacao, de la canne à sucre, du coton, le commerce de l'huile de palme, des amandes de palmiers, des arachides, de la cire, de la résine copale, des bois de teinturerie, de l'ébène et d'autres bois précieux, pour trafiquer exclusivement l'ivoire et le caoutchouc, qui rapportent 1,000 p. 100! — peut seule donner une idée de l'avenir de cette mer intérieure qui a nom : *Congo et ses affluents*.

Mais les principaux résultats de notre exploration ont été :

1° La découverte de la seule route vraiment praticable :

Celle du Niari, qui aboutit précisément à notre station de Ntamo (Brazzaville), clef du Congo intérieur ;

2° La conclusion du traité, en vertu duquel le roi Makoko a mis cette clef entre nos mains.

Ainsi nos efforts n'ont pas abouti simplement à établir la priorité de nos droits et de nos découvertes, mais ils nous ont valu une situation tout à fait privilégiée, au double point de vue politique et économique.....

P. S. DE BRAZZA,
Enseigne de vaisseau.

XVII. — Autre rapport de M. de Brazza. (Occupation de Ncouna. Exposé politique.)

Monsieur le Ministre,

J'ai l'honneur de remettre entre vos mains le traité conclu avec le roi noir Makoko, dont la suprématie s'étend sur le territoire situé sur la rive droite du Congo, en amont des grandes cataractes de ce fleuve.

Par ce traité, Makoko se met sous la protection de la France et lui cède une portion de son territoire.

Importance géographique du territoire occupé. — Le terrain concédé est délimité par les rivières Impila et Djoué ; il s'étend sur toute la rive droite du lac nommé par les indigènes, Ncouna (Ntamo), sur un espace de 10 milles, le long du Congo, immédiatement en amont de la dernière cataracte ; c'est le point commercialement stratégique autour duquel s'agite la question du Congo.

Le récit de ses nombreux combats avait précédé Stanley dans sa descente du Congo, en 1877. Les tribus qui ne se sentaient pas assez fortes pour résister, s'écartaient de son passage, les peuplades puissantes engageaient la lutte. De là, les trois principaux combats : celui de l'Arouïmi, des Mangala, et enfin celui qui eut lieu en aval de l'embouchure du Couango, en face de la résidence de Makoko. Depuis ce combat, qui fut le dernier, le vide s'était formé autour du voyageur. Même à Ncouna, centre populeux, où il dut s'arrêter pour avoir des vivres, avant de s'engager dans les rapides, Stanley ne put s'en procurer que grâce à Itsi, seul chef avec lequel il eut des relations et dont le village était situé sur la rive gauche, immédiatement en amont du premier rapide.

Ce chef avait supplanté son père, contre le gré de Makoko ; il se trouvait, pour cette raison, en mauvais termes avec son suzerain et fut le seul qui s'écarta de la ligne de conduite tracée.

Le calme s'était peu à peu rétabli dans la contrée ; néanmoins, les indigènes jetaient encore des regards méfiants vers le bas Congo.

Motifs des bonnes dispositions des habitants à notre égard. — Sur ces entrefaites, ils avaient appris que d'autres blancs, — les Fallâs (c'est ainsi qu'ils désignaient les Français), établis sur le haut Ogôoué, avaient ouvert aux peuplades voisines des communications avec la côte, d'où résulterait pour la contrée une source de prospérité et de commerce. De là, leur désir de gagner l'amitié de ces blancs et de rechercher leur protection contre ceux du Congo, dont le retour était annoncé comme une menace.

Situation politique. — La dynastie des Makoko est fort ancienne et son nom était connu à la côte au xve siècle. En effet, Bartholomeo Diaz et Ca da Masto le citent comme un des plus grands potentats de l'Afrique équatoriale de l'Ouest.

Bien que les cartes du xvie siècle, qui mentionnent le royaume de Makoko, lui assignent une position géographique passablement exacte, Stanley l'avait tracé sans avoir connaissance de cette dynastie qui l'intriguait vivement.

Les chefs qui occupent les deux rives du Ncouna (Ntamo, Stanley-Pool, Brazzaville), espèce de lac formé par le Congo, en amont des dernières cataractes, sont tous feudataires de Makoko et reçoivent de lui, à chaque succession, leur investiture, qui implique la prérogative de s'asseoir sur une peau de tigre et dont le signe distinctif est un collier en cuivre.

Quoique diminuée par suite des investitures octroyées aux membres de la famille royale et d'autres causes dynastiques, la puissance du

Makoko actuel est encore assez grande; son influence, d'un caractère religieux, s'étend jusqu'à l'embouchure de l'Alima et même au delà.

Les tribus qui ont le monopole de la navigation arborent le pavillon français. — Si, en face de l'îlot où Stanley livra son dernier combat, je parvins à conclure la paix avec les tribus les plus occidentales, qui sont les navigateurs par excellence du Congo, c'est à l'influence de Makoko que je le dois. En effet, c'est par son intermédiaire qu'en signe de paix et de protection, le pavillon français fut arboré par ces tribus, dont nous avions besoin pour assurer, par l'Ogôoué et l'Alima, nos communications avec le Congo, qui est appelé en cet endroit Niali-Makoko.

Lorsque j'annonçais que les blancs de l'Ogôoué viendraient dans le Congo par l'Alima, pour nouer dans l'avenir des relations commerciales qui amèneraient la prospérité et l'abondance, on accueillit cette nouvelle avec enthousiasme.

Préliminaires du traité. — Makoko tenait beaucoup à ce qu'on établît, près de sa résidence à Mbé, le nouveau village des blancs. Ce n'est pas sans regret qu'il accéda à ma demande de le fixer plus loin, à Ncouna, lors même que je lui eusse expliqué la raison de mon choix, qui était d'ouvrir sur ce point, une route plus facile aux blancs Fallâs.

— « Ncouna (Ntamo) m'appartient, dit-il, je te donne d'avance la par-
« tie que tu désigneras, Ngaliémé donnera ma parole aux chefs qui
« tiennent la terre en mon nom et qui dépendront désormais de toi. »

C'est même à sa demande que je laissai ensuite, sur le terrain concédé, le sergent Malamine et deux hommes, à l'entretien desquels il s'offrit de faire pourvoir jusqu'à mon retour, car il savait que j'étais dénué de ressources.

Makoko arbore le pavillon français en signe de protection. — En partant pour Ncouna, nous nous quittâmes en fort bons termes; les cadeaux que je reçus de lui furent plus considérables que ceux qu'il obtint de moi. Je lui fis comprendre que le seul fait d'arborer notre pavillon constituait une protection effective envers d'autres Européens et, voulant lui donner acte des mesures qu'il avait prises en notre faveur touchant Ncouna, je lui remis un pavillon.

Signature du traité. — Le 3 octobre 1880, l'acte de prise de possession fut rédigé et signé à Ncouna. La décision de Makoko avait été signifiée aux indigènes par Ngaliémé qui se trouvait alors à Ncouna pour percevoir des redevances.

Occupation de la rive droite. — Tous les chefs établis sur le terrain concédé arborèrent le pavillon français et vinrent me rendre hommage pour confirmer la prise de possession.

Les chefs de la rive gauche apprenant que ceux de la rive droite avaient obtenu de moi, non seulement le pavillon français, mais qu'ils allaient jouir d'avantages par l'établissement futur d'Européens dans leur contrée, m'envoyèrent une députation pour obtenir les mêmes faveurs.

« Nous sommes, aussi bien que ceux de la rive droite, vassaux de « Makoko, disaient-ils, et nous désirons ne pas rester à l'écart de la « prospérité que les Fallâs amèneront dans la contrée. »

Sur ma réponse que les Français ne désiraient pas pour le moment se fixer de l'autre côté du fleuve et prendre possession des deux rives, ils insistèrent auprès de Ngaliémé pour avoir, au moins, le pavillon en signe de protection et réussirent à obtenir de lui que les chefs des deux rives auraient la charge et la responsabilité des hommes que je laissai dans le pays.

J'acceptai ce compromis, mais, connaissant la situation délicate d'Itsi-Ngaliémé à l'égard de Makoko, je refusai de le voir et de lui donner un pavillon. Toutefois, sur l'insistance du doyen des chefs, je laissai un pavillon de plus, à condition qu'il le donnerait à Itsi, sous sa propre responsabilité.

Les faits qui suivirent ont prouvé que ce traité avait été stipulé par les indigènes avec entière connaissance de leurs intérêts et qu'ils l'ont observé fidèlement. Le seul reproche qu'on pourrait leur faire, c'est d'avoir un peu péché par excès de zèle.

Arrivée des missionnaires anglais. — Trois mois après mon départ, deux missionnaires évangéliques, MM. Crudgington et Bentley, suivant la même route que moi, mais à l'inverse, arrivèrent à Ncouna où, surpris de voir flotter notre pavillon, ils demandèrent avec instance aux indigènes s'ils comprenaient l'engagement qu'ils avaient contracté en donnant leur pays à la France.

Les indigènes à leur tour leur ayant demandé s'ils étaient Français, ils mirent peut-être trop d'empressement à afficher « qu'ils n'avaient rien de commun avec les Français, qu'ils étaient Anglais, une tout autre nation ».

Pourparlers. — Cette déclaration, qui décelait un certain antagonisme et la direction par laquelle ils arrivaient, inspirèrent la méfiance.

Ensuite, leurs démarches ayant pour but de s'établir sur la rive gauche, — démarches faites exclusivement auprès d'Itsi-Ngaliémé, que par méprise ils confondaient avec Ngaliémé, le représentant de Makoko, dont le nom figurait sur le traité, — leur aliénèrent tous les chefs qui voyaient dans ces pourparlers, desquels ils étaient exclus, une intrigue portant atteinte aux droits de Makoko. Aussi, témoignèrent-ils aux missionnaires des intentions hostiles, que le manque d'expérience de ces derniers et l'ignorance des causes qui les motivaient leur firent exagérer.

Hostilité des indigènes. — Ayant compliqué la situation, ils durent accepter la protection de notre sergent Malamine, dont ils auraient désiré pouvoir se passer. Malamine se mit à leur disposition, conformément aux ordres que je lui avais laissés. Cette offre arrivait à propos, car les missionnaires étaient inquiets, au milieu de cette population mal disposée.

Protection donnée par notre pavillon. — Notre sergent réussit à calmer les indigènes en leur faisant comprendre que « les Anglais étaient frères des Français ». Son offre de les accompagner au village qu'il habitait, fut déclinée par les missionnaires, mais à leur demande, il mit, pour les rassurer, un de ses marins à leur garde.

Départ des missionnaires. — Deux jours après, protégés par le sergent, les missionnaires quittaient la contrée.

J'ose affirmer, comme ils le reconnaissent d'ailleurs eux-mêmes, que notre deuxième station ne leur a pas été inutile, bien qu'ils aient tenu à profiter le moins possible de la protection que notre pavillon leur offrait.

Arrivée de Stanley. — Stanley, informé de ces faits, laissa en arrière, à Manyanga, son matériel et son personnel considérables et arriva le 27 juillet à Ncouna, à la tête de 4 Européens (dont 2 officiers belges), et de 70 Zanzibars.

But poursuivi. — Il pensait qu'une démonstration de force et de puissance intimiderait ces chefs qui semblaient vouloir défendre, d'une manière si exclusive, qu'on portât atteinte aux droits qu'ils nous avaient donnés.

Dès son arrivée, Malamine, suivant les instructions reçues, alla à sa rencontre avec deux moutons et une provision de vivres, qu'il lui offrit en signe de bienvenue.

Mauvais accueil fait à notre sergent. — Cédant peut-être à un mouvement de dépit momentané, Stanley reçut très durement le modeste sous-officier, représentant l'occupation par la France d'un point qui, depuis deux ans, était son objectif.

Les indigènes déclarent qu'ils ont cédé leur territoire et ne veulent laisser personne s'établir. — Repoussant dédaigneusement tout offre de services, il se mettait ouvertement aux yeux des indigènes en antagonisme avec moi et rendit encore plus vive la crainte et la méfiance que son seul nom inspirait. Aussi, lorsqu'il manifesta l'intention de s'établir dans la contrée, les indigènes répondirent à ses avances qu'ils avaient cédé leur territoire et qu'ils ne voulaient laisser personne s'établir sans mon autorisation.

Les indigènes font respecter nos droits. — A un déploiement de force qui n'était qu'une menace, ils déclarèrent qu'ils répondraient à la force par la force et arborèrent le pavillon français.

Préparatifs du départ de Stanley. — Le désir de se conformer aux instructions reçues de procéder pacifiquement et le respect dû à notre drapeau firent que Stanley n'osa pas ouvrir les hostilités contre les chefs qui se couvraient de notre pavillon pour défendre leurs droits et accepta de camper au lieu que les indigènes lui assignaient pour faire ses préparatifs de départ.

Arrivée d'un missionnaire français. — Ce fut là que, cinq jours après, le trouva le Père Augouard, que Stanley avait tenu à devancer. Je ne sais si ce missionnaire français comprit le but de l'extrême prévenance de Stanley à son égard, mais l'intimité qui s'établit entre le nouvel arrivant et Stanley, qui s'était montré hostile à nous (à la France), eut pour effet d'inspirer aux indigènes des doutes sur la nationalité que déclarait le Père Augouard, sans hisser de pavillon. En un mot, je soupçonne que, aux yeux des indigènes, le missionnaire se plaça trop sous la protection de la puissance de Stanley et pas assez à l'abri de la faiblesse et de l'influence réelle du sergent.

Stanley engage le missionnaire français à partir. — Il aurait pu rester sans crainte, mais ignorant absolument ce qui s'était passé entre Stanley et les indigènes, il avait mal jugé la situation, il quitta Brazzaville au bout de trois jours, à la grande joie de Stanley, qui, voulant se débarrasser d'un témoin importun, facilita son départ de toutes les manières.

A cette époque, j'envoyai des marchandises à notre sergent, qui depuis six mois était sans nouvelles de nous; je convoyai moi-même ce ravitaillement jusqu'à mi-chemin. Comme j'avais appris vaguement par les indigènes l'arrivée d'Européens sur ce point, je leur écrivis une lettre où, offrant mes services, j'exposai la situation et réservai nos droits.

Stanley quitte notre territoire. — Stanley reconnaissant que notre occupation était un fait accompli, jeta les yeux sur la rive opposée.

Intrigues de Stanley avec Itsi-Ngaliémé. — Je ne sais s'il comprit la portée des intrigues qu'il entama avec Itsi et la signification de la peau de tigre qu'il lui envoya, mais ce que je sais, c'est que le but poursuivi était d'amener, sans se compromettre, ce chef à abattre le pavillon français, sous la protection duquel il ne voulait pas se placer; ensuite de le pousser à s'insurger contre les institutions du pays, en lui promettant sa protection et en l'engageant à s'appuyer sur les Bacouos, ses limitrophes.

Stanley apposte des hommes sur la rive gauche. — Itsi n'aurait pas osé accepter le dangereux honneur d'être nommé par Stanley chef d'un territoire appartenant à Makoko, sans les fusils à répétition des Zanzibars, laissés en garnison dans son village.

Stanley quitte la contrée. — Il est tout naturel que les indigènes l'aient pris par la famine, pour le forcer à un départ qui coupait court à ces démarches.

Makoko force les hommes de Stanley à quitter la contrée. — Bien que Stanley eût su mettre à profit le temps de son séjour, les germes de discorde qu'il sema dans la contrée avortèrent pour le moment. Itsi n'était pas assez puissant ni assez sûr de l'amitié des Bacouos. Aussi, sous la pression exercée par l'autorité de Makoko, il s'est vu bientôt forcé de renvoyer de son village la garnison de Zanzibars qui portait atteinte aux droits du suzerain.

Stanley, voyant que sa manière d'agir lui avait aliéné les véritables chefs du pays et que désormais la seule chance de prendre pied à Stanley-Pool se trouvait dans les mains d'Itsi, abandonna la rive droite et, à partir de Manyanga, c'est sur la rive gauche qu'il traîna ses vapeurs, pour déboucher à Stanley-Pool, au village d'Itsi.

Se voyant forcé de respecter le traité qui nous cède Brazzaville, il comprit qu'il fallait compter avec nous et en référa à ses commettants, en leur exposant la situation.

Établissement d'une station belge sur la rive gauche, à Ncouna. — Depuis les dernières nouvelles, Stanley avait renoué en face de nous, et cette fois avec succès, les fils d'une politique qui avait déjà subi un premier échec.

Tel est l'historique de la première station belge, établie sur la rive gauche du Congo, qui date de décembre 1881, c'est-à-dire d'un an et trois mois après notre occupation.

Par le traité que j'ai conclu et par notre occupation jusqu'à ce jour, nous avons acquis des droits sur un point qui nous assure une situation privilégiée sur les débouchés du grand bassin du Congo.

Il n'est pas, en effet, sans intérêt de signaler les conventions échangées entre Stanley et les chefs indigènes.

Par ces conventions, à partir de Vivi, en amont sur la route qu'a suivie Stanley, les terrains propres à être utilisés sont la propriété du comité d'études du Congo.

Particulièrement aux environs de Vivi, il est défendu de s'établir sans demander à Stanley l'autorisation spécifiée dans ces conventions et reconnaître ainsi au comité d'études, ou la souveraineté, ou la propriété exclusive du sol.

La rapidité de notre action et la priorité de notre installation à Brazzaville sont venues déjouer un plan de monopolisation de la voie du Congo.

. . . .

Je dois faire ressortir ici la grande analogie qui existe entre cette question et celle du Niger supérieur, dont le Gouvernement se préoccupe avec raison.

Cette analogie se pose ainsi :

La connexion qui existe entre l'Algérie, le Sénégal et le Soudan, justifie les lourds sacrifices supportés pour l'établissement d'une influence politique et pour le développement d'un commerce depuis longtemps établi sur la côte, au Sénégal.

Mais la question du Congo et du Gabon, — bien que nos intérêts commerciaux n'y datent que d'hier, — se présente avec des avantages bien autrement importants, dont le premier est de ne pas imposer les lourdes charges que comporterait une occupation militaire.

Ces avantages se résument comme suit :

Les conditions politiques de la contrée dont les habitants sont groupés sans cohésion nationale, ce qui facilitera l'établissement de notre suprématie[1].

---

[1] J'ai pu en effet établir sur le Congo un simple sergent, dont la présence a suffi pour faire respecter les intérêts qu'il représentait, et deux hommes porteurs d'ordres et convoyant des marchandises destinées au sergent Malamine, tout dernièrement, ont pu aisément parcourir 1,400 kilomètres de pays au milieu de populations nombreuses.

L'absence de toute influence musulmane qui pourrait réunir les populations dans une même idée politique ou religieuse.

Un plus vaste débouché.

Les richesses naturelles plus nombreuses et plus abondantes qui peuvent entrer immédiatement en exploitation, telles que : caoutchouc, ivoire.

Sur le parcours de la voie à créer, une population stable, pacifique, adonnée à la culture.

La main-d'œuvre qu'on trouverait facilement pour la construction de la voie à travers un pays très peuplé[1].

L'étendue, peut-être quintuple, du réseau des voies navigables intérieures.

La longueur moins considérable de la voie à construire, pour les utiliser.

Et en dernier lieu, l'avantage qu'offre cette voie, d'aboutir directement à l'Atlantique.

Concurrence anglaise à craindre dans le Soudan. — Si l'importance de nos intérêts au Sénégal justifie l'énergie de notre intervention, les avantages que je viens de citer en faveur du Gabon et du Congo, sont de nature à motiver une action non moins énergique, bien que d'un tout autre caractère; cette action serait pour ainsi dire le complément économique de celle qui nous pousse à chercher des débouchés dans le Soudan, complément d'autant plus nécessaire, que l'Angleterre peut nous faire une concurrence sérieuse : dans le Soudan oriental, par la Benoué, et dans le Soudan occidental, par une voie latérale aux rapides de Boussa[2].

Il serait donc sage de ne pas compter trop exclusivement pour notre industrie en souffrance sur les débouchés du Soudan et de sauvegarder notre avenir dans le bassin du Congo, dont l'étendue représente un cinquième de la superficie totale de l'Afrique.

En acceptant, il y a trois ans, de prêter au comité français de l'Association internationale africaine, le concours qui m'était demandé,

---

[1] Bien qu'on ne puisse compter exclusivement sur le travail des indigènes, les ayant employés à des travaux de routes entre l'Ogôoué et l'Alima, je connais l'avantage qu'on pourrait en tirer.

[2] Le bas Niger, exploité par deux puissantes compagnies anglaises, procure tous les mois le chargement complet de trois grands paquebots. L'influence anglaise est fortement établie dans le Haussa, qui fournit les soldats noirs des garnisons anglaises de la côte. Il est trop tard déjà pour songer à supplanter l'influence anglaise qui finira par attirer vers le bas Niger, en suivant le courant du fleuve, les produits du Soudan.

je crus de mon devoir de provoquer la décision que l'établissement de ce pavillon international sur les stations occidentales ne viendrait pas léser des intérêts politiques et commerciaux français, à portée d'une de nos colonies.

Seul, à bien connaître la situation privilégiée faite par les dernières découvertes à notre colonie du Gabon, je crus de mon premier devoir d'assurer à la France le bénéfice d'une priorité d'occupation qui sauvegarde ses droits, dans une contrée devenue l'objectif de toutes les nations.

Si profonde est ma conviction à cet égard, que je n'ai pas hésité — même au prix d'une partie de ma fortune — à faire face aux exigences impérieuses de la situation……

P. Savorgnan de Brazza.

III

VOYAGES DES MISSIONNAIRES FRANÇAIS ET ANGLAIS

A STANLEY-POOL

(1881)

III

VOYAGES DES MISSIONNAIRES FRANÇAIS ET ANGLAIS

A STANLEY-POOL

(1881)

NOTICE SUR LES MISSIONS DU CONGO

I.

MISSIONS FRANÇAISES.

L'évangélisation du Congo, et nous entendons désigner non seulement le Congo proprement dit mais les royaumes de Loango, d'Angola, de Benguela et les pays voisins, paraît avoir été pendant plusieurs générations l'une des préoccupations les plus sérieuses des missionnaires français. L'histoire de leurs entreprises ne remonte pas à plus de cent vingt années environ, au témoignage des relations qui en ont été publiées. Ce n'est pas que la côte occidentale si longtemps impénétrable, que ce continent noir si difficile à connaître n'eût de bonne heure attiré l'attention de la congrégation de la Propagande, mais les Portugais s'étaient arrogé une sorte de souveraineté sur le Congo. Les prêtres qui y introduisirent et propagèrent la religion chrétienne leur étaient soumis; les prêtres français en étaient chassés. Pareil traitement attendait encore, à Ambriz, nos missionnaires, il y a une quinzaine d'années.

Dans la relation d'Édouard Lopez publiée par Pigafetta en 1591, il est longuement parlé des anciennes missions du haut et du bas Congo. Ces entreprises ont un intérêt tout particulier en ce moment où l'expédition de M. de Brazza parcourt précisément ce royaume des Anzicos marqué sur la carte de d'Anville comme situé à l'Est du Loango et au Nord du Zaïre ; ce n'est autre chose que le pays des Batékés et de Makoko, l'héritier du grand Micoco des XVI° et XVII° siècles qui commandait, selon Drapper, à treize royaumes.

Le succès des anciennes missions portugaises était le résultat de longs siècles de patience et d'efforts et ces missions avaient passé par des péripéties historiques dont nous tenons à rappeler les plus importantes. A vrai dire, on n'a jamais su exactement et l'on ne sait pas encore jusqu'à quel point de l'intérieur les prêtres portugais ont porté leurs pas et leurs investigations, soit par le fleuve, soit par terre. La navigation fluviale présentait alors comme elle présente de nos jours de grands dangers ; la cruauté des indigènes et l'insalubrité du climat étaient, comme elles le sont encore, des obstacles à s'engager dans les terres. Il n'en est pas moins constant que des missionnaires portugais, dans le cours de l'année 1491, sept années après la découverte de l'embouchure du Zaïre, étaient reçus à San-Salvador, y bâtissaient des églises, administraient le baptême à un nombre considérable de nègres et établissaient le siège d'un évêché. A la louange de ces premiers religieux on doit dire qu'ils n'épargnèrent ni soins ni fatigues pour modifier les mœurs et les usages sauvages des indigènes, pour amener ceux-ci par degrés à abandonner leur coutumes idolâtres, les sacrifices humains et les cérémonies sanglantes, qu'enfin plusieurs d'entre eux payèrent de leur propre vie leur zèle apostolique. Mais sans vouloir exalter ni déprécier ces premiers essais, il est permis de croire que les effets n'en furent ni bien profonds ni bien durables. Ces premiers apôtres, dit M. Walckenaer[1], eurent pour successeurs douze religieux de Saint-François, que don Diego Cam conduisit dans son troisième voyage. Quelques écrivains attribuent la conversion du royaume (de Congo) à cette troupe de missionnaires. Au rapport de l'un d'eux, en 1590, on y comptait plus de 20,000 âmes soumises au christianisme. D'autres religieux aspirèrent, dans la suite, à la même gloire, jusqu'en l'année 1645, qui est célèbre dans les annales religieuses du Congo, par l'ar-

---

[1] *Hist. générale des voyages*, XIV, 193.

rivée d'un grand nombre de capucins avec des lettres du pape Urbain VIII. Ce fut particulièrement la région nommée Sonho ou Sogno, à l'embouchure du Zaïre, sur la rive gauche, qui profita des travaux de ces religieux. On y voyait jusqu'à dix-huit églises, un couvent et un hôpital. Dans les autres contrées, les jésuites et les capucins avaient établi sept couvents. Le principal, celui où résidait le préfet, était à Saint-Paul de Loanda [1].

Par ces quelques traits il est aisé de juger quel développement avaient atteint les missions. Mais les Portugais en apportant des entraves au zèle des prêtres français que les navires de commerce débarquaient de temps à autre sur les côtes, obligèrent ces derniers à attendre jusqu'au milieu du XVIIIe siècle pour pénétrer dans le Congo. Ce fut seulement en 1766 que les missionnaires partis de Nantes abordèrent sur la côte occidentale et commencèrent leurs entreprises avec un esprit plus nouveau et plus humain. L'histoire de leur établissement peut se diviser en deux périodes auxquelles correspondent d'importants faits coloniaux. La première période partant de l'année 1766, où Belgarde fut nommé préfet apostolique de la mission de Loango, va jusqu'en 1780 environ. C'est l'époque où les missionnaires parcourent la région qui s'étend depuis la ligne équinoxiale jusqu'au fleuve Zaïre. Dans cette étendue, on rencontre des localités déjà signalées au début de ce travail, telles sont : Camma, Mayumba, la rivière Quillou ou Kouilou, à l'embouchure de laquelle M. Stanley aurait, dit-on, établi un poste; la baie de la Pointe-Noire occupée maintenant par M. de Brazza; à seize lieues au delà la rade foraine de Malembe, et plus encore au Sud la petite baie de Cabinde, que les négriers nommaient le Paradis de la côte. Cette baie est située à quinze lieues tout au plus de l'embouchure du Zaïre; sur le promontoire qui porte son nom s'élevait le fort portugais qu'une frégate française détruisit en 1784. C'est à la suite de cette opération qu'une négociation intervint entre les cours de Lisbonne et de Versailles et que la convention du 30 janvier 1786, invoquée récemment, fut conclue et signée.

La seconde période s'étend de 1866, année de la reprise de la mission du Congo par les PP. de la congrégation du Saint-Esprit, à 1883, avec les deux dates capitales de 1878, découvertes de M. Stanley, et 1881, ex-

---

[1] Labat, *Relation historique de l'Éthiopie occidentale*, 1732. — Henrion, *Histoire générale des missions*, II, 151. — Walckenaer, *Histoire générale des voyages* (1828), tomes XIII, XIV et XV.

plorations de M. de Brazza. C'est dans cette seconde période que les missionnaires français ont fondé l'établissement de Landana parvenu aujourd'hui à un rare degré de prospérité. Mais avant d'arriver à l'époque moderne, rappelons les tentatives hardies du siècle dernier; comme bien d'autres choses de ce temps, elles réussirent à demi, puis échouèrent. Nous en donnerons l'histoire d'après l'abbé Proyart[1] :

« L'histoire d'Afrique nous apprend, dit-il, que vers le milieu du dernier siècle (le XVIIe) un missionnaire alla prêcher l'Évangile à la cour du roi de Loango, qui se convertit et reçut le baptême. Mais ce missionnaire mourut, le roi fut tué dans une guerre et la religion catholique ne s'établit point dans son royaume. En 1742, un enfant âgé de douze ans, que ses parents voulaient accoutumer à la mer, monta sur un vaisseau qui faisait voile vers la côte de Loango pour en tirer des esclaves. Il prit terre à la rade de Cabinde, à sept lieues de l'embouchure du Zaïre. Pendant deux mois que le vaisseau resta à l'ancre, cet enfant prit quelque connaissance de la langue, en sorte que quand il quitta le pays, il était en état de faire plusieurs questions et d'entendre passablement les réponses qu'on lui faisait. Plus tard, de retour en France, cet enfant fut ordonné prêtre au séminaire des Missions étrangères. C'était M. Belgarde que la congrégation de la Propagande nomma préfet de la mission de Loango, Kakongo et autres royaumes en deçà du Zaïre.

« Le préfet de la mission s'étant associé deux prêtres, s'embarqua à Nantes au commencement de juin de l'année 1766, accompagné de l'un d'eux seulement. Le second ne put partir qu'un mois après; mais sa traversée fut si heureuse qu'il entra dans la rade de Loango précisément le même jour que ses deux confrères, le 10 septembre de la même année. Les missionnaires s'avancèrent dans le royaume de Loango. Ils n'aperçurent nulle part aucunes traces de christianisme ; ils rencontrèrent seulement quelques esclaves qui leur firent entendre qu'ils avaient été baptisés dans le Congo. Les missionnaires allèrent voir un dignitaire du pays et lui exposer le sujet de leur voyage; ensuite ils se rendirent à la ville capitale, appelée par les naturels Bouali, laquelle ne leur parut pas comparable pour les édifices à nos plus pauvres villages, mais qui était d'une vaste étendue et assez peuplée. A

---

[1] *Histoire du Loango, Kakongo et autres royaumes d'Afrique*, par M. l'abbé Proyart (Paris et Lyon, 1776, in-12), p. 208 et suiv.

quelque distance de cette capitale, les missionnaires s'installèrent au village de Kibota, sur un terrain qu'un chef leur concéda et commencèrent à instruire les indigènes.

« Le changement de climat, les fatigues et le défaut de nourriture convenable altéra considérablement la santé des missionnaires, et l'un d'eux, M. Astelet de Clais, mourut d'épuisement après une longue maladie. Peu de temps après la mort de ce missionnaire, les deux autres furent attaqués à leur tour d'une fièvre violente et opiniâtre. Quand ils virent que le mal augmentait de jour en jour et que c'était s'exposer à une mort prochaine que de rester à Kibota, lieu que le voisinage des marais rendait très malsain, ils en sortirent après dix mois de séjour, au grand regret des habitants, pour l'instruction desquels cependant ils avaient fait peu de chose jusqu'alors, n'étant pas encore assez instruits dans la langue. Ils se rapprochèrent des comptoirs européens qui sont sur le bord et se fixèrent au village de Loulou. Leur santé se rétablit, mais ils rencontrèrent moins de douceur, moins de docilité chez les nègres, et ils jugèrent que le commerce avec les étrangers mettait le plus grand obstacle à leur conversion. Les missionnaires, étant de nouveau tombés malades, se déterminèrent à repasser en Europe.

« Tandis que les deux missionnaires MM. Belgarde et Sibire, partaient de Loango pour revenir en France, deux autres, MM. Descourvières et Joli, partaient de France pour aller les joindre en Afrique. Ils s'embarquèrent à Nantes au mois de mars 1768, et ils arrivèrent sur les côtes d'Afrique vers la fin du mois d'août de la même année. Ils prirent terre au port de Cabinde, mais ils furent étrangement surpris d'entendre dire au moment de leur descente que leurs confrères n'étaient plus dans le pays. Pour en avoir une entière certitude, l'un d'eux partit dans un canot pour le port de Loango, qui est éloigné de 20 lieues de celui de Cabinde. Il apprit aux comptoirs français les principales causes qui avaient déterminé le départ de leurs prédécesseurs. Le missionnaire, en retournant de Loango à Cabinde, passa par Malimbe, où il s'informa d'un nègre qui avait demeuré longtemps à Saint-Malo, puis il sonda les dispositions du roi sur l'établissement d'une mission dans la région de Cacongo et, après un certain temps d'irrésolution produite par la connaissance qu'ils avaient que ceux qui les avaient précédés, avec autant de zèle et de prudence qu'eux, étaient retournés en France, ils se déterminèrent à rester en Afrique et à se fixer dans le Cacongo (septembre 1768). Bientôt le roi de la contrée attira les missionnaires dans son village, nommé Kinguelé, les logea dans une case, leur fit bâtir une chapelle et les combla de bienfaits. e fut vers la fin de septembre 1769 que les missionnaires, après avoir composé un dictionnaire et un recueil des phrases les plus usitées, commencèrent leur instruction publique et c'est devant le roi du Cacongo et en présence de son entourage qu'ils prononcèrent leurs premiers discours. Peu de temps après, ils parcoururent les villes et les endroits les plus peuplés de la contrée; ils visitèrent Malimbe, Kaïa, où le chef leur promit de leur faire bâtir une case près de la sienne et une chapelle pour les engager à venir fréquemment chez lui. Ainsi tout annonçait aux missionnaires l'avenir le plus consolant, lorsqu'ils se virent forcés de repasser en France, en l'année 1770. Quoique cette première tentative n'ait pas eu un entier succès, elle ne doit pourtant pas être regardée comme infructueuse. En effet, dès que les deux missionnaires se virent réunis, ils se rendirent à Paris, en 1772, en vue de poursuivre de s'établir solidement sur la côte. Les archevêques de Paris et de Tours approuvèrent leur projet; le clergé de France, alors assemblé, joignit à l'approbation du projet des secours pour en faciliter l'exécution, et le Saint-Siège l'autorisa par un rescrit en date de la même année 1772. Au commencement de l'année suivante, six ecclésiastiques se trouvèrent prêts à partir avec un pareil nombre de laïques qui devaient travailler à cultiver la terre. Un négociant de Nantes eut la générosité d'équiper un petit navire pour leur donner passage, et le 7 mars 1773, ils s'embarquèrent à Paimbœuf. Après avoir rencontré Madère, côtoyé les Canaries, relevé le pic de Ténériffe, relâché aux îles du Cap-Vert, on prit terre en Afrique le 28 juin 1773, sur la côte de Iomba, contrée qui confine au Loango. De ce point ils se rendirent à pied au principal village, en longeant la côte, et gagnèrent Bouali, localité dont on a déjà vu le nom; six mois après, ils étaient de retour sur la côte du Cacongo et deux missionnaires, l'un prêtre, l'autre laïque, moururent peu de temps après leur arrivée. Ce fut le 18 septembre 1773 qu'ils commencèrent à habiter leur nouveau domicile, situé dans une plaine découverte près d'un village nommé Kilonga. Leur habitation était agréablement située sur une éminence, d'où ils découvraient, d'un côté, une belle plaine, de l'autre, des collines et des forêts toujours vertes. Ils avaient, dans le terrain qui leur avait été concédé, un lac d'eau douce qui leur fournissait en abondance d'excellents poissons. D'autre part, bien qu'ils eussent employé presque toutes les marchandises qu'ils avaient apportées de France, tant pour l'achat de leurs casés que pour le transport de leurs effets, ils ne manquaient pas de vivres : les capitaines français mouillés le long de la côte leur en donnant généreusement. Cependant les missionnaires eux-mêmes auraient désiré que les progrès fussent plus rapides, et leurs vœux en cela étaient bien conformes à ceux de leurs protecteurs. Mais, ils n'avaient ni le don des miracles, ni le don des langues et il leur fallait bien étudier l'idiome du pays avant de le parler aux naturels. Sur un point de la côte que l'abbé Proyart nomme Manguenzo et qu'il place à 12 lieues de Kinguelé et à une distance à peu près égale du Zaïre, les missionnaires découvrirent une peuplade chrétienne sortie du pays de Sogno. Au centre du village était une croix de huit à dix pieds de haut. Une case servait d'église, elle contenait une espèce d'autel couvert d'une natte, et un crucifix au dessus. »

On ignore quelles furent les destinées de cette mission française. Au moment où l'abbé Proyart livrait son ouvrage à l'impression, au mois de juin 1776, on recevait les nouvelles les plus affligeantes. Tous les missionnaires, ceux mêmes qu'on croyait faits au climat, ou de tempérament à s'y faire, étaient tombés malades dans la dernière saison pluvieuse. Ils s'étaient vus réduits à un état d'épuisement et de langueur qui les avait mis hors d'état de remplir aucune des fonctions de leur ministère. A la suite de ces lignes, l'auteur ajoute : « Il serait bien triste que l'espérance que faisait concevoir une si belle et si riche moisson, se terminât au regret de ne pouvoir en faire la récolte. »

C'est à cette époque, c'est-à-dire dix années avant la Révolution, qu'il faut rapporter l'insuccès de ces missions sur les côtes au Nord du Zaïre ; leurs efforts étaient demeurés infructueux ; le même sort avait frappé les tentatives des missionnaires portugais ou italiens. Cependant on sait que, dans le même moment, la France s'était emparée exclusivement du commerce de la côte d'Angola et sous ce nom de côte d'Angola, le commerce entendait désigner l'étendue de côtes comprises entre le cap Lopez et Ambriz. Dans cet état de choses, il semble qu'il n'aurait pas été impossible d'exciter chez les missionnaires un redoublement de zèle et d'énergie qui aurait amené des succès décisifs. Les explorations sur cette partie de la côte occidentale ne furent plus pratiquées que par les capitaines négriers, tels que M. Degrandpré, qui parcourut longtemps les mers d'Afrique et a laissé une description du Congo. Il en est qui remontèrent le Zaïre jusqu'à une assez grande distance de l'embouchure. Voici ce qu'écrivait, en 1788, un capitaine du port de Honfleur :

« Malembe, ce 20 novembre 1788.

« .....J'ai cru devoir, avant de me fixer ici, faire un voyage de trente lieues dans l'intérieur du pays pour prendre des renseignements sur l'avantage que l'on pourrait tirer d'une traite faite à Kinkimkara et Kimkomboké, situés sur les bords du Zaïre; à 50 lieues dans le fleuve. J'ai apris par les nègres que la traite y était abondante dans les mois de may, juin, juillet, août et septembre, mais que le reste de l'année le pays n'est pas tenable par les débordements du fleuve, et que les Congues prenaient d'autres chemins pour venir porter leur traitte à Malembe et à Cabinde. En effet, tout porte à croire qu'il n'y a rien à y faire pendant ces autres mois. Les trois navires qui y sont ne font presque rien et leurs équipages morts ou bien malades. Sous un mois nous nous attendons à les voir venir finir à Louangue (Loango). J'ai apris qu'il y avait gros à faire à Kiombé dans la saison; les esclaves et l'ivoire y sont abondants. Un homme intelligent pourrait faire ramasser de la poudre d'or; les bords du Zaïre et de quelques petites rivières navigables dans le Congue (Congo) en fournissent à Saint-Salvador des Portuguais, qui la portent à Saint-Paul (de Loanda). Saint-Salvador n'est qu'à 6 journées de marche de l'endroit où j'ai été et je ne désespérerais pas avec un petit navire qui tirerait 9 à 10 pieds de monter fort proche. C'est là où il y aurait des coups à faire. J'ai vu à Banzes (Banza) des menilles appartenant aux nègres, du plus beau cuivre; ils m'ont assuré qu'il le ramasse à la suite des pluies. J'ai remarqué même des paillettes d'or le plus pur. Je me suis adroitement procuré un plan et les meilleures instructions sur la route qu'il y aurait à tenir pour monter à 60 lieues dans le fleuve et sur l'espoir qu'il y aurait de gagner le roi du Grand-Congue (Congo), qui paraît désirer attirer des bâtiments chez lui. Pour cette expédition, que je pourrais faire en partant en février ou mars 1790, qui est la vraye saison pour la meilleure réussite, il faudrait un grand navire que je monterais pour faire ma traite à Malembe, puis un bateau smœleur de la première marche pour être toujours en activité de mon bord au Zaïre et enfin un brigt (brick) qui ne tirerait pas plus de 10 à 11 pieds au plus, parce qu'il y a sur le fleuve plusieurs traverses à passer. »

S'il reste sur ces côtes que les explorations modernes ont rendues plus abordables et moins inhospitalières quelque reflet de notre ancien commerce colonial, si la tradition de la France vit encore parmi les populations noires, on le doit sans nul doute à nos marins et à nos missionnaires du xviii⁰ siècle. Quoi qu'on puisse penser de leur œuvre et des avantages que leurs compatriotes en ont retiré, il serait fâcheux que la France eût semé pour que d'autres récoltassent à sa place. On se plaît à douter qu'il en sera ainsi. En effet, les changements survenus dans nos intérêts nationaux, ou plutôt dans la manière de les envisager, a fait contracter de nouvelles habitudes à l'esprit public. Nous voyons les entreprises coloniales d'un autre œil que nos pères les ont vues et on commence à concevoir que l'opiniâtreté des voyageurs et des missionnaires à se frayer un chemin à travers l'Afrique, au péril de leur santé et de leur vie, doit servir à l'extension de la puissance de leur pays. Ce sentiment pour être nouveau parmi nous n'en a pas moins atteint une certaine vivacité. L'exploration de l'Ogôoué et la suite heureuse des voyages de M. de Brazza ont été regardés comme l'augure d'heureuses tentatives d'où il ne doit sortir que des bienfaits pour la civilisation.

Quelles que fussent, d'ailleurs, les traces laissées par les anciens missionnaires sur la côte occidentale, dans la région du Congo, la mission catholique dont nous allons parler devait les chercher en vain [1]. Depuis plus de trente ans, aucun ouvrier évangélique n'avait visité la côte, quand les PP. de la congrégation du Saint-Esprit (société de Picpus) s'y établirent en 1866. Dès la première année, les missionnaires chargés du district du Nord, qui comprend l'Angola et le Congo proprement dit, se fixèrent à Ambriz où le roi du Congo, don Pedro V, qui se glorifie de sa qualité de chrétien, les reçut avec de grandes démonstrations de joie. Il faudrait bien peu connaître le cœur des rois nègres pour ne point deviner que ce souverain devait accueillir plus tard les ministres anglais avec les mêmes transports. Quoi qu'il en soit, nos missionnaires profitèrent des pacifiques dispositions de don Pedro. A peine sont-ils installés que les enfants du roi sont instruits par leurs soins ; ils exercent le ministère paroissial, évangélisent les indigènes, desservent un hôpital et font la classe à quelques enfants. Malheureusement les autorités portugaises, loin d'user avec modération du crédit qu'elles ont acquis au Congo, de l'espèce de servitude

---

[1] Voy. les *Missions catholiques* années 1869, 1873, 1882.

où elles ont asservi les habitants, virent avec jalousie l'intrusion d'étrangers. Elles suscitèrent à ceux-ci de telles entraves, de telles contestations, qu'après plusieurs années de patience et d'efforts, il leur fallut se tourner d'un autre côté. L'attention des missionnaires se porta sur deux points : le premier était M'Boma, place de commerce très importante sur le fleuve Zaïre ; le second était Landana, sur le littoral, à l'embouchure de la rivière Chiloango, dans le royaume de Cacongo. Ils choisirent ce second point tant pour la salubrité du climat que pour la facilité des communications avec l'Europe par la voie des paquebots.

A leur arrivée à Landana, au mois de septembre 1873, le chef de la contrée, pour une somme relativement minime (900 fr.), leur céda en toute propriété une magnifique vallée, admirablement située, très salubre, très fertile et arrosée par de nombreuses sources. Ils s'installèrent dans les bâtiments de deux factoreries qu'ils purent acheter à bon compte. Un des missionnaires a décrit l'établissement de Landana dans les termes suivants :

« Le village de Landana est situé au-dessus du Zaïre, à 5 degrés de latitude Sud, par conséquent en dehors des possessions portugaises. Les témoignages des commerçants et des missionnaires s'accordent à donner ce point comme un des plus salubres de toute la côte. Il offre, en outre, le précieux avantage d'une communication bimensuelle avec l'Europe par les paquebots anglais de Liverpool.

« A Landana et aux environs, le littoral et les rives des fleuves sont parsemés de nombreuses factoreries européennes qui se livrent à un commerce très actif d'huile de palme, de concondes, d'arachides et de gomme élastique.

« Les factoreries de Landana sont établies entre la rivière Chilango et le pied de montagnes assez élevées. Cet emplacement est propice pour le commerce. L'air, pur et vif, y est très sain. Le terrain y est d'une fertilité ordinaire. Il produit surtout le maïs, le palmier et le manioc. La contrée est très accidentée et très pittoresque. Elle ne renferme aucun animal dangereux : le lion et le tigre y sont inconnus ; aussi les noirs peuvent-ils impunément coucher en plein air ou sous des hangars.

« Les communications sont extrêmement faciles non seulement avec l'Europe, mais avec tous les points de la côte, soit par terre à l'aide de porteurs, soit par mer à l'aide des paquebots ou des petits vapeurs que possèdent les factoreries européennes.

« L'établissement des missionnaires du Saint-Esprit, à Landana, se trouve dans une magnifique vallée d'un quart de lieu environ de longueur, sur un peu moins de largeur. Cette vallée présente un sol fertile pour le jardinage et couvert de riches pâturages et de bois magnifiques. Les missionnaires, aidés des petits noirs qu'ils élèvent, dirigent eux-mêmes les travaux de culture. Leur jardin potager a plus d'un hectare d'étendue, c'est la merveille du pays et le plus beau de toute la côte occidentale d'Afrique.

« L'œuvre principale dont s'occupent les missionnaires, c'est l'éducation des petits noirs et le rachat des jeunes esclaves. La mission entretient plus de 120 enfants, parmi lesquels règne un excellent esprit. Tous les enfants apprennent le calcul, la lecture et l'écriture. On les forme aussi à la pêche et à la chasse. On tient à ce qu'ils sachent bien se servir d'un fusil et conduire une pirogue. Tous les dimanches on leur fait exécuter l'exercice du tir ; c'est merveille de voir des bambins de douze à treize ans loger une balle dans une cible placée à une grande distance. Avec ces connaissances ils pourront se faire respecter et pourvoir à leurs besoins [1] ».

Tandis que les missionnaires travaillaient ainsi à faire de Landana le point le plus considérable de la côte entre Banane et le Gabon, que d'autre part le contre-amiral Ribourt rétablissait la sécurité dans la région, au mois d'août 1876, en signant un traité de paix avec Ma-Tenda, chef indigène, la mission française s'occupait fructueusement à fonder d'autres établissements. On a déjà dit qu'elle avait acheté un petit terrain à M'Boma, localité de grand avenir, située à quatre journées de San-Salvador. Mais, dans le cours de l'année 1877, les missionnaires passèrent le fleuve et rétablirent l'antique mission de Sogno. C'est à Sogno que résidèrent plusieurs capucins célèbres, les PP. Cavazzi, Merolla et Zucchelli, dont les relations sont connues de tous les géographes. Ils y furent reçus par le roi porté dans son palanquin, entouré des gens de sa maison. Un chapeau de gendarme garni d'un galon d'or, en forme de cocarde, un pagne aux vives couleurs, une redingote noire, tel était le costume de cérémonie de S. M. don Joaō, autrefois comte, aujourd'hui roi de Sogno. Des habitations, un oratoire, une école, le tout construit en feuilles de palmier et en bambous, forment maintenant l'établissement français de Saint-Antoine.

Les Missions catholiques, 1879, p. 623.

Nous ne suivrons pas plus loin l'histoire de la mission française. Qu'il nous suffise de dire qu'après avoir été missionnaires à poste fixe, ses PP. sont devenus missionnaires voyageurs ; qu'ils se sont fait connaître et ont étendu leurs relations. Estimés et respectés dans les factoreries, aimés des indigènes, sûrs d'être aidés et secourus, ces missionnaires n'accomplissent plus des excursions relativement courtes, mais de longs et rapides voyages d'exploration.

Étant donné cet état de choses, on devine aisément avec quel enthousiasme on accueillit parmi les missionnaires la grande nouvelle des succès de M. de Brazza et son arrivée à M'Boma, au mois de décembre 1880. « Hier, écrivait le R. P. Schmitt, j'ai rencontré M. de Brazza qui venait « de Vivi, à bord de la *Belgique*. Ce hardi et intrépide voyageur est « parvenu au terme de son exploration de l'Ogôoué.... Son voyage « paraît heureux sous tous les rapports ; il a découvert des routes pour « l'intérieur plus avantageuses que celles de M. Stanley ; elles promet- « tent un grand avenir pour le Nord de notre mission. On trouve, dit- « il, des plateaux immenses, à une élévation de 800 mètres, d'une « fertilité remarquable, produisant manioc, haricots, arachides et maïs « en abondance. Avec le maïs, les indigènes font une espèce de bière « assez bonne. Il a aussi rencontré une quantité considérable de choux « à grandes tiges, mais portant d'excellentes feuilles..... M. de Brazza « m'a aussi parlé des missions à faire dans l'intérieur. Selon lui, il y « aurait trois points très avantageux pour nous : le fameux plateau des « Achikouïas, celui des Aboumas et le royaume de Makoko. On y trou- « verait une population douce et pacifique, de plus un pays très fer- « tile[1]. »

Les découvertes de M. de Brazza allaient donc exciter un zèle qui ne paraissait pas d'ailleurs prêt de s'éteindre. On vit alors les missionnaires hâter l'exécution des projets dont il leur avait fallu si longtemps ajourner la réalisation et prendre le chemin de l'intérieur. L'un d'eux, le P. Delorme, quittait le Gabon au mois de décembre 1880, sur un petit vapeur à hélice le *Mpongoué* ; il avait pour compagnons de voyage un américain et M. de Brazza. Le vapeur remonta l'Ogôoué jusqu'à une distance de 180 milles et le missionnaire qui cherchait l'emplacement d'un poste s'arrêta à proximité des factoreries européennes, allemande et anglaise. « Je me suis abstenu, dit-il, d'aller plus loin et de remon-

---

[1] *Les Missions catholiques* 1881 p. 85.

ter avec M. de Brazza jusqu'au pays des Okandas et des Adumas. Ce voyage se fera plus tard. Mais je ne saurais passer sous silence l'accueil de ces braves gens à M. de Brazza en le revoyant. Je n'ai jamais rien rencontré d'aussi touchant. C'était véritablement le père qui retrouvait ses enfants et les enfants qui revoyaient leur père. Ces Okandas et ces Adumas sont très nombreux et laissent paraître sur leur figure un air de candeur et de bonhomie que l'on ne remarque pas chez les autres peuples. » Le voyage du P. Delorme n'avait d'autre but que le choix d'un emplacement propre à établir une station dans ces parages. Cet emplacement fut arrêté dans une grande île de l'Ogôoué, dont le nom signifie, en français, île de la Lumière, sur le territoire des Galois. En moins de trois semaines, le défrichement du monticule au sommet duquel seront placés les établissements de la mission fut achevé et une longue case en bambous s'éleva à l'extrémité Est de l'île.

Tandis que la mission française posait ainsi un premier jalon sur la route du haut Ogôoué, il lui semblait non moins important de s'établir promptement à Stanley-Pool. Ce fut au P. Augouard, missionnaire apostolique du Congo, que revint le soin d'effectuer le voyage. Il faut le remarquer, la route de Stanley-Pool était ouverte et pratiquée sans aucune difficulté par la rive droite. C'était un voyage d'une vingtaine de jours sous la protection du pavillon français, car l'on n'ignorait pas à Landana que les ministres protestants venaient d'accomplir le voyage de Vivi à Stanley-Pool et que dans tout le parcours ils avaient rencontré quantité de pavillons français distribués aux noirs par M. de Brazza. Le P. Augouard, en quittant Landana, le 5 avril 1881, avait ordre non seulement de choisir à Stanley-Pool un emplacement favorable et d'y faire les constructions indispensables, mais encore de pousser en amont du fleuve, s'il était possible, son voyage jusqu'à la vallée de la Casaï, d'y acheter un terrain propre à une mission et, comme prise de possession, d'y faire élever une croix avec un petit oratoire [1]. C'est le 7 juillet 1881 que le P. Augouard quitta Vivi, la première station que possède, sur le bas Congo, l'expédition internationale de Belgique. Il atteignait Stanley-Pool, le 3 août suivant. Nous n'analyserons pas la relation de son voyage dont nous donnons plus loin le texte en entier.

Ce voyage fut un véritable triomphe pour la mission catholique au

---

[1] *Les Missions catholiques*, 1881, p. 435.

Congo. Personne jusqu'alors n'avait pu y réussir avec des porteurs de la côte. Le missionnaire avait étudié les contrées parcourues, fait alliance avec Makoko, ménagé son prochain retour et il avait d'autant plus confiance dans l'avenir que M. de Brazza lui avait concédé le riche terrain qu'il lui avait désigné. Le temps justifiera cette confiance, nous en sommes convaincu ; le haut Ogôoué d'une part, de l'autre la région de Stanley-Pool seront largement ouverts à l'influence française, quand les travaux de nos voyageurs, de nos commerçants et de nos missionnaires y auront acquis plus de développement.

II.

MISSIONS ANGLAISES.

Les Français ne sont pas les seuls à prêcher l'Évangile au Congo. Une grande partie de l'œuvre des missions y est accomplie par des ministres de nationalité anglaise, recrutés dans les rangs des sociétés bibliques de Londres.

Les résultats des explorations de M. Stanley n'étaient encore qu'imparfaitement connus qu'en Angleterre, que déjà l'on était en mouvement du haut en bas de l'échelle. Les revues, les journaux, les meetings propageaient à l'envie des découvertes sur l'importance géographique desquelles les matériaux complets faisaient défaut, mais qui semblaient ouvrir au commerce britannique une route sûre pour atteindre le centre de l'Afrique. Il fut confirmé plus tard que le Zaïre ou Congo offrait une étendue considérable de cours navigable. M. Stanley qui venait de suivre ce magnifique fleuve en assumant des privilèges souverains, en n'employant le plus souvent d'autre argument que la décharge de ses cinquante fusils, M. Stanley déclarait qu'entre les chutes d'Yellala en amont de Vivi et les chutes supérieures situées au nord de Nyangoué, les eaux étaient libres sur un parcours de 1,200 kilomètres. En réalité, le libre parcours du fleuve ne commence qu'à Ntamo aujourd'hui Léopoldville. A cette vaste voie de navigation intérieure venaient se joindre les 2,000 kilomètres que présentaient les affluents, tels que l'Arouimi au nord de l'équateur, à 340 milles géographiques de Nyangoué, cours d'eau de plus de 3 kilomètres de largeur, et l'Ikelemba ou Ouriki, puissante rivière dont le confluent situé sur la rive gauche est peu éloigné de la Licona et de l'Alima, autres tributaires du Zaïre reconnus par M. de Brazza sur la rive droite. C'est ainsi qu'on se trouvait en présence de 3,200 kilomètres de rivières dont les rives nourrissent une population pressée de tribus paraissant industrieuses, vivant dans des villages vastes et bien installés. Jamais peut-être on n'avait vu dans l'histoire une telle étendue de territoire offerte aux efforts d'une compagnie entreprenante, d'un gouvernement ou d'une société de missions. C'est pourquoi M. Stanley, dans ses *lettres à un journal anglais*, ne trouva pas téméraire d'engager fortement l'Angleterre à se mettre en avant, comme s'il avait senti ou deviné qu'il serait soutenu par cette puissance et que, par suite, il n'avait qu'à prendre possession du pays qu'il parcourait. Les succès du merveilleux trajet de M. Stanley, les fêtes et l'éclat qui accueillirent le courageux voyageur portèrent à un haut point l'enthousiasme de nos voisins. Par malheur, la valeur commerciale du Congo, comme moyen direct d'accès dans l'intérieur, n'était pas trop clairement démontrée. On savait que pour gagner le haut fleuve il faut se frayer péniblement un passage par la longue série de chutes placées sur un parcours de 180 milles, que les rapides commencent à une très courte distance de l'embouchure, qu'en un mot, la voie fluviale toujours ouverte depuis des siècles est toujours impraticable. L'opinion publique portée un moment vers l'entreprise hasardeuse de franchir les quatorze cataractes qui séparent l'Océan de l'étang de Stanley sentit le besoin d'être mieux informée. Les manufacturiers du Lancashire et du comté d'York avaient besoin de lancer en avant des alliés, de hardis volontaires; ils les trouvèrent dans ces missionnaires animés d'un esprit pratique, qui rendent à l'Angleterre d'incontestables services.

Parmi les sociétés évangéliques les plus zélées et les plus actives, il faut compter la « Baptist Missionary society » de Londres dont la création est vieille de 90 ans. Du fond de sa maison de Castle street, ses chefs étudient, surveillent attentivement les diverses parties du globe où elle peut faire l'essai de son crédit et de ses forces. Avec un dévouement absolu, un courage infatigable, résignés d'avance au martyre, ses enfants vont établir des stations sur les points les plus divers et fonder des établissements sous toutes les latitudes. Les plus lointaines de ces missions sont celles de la Chine et du Japon ; les plus florissantes se développent au Bengale et à Ceylan. Elle a envoyé ses missionnaires dans l'est de l'Afrique, à Victoria et à Bethel, sur la rivière Cameroon; dans les Indes occidentales, aux îles Lucayes; dans l'océan Atlantique, à Haïti, à Cuba, à la Jamaïque. Le vieux continent n'a point échappé à ses soins apostoliques. La propagande de ses fils s'est étendue dans la Norwège; Turin, Gènes, Florence, Tivoli, Civita-Vecchia, Rome et Naples reçoivent leur enseignement. Enfin la France est devenue l'objet de ses préoccupations apostoliques depuis quelques années. De Saint-Brieuc, de Morlaix, de Brest, elle vise à la conversion de notre province de Bretagne par la prédication et le colpartage des Écritures ; elle y poursuit la régénération des populations bretonnes adonnées, dit-elle, aux plus ridicules superstitions.

Assurément, il est des peuplades bien autrement livrées aux sortilèges, aux enchantements et aux maléfices, ce sont les nègres du Congo. Depuis le jour déjà éloigné où les jésuites, les carmes et les capucins portugais ont fait triompher la foi dans ce royaume, l'état de ces missions a bien décliné, et le christianisme y a plutôt vu déchoir que grandir son empire. Comme il y parut plus tard, la société Baptiste n'ignorait pas que depuis plus de 10 années aucun prêtre catholique n'avait paru au Congo et il ne tenait pas à elle et à ses amis que ses ministres ne fussent depuis longtemps à lutter d'éloquence ou d'adresse avec les prêtres gangas et singhillis. Mais il fallait une occasion, de sorte que les découvertes de M. Stanley furent une bonne fortune pour elle. A la faveur du bruit que ces découvertes firent dans le Royaume-Uni et des espérances qu'en conçut l'esprit public, la société jugea le moment opportun d'asseoir de ce côté son influence. Restait à savoir si ses finances fourniraient à son ardeur un concours suffisant. Cette préoccupation s'évanouit bientôt devant la donation considérable qu'elle reçut des mains d'un riche gentleman, à la charge d'entreprendre une mission au Congo. Ainsi elle se trouva pourvue des moyens de mettre à exécution ses plus chers désirs. La question fut de suite étudiée et l'affaire du Congo devint le mot d'ordre de la société: *Go forward, Africa for Christ.*

Au mois de janvier 1878, les premiers missionnaires baptistes, et en fait les premiers missionnaires anglais qui soient jamais partis pour le Congo, arrivaient à Mussuco; de ce point ils se rendaient en ambassade près du roi don Pedro V, en vue de prendre des arrangements pour un futur établissement. La mission était composée de quatre personnes : MM. Comber, Crudgington, Hartland et Bentley, dont la pensée, devenue bientôt idée fixe, était d'atteindre Stanley-Pool et, de là, par la voie du fleuve, de donner la main à leurs frères établis sur les bords du lac Victoria. Comment ne pas être frappé de ces projets, bien prêts à l'heure présente de toucher à leur réalisation? Par une suite de stations laborieusement créées, l'Angleterre déjà dominante sur la côte orientale verra son influence s'étendre au travers de l'Afrique centrale, de Zanzibar à l'embouchure du Congo. Comme nous le dirons, les premiers pas de ses agents n'auront pas été exempts de mécomptes, de difficultés et de périls. D'ailleurs, on conçoit difficilement les motifs qui guidèrent les missionnaires Baptistes dans le choix qu'ils firent de San-Salvador pour le siège de leur premier établissement. Sans doute ils étaient certains d'avance d'obtenir la faveur du roi du Congo, plus coûteuse qu'efficace, mais ils devaient se heurter à l'hostilité de tribus barbares et rencontrer la redoutable animosité des religieux portugais. Saint-Sauveur ou Banza San-Salvador (*banza* signifie ville en langue du Congo) est située sur une montagne escarpée. C'était jadis une ville fortifiée; on vantait sa cathédrale et ses sept autres églises. C'était la résidence d'un évêque et jusqu'au milieu du xviie siècle les cérémonies de l'église catholique s'y étaient maintenues. Mais après le transport de l'évêché à Saint-Paul de Loanda, qui doit son origine aux Portugais, en 1578, lorsque Paul Diaz de Novaës fut envoyé dans la région d'Angola pour en être le premier gouverneur, et à une époque plus récente après le retrait des soldats portugais, le plus grand nombre des naturels était revenu à ses sorciers et à ses fétiches. La foi catholique n'y était pas néanmoins complètement éteinte. On y voyait un noir, secrétaire du roi, lequel, quoique n'ayant point été ordonné, faisait l'office de prêtre et disait un simulacre de messe le dimanche. Mais tout ce qui se rappelait de cette cérémonie, c'est qu'il faut, sur l'autel, changer le missel de place. Donc, à première vue, rien ne paraissait plus facile que de se fixer à San-Salvador. Le sujet avait été discuté à fond, et plus l'on avait examiné l'état physique et social du pays, plus on considérait comme réalisable le projet de pénétrer jusqu'à Stanley-Pool par le cœur d'une région sauvage.

C'est à partir de l'année 1879 que les missionnaires anglais s'imposèrent les plus grands efforts. Leur installation de San-Salvador avait pris tournure. Des huttes à toit de chaume, des hangars, un four à chaux, un moulin avaient été construits. En choisissant les meilleures individualités, on avait recruté un certain nombre de serviteurs; une école avait été ouverte et, le dimanche, le service divin était célébré devant la foule accroupie des nègres superstitieux et indolents. Enfin on se flattait d'avoir quelque crédit auprès du roi actuel du Congo, don Pedro V. C'est, au rapport d'un missionnaire, un vieillard septuagénaire, ordinairement très avare, généreux cependant à ses heures, jaloux de son autorité, aimant et flattant les Européens, obséquieux et fier, tenace dans ses idées, à qui on ne pouvait faire abandonner le dessein d'envoyer son portrait à S. M. la reine Victoria. Il importait de maintenir dans de favorables dispositions ou d'y ramener, s'il s'en écartait, ce monarque naïf et d'humeur bizarre. On y était parvenu sans trop de peine, grâce à quelques pièces de toile, à des bobines de coton et à des paquets de tabac d'Europe, cadeaux acceptés avec leur humilité ordinaire par le roi, par ses femmes et par les dignitaires de sa cour. En retour de ces présents, don Pedro V mit des porteurs et des provisions à la disposition des ministres.

Dans le principe, nous nous étions demandé pour quel motif ces derniers avaient planté leur tente à San-Salvador. Comment des gens aussi avisés avaient-ils formé ce dessein et ce plan? La suite de leurs travaux est venue nous fournir une réponse très nette et très claire. Préoccupés de découvrir une route intérieure vers Stanley-Pool, il est évident que les ministres anglais, insuffisamment renseignés, avaient conçu l'espoir d'user des communications directes établies, depuis un temps immémorial par les marchands d'ivoire, des frontières orientales du royaume du Congo jusqu'à Ambriz ou tel autre havre de la côte occidentale. On sait, en effet, par d'anciens récits que les caravanes passent par San-Salvator. Durant dix-huit mois, malgré les dangers, les fatigues et les souffrances, les missionnaires anglais entreprirent plusieurs voyages dans l'intérieur en vue d'atteindre Mackouckoué ou tel autre village situé sur les bords du Zaïre. Mais tous leurs efforts n'aboutirent qu'à franchir l'espace qui sépare San-Salvador de Makuta au Nord-Est et de Zombo à l'Est, soit une distance de quarante milles géographiques environ. « Les voyages à de grandes distances sont possibles sur la côte orientale de l'Afrique, écrivait M. Comber, mais ici c'est bien différent. Les naturels n'ont jamais vu d'hommes blancs et on ne peut les convaincre que notre venue ne soit un présage funeste pour leur vie et pour leurs récoltes. » Ce même missionnaire et son confrère, M. Hartland, parvenus dans le groupe de villages échelonnés sur les rives de la rivière Kiloa, affluent du Congo, signalaient leurs tentatives non moins louables, non moins soutenues, pour s'attacher les chefs indigènes de la région de Tuncoua. Mais la résistance des nègres, loin de faiblir, devint menaçante; les deux voyageurs ne tardèrent pas à voir les habitants ne plus se contenter de fuir mais courir aux armes. Bientôt ils furent attaqués et M. Comber fut blessé d'un coup de feu en sortant de la case qu'on lui avait assignée pour sa demeure. Ils n'avaient pas trouvé chez les naturels du Makuta cette docilité et cette douceur qui distinguent les noirs de San-Salvador. Voici la relation des faits qui déterminèrent les missionnaires Baptistes à abandonner la voie de l'intérieur pour gagner Stanley-Pool, soit par Banzu M'Pouta, soit par M'Bangou.

« Je n'oublierai jamais la réception qui nous est faite. Nous entrons dans le village et nous demandons aux habitants comment il se nomme. Nous n'obtenons aucune réponse. Les indigènes se retirent un peu en arrière; puis un homme crie : « Ndabonga nkeli ; vaunda mundeli. » — « Allez chercher les fusils; tuez les hommes blancs. » En un instant, ils se précipitent et reviennent armés de longs bâtons, d'énormes fragments de roches, de couteaux, de coutelas et de fusils. Sans un mot de palabre, ils se mettent à danser et à sauter autour de nous en brandissant leurs armes. M. Comber s'assied près d'une maison et j'allais faire de même lorsque nos assaillants s'écrient : « Debout! Debout! » Je n'ai jamais vu de visages aussi cruels, aussi féroces, aussi diaboliques. Nous nous levons; nous leur crions de s'arrêter, disant que nous nous en allons. Tout est inutile; les pierres volent dans notre direction. On brandit des bâtons et des couteaux autour de nous. Nous voyons que ces gens-là sont décidés, non seulement à nous chasser du village, mais encore à nous massacrer. Notre unique chance de salut consiste à essayer de fuir, mais notre situation paraît désespérée. Nous nous élançons au milieu des pierres et des coups. Nous sommes tous atteints et contusionnés, mais nous réussissons à gagner le sommet de la colline escarpée. Tout à coup, une détonation éclate derrière nous, au milieu des hurlements, et nous voyons tomber M. Comber, qui était en tête. Je m'élance vers lui et veux l'aider à se relever, « Non, dit-il, John, c'est inutile ; je suis touché ; sauvez-vous !

« Comment suis-je arrivé en bas de cette terrible colline ? Comment ai-je traversé l'eau et escaladé le versant opposé ? Je n'en sais rien. Je rejoins Cam un peu en dehors du village voisin ; je le fais s'arrêter et traverser ce village d'un pas tranquille, craignant que les habitants nous attaquent, s'ils nous voient courir. Ils avaient entendu les coups de feu et étaient sortis avec leurs fusils, mais ne paraissaient pas trop savoir quoi faire. Cette hésitation nous sauve. S'ils avaient été préparés à nous attaquer, c'en était fait de nous. En sortant du village, j'entends derrière moi les cris de M. Comber et je le vois courir vers nous. Nous attendons un instant pour lui donner le temps de nous rejoindre, puis nous descendons la colline à toutes jambes et nous remontons jusqu'à un autre village, poursuivis par les gens furieux de Banza-Makuta. M. Comber fait bonne contenance. Le coup de feu l'a frappé au milieu du dos, mais la balle n'a pas pénétré dans les poumons, car il n'éprouve pas de difficulté pour respirer et la blessure saigne peu. Nous sortons de ce dernier village et, une fois sur la route, nous pensons que nos ennemis ont renoncé à nous poursuivre ; nous cessons donc de courir et nous marchons d'un bon pas sur la route de Tungwa ; mais, tournant la tête, nous ne tardons pas à voir trois hommes qui nous suivent d'un pas rapide, armés de couteaux, de bâtons et d'un fusil. Ils gagnent sur nous rapidement et, quoique blessés et battus, nous nous remettons à courir. Au moment où nous nous élançons, les indigènes poussent un cri horrible et diabolique, redoublent d'efforts et nous lancent des pierres, dont quelques-unes passent près de nous sans nous atteindre. C'est maintenant, sur cette route fatigante, une course dont notre vie est le prix. Nous courons de toutes nos forces et nous nous débarrassons de tout ce qui peut nous gêner. Nous courons et ces sauvages altérés de sang nous poursuivent. A un moment, ils se trouvent à portée de fusil et font feu sur nous, mais sans nous atteindre. Nous continuons de courir et d'être poursuivis pendant cinq milles. Enfin, comme nous arrivons près de Tungwa, les indigènes se fatiguent et abandonnent la poursuite. Nous traversons rapidement Tungwa, sans laisser savoir aux habitants ce qui est arrivé ; nous passons la rivière et nous nous retrouvons sur la route. Les ombres de la nuit commencent à tomber ; nous marchons aussi rapidement que nous le pouvons, craignant toujours que nos ennemis ne soient pas loin derrière nous. A la nuit, nous atteignons le village où nous avions laissé notre homme de Moila. Avec son aide, nous continuons notre voyage dans l'obscurité, trébuchant et tombant souvent, mais continuant d'avancer, car il y allait de la vie de mettre une longue distance entre nous et Banza-Makuta et de devancer les nouvelles dans ce pays hostile. A neuf heures, nous atteignons Kola, le village où nous avions couché la nuit précédente. Nous y restons jusqu'à minuit passé, puis, craignant la poursuite et peut-être aussi une trahison de la part des habitants, nous nous remettons en route. La nuit est très sombre ; ni lune, ni étoiles. Nous marchons à tâtons, obligés par fois de nous tenir par nos cannes pour ne pas nous séparer. Nous marchons ainsi jusqu'à trois heures, traversant plusieurs villages sur la pointe du pied pour ne pas réveiller les habitants. Enfin nous arrivons à une grande localité et notre guide perd son chemin. Il y a devant nous une rivière que nous ne pouvons traverser que sur un pont et l'obscurité nous empêche de trouver le pont. Après une heure de recherches inutiles, nous nous couchons sur la route pour attendre le jour. Nous passons là deux heures mortelles, pendant lesquelles les autres dorment. Pour moi, après avoir de nouveau cherché inutilement de trouver le pont, je m'assieds et veille sur mes compagnons. Lorsque l'aube tant désirée paraît, nous rentrons dans le village et trouvons la route. Nous sommes tous abominablement fatigués et M. Comber est affaibli par sa blessure. Cependant nous nous hâtons jusqu'à ce que nous ayons traversé le Quiloa, passé Banza-Mpouta et que nous ayons atteint un village ami, à deux heures de marche. M. Comber n'en peut plus ; la petite gourde d'eau-de-vie, le seul objet que nous ayons pu sauver, est impuissante à le ranimer. Nous nous reposons dans ce village pendant une heure et mangeons un peu de riz. M. Comber reprend un peu ses forces et nous nous remettons en route. Heureusement nous pouvons nous procurer quelques hommes ; je fais un hamac avec une couverture ; au milieu de l'après-midi nous atteignons Sanda, M. Comber dans le hamac, Cam et moi à pied. A Sanda nous sommes parmi des amis et même des amis chaleureux ; l'expression de leur indignation et de leur sympathie nous émeut jusqu'aux larmes. Il nous procurent tout ce dont nous avons besoin et nous nous préparons à dormir avec un sentiment de sécurité relative, sachant que, si nous sommes poursuivis, nos amis nous défendront au péril de leur vie. Nous pouvons alors nous examiner et constater ce que nous avons souffert. Cam avait été le moins maltraité, à peine une contusion. La blessure de M. Comber paraît légère ; la balle a rencontré l'épine dorsale et n'a pas été plus loin, elle a causé une plaie horrible dans les muscles du dos. J'ai plusieurs contusions causées par les pierres et les bâtons ; une pierre et un bâton lancés contre moi m'ont atteint à la tempe ; j'ai été presque assommé du coup. Il y a une grande déchirure à l'épaule de ma chemise et les naturels disent qu'elle a été pratiquée par un couteau. Comment n'ai-je pas été poignardé? C'est un miracle. C'est une chose prodigieuse que nous ayons échappé à ces hommes féroces qui avaient résolu notre destruction.

« Il me reste peu de choses à dire. Nous trouvons des porteurs frais pour le hamac et une foule d'hommes pour nous accompagner. Deux jours encore et, fatigués, exténués, nous arrivons au Congo, ayant parcouru environ 80 milles en trois jours. Tout le long de la route, les naturels se montrent très indignés de la conduite des gens de Banza-Makuta; ils nous expriment chaleureusement leur sympathie.

« Le soir de notre arrivée au Congo, M. Crudgington fit l'extraction de la balle ; un morceau carré de minerai de fer, qui avait pénétré de plus d'un pouce dans les muscles du dos. M. Comber est dans un état satisfaisant et, sauf sa blessure, sa santé est excellente [1]. »

Tandis que les deux missionnaires quittaient Makuta pour revenir à San-Salvador, deux autres, MM. Crudgington et Bentley, étaient partis par la route du Nord, le 8 janvier 1881. Leur dessein était d'arriver à Stanley-Pool par la rive droite du Congo. Après avoir séjourné à Mussuco pour disposer leurs porteurs et leurs provisions, ils gagnèrent Vivi; ils partirent de ce lieu le 17 février et en 21 jours de marche leur petite caravane parvint à Ntamo. Mais avant d'atteindre ce village situé sur la rive gauche, une surprise leur était réservée. En arrivant au principal village situé près la rivière Djué (ou Gordon-Bennett), un chef indigène « homme doux et bienveillant », leur apprit que M. de Brazza venait de lui rendre visite, qu'il avait soupé avec lui et qu'il avait laissé des hommes blancs dans la région. Le chef leur offrit des rafraîchissements et il s'engagea à les passer dans un canot sur l'autre rive. Le lendemain ils eurent le plaisir d'étendre leurs regards sur l'immense nappe d'eau dont ils avaient depuis si longtemps désiré la vue. Toutefois ce plaisir ne fut pas sans mélange. Quel ne fut pas leur étonnement de se voir entourés à l'improviste par 150 ou 200 noirs armés de sagaies et de coutelas et dont les intentions n'étaient rien moins que rassurantes ! Le matin suivant, la surprise des missionnaires fit place à la stupéfaction. Un sergent noir, le brave Malamine, se présenta devant eux dans un costume pittoresque et il leur conseilla, au nom de

---

[1] Traduit du *Missionary Herald*, décembre 1880.

son grand chef, de porter leurs pas vers d'autres villages. Les missionnaires suivirent cet avis. Mais en approchant de Nshasa, les indigènes vinrent au-devant d'eux pour les combattre; un moment leur vie fut en danger. C'est en vain qu'ils firent entendre qu'ils étaient amis des Français. Les nègres n'en voulurent rien croire et se bornèrent à dire qu'ils n'étaient pas Français et qu'ainsi ils les regardaient comme des ennemis. Il ne leur restait qu'un parti à prendre, celui de rebrousser chemin. C'est ce que firent les deux missionnaires qui, en quinze jours, par la voie du fleuve et par terre, regagnèrent le camp de M. Stanley où l'accueil le plus chaleureux les attendait. Ainsi se trouvait atteint le but poursuivi depuis deux années. Ses conséquences encore inconnues pourront produire des effets très favorables au point de vue des intérêts anglais. Le résultat de ce voyage pèsera dans l'avenir des relations commerciales du continent européen et du Congo.

L'expédition des deux missionnaires et leur heureux retour mit la société Baptiste dans un état de fièvre d'où d'énergiques résolutions devaient sortir. Il est une chose digne d'être remarquée, a-t-on dit depuis longtemps, et digne d'être imitée par notre gouvernement: c'est la constance des Anglais dans la poursuite de leurs projets relativement aux affaires coloniales, à l'extension de leur commerce. Dès qu'il a été reconnu qu'une entreprise de ce genre peut avoir une utilité quelconque, même éloignée, rien n'en arrête et n'en suspend l'exécution. Nombre d'exemples, dans les siècles passés ou même dans le siècle présent, peuvent être cités à l'appui de cette assertion. Nous ne voulons en indiquer qu'un seul ; c'est ce qui s'est passé et se passe encore en ce moment au sujet des découvertes en Afrique.

Les ministres protestants avaient eu un entretien avec M. Stanley sur l'avenir de leur mission et sur les moyens de s'enfoncer dans l'intérieur. Le célèbre voyageur leur conseilla de suivre la route de terre depuis Vivi jusqu'à Issanghila; ensuite de placer sur ce point un bon navire en fer au moyen duquel ils atteindraient facilement Manyanga. De la sorte ils éviteraient la tribu des Basoundis et verraient s'ouvrir devant leurs pas un cours d'eau suffisamment libre. Dès lors la société Baptiste fit tous les sacrifices pour la réalisation de ce projet. Le donateur du comté d'York dont il a déjà été parlé lui offrit 4,000 livres sterling, sur lesquelles 1,000 livres seraient prélevées pour la construction d'un steamer. On consulta M. Stanley sur le choix du bâtiment, et sur les plans qu'il adressa, un vapeur nommé le *Plymouth* fut construit à Limehouse.

Vers le même temps, au mois de juillet 1881, l'un des missionnaires qui avait atteint Stanley-Pool arrivait en Angleterre demander des renforts, réclamer l'envoi de six nouveaux confrères, l'abandon de San-Salvador et la création de trois autres stations sur les bords du grand fleuve, sur les rives duquel il avait constaté des nations nombreuses et populeuses. Cet appel fut entendu et en moins de deux mois la société avait à sa disposition plus de 2,000 livres sterling ; elle s'était, en outre, fait concéder une certaine étendue de terrain à Stanley-Pool ; elle se remit de suite à l'œuvre avec l'instinct profond des Anglais qui comprennent de suite l'importance commerciale des découvertes. Une seconde fois, les missionnaires remontèrent le fleuve ; ils choisirent l'emplacement d'une station à Manyanga, village où se tient un marché très fréquenté et où l'expédition belge a établi le dépôt de son matériel. Les naturels y sont doux et inoffensifs ; ils vivent et dorment près du fleuve, se livrant à la pêche de jour et de nuit. Une maison s'éleva bientôt sur une colline qui domine la rive droite et l'on put abriter sous son toit le chef de l'escorte zanzibarite de M. Stanley, Robert Feruzi, homme intelligent, élevé par les ministres évangéliques de Zanzibar, lisant et écrivant très bien la langue anglaise. La seconde station fut établie à Issanghila, en aval, à 50 milles de Vivi. De Manyanga à Stanley-Pool, le fleuve présente une série de rapides et de chutes qui rendent la navigation impossible. C'est de cet endroit, comme on le sait, qu'une route a été ouverte sur un parcours de 90 milles ; à son extrémité est située Ntamo ou Léopoldville, station fondée au mois de février 1882.

Telles ont été les premières opérations des missionnaires Baptistes, opérations mûrement étudiées, pleinement approuvées par le comité de direction et encouragées par le haut commerce britannique. Une double tâche avait été accomplie. D'une part, on avait trouvé une route vers l'intérieur, de l'autre, on avait jeté sur cette voie les rudiments de stations bien choisies, choisies surtout d'après les prévisions des secours qu'on pouvait attendre de l'Association internationale. Si l'on envisage l'idée conçue au point de vue des résultats, on est amené à penser avec un savant géographe que le missionnaire aura, une fois de plus, précédé le marchand, le marchand le colon, et ce dernier préparé le terrain aux industriels anglais. En présence de certains faits de date récente intéressant le Congo, comme les traités conclus par M. Stanley ou ses lieutenants avec les chefs nègres de Solo et de Manyanga ; au moment où l'on se préoccupe de certaines conjonctures, voyons quelle est la situation des postes européens créés sur les rives du Zaïre, de l'Océan à Stanley-Pool. A 100 milles environ de l'embouchure, on rencontre en premier lieu Vivi, sur la rive droite, en aval des chutes d'Yellala. C'est un point très important, où le comité d'études du haut Congo a obtenu une concession de territoire : des cases, des magasins, des ateliers y ont été construits. La position de la seconde station se trouve à 50 milles plus en amont sur la rive droite également ; c'est Issanghila, déjà pourvu en abondance de matériel et de marchandises. La troisième station est Manyanga, où le comité possède une grande étendue de territoire sur les deux rives du fleuve. Nous avons déjà dit que de cette dernière station à Stanley-Pool, la navigation était impossible. Aussi est-ce par la voie de terre, en suivant une route tracée avec les plus grandes difficultés, que M. Stanley a transporté le steamer *En-Avant !* qui porte sur le haut fleuve le pavillon de l'Association internationale. Enfin, une cinquième et une sixième station ont été fondées en amont de Stanley-Pool, à Gobila et à Bolobo, dans la prévision évidente de faire échec aux Européens qui emprunteraient la voie détournée de l'Ogôoué pour atteindre la partie supérieure du Congo.

Quant aux établissements des ministres anglais plusieurs modifications ont été apportées dans les projets primitifs ; elles ont eu pour conséquence quelques retards dans le choix des stations et dans leur fondation définitive. Aujourd'hui, la mission Baptiste compte cinq stations. Le premier anneau de cette chaîne a été d'abord Mussuco ou Msoukou, à 100 milles de l'embouchure ; la mission y avait établi la base de ses opérations et le dépôt de ses marchandises. Depuis quelque temps, par suite de la difficulté des transports par terre, Mussuco a été abandonné pour Wanga-Wanga, qui a pris le nom d'Underhill-station. La seconde station est San-Salvador ; c'est le seul endroit où la mission possède une habitation solidement construite, du bois pour la charpente, des pierres de construction, de la chaux et des bêtes de charge pour le transport des matériaux. Sur les autres points, elle s'est contentée d'élever des huttes soit de terre, soit de bois, couvertes de paille, suivant la mode indigène. Les missionnaires anglais furent au moment de délaisser San-Salvador, où protestants et catholiques ne vivent pas en bon accord, à l'ombre du trône du roi du Congo. Les plus faibles, les protestants, avaient vu avec peine, au mois de février

1881, les prêtres catholiques débarquer à Noki, réunir 250 porteurs et faire leur entrée dans San-Salvador avec une escorte d'officiers, de sous-officiers et de marins portugais. Ils apportaient au souverain noir un piano, du rhum, de l'eau-de-vie et du drap d'or. Don Pedro V les avait autorisés à résider pendant cinq années dans son royaume. La présence de ces prêtres était devenue un embarras pour les missionnaires anglais. C'est pourquoi on avait songé à abandonner San-Salvador, mais ne voulant ni céder ni rompre, la mission anglaise y a conservé un de ses agents. La troisième station est Baynesville, sur la rive gauche; elle avait été précédemment établie à Issanghila. La quatrième est Manyanga, sur la rive droite. La cinquième a été fondée, il y a un an environ, aux environs de Stanley-Pool, à Léopoldville, sur un emplacement d'une étendue de deux acres et demie. Ce terrain a été concédé aux ministres anglais, au mois de juillet 1882, par M. Braconnier, l'un des lieutenants de M. Stanley, lequel agissait au nom du comité d'étude du haut Congo. D'après des correspondances étrangères [1], si M. Stanley a accueilli avec bienveillance les missionnaires anglais et les a autorisés à s'établir à Léopoldville, d'autre part, il leur aurait imposé des conditions léonines, des conditions qui jurent, dans tous les cas, avec le but scientifique et humanitaire, hautement proclamé, du comité d'études du haut Congo. Défense aurait été faite aux missionnaires anglais de donner asile à toute personne qui, n'étant pas affiliée au comité d'étude du haut Congo, manifesterait des intentions commerciales.

Maintenant sur ce grand fleuve, au lit immense, qui d'un côté touche, par les lacs Tanganyika et Nyassa, au canal de Mozambique et de l'autre à la Guinée méridionale, entre ses rives escarpées, on voit flotter dans le cours inférieur de ses eaux huit bateaux à vapeur à côté des légers canots sur lesquels les nègres descendent hardiment les rapides. Quatre de ces steamers, qui transportent à de futures haltes commerciales, à de futurs marchés, les ustensiles en fer, les outils et les denrées, sont la propriété du comité d'études du haut Congo : ce sont le *Royal*, la *Belgique*, l'*Espérance* et l'*En-Avant*. Deux autres appartiennent à la société Baptiste, ce sont le *Plymouth* et la *Paix*. Enfin une seconde société évangélique, la « Livingstone Inland Mission », s'est bâtie une confortable maison à Banane, à l'embouchure du fleuve; l'établissement est posé au milieu d'un terrain de neuf acres

---

Débats, 12 juillet 1883.

d'étendue, les cases des nègres alignées derrière, la plantation un peu plus loin. Cette société, dont les ministres explorent aussi l'Ogôoué, possède deux petits steamers, le *Henry Reed* et le *Livingstone*; par ce moyen, elle relie les postes de ravitaillement échelonnés sur les bords du fleuve, à Manyanga, à Banza-Manteka et à Matadi, petit coin de terre couvert de rochers, situé sur la rive gauche, presque en face de Vivi.

Nous avons essayé d'esquisser rapidement les expéditions particulières entreprises par les missionnaires français ou anglais ; nous nous sommes efforcé d'indiquer l'utilité réelle et la portée pratique de leurs projets. Que faut-il conclure des faits que nous venons d'exposer ? C'est que les uns et les autres savent s'assujettir aux longs et patients labeurs du colon et du commerçant. On les voit s'assurer par des sortes de relais la route commerciale et, une fois les points géographiques occupés, procéder au défrichement du sol, tendre à s'attacher les populations ignorantes et païennes par la sûreté et l'utilité de leurs relations. En ouvrant des écoles, ils rapprochent de nous les indigènes par les idées ; en créant des plantations, ils les accoutument au travail: ce sont là deux puissants moyens d'influence. Il est incontestable que les missionnaires français, après de légères difficultés d'installation, ont maintenant une solide situation, qu'ils sont bien accueillis sur la côte et qu'ils ont surmonté le climat d'Afrique. Ce n'est pas un résultat sans portée. C'est la preuve que l'Afrique occidentale n'est pas inhospitalière aux Européens, ni en particulier aux Français. Un autre point à constater, c'est que les ministres des deux cultes ont trouvé de bonnes terres et qu'ils se sont faits défricheurs : c'est l'indice que le pays est cultivable et que l'expansion de la culture, au moins dans les vallées, peut être un élément de prospérité. Voilà donc une nouvelle tentative de colonisation et l'on peut dire qu'elle est en bonne voie. Mais il serait téméraire d'augurer de son avenir, la fortune ayant réservé à la France tant d'échecs dans la carrière coloniale. Il serait, d'un autre côté, inexact et injuste de comparer les conditions nouvelles faites à ces tentatives aux conditions où sont nées les anciennes entreprises de nos voyageurs et de nos commerçants. Pour nous, c'est assez d'avoir montré quel aura été le berceau de notre future colonie du Congo.

Août 1883.

Ch. BRÉARD.

VOYAGE D'UN MISSIONNAIRE FRANÇAIS A STANLEY-POOL

RELATION DU R. P. AUGOUARD[1].

Saboula-Ngoulou, près Ndambi-Mbongo, samedi 9 juillet 1881.

Je vais profiter de ma soirée d'aujourd'hui pour vous donner quelques détails sur mon voyage. Ce sera pour moi un véritable plaisir, car, maintenant surtout que me voilà lancé dans le mystérieux continent africain, je ne pourrais occuper mes courts loisirs plus agréablement. Vous comprendrez facilement qu'avec mes inquiétudes et mes fatigues, je ne puis faire de grandes phrases et me lancer dans de longues relations. Je vous donnerai à peu près textuellement mon journal ; il ne contiendra que la plus exacte vérité sur les hommes et les choses que je verrai le long de ma route. Ces détails pourront intéresser ceux qui viendront après moi et auront plus tard un grand prix.

Mercredi 6. — Je ne saurais vous dire l'émotion que j'éprouvai au moment de notre séparation sur ce chemin de l'intérieur de l'Afrique, que l'on n'envisage jamais sans crainte. Cependant votre dernière parole : « Tout pour la plus grande gloire de Dieu », vint relever mon courage. Pendant quelques instants, je vous l'avoue, j'avais le cœur serré, car vous n'aviez pu vous-même me cacher votre émotion ; mais bientôt, je songeai à la grandeur de l'entreprise que vous aviez bien voulu me confier et je ne pensai plus qu'à la faire réussir. J'offris de tout mon cœur au bon Dieu les peines et les fatigues inséparables d'un pareil voyage ; je lui fis même le sacrifice de ma vie, si elle pouvait servir à faire connaître son saint nom.

Malgré les réclamations des porteurs qui trouvaient trop lourde la charge de 30 kilogr., nous fîmes cependant 9 à 10 kilomètres dans les montagnes sans nous arrêter, et nous arrivâmes au village de

---

[1] *Les Missions catholiques* années 1882, p. 100, 113, 125, 140.

Nsombo, où je fis faire halte pour prendre notre réfection. Le chef de Nsombo me fit présent d'un gallon (3 litres) de vin de palme et me montra un engagement passé entre lui et M. Stanley. Avant de quitter le village, je louai quatre *maningames* (ouvriers à la journée) pour aider les porteurs, car les enfants restaient tous en arrière et retardaient considérablement la marche. Le soir, à 5 heures et demie, nous arrivâmes au premier camp de M. Stanley, dont nos hommes utilisèrent les cases. Je fis placer ma tente au milieu du camp, au-dessus d'un petit torrent et dans une position magnifique. La traite n'ayant pas été très longue et le chemin de M. Stanley étant très bon, les porteurs étaient joyeux et le soir ils vinrent me demander les étoffes qu'ils avaient refusées à Vivi. Ils réclamaient seulement un petit morceau de coton blanc pour faire une bordure à leurs pagnes, ce que je ne fis pas difficulté d'accorder.

Jeudi 7. — Nous nous mîmes en route à 7 heures et, après avoir marché pendant une heure environ, nous arrivâmes au village de Sala-Kidoungou, où un missionnaire protestant de la mission de San Salvador, M. Bentley, a une case; mais il était parti depuis quelque temps déjà. Le chef me donna du vin de palme pour tous mes gens et deux très belles poules. Je lui offris une *moukande* (sorte de billet au porteur) pour une caisse de genièvre contenant 12 bouteilles, puis j'achetai un sac de pistaches et huit régimes de bananes pour une moukande de deux cortades (3 francs environ). Nous partons à 9 heures et nous arrivons au village de Nganghila, où nous nous arrêtons un peu vers 1 heure. J'achète un cabri pour une moukande de deux fusils, puis le chef me donne un gallon de vin de palme avec quatre belles poules, en retour desquelles il reçoit une moukande d'une caisse de genièvre; car ici tous les noirs veulent du genièvre et des étoffes de belle qualité; encore vendent-ils leurs objets à un prix exorbitant. A 2 heures, nous allons camper près d'une petite rivière qui nous fournit une eau excellente. Pendant ces deux jours, nous entendons continuellement le bruit formidable des cataractes.

Vendredi 8. — A 6 heures, nous nous mettons en route et à 8 heures nous arrivons à Sala-Kibanzi, où je trouve M. Bentley installé dans deux cases de voyage. Il me reçoit très bien et m'offre le thé. Il me donne une foule de renseignements sur son voyage à Stanley-Pool et j'en prends note. Il demeure provisoirement dans ce village pour faire transporter ses marchandises, car il n'a pas assez de porteurs pour se rendre en un seul trajet de Vivi à Issanghila. Dans un voyage de Vivi à Stanley-Pool, il a mis vingt-un jours pour aller et quinze pour revenir.

Le soir, à 3 heures, nous étions en vue du Congo, qui nous donnait un spectacle imposant, à la cataracte d'Inga. Pendant plus de 2 milles, le fleuve est blanc d'écume comme la mer en fureur; il se tord entre les montagnes semblable à un serpent et descend la cataracte avec un fracas horrible. A 4 heures, nous arrivons à une rivière d'une largeur de 20 mètres environ. Les porteurs ont de l'eau jusqu'à la poitrine et le fond de la rivière est garni de pierres tranchantes, qui rendent le passage très dangereux. Cependant il n'y a aucun accident. Pour moi, ne pouvant passer à dos d'homme, je me mis à l'eau et traversai le fleuve à la nage. Aujourd'hui, nous n'avons pu suivre la route de M. Stanley, car à Inga il a mis ses vapeurs à l'eau pour leur faire faire 6 ou 8 milles. Le chemin est très rapide au milieu des montagnes et rempli de pierres aiguës, aussi nous n'avons guère avancé. En campant à 5 heures, nous voyons deux énormes buffles à 200 mètres de nous ; mais nous n'avons pas de bons fusils.

Samedi 9. — La traite d'aujourd'hui a été fort longue, car nous avons marché depuis 7 heures jusqu'à midi et demi, sans nous arrêter. Nous n'avons rencontré aucun village, mais nous avons trouvé deux camps de M. Stanley et croisé deux caravanes, une de Krouboys de M. Comber et une de Cabindas de Vivi, revenant d'Issanghila. Les hommes ont bien un peu réclamé sur la longueur de la route et les difficultés du chemin, mais comme nous campons sur le bord même du fleuve dans une magnifique position, je leur dis que nous ne marcherons plus aujourd'hui et que demain nous nous reposerons toute la journée. Grâce à cette promesse et à un bon repas, ils se consolent un peu et prennent courage, surtout lorsque les gens de Cabinda leur disent qu'à Issanghila on trouve en abondance et à bas prix du *chikoangue* (manioc préparé en forme de pain), du vin de palme, des cabris, poules, etc.

De Kibanzi à Issanghila, c'est-à-dire pendant trois jours de marche, on ne rencontre aucun village et la route, très escarpée, est fort difficile pour des gens qui portent 30 kilogrammes. Aussi, suis-je content d'avoir pris quatre maningames à Nsombo; car, moyennant trois caisses de genièvre et trois *vestidures* (habillement se composant d'un pagne, d'un bonnet et d'une ceinture), ils nous accompagnent jusqu'à

Issanghila. Ils portent les plus lourds fardeaux et en même temps nous servent de guides. Nous avons rejoint ce matin la route de M. Stanley.

Pendant ces quatre premiers jours, le voyage s'est accompli sans grandes difficultés et j'espère que le bon Dieu nous continuera son assistance. Matin et soir, nous faisons la prière en commun, et les hommes sont heureux de causer avec moi. Au commencement, les enfants étaient tous traînards ; mais, avec les maningames, ils peuvent suivre facilement le reste de la caravane. Les autres gens sont assez bien : celui qui faisait le plus de tapage au départ de Vivi est un des meilleurs porteurs. Ils trouvent le chemin déjà long, mais j'espère qu'ils ne refuseront pas d'aller jusqu'à Stanley-Pool.

Au moment où je vous écris, je suis assis au-dessus du Congo qui coule majestueux et terrible entre les rochers. Tout à l'heure, quatre hippopotames viennent de me rendre visite et se sont sauvés, au désespoir de mes porteurs, qui auraient bien voulu les mettre dans leur marmite. Ils en ont cependant atteint un, mais un fusil a éclaté entre les mains d'un homme, qui heureusement n'a eu aucune blessure. Évidemment le bon Dieu nous protège. La nuit est arrivée et je ne puis écrire davantage, car le Cabinda qui portera cette lettre va partir pour Vivi.

Nous avons mis cinq jours pour venir de Vivi à Issanghila, sans compter le dimanche, jour de repos.

Les premiers jours, nous avons parcouru un plateau de 15 à 20 milles ; mais tout le reste de la route n'a été qu'une succession non interrompue de montagnes et de vallées qui, pendant quarante-huit heures, n'offraient qu'un terrain pierreux et difficile à gravir. Nous avons abandonné trois fois le chemin de M. Stanley qui va au Congo, où sont passés les vapeurs. Cette route est un travail vraiment gigantesque et l'on ne peut imaginer comment il a pu déplacer, en si peu de temps, cette quantité énorme de terre, d'arbres et de rochers. Hier surtout, notre chemin était magnifique. Pendant presque toute la journée, nous avons marché dans une forêt tantôt verdoyante et tantôt encombrée par des rochers très grands qu'il a fallu faire sauter avec la poudre. A un moment, le chemin arrive droit sur le Congo et le domine à pic. Presque en face, deux cataractes, l'une en amont, l'autre en aval, grondent avec un fracas horrible et roulent au milieu des montagnes leurs flots écumants et furieux. Le courant atteint là certainement une vitesse de plus de 20 milles à l'heure. Mes porteurs en étaient stupéfaits et, malgré le peu d'enthousiasme que les noirs éprouvent pour les spectacles de la nature, ils ne pouvaient retenir leurs cris d'admiration et de stupeur. Cette succession de cataractes et de rapides rendra toujours la voie du Congo extrêmement difficile et coûteuse. Quelle maison de commerce pourra jamais entreprendre de faire passer des vapeurs par-dessus les montagnes? Les frais de transport seraient difficilement couverts par les gains du commerce. Enfin, l'avenir nous montrera ce que nous ignorons aujourd'hui.

M. Lidner et plusieurs autres Européens sont partis d'ici pour Manyanga, il y a deux jours, avec le *Royal* et l'*En-Avant*, conduisant à Stanley 70 Zanzibarites et du matériel. Les vapeurs mettent six jours pour monter à Manyanga par le fleuve, et un jour et demi pour en descendre. M. Stanley va continuer sa route de Stanley-Pool, où il conduira le petit vapeur à roues *En-Avant*. Il naviguera pendant 20 milles et tout le reste du chemin s'effectuera par terre. Il veut terminer ce travail avant mars 1882, époque à laquelle expire son engagement.

M. Lidner va être chargé d'une expédition qui doit partir dans peu de temps pour Stanley-Pool, en passant par le Quango ou le Quillou.

Je reste aujourd'hui à Issanghila, car mes hommes ont besoin de repos. Je profiterai de ce temps pour acheter des vivres frais et trouver des guides sans lesquels nous nous égarerions infailliblement. M. Jansen, directeur de la station d'Issanghila, m'a reçu avec la plus grande cordialité et m'a offert tout ce dont il pouvait disposer pour m'aider dans mon entreprise.

Il faut environ huit jours pour aller d'Issanghila à Manyanga et la plupart du temps la route est encombrée de pierres qui vont faire le désespoir de mes porteurs. Aussi ne suis-je pas sans inquiétudes à ce sujet. Je vais leur distribuer de la grosse toile d'emballage, afin qu'ils se fassent des espèces de savates, qui adouciront un peu les difficultés de la marche.

Mardi 12 juillet. — Mes hommes étant extrêmement fatigués de la longue route d'hier, je les laisse se reposer aujourd'hui et je profite de ce temps pour explorer un peu le pays.

La station de M. Stanley à Issanghila est établie sur un joli plateau d'environ 50 mètres d'élévation et domine la grande cataracte au-dessus de laquelle on a mis à l'eau les vapeurs qui vont maintenant à

Manyanga et même au delà. Ici le fleuve ne saute pas brusquement et d'une hauteur déterminée; mais, resserré dans une gorge profonde, il se fraie un passage au milieu des blocs gigantesques qui barrent la rivière dans toute sa largeur. D'énormes vagues tournoyantes se forment au milieu du courant, se rencontrent, se heurtent, se recouvrent et produisent, en aval, un véritable chaos de lames furieuses se poursuivant et s'écroulant les unes sur les autres avec un fracas épouvantable, pendant une distance de plus de 2 kilomètres. Nous ne pouvions nous entendre qu'en nous parlant à l'oreille et en criant de toutes nos forces.

Mercredi 13 *juillet.* — J'attends avec impatience les guides qui m'ont été promis par le chef d'Issanghila ; mais personne ne vient. Je lève donc le camp et vais m'établir au village même du chef, distant de 3 kilomètres environ de la station. Le chef vient me recevoir, j'entame aussitôt la question des guides. Il se montre très exigeant, me demande de l'eau-de-vie, à moi qui ne bois que de l'eau ! Enfin, je lui fais un petit cadeau et il me promet des guides pour Manyanga.

Jeudi 14 *juillet.* — Au moment de partir, les guides, après avoir reçu leur paiement, refusent d'avancer ; ils prétextent que mes porteurs ne pourront pas passer, à cause d'une grande guerre qu'il y a sur leur route. C'en est assez pour décourager tous mes hommes, qui jettent leurs fardeaux et déclarent qu'ils n'iront pas plus loin. Pendant quatre heures, ils restent assis, sans que ni les promesses, ni les menaces puissent les décider à partir. Enfin, le roi lui-même prend part à la discussion et se met de leur côté. Je l'accable de reproches et lui dévoile ses mensonges et sa fourberie ; je lui déclare que je ne retournerai pas en arrière et que, puisqu'il en est ainsi, je resterai avec tous mes gens dans son village et qu'il aura à nous nourrir. Et alors, saisi de terreur, il prend ses habits de deuil, s'arme de son fusil et se met lui-même à la tête de la caravane. Trois fois encore, mes hommes jettent à terre leurs ballots et se couchent à côté. Cependant, ils finissent par obéir et le soir ils me font des excuses. Nous avons atteint Mouyanga.

Vendredi 15 *juillet.* — Dans la matinée, nous faisons bonne route ; mais, vers midi, le chef d'Issanghila déclare qu'il n'ira pas plus loin, si je ne lui donne 60 mètres de tissus. Je lui déclare de mon côté qu'il n'aura absolument plus rien, jusqu'au point où il a promis de nous conduire. Il reprend la tête de la caravane et nous arrivons au village de Kinkazou, où nous prendrons de nouveaux guides.

Samedi 16 juillet. — Dès le point du jour, je mets ma caravane en train et vois arriver le chef d'Issanghila qui, par de longs discours, veut me prouver qu'il est mon meilleur ami et que c'est uniquement grâce à lui que je suis parvenu jusqu'ici. Je me hâte de le payer et de le renvoyer, à la grande satisfaction de mes gens, qui le regardaient comme un véritable voleur. Débarrassés de ce fléau, nous faisons bonne route pendant la journée et allons camper à Kionzo sur le territoire des Bassoundis.

Là, les vivres sont à bon marché; mais les populations sont turbulentes. Jusqu'à présent, je n'ai eu néanmoins aucunement à m'en plaindre. Hommes et femmes se font une grande ouverture dans la cloison nasale et y introduisent un morceau de bois. Ils grincent continuellement des dents en faisant des grimaces rien moins que rassurantes. Ils se font en relief des dessins sur le corps et se défigurent horriblement. Les hommes portent un léger pagne en fil d'ananas ou de provenance européenne; quant aux femmes, elles sont habillées encore plus à la légère. Ils ne tiennent nullement aux étoffes qu'on leur présente; ils préfèrent de beaucoup les perles, le sel, les couteaux, le laiton, en échange de leurs produits. Malgré leur caractère turbulent, je ne rencontre nulle part d'hostilités : partout, au contraire, je reçois un accueil bienveillant. Ces populations, très denses, ignorent encore la corruption d'une fausse civilisation; aussi pourrait-on y faire un grand bien.

Dimanche 17 juillet. — Jour de repos qui se termine par une violente dispute parmi nos porteurs.

Lundi 18 juillet. — Au réveil, je redoutais les suites de la dispute de la veille ; je me suis heureusement trompé à ce sujet. Tout le monde se lève, prend son fardeau et part avec plus d'entrain que jamais. Nous marchons pendant cinq heures et arrivons au village de Kinanga, dont tous les habitants prennent la fuite. Je fais déposer les armes, et envoie des hommes avec des étoffes et des perles vers ces timides sauvages. Bientôt tout le village nous entoure pour nous vendre des vivres. J'achète une chèvre pour deux couteaux ordinaires. A 2 heures, nous nous remettons en route et arrivons à 5 heures au village de Mpembo. J'échange des cadeaux avec le chef. Ce village est grand et situé dans une position splendide, au milieu d'une véritable forêt de palmiers. Les gens du Nord qui m'accompagnent, ne comprennent plus la langue des indigènes. Le chef m'a parlé d'un blanc qui avait passé par ici et j'ai reconnu en lui M. de Brazza.

Mardi 19 juillet. — Chaque jour nous ramène les mêmes ennuis et les mêmes difficultés avec les guides. Ceux d'aujourd'hui nous déclarent qu'ils n'iront pas plus loin sans recevoir le reste de leur paiement, sous prétexte qu'ils doivent eux-mêmes payer le tribut pour traverser le village à la tête d'une caravane. Mais ils ne l'ont pas plus tôt reçu qu'ils s'apprêtent à se sauver. Je les fais surveiller de près et garde leurs fusils pour leur ôter toute tentation d'évasion. Nous traversons les villages de Manika et de Mozinga et allons camper à Kikaï.

Mercredi 20. — A 6 heures et demie, nous sommes en route et, après avoir marché pendant deux heures dans une plaine légèrement ondulée, nous arrivons à un grand marché, où aboutissent huit chemins. Quelques instants après, nous étions sur les bords d'une rivière de 25 mètres de largeur, appelée Élouala. Cette rivière ne figure pas sur la carte de M. Stanley. Pendant la saison des pluies, elle doit avoir de 8 à 10 mètres de profondeur. Un pont de lianes permet de la passer assez facilement. Le village de Nsoundi est situé sur cette rivière. Nous nous y arrêtons pour dîner. Là, nos guides nous déclarent formellement qu'ils ne peuvent aller plus loin. Je leur fais des reproches de manquer à la parole qu'ils m'ont donnée de nous conduire à Manyanga. Le chef de Nsoundi me fit cadeau d'un porc, de deux belles poules et de vin de palme; il reçoit en tissus l'équivalent de ses dons. Je lui demande deux guides; il m'en impose quatre, à 2 cortades ou 6 brasses d'étoffe chacun. Nous partons et marchons pendant la soirée sur un terrain rose extrêmement fertile. Pendant toute la marche, nous sommes suivis de plus de 500 personnes, désireuses de voir le blanc. C'est, en effet, le premier qui passe dans le pays. Ce village s'appelle Kitona. Les vivres y sont à bon marché: 6 grosses poules pour 2 couteaux; 1 fr. à peine.

Jeudi 21. — Nous avons fait plus de 18 milles. Mais plus nous avançons, plus Manyanga semble reculer. Hier, nos guides me disaient que nous y serions aujourd'hui à midi et ce soir ils m'assurent qu'il faut encore deux jours pour y arriver. Avec eux, on ne peut jamais être sûr de rien; quand ils disent deux jours, il faut en compter quatre et quand ils demandent 5 cortades, il faut s'attendre à en donner 20; encore faut-il parlementer des heures entières. Depuis cinq jours, nous prenons des guides qui doivent nous conduire à Manyanga et qui reçoivent le paiement *ad hoc*. Il en sera probablement de même de ceux que je prendrai demain. Mais qu'y faire ?

Nous avons traversé aujourd'hui une vaste plaine fertile et très peuplée et sommes allés camper au village de Boulou, sur le bord même du grand fleuve, dans un ancien camp de M. Stanley.

Vendredi 22. — Ce que j'avais prévu est arrivé : notre guide nous fait perdre du temps et nous ne partons qu'à 8 heures et demie. Après avoir suivi pendant une heure un chemin qui nous ramenait presque sur nos pas de la veille, nous arrivons sur un plateau pierreux. A leur tour, mes hommes découragés déposent leurs fardeaux, me disent de faire une case et veulent me quitter, car ils sont déjà allés trop loin. Je me retire alors à l'écart. Il est inutile de parler dans ces circonstances, on n'y gagne rien. J'avais résolu de ne pas leur dire une seule parole. La tristesse de mon visage les toucha et sans un mot de ma part, ils reprirent leurs charges et nous arrivâmes à 10 heures et demie au village de Kingouvou. On peut aller directement de Kitona à Kingouvou sans se rapprocher du Congo, ce qui fait gagner un jour ; mais les guides s'obstinent à vous faire passer par tous les villages afin de vous faire payer le tribut et donner des cadeaux. A Kingouvou, notre guide refuse d'aller plus loin et force nous est de perdre ici un jour.

Samedi 23. — Nous arrivons à midi au village de Loubota. Nos guides nous disent que nous devons y coucher et s'en vont. Cette fois, nous ne passerons point par leurs ordres : comme nous sommes en vue du Congo, je fais prendre à mes hommes le chemin jugé bon. Aussitôt le chef, voyant qu'il allait perdre un petit cadeau, me donne deux guides pour me conduire à Manyanga. C'était la cinquième fois que des noirs s'engageaient à remplir cette mission auprès de moi. Arrivés au grand marché, ils déclarent ne pouvoir aller plus loin. Mais voici une autre affaire : personne ne peut passer sur ce marché, armé d'un fusil, ni appuyer son bâton par terre. Ignorant cette coutume, nous avancions sans crainte, lorsque des cris épouvantables s'élèvent de tous côtés. En un instant, nous sommes environnés par plus de cinq cents hommes à peine vêtus, à la figure tatouée de rouge et jaune et à l'aspect vraiment sinistre. Nous parlementons et, comme tribut aux princes, nous convenons de six cortades ; mais cinq princes se disputent la prééminence et s'arrachent ces étoffes. Pour comble de malheur, l'un d'eux n'a rien attrapé ; dans sa fureur, il veut nous barrer le passage, il bouscule plusieurs de mes hommes, arrive jusqu'à moi et lève son bâton pour me frapper. A cette vue, mes guides, à leur tour, entrent en fureur et se précipitent sur le malheureux chef auquel ils allaient faire un mauvais parti, si je n'étais intervenu pour les calmer et les remettre en marche. Enfin, à cinq heures nous campons à Kibindika.

Dimanche 24. — Depuis cinq jours, on nous dit que nous allons arriver à Manyanga et point de Manyanga. Nous faisons des détours extraordinaires, ce qui allonge considérablement notre route. Cependant, nous ne sommes point égarés, car on nous montre partout des lieux où ont campé d'autres blancs et les noirs nous disent que nous suivons bien le chemin de *Boula Matadi* (celui qui casse les pierres), nom que les indigènes donnent à M. Stanley.

Après avoir de très bonne heure célébré la sainte messe, je me disposais à partir lorsque arriva le chef du village avec des cadeaux: cinq poules, deux régimes de banane et du vin de palme. Je lui reprochai le peu de délicatesse de ses gens qui nous avaient volé quelques petits objets pendant la nuit. C'était la première fois que nous avions à nous plaindre de la probité des indigènes. La question des guides nous retint jusqu'à neuf heures. Il faisait alors une chaleur étouffante et nous avions devant nous deux chaînes de montagnes élevées à franchir. Toutefois, arrivés sur les plateaux qui dominent le Congo, nous eûmes une brise rafraîchissante et nous pûmes avancer sans trop de fatigue. Sur les montagnes du Congo, la température est très supportable. Elle varie entre 22° et 26° centigrades. Parfois la brise est tellement forte, qu'elle occasionne de véritables tempêtes sur le fleuve. Les vagues se soulèvent, roulent et écument comme en pleine mer.

Nous traversons les villages de Londé, Vounda, Soundi et Kingoubou et arrivons à la rivière Mata, que je passe à la nage; comme elle est remplie de pierre, mes hommes ont de la peine à garder l'équilibre. Nous laissons encore les villages de Ndembo et Reougo et allons camper à celui de Mpangou, le dernier avant d'arriver à Ntombo Makuta, résidence de M. Stanley. Ici, les vivres sont très chers : il en est de même dans le voisinage de toutes les stations. J'ai rarement vu des villages où la population soit plus dense. J'ai en ce moment autour de ma tente une multitude de noirs parmi lesquels trois cents enfants.

Lundi 25. — Nous partons de Mpangou à 7 heures et demie et, après deux heures de marche dans les montagnes, nous gagnons la rive du fleuve qui ressemble au rivage de la mer. Nous la suivons pendant deux heures, en relevant de nombreuses traces d'hippopotames et nous arrivons enfin à 11 heures et demie à la station de Manyanga. J'y suis reçu avec la plus grande amabilité par M. Haroud, officier belge, directeur de la station. MM. Stanley, Braconnier, Walke et Frank étaient partis pour Stanley-Pool, le mercredi précédent, avec quatre-vingt-dix Zanzibarites.

Mes porteurs sont découragés et ils viennent me signifier qu'ils ne veulent pas aller plus loin, parce qu'on leur a dit que, plus haut, on allait leur faire la guerre et qu'ils seraient mangés. Je leur rappelle l'histoire d'Issanghila et les promesses qu'ils m'y ont faites. Ils se calment un peu, et trois bouteilles de genièvre que M. Haroud avait eu la bonté de me donner achèvent de remettre leur courage.

Les ministres protestants ont dit partout et ont fait imprimer sur leurs cartes qu'ils étaient à Manyanga. Il n'en est absolument rien. Ils sont encore à Elounzima, à quatre ou cinq jours de Manyanga. M. Lidner, membre de l'expédition, se présente un jour chez les Révérends qui lui demandent s'il n'avait pas de lettres pour eux.

— J'en ai pour Manyanga, dit-il, mais point pour vous.

— C'est bien pour nous, répliquent ces messieurs.

— C'est impossible, reprend le voyageur, car elles portent toutes l'adresse de Manyanga et je ne suis encore qu'à moitié chemin. Après avoir joui quelques instants de leur embarras, il leur remet leur correspondance.

Mardi 26. — Journée de tribulations et d'ennuis. Oh! que de patience il faut avec ces pauvres noirs! Mes hommes étant fatigués, je leur avais accordé de se reposer aujourd'hui; mais je voyais à leur tournure qu'il se tramait quelque chose. En effet, dans l'après-midi, ils viennent tous devant ma tente pour me déclarer que décidément ils voulaient retourner chez eux. Je leur réponds que, pour moi, je ne le peux pas et que s'ils m'abandonnaient ils seraient certainement tous saisis dans les villages et vendus comme esclaves, que ce serait leur affaire et que je ne donnerais pas un mètre de tissu pour les racheter. Ils ne veulent rien entendre et, excités par l'un d'entre eux, ils partent. Cependant cinq me sont restés fidèles et j'ai résolu de continuer mon voyage avec eux et les huit enfants de la mission. Mais, deux heures après leur départ, les fuyards sont tous revenus, en promettant de m'accompagner jusqu'au bout.

Mercredi 27. — Après avoir remercié M. Haroud de sa généreuse hospitalité sur cette sauvage terre d'Afrique, je pris la seconde route faite par M. Stanley pour transporter le vapeur *En-Avant* au-dessus de la cataracte de Ntombo-Mataka. Cette route, longue de 8 milles, a été achevée en 15 jours sur un terrain exempt de pierres et d'aspérités. Aujourd'hui donc, le service d'Issanghila à Manyanga est fait par le *Royal* et au-dessus de Manyanga, l'*En-Avant* va parcourir une douzaine de milles pour atteindre l'autre cataracte. A 10 heures, je parvenais au camp de Ntombo-Mataka, mais il était désert. Tout le monde en était parti depuis hier matin. A 11 heures et demie, j'arrivais dans une jolie crique où est installée une partie du personnel de l'expédition. J'y fus reçu avec une grande courtoisie par M. Liduer qui avait avec lui MM. Schram, Hardouitch, Albert et 50 Zanzibarites. Ceux-ci sont occupés à transporter, à petites journées, les ravitaillements de M. Stanley. Le camp suivant est établi à une heure de navigation et pour y arriver il y a quatre rapides à passer. Pour les franchir, l'équipage doit sauter à terre et hâler l'embarcation au moyen d'un câble. Il en est de même entre Issanghila et Manyanga. Aux basses eaux, le service entre ces deux points est même interrompu par le fleuve, car il n'y a plus assez d'eau pour le *Royal*, qui, cependant, ne cale guère plus d'un mètre. C'est que, sur presque toute la largeur du fleuve, les rochers, qui émergent alors, rendent la navigation extrêmement périlleuse. A l'endroit où je me trouve, le lit du Congo n'a pas plus de 300 mètres de large et les eaux ont baissé de plus de 5 mètres.

Demain, je reprendrai mon voyage vers Stanley-Pool, en suivant les traces du dernier passage de M. Stanley, car on m'assure que, si je suis le cours du Congo, je me retarderai de 5 ou 6 jours, à cause des nombreuses rivières qu'il me faudra traverser ; ce que j'éviterai en passant un peu plus dans l'intérieur, comme M. Stanley lui-même vient de le faire. Les guides ne veulent pas aller à plus d'une journée de marche, mais on en trouve d'autres assez facilement. Ma santé se soutient toujours vigoureuse. Je n'ai même point ressenti de fatigue, bien que mes hommes me trouvent considérablement amaigri. Un de mes porteurs a été atteint d'une forte fièvre qui m'a donné des inquiétudes. Il est heureusement remis. En somme, tout va assez bien, malgré les misères et les difficultés qui m'arrivent chaque jour, comme le pain quotidien du missionnaire en Afrique. Puisse Dieu bénir ces peines supportées pour sa plus grande gloire et le salut des âmes !

Jeudi 28. — Nous traversons la rivière Mbéka, dont le cours produit une succession de cataractes, qui sur l'espace de 150 mètres peuvent bien avoir 80 mètres de chute. Dans la saison des pluies, elle doit être d'un passage excessivement dangereux ; mais, dans ce moment, nous avons pu la franchir à gué, ayant de l'eau jusqu'à la ceinture. Nous gravissons quatre chaînes de montagnes qui se dressent presque à pic et qui nous laissent voir l'aridité la plus complète. Nous descendons ensuite dans une belle vallée d'une admirable fécondité et nous allons camper au village de Lemba, sous un gracieux bouquet de palmiers. Le chef me fit présent d'une chèvre, de bananes et de vin de palme. Il eut en échange un cadeau équivalent. Mais, en le recevant, il me fit dire poliment qu'il n'était pas content et qu'il voulait davantage. Je lui répliquai que, s'il n'était pas satisfait, il n'avait qu'à aller se promener avec son quadrupède. Je commençais, en effet, à connaître la manière dont il fallait agir avec ces majestés au petit pied. Aussi le chef ne fut-il nullement froissé de ma réponse et se hâta d'accepter mon présent. Un jour, un autre chef, à qui j'avais fait un cadeau supérieur au sien, voulut aussi se montrer exigeant, car tous se figurent que les blancs peuvent donner sans jamais s'appauvrir. Pour moi, qui savais bien ne pas posséder la corne d'abondance, je voulus faire entendre raison à ce chef, qui prit de là occasion de m'agacer plus que les autres. J'imaginai alors un expédient et répliquai : « Tu m'as donné une chèvre et des bananes? — *Nghètè, moundèlè!* (Oui, blanc.) — Je te remercie, et, puisque je les accepte, elles sont bien à moi? — *Nghètè, moundèlè.* — Alors, puisqu'elles sont à moi, je vais les manger. Pour toi, si tu ne veux pas de mon présent, laisse-le ici et j'emporterai la chèvre et mes étoffes — *Pèlè! Pèlè!* (Non, non.) » Et, ce disant, mon homme s'empresse de ramasser mon présent et de le cacher soigneusement dans sa case. Peu après, il revient et me dit en riant : « Oh ! les blancs sont plus rusés que les noirs. »

Un dernier trait ; car je n'en finirais pas, si je voulais les raconter tous.

A Manyanga, j'avais acheté un magnifique porc pour 40 mètres de cotonnade ordinaire. Le vendeur, étant parti, revint au bout d'une demi-heure, avec les étoffes toutes dépliées et froissées, pour me réclamer davantage. Je lui dis d'attendre un peu. Je pris un fusil, et à 30 mètres, je visai mon *habillé de soie*, qui tomba raide mort. Alors, je demandai à mon homme ce qu'il désirait : — Rien, dit-il, et il partit en riant et disant : « Ah ! *moundèlè! moundèlè!* »

Peut-être que certaines personnes trouveront cette manière de faire peu parlementaire ; cependant elle paraît si naturelle à mes noirs et ils s'en froissent si peu, qu'ils viennent en rire avec moi, sachant parfaitement que je ne veux point entrer en hostilité avec eux. C'est souvent l'unique moyen d'éviter des discussions interminables et qui finissent ordinairement par mécontenter tout le monde.

Vendredi 29. — Dans la matinée, nous arrivons à un marché dont vendeurs et acheteurs s'enfuient à notre approche. Nous faisons des signes d'amitié et bientôt tous se rassemblent pour voir le blanc. Ils poussent des cris de stupéfaction difficiles à décrire. Toutefois, ils se tiennent à distance et, si je fais un pas, un geste, ils s'enfuient comme une volée de passereaux. Je me retire le premier et mes hommes achètent des vivres. Nous traversons ensuite une forêt d'ananas arborescents et allons dans la soirée camper près de la rivière Louvoubi, nommée Edwin-Arnold par M. Stanley. Cette rivière a environ 40 mètres de largeur. Elle se précipite dans le Congo d'une hauteur de plus de 100 mètres. La falaise est tellement à pic et la rapidité du courant si accélérée par une chute antérieure de 30 mètres, que la rivière va tomber sur des rochers énormes situés à une grande distance de la falaise. Le site est réellement admirable et je n'ai point regretté, pour en jouir, mon excursion à travers les rochers.

Samedi 30. — Nous faisons une bonne marche, malgré l'absence du guide, qui s'est enfui après avoir reçu son paiement (ici il faut toujours payer d'avance). Force nous a donc été de nous diriger sur la boussole.

Dimanche 31. — Un grand nombre d'indigènes assistent à la messe et y gardent le plus religieux silence. Les Babouendés, dont nous allons aujourd'hui quitter la tribu, sont simples, affables et ne songent nullement à inquiéter le voyageur. Ils semblent avoir une plus grande civilisation que leurs voisins. Ils causent volontiers avec le blanc et sont très contents lorsque celui-ci veut bien s'entretenir avec eux et répondre à leurs mille questions. Mais, pendant la conversation, il faut les surveiller attentivement, car ils sont essentiellement voleurs et ils donneraient des leçons aux plus habiles pick-pockets de Londres ou de Paris. Leurs cases sont bien faites et élevées de 4 à 5 mètres, ce qui est extraordinaire chez les noirs. Ils n'ont point d'armes et leur timidité démontre suffisamment qu'ils ne sont point habitués à faire la guerre. Aussi, chez eux, la route est-elle parfaitement libre. Ceci est dû, sans doute, à la grande multitude des chefs indépendants, jaloux de leur autorité et ne songeant nullement à s'unir pour former un État compacte et puissant.

Lundi 1ᵉʳ août. — Aujourd'hui, pour la première fois depuis notre départ de Vivi, nous avons été obligés de nous servir de canots pour passer la rivière Nkenké, très profonde et large de 60 mètres environ. J'en ai été quitte pour cinq brasses d'étoffes ordinaires. Nous sommes entrés sur le territoire des Batékés, qui se distinguent des autres populations par quatre incisions longitudinales sur chaque côté de la figure.

Mardi 2. — Du haut d'une colline, nous apercevons les dernières cataractes au delà desquelles s'élargit, comme une mer, l'étang de Stanley.

Mercredi 3. — La vue de Stanley-Pool a doublé le courage de mes hommes ; aussi faisons-nous une marche rapide au milieu d'une immense plaine où nous relevons continuellement des traces d'éléphants et d'hippopotames. A 11 heures, nous arrivons à la rivière Djoué, nommée Gordon-Bennett par M. Stanley ; mais nous sommes arrêtés par la mauvaise volonté du canotier, qui ne consent pas à nous passer à moins de 40 brasses d'étoffes. A peine ai-je traversé la rivière, que je vois accourir à ma rencontre M. Stanley. Notre entrevue a été des plus courtoises. J'ai remis à l'illustre explorateur le pli dont je m'étais chargé pour lui et nous avons causé pendant plus de deux heures. M. Stanley m'a raconté qu'étant arrivé cinq jours avant moi, il avait été fort mal reçu par les indigènes qui avaient construit une immense barricade derrière laquelle ils se retranchaient armés de leurs fusils et de leurs sagaies. M. Stanley, avec ses 3 blancs et ses 70 Zanzibarites munis de fusils à 14 coups, pouvait évidemment balayer la place en moins de 10 minutes, mais il n'a pas voulu recourir à la violence et le hardi voyageur s'est laissé conduire dans une espèce de marécage d'où les indigènes lui défendent de sortir. Je le félicite de sa conduite pacifique et des sacrifices qu'il s'impose pour ne pas compromettre l'avenir. De son côté, il me conseille de camper à l'endroit où je me trouve, craignant, dit-il, que, si je vais directement au village, je ne sois reçu à coups de fusil. Je suis ce conseil et envoie prévenir le roi de l'arrivée d'un Français. Ce sont les seuls étrangers qu'il souffrait sur son territoire depuis le passage de M. de Brazza.

Jeudi 4. — Sur l'invitation du roi, je me rends au village. Je cherche à camper sur le bord même du fleuve ; les sauvages Batékés s'y opposent. Je veux alors m'établir dans une localité voisine ; mais les habitants me déclarent formellement qu'ils ne permettront jamais à un blanc de dormir sur leurs terres. Cela me paraît d'autant plus extraordinaire que je vois le pavillon français flotter au-dessus de tous les villages. Enfin, le roi lui-même vient me chercher et me fait camper près de sa tente, mais non sans me réclamer paiement. Quelques heures après mon arrivée à Omfoa, je vois apparaître le sergent Malamine, laissé par M. de Brazza à la garde du pavillon français à Stanley-Pool. Il me communique le traité d'annexion fait par M. de Brazza et dont je vous envoie copie.

« Au nom de la France et en vertu des droits qui m'ont été conférés le 10 septembre 1880 par le roi Makoko, j'ai pris possession, le 3 octobre 1880, du territoire qui s'étend entre la rivière Djoué et Impila. En signe de cette prise de possession, j'ai planté le pavillon français à Okila en présence des chefs oubanghis venus à Nkouna pour leur commerce, et de Ntaba, Lecanho, Ngaekala, Ngaeko, Jenna, chefs batékés, vassaux de Makoko et de Ngalième, le représentant officiel de son autorité en cette circonstance. J'ai remis à chacun de ces chefs un pavillon français, afin qu'ils l'arborent sur leurs villages en signe de ma prise de possession au nom de la France. Ces chefs, officiellement informés par Ngalième de la décision de Makoko, s'inclinent devant son autorité, acceptent le pavillon et, par leur signe fait ci-dessous, donnent acte de leur adhésion à la cession du territoire faite par Makoko.

« Le sergent Malamine, avec deux matelots de l'équipage de la *Cordelière*, reste à la garde du pavillon et est nommé provisoirement chef de la station française de Nkouna.

« Par l'envoi au roi Makoko de ce document fait en triple, et revêtu de ma signature et du signe des chefs ses vassaux, je lui donne acte de ma prise de possession de cette partie de son territoire pour l'établissement d'une station française.

« Fait à Nkouna dans les États de Makoko, le 3 octobre 1880.

« L'Enseigne de vaisseau,

« Signé : Pierre SAVORGNAN DE BRAZZA,

« + NGALIÈME, + LECANHO, + NTABA, + NGAEKO, + JENNA. »

Sur le soir, je suis allé rendre visite au roi avec le sergent. J'ai eu pour siège 25 grandes défenses d'éléphant sur lesquelles on avait étendu une natte. Le roi m'a dit que les indigènes voyaient d'un mauvais œil les blancs venir dans leur pays et qu'ils ne permettraient absolument à personne d'y faire une case avant l'arrivée de M. de Brazza, qu'ils attendent depuis plus de 6 mois.

Vendredi 5 août. — Je vais au camp de M. Stanley lui rendre sa visite. Il est établi dans un horrible bas-fond, resserré entre le fleuve et une forêt épaisse, à 2 kilomètres de tout village. Il y a défense expresse de lui vendre aucune nourriture. Nous causons pendant plus de quatre heures. Messieurs les officiers belges me disent que jamais ils ne l'ont vu aussi expansif. Il a voulu absolument me retenir à dîner et a invité, en mon honneur, MM. Braconnier, Walke et Frank. Il a bien voulu me donner les longitudes et latitudes de Stanley-Pool et de Manyanga, d'après des observations très exactes qu'il venait de faire. Il m'a avoué lui-même que ses observations premières sur Stanley-Pool n'étaient pas exactes et que cela tenait à ce qu'il les avait faites à la hâte et d'une manière approximative, ayant perdu son chronomètre dans le dernier combat soutenu dans le haut du fleuve.

En rentrant à mon camp, je le trouve entouré d'une foule de Batékés qui manifestaient à mes gens des dispositions hostiles et leur disaient qu'ils n'avaient qu'à partir, car les indigènes n'avaient pas besoin d'eux. J'allai me plaindre au roi, qui me répondit que ce n'était pas lui qui avait parlé et que je pouvais encore rester trois ou quatre jours.

Samedi 6. — Je retourne au camp de M. Stanley qui m'avait prié de revenir le voir. Comme hier, il a été pour moi d'une courtoisie et d'une amabilité charmantes et pendant plus de trois heures, j'ai pu jouir du charme de sa conversation toute pétillante d'esprit et de finesse. Pendant notre entretien, douze Zanzibarites, qui étaient allés au loin pour acheter des vivres, reviennent avec de sinistres nouvelles. Pendant la nuit, les trois principaux chefs de Stanley-Pool ont décrété la peine de mort pour tous ceux qui vendraient des vivres à M. Stanley et pour les blancs qui ne seraient pas partis dans trois jours. Je lui dis que je ne croyais guère à ces rumeurs ; mais il me répond qu'il a reçu confirmation de cette nouvelle par des espions particuliers qui ont assisté à ce conseil nocturne.

Je retourne à mon camp et vais immédiatement chez le roi, qui m'assure que moi, Français, je n'ai absolument rien à craindre, mais que je ne puis construire de case immédiatement.

Voyant bien que, pour le moment, il n'y avait rien à faire contre cet entêtement, j'annonce au roi que je vais repartir et lui laisse pour présent un manteau rouge brodé d'or et d'argent. Sa joie ne connaît plus de bornes et il proclame bien haut que je suis son meilleur ami. Je lui explique alors le but de ma mission et il me répond que, lorsque je reviendrai, je pourrai m'établir chez lui, pourvu que je lui apporte en cadeau ce que M. Stanley avait donné à un autre chef : deux ânes et un grand chien noir.

Dimanche 7. — Je vais faire mes adieux au roi et après les plus vives protestations d'amitié nous nous séparons les meilleurs amis du monde. N'ayant pas l'habitude de voyager le dimanche, je ne vais camper qu'à la rivière Djoué ; M. Stanley fait, avec ses officiers, une longue route pour venir me faire ses adieux et en partant il met à ma disposition son vapeur pour descendre de Manyanga à Issanghila.

Donnons ici quelques renseignements sur les indigènes de Stanley-Pool. Les Batékés sont un peuple essentiellement guerrier ; ils passent pour anthropophages et la conduite qu'ils tiennent dans tous leurs actes n'est pas faite pour détromper le voyageur. Ils sont tous armés d'un fusil, d'une sagaie et d'un large coutelas dont ils font usage à la moindre contestation. Leurs cheveux, tressés et enduits d'huile d'arachide mêlée à du charbon, leur donnent un aspect repoussant. Ils portent au milieu du front une tresse se relevant comme une corne de rhinocéros et de chaque côté deux autres tresses descendant comme des trompes d'éléphant. Ils ont la figure et la poitrine peintes en rouge, en blanc et en jaune, ce qui ne contribue pas peu à leur donner l'aspect de véritables sauvages. Leurs huttes sont petites et mal faites et l'on y entre, généralement, en rampant. Ils s'adonnent tous au négoce de l'ivoire, sur la rive droite du lac et ils négligent absolument l'agriculture, ce qui explique la grande cherté des vivres à Stanley-Pool. Malgré l'abondance des étoffes européennes, les Batékés ne sont vêtus que de tissus de paille. Il ne leur vient même pas à l'idée de s'habiller avec les étoffes d'Europe, qui ne leur servent que de monnaie. Chez les Batékés, la population est nombreuse et une mission serait d'autant mieux placée à Stanley-Pool que son influence s'y répandrait au loin par les nombreuses caravanes qui y affluent de toute part, par le fleuve et par terre. L'hostilité des indigènes disparaîtra peu à peu par la fréquence des visites des Européens et les communications avec la côte, s'établissant rapidement, permettront, très prochainement, à la préfecture apostolique du Congo d'établir une mission avancée sur ce point important, véritable porte d'entrée de tout l'intérieur et centre du commerce.

Lundi 8-12. — Le voyage de retour s'effectue rapidement et sans difficulté de la part des porteurs et des guides. En cinq jours nous sommes arrivés de Stanley-Pool, à la station de Manyanga. Manyanga est une grande ville située dans l'intérieur à 7 ou 8 milles du fleuve et l'entrée en est sévèrement interdite aux Européens. Toutefois, les indigènes permettent aux noirs des caravanes d'aller s'approvisionner à ce marché. Le marché de Manyanga est sans contredit le plus important que l'on trouve sur toute la route de Stanley-Pool. Il se tient de neuf en neuf jours et on y compte de 8,000 à 10,000 indigènes qui s'y assemblent de tous les points du district et même de la rive gauche du fleuve. On y trouve tous les articles européens : la poudre, le sel, les étoffes, la poterie, la verrerie, la quincaillerie, etc. Ces objets constituent la monnaie courante et sont échangés contre les richesses du pays.

Vendredi 15. — Après 6 jours d'attente à la station de Manyanga, nous partons, aujourd'hui, avec le vapeur *Royal*, remorquant un grand chaland où est entassée ma caravane. Nous courons sur le terrible fleuve une course effrénée. Il y a trois cataractes à traverser pour arriver jusqu'à Issanghila. Mais ces cataractes qui sont très prononcées sur la rive droite, ne sont, sur la rive gauche, que de forts rapides et avec un bon pilote et du sang-froid, on les passe sans accident, mais non sans danger. A la première cataracte, nous filons au moins 20 nœuds ; le plus dangereux n'est pas sur le rapide, mais bien dans les immenses tourbillons qui suivent toujours ces chutes du fleuve. Nous sommes saisis par un de ces tourbillons et, tout autour de nous, nous voyons l'eau s'élever à $0^m,50$ au-dessus de nos embarcations ; nous tournons comme des coquilles de noix ; mais, grâce à la puissance de la machine du *Royal*, nous échappons sains et saufs à ce danger. Les mêmes scènes se répètent à chacun des nombreux rapides que nous franchissons. Les bords de la rivière sont infestés de caymans ; nous en avons vu plus de deux cents dans notre journée. Enfin nous arrivons à la dernière et plus dangereuse cataracte. La rivière est barrée de roches ; la plupart n'émergent pas assez pour être aperçues et ne sont point assez profondes pour que l'on puisse passer par-dessus. Nous supprimons toute vapeur et nous nous engageons dans une passe qui nous laisse voir les roches de chaque côté à moins de 2 mètres de distance et cependant le vaisseau file avec la rapidité d'une flèche. Enfin nous arrivons heureusement à Issanghila, après un jour et demi de navigation. Ainsi, en un jour et demi, nous avons franchi, par le fleuve, l'espace que nous avons mis 13 jours à parcourir par terre.

Le lendemain, nous nous mettons en route pour Vivi, que nous atteignons en 2 jours et demi après avoir fait 12 à 14 lieues par jour dans les montagnes.

Le mercredi, 24 août, nous nous embarquons tous à bord de la *Belgique* que M. Stanley avait également mise à ma disposition pour me rendre à Banane. A une heure, nous arrivons en vue de Mboma où mes hommes mettent en branle toute leur artillerie. Mes confrères sont dans la stupéfaction de me voir revenir si promptement d'un si long et si pénible voyage et tous ensemble nous bénissons le Seigneur qui m'a si visiblement protégé pendant toute la route. M. Greshoff, gérant des factoreries hollandaises du Congo et protecteur dévoué de nos missions, donne en mon honneur un banquet auquel je ne peux pas me soustraire.

25 août. — Enfin, le 25 août, à 7 heures du soir, nous arrivons tous à Banane, où tout le haut personnel de la maison hollandaise vient à notre rencontre pour me féliciter de l'heureux succès de mon voyage. Il avait duré 25 jours.

En résumé, si les difficultés et les ennuis de toute sorte ne m'ont point fait défaut, je dois dire, cependant, que je n'ai rencontré aucune hostilité de la part des indigènes sur toute ma route et j'ai toujours été accueilli avec autant d'empressement que de curiosité. A Stanley-Pool, il est vrai, la situation était un peu tendue ; mais cela tient à un état de choses particulier et transitoire, qui ne tardera pas à disparaître ; dans un avenir très prochain, les communications seront, sans aucun doute, parfaitement établies entre le grand lac et la mer. En effet, Stanley-Pool est incontestablement le plus grand marché d'ivoire de la côte occidentale et il n'est point étonnant qu'il soit aujourd'hui le point de mire de tous les Européens. Le village d'Omfoa, où j'étais établi, est le marché central où il se vend en moyenne 80 à 100 défenses par jour. Les indigènes de Stanley-Pool achètent l'ivoire des Ouyanzis qui l'amènent par le fleuve et ils le revendent sur place aux courtiers bakongos qui le transportent sur les marchés de Zombo et de San-Salvador, où il est acheté par d'autres courtiers qui le remettent aux factoreries de Kinssembo, Amstriz et sur le bord de la mer. Sans aucun doute, les négociants européens vont aller trafiquer par eux-mêmes, et sur les lieux, ce riche produit. La route vers le centre du continent mystérieux est donc ouverte et, grâce à Dieu et pour l'honneur de notre sainte religion, les ministres de l'Évangile n'auront pas été les derniers à y travailler. Fasse le ciel que tout soit pour la plus grande gloire de Dieu et le salut des âmes !

VOYAGE DES MISSIONNAIRES ANGLAIS A STANLEY-POOL

RELATION DE M. HOLMAN BENTLEY [1]

Une douzaine de tentatives faites pour gagner Stanley-Pool par la voie de San-Salvador et de la rive sud du Congo, eurent pour dernier épisode l'agression perfide des gens de Banza-Makuta en septembre 1880. Ce fut alors que M. Comber fut atteint d'un coup de feu.

La blessure se guérit peu à peu et dans de bonnes conditions, mais une fièvre maligne maintint le blessé pendant plusieurs semaines en grand danger. Dès que l'état de M. Comber le permit, nous discutâmes nos plans et, suivant le désir du roi, son fils, don Manoël, fut envoyé à Makuta.

Le palabre traîna péniblement en longueur. Enfin, à Noël, nous décidâmes que, si la première semaine de janvier 1881 ne nous apportait pas des nouvelles définitives, on renoncerait à la rive sud et qu'on tenterait l'aventure par la rive nord.

Le lundi 3 janvier, don Manoël arriva et, après un palabre de trois jours, il parut y avoir des raisons suffisantes pour faire une nouvelle tentative, la réponse étant satisfaisante dans une certaine mesure.

Il fut cependant convenu que, comme on avait déjà rencontré beaucoup de déconvenues, il serait fait des tentatives simultanées sur les deux rives du fleuve.

Beaucoup d'hommes du Congo s'offrirent à nous accompagner et à nous servir de porteurs sur la rive sud.

La troupe de M. Comber devait représenter la partie lourde de l'expédition, tandis que la troupe destinée à la rive droite, n'ayant que deux volontaires, était forcée d'agir en troupe légère et d'explorer rapidement la route du Nord.

Dans le cas où l'on échouerait de nouveau sur la rive du Sud, MM. Comber et Hartland devaient passer sur la rive nord.

---

[1] Traduit du *Missionary Herald* du mois d'août 1881.

Nous avions 23 Krouboys (jeunes garçons des Kroo). Comme beaucoup d'hommes du Congo s'offraient à accompagner l'expédition du Sud, 8 jeunes garçons reçurent l'ordre d'accompagner M. Comber. Les 15 autres devaient suivre l'expédition du Nord avec deux volontaires, — Antonio comme « linguista » (interprète) et Garcia comme porteur.

Deux jours furent employés à faire les paquets. A 8 heures du matin, le samedi 8 janvier, M. Crudgington et moi, nous nous mîmes en route. M. Comber espérait partir le lundi suivant.

Nous passâmes le dimanche à Kaï et, le jeudi 13 janvier, nous atteignîmes Mussuca.

Le jour de notre départ, nous avions laissé derrière nous un petit sac. Mata, un jeune garçon qui fut envoyé après nous pour nous le porter, consentit à nous suivre [1].

Le jeudi, comme nous approchions de Mussuca, nous rencontrâmes deux hommes de Tonga, Tingi et Pedro, qui consentirent aussi à nous accompagner.

Deux jours de plus pour faire les paquets et arranger les fardeaux à Mussuca; puis, après le repos du dimanche, nous fûmes prêts à partir.

Lundi, 17 janvier. — De bonne heure, le lundi matin, 17 janvier, nous nous rendîmes en canot à la factorerie hollandaise de Wanga-Wanga, un peu au-dessus de Noki. De là, par terre — deux milles — à M'pwélélé. Là, nous couchâmes, après avoir pris des arrangements pour le lendemain avec le chef des *remadores* (pagayeurs).

Mardi, 18 janvier. — Nous allons à Matadi et sommes portés en bac à la crique Belgique, un peu au-dessous du dépôt de M. Stanley à Vivi. Le courant était si fort que le canot fut porté bien en aval avant d'atteindre l'autre rive et qu'il parvint à la crique avec beaucoup de difficulté. Il était plus de midi lorsque nous avons pu déjeuner au pied de la colline de Vivi. Il avait fallu faire deux étapes. Nous avons fait une courte visite à M. Augustin Sparhawk, agent de M. Stanley à Vivi et, bien qu'il fût 3 heures de l'après-midi, nous nous sommes déterminés à coucher dans un village sur le sommet des collines de Vivi. Nous

---

[1] « .... Nous comptions donc en tout vingt hommes; c'était un bon début et nous étions pleins d'espoir. Nous prenons aussi peu d'effets personnels que possible : une caisse chacun, une tente pour le cas où nous aurions besoin de camper, du riz pour les Krouboys dans le cas où il y aurait disette des vivres du pays, des boîtes de conserves pour nous-mêmes, le reste en toile et objets de troc. Nos approvisionnements n'étaient pas considérables pour un voyage de quarante ou cinquante jours et il nous a fallu pratiquer la plus stricte économie. » (*Notes d'un voyage à Stanley-Pool*, par Henri E. Crudgington.)

avancions rapidement sur une route belle et large. A 4 h. 30 m., nous atteignions Sombo et nous nous y arrêtions pour la nuit [1].

Mercredi, 19 janvier. — Nous nous levons à 4 h. 30 m. et recevons la visite de deux chefs, Kanita et Mavungu, chef de Banza-Vivi, qui nous donne quatre poules et des bananes. Nous lui faisons un beau cadeau, qui paraît lui faire grand plaisir et il s'offre à nous servir de guide jusqu'à Issanghila.

Après avoir suivi la crête pendant quelque temps, nous descendons dans la vallée de la Sua, un ruisseau qui court à l'Ouest. Nous le franchissons et la route remonte les collines.

Nous apprenons qu'un homme blanc, avec des Zanzibarites et un train de mules, a couché ici la nuit précédente et n'a pas beaucoup d'avance sur nous. Cela nous stimule tous à redoubler d'efforts.

Banza-Vana, qui paraissait couronner un sommet élevé, est, en réalité, sur le bord d'un plateau ou plutôt sur les restes d'un ancien plateau, actuellement ravagé par la combinaison de toutes les forces destructives de la nature.

Les sommets des collines, les unes coniques, les autres ayant des formes qu'il est à peu près impossible de décrire, avec quelques restes de l'ancien plateau, ont une altitude moyenne d'environ 1,200 pieds, sauf des variations peu importantes.

M. Stanley a indiqué des faits nombreux et fourni des données résultant de mesures exécutées par lui avec le plus grand soin. On en peut conclure que ces hauteurs et ces crêtes qui paraissent si anormales sont réellement les restes du plateau primitif, tandis que les gorges, les vallées et les précipices sont des modifications apportées par la nature. Il serait difficile de trouver un lieu portant des traces évidentes d'une ruine aussi complète que la région entre Vivi et Issanghila.

---

[1] « En somme, notre marche était peu rapide ; souvent nous marchions huit ou dix milles par jour, alors qu'avec de bons marcheurs nous aurions pu faire le même chemin en moitié moins de temps. Les Krouboys ne sont pas habitués à voyager et leur mauvaise marche nous cause une multitude d'ennuis. Ils ne peuvent porter que des colis très légers et à condition de marcher très lentement. Cependant, il ne faut pas oublier que sans eux nous n'aurions jamais pu accomplir notre voyage. Six mois plus tôt, les mêmes hommes ne nous auraient pas accompagnés aussi loin. Mais ils ont été huit mois avec nous et ils ont un si fort arriéré de solde, qu'ils ne veulent pas se sauver et risquer de perdre tout. En outre, ils se sont habitués à voyager avec nous dans le Congo. Tous les jours nous avions des palabres avec nos hommes du Congo, qui auraient déserté et auraient influencé les Krouboys pour se faire accompagner par eux s'ils avaient été en force. Nous ne pouvons les amener à marcher qu'en leur disant de laisser là leurs charges et de s'en aller. Ils avaient peur de revenir sans nous. Nous leur répétons maintes fois que lorsqu'il y aura un danger réel nous retournerons en arrière, mais *pas avant*. Je me contente de mentionner ces petites difficultés avec nos hommes pour n'y plus revenir. » (H. E. Crudgington.)

L'air, le feu et l'eau ont conspiré pour effacer toute trace du beau plateau qui existait jadis. En deux ou trois endroits, la rivière elle-même a creusé des vallées profondes, puis les a abandonnées pour un lit plus doux et situé plus bas. La force du feu intérieur a déchiré les roches ; de vastes affaissements ont été cause que des milles carrés du plateau ont été jetés sous une multitude d'angles différents, tandis que l'action de la rivière, minant le terrain aux endroits où elle était étroite et profonde, a provoqué d'énormes éboulements.

Même dans les quelques fragments du plateau qui subsistent, les torrents ont creusé des vallées profondes et ces restes du plateau ont l'aspect de larges collines aplaties.

A partir de Banza-Vana, la route suit un beau plateau uni pendant sept milles dans la direction de Salika-Banza.

Il y a deux vallées traversant la route. Sur le flanc de la première, nous passons le petit village de Vumba.

Le niveau des ruisseaux, dans ces vallées, était d'environ 300 pieds au-dessous du plateau. S'élevant de la seconde vallée, la route de M. Stanley se dirige vers Makaya-ma-Nguba. De là, ses vapeurs et ses marchandises sont transportés par eau jusqu'à l'embouchure de la rivière Mbundi. Nous prenons un chemin de mulets plus direct, qui va rejoindre la route à Mbundi par Salika-Banza. En arrivant au village, nous trouvons M. Harou, qui avait sous sa direction quelques Zanzibarites et un train de mules et d'ânes portant des provisions à Mbundi.

Comme c'est la dernière ville que nous rencontrerons avant d'atteindre Issanghila, nous décidons de ne pas aller plus loin.

Jeudi, 20 janvier. — Notre guide refuse d'aller plus loin, redoutant de revenir seul. Rien ne peut le décider à nous suivre et nous partons seuls à 6 h. 30 m. Nous faisons route au N.-N.-E pendant trois milles un quart. Nous descendons une longue pente douce qui nous conduit à un ruisseau (anéroïde : 650[1]). De là, nous nous élevons par une pente régulière jusqu'à 800 pieds. A ce moment, les jeunes garçons qui forment l'avant-garde s'arrêtent et nous appellent. Nous constatons que des buffles ont pris peur et se sont enfuis dans un bois à 1 demi-mille de distance. Avec une distance inconnue à parcourir dans la journée, il vaut mieux profiter de ce que le soleil est peu élevé au-dessus de

---

[1] L'anéroïde indiquant 650 pieds au-dessus du niveau de la mer.

l'horizon pour marcher en avant, que de s'arrêter à chasser. Nous poussons donc en avant dans la direction de Mbundi-River, pendant un mille et demi, en descendant une longue pente raide. Nous étions près de l'embouchure de la rivière ; les rives en étaient escarpées et boisées ; l'eau était profonde et il nous était difficile de traverser en cet endroit. Cependant, M. Stanley avait encore là un canot et deux hommes pour en prendre soin.

Les Zanzibarites étaient en train de nettoyer le canot. A notre approche, ils traversent la rivière et nous transportent de l'autre côté.

Il y a plus haut un gué dont il faudra se servir à l'avenir, car le canot va être enlevé dans un jour ou deux.

Nous donnons nos noms à ces hommes et nous continuons notre route à travers le district d'Ingra. Il y a quatorze milles de chutes et de cataractes.

La route traverse une longue vallée flanquée, de chaque côté, de collines de quartz majestueuses et boisées ; elle franchit deux fois un affluent du Mbundi ou peut-être le Mbundi lui-même et une autre rivière ; elle dépasse une colline conique qui sert de point de repère aux observations des deux côtés de la rivière. Puis, s'élevant doucement, la route pénètre dans une autre vallée, séparée du Congo par une colline d'environ 200 pieds de haut. De l'autre côté, la colline devient plus escarpée et finit presque par surplomber la route. Un grand nombre de petits ruisseaux traversent la vallée, dont une partie n'est qu'un véritable marais.

Ces deux vallées sont, sans aucun doute, l'ancien lit de la rivière qui se déversait à Mbundi jusqu'à ce qu'elle trouvât un lit inférieur autour des collines d'Ingra.

Nous atteignons l'ancien camp de Mpambu-a-Ngulu[1], près de la rivière Ngulu.

Fatigués et affamés, nous sommes heureux de nous servir des huttes de gazon élevées par les Zanzibarites pendant qu'on construisait la route dans cette région. Nous avions passé plusieurs anciens camps, mais celui-ci se trouvait dans le meilleur état de conservation ; il y avait une douzaine de huttes de gazon, dont quelques-unes contenaient des lits de roseaux couverts de gazon. Nous étions heureux de mettre à profit un pareil abri, car nous n'avions pour nous abriter que la

---

[1] C'est-à-dire : « côté de la rivière du cocobon ». (Crudgington.)

banne, ou second toit de ma tente, une pièce de toile à voile de 9 pieds sur 18.

Quoique nous eussions maintenant 20 porteurs, il fallait user de la plus stricte économie pour faire transporter une quantité suffisante de drap, de riz et de conserves. M. Stanley avait éprouvé de grandes difficultés à trouver des vivres pour ses hommes dans cette partie de son voyage à travers le continent noir.

Pour avancer rapidement, il importait de réduire les charges dans la mesure du possible. Nous sommes donc forcés de former, avec notre tente et nos couvertures de voyage, un seul paquet contenant la banne, trois couchettes (draps) imperméables (waterproof), deux couvertures, deux descentes de lit, deux oreillers de plumes et deux moustiquaires.

Après avoir dîné et pris un peu de repos, nous sortons pour tirer des poules de Guinée, des hippopotames ou tout autre gibier qui pourrait s'offrir à nos coups. Un gros « hippo » goûtait en grognant les délices d'un bain du soir. Nous allons l'examiner. Il n'était pas loin de la rive. À chaque instant, sa large tête sortait de l'eau avec des ronflements sonores ; il nous regardait un moment, puis, ayant pris suffisamment l'air, il disparaissait de nouveau. Ce n'était qu'une rapide apparition et l'animal disparut complètement avant que je pusse tenir sa tête grise sous le canon de mon Snider inexpérimenté.

Je fis feu une fois, mais ma balle frappa l'eau un yard trop court et l'animal jugea qu'il valait mieux s'en aller plus loin. C'était mon premier coup de fusil sur un gibier plus gros qu'un oiseau. On pense sans doute qu'en Afrique les sports ne manquent pas ; mais un sportsman doit sacrifier tout son temps s'il veut voir beaucoup de choses.

Au Congo, le gibier est rare, mais on ne voit pas de villages entre Salika-Banza et Issanghila. Les collines boisées et silencieuses sont peuplées uniquement de buffles, d'éléphants, d'antilopes, de léopards, tandis que les hippopotames abondent sur les bords des rivières. Les jeunes Krouboys émirent cet avis que, si nous pouvions tuer une grosse pièce, nous pourrions nous reposer deux ou trois jours en la mangeant. Il n'y avait pas à y songer.

Vendredi, 21 janvier 1881. — Le voyage se fait par eau pendant une courte distance pour éviter des collines pénibles. En conséquence, nous sommes forcés de prendre le chemin de mulets.

Grimpant par des zigzags le long des collines, nous passons un petit ruisseau, nous traversons une autre crête et descendons vers la rivière Lulu en courant au milieu de grosses roches. Puis nous remontons des collines pour retrouver la grande route[1] qui offre une longue montée pour traverser une crête couronnée de bois. Là, les bûcherons ont fait quelques travaux. Les arbres, dont certains sont énormes, sont tellement rapprochés les uns des autres, que de vieux troncs morts n'ont pu atteindre le sol et sont restés pris dans les branches voisines, arrêtés par une multitude de plantes grimpantes, jusqu'à ce que les insectes qui pullulent aient accompli leur œuvre.

Les collines escarpées et boisées des environs sont très belles ; les forces formidables de la nature les avaient jetées çà et là, abruptes et semblables à des ruines dénudées et hideuses. Aujourd'hui une végétation luxuriante a jeté par-dessus un manteau de verdure, sauf en quelques endroits où un précipice bordé de rochers, une falaise délabrée refusaient toute hospitalité.

Des hauteurs boisées, la route descend en replis jusqu'à un point où trois ou quatre torrents se fraient un chemin jusqu'au Congo. A droite et à gauche, des collines presque perpendiculaires, pareilles à des tours ; au premier plan, une cataracte furieuse roulant comme un tonnerre[2]. Nous nous demandions où la route nous conduirait ; mais elle se perdait au milieu d'un sable plat.

En cherchant à gauche, nous trouvons que le grand obstacle de la montagne Ngoma a été renversé par un exploit des ingénieurs. On a fait sauter un coin de la montagne et l'on a construit une route en pierres massives, là où les eaux d'inondation du Congo se précipitaient en mugissant sur les énormes roches de la cataracte. Les eaux baissaient et nous avons pu nous rendre compte de la grandeur du travail[3].

Le lit de la rivière se resserre ici dans des limites très étroites ; la moitié au moins est barrée par d'énormes roches. A gauche, la rivière forme un tourbillon rapide, tandis que la masse principale du courant se jette avec furie sur les roches en formant une chute de quelques pieds. C'est un spectacle sauvage et splendide. Nous aurions voulu le contempler plus longtemps, mais comme l'étape de chaque jour cons-

---

[1] La route de Stanley. (Crudgington.)
[2] Les chutes de Nsongo-Jetlala. (Crudgington.)
[3] « Nous sommes étonnés du travail merveilleux que M. Stanley a accompli. Pour tourner la montagne, il lui a fallu faire sauter d'énormes masses de roches, construire une forte route que la rivière ne pût inonder, même lorsqu'elle atteint son plus haut point, qui se trouve à un pied au-dessous du niveau de la route. Quand les eaux sont basses, c'est-à-dire dans la saison sèche, cette route se trouve à dix pieds au-dessus de la rivière. » (Crudgington.)

titue une distance inconnue, nous continuons de suivre la route qui, après avoir tourné le coin formant obstacle, est taillée dans le flanc escarpé de la colline. Par de légères ondulations ayant un niveau moyen de 20 pieds au-dessus de la rivière, elle nous conduit à travers un joli bois, plein d'ombre et de fraîcheur, nous protégeant contre les rayons du soleil. Il s'en faut d'une heure qu'il ne soit midi. Combien nous apprécions ces frais ombrages, lorsque les bois s'écartent avec les collines aux flancs escarpés et que nous retrouvons une chaîne basse de quartz, couverte çà et là de maigres buissons.

A midi, nous atteignons un ruisseau, aux eaux claires, courant sur un lit de sable à l'ombre de rives hautes et boisées. Nous avions besoin de nous reposer et de prendre quelques rafraîchissements. Au bout d'une heure et demie, nous nous remettons en route et nous gravissons une succession de collines. Enfin, parvenus à un point élevé, placé perpendiculairement au-dessus de la rivière, nous contemplons de nouveau un spectacle splendide. Derrière nous le chaos touffu des collines, devant nous le lit élargi de la rivière et, plus loin, une vaste étendue de pays. Plus haut, à 2 milles de distance environ, le croissant formé par une fougueuse cataracte barrait la rivière, et les eaux blanches d'écume se déroulaient au milieu d'îles rocheuses. Nous ne savions pas à quelle distance se trouvait Issanghila ; c'était peut-être à une dizaine de milles. Nous serions partis d'un pas plus alerte si nous avions su que la cataracte qui était devant nous c'était Issanghila. Nous avions espéré atteindre ce point assez tôt pour y passer deux jours de repos avant de nous lancer dans l'inconnu. Nous nous attendions à y trouver quelques-uns des gens de M. Stanley.

Le chemin s'écartait un peu de la rivière pour profiter d'une longue pente facile qui partait du haut des collines. Les hommes murmuraient ; ils ne pouvaient marcher davantage. Nous leur disons que nous trouverons au pied de la colline un endroit propice au campement. Arrivés au pied de la colline, nous attendons que les hommes nous rejoignent. Je crois apercevoir une hutte de gazon à un demi-mille plus loin et, dans l'espoir de découvrir un autre ancien camp, nous nous portons en avant et trouvons plusieurs huttes de gazon. Nous revenons prendre nos hommes; nous allumons des feux et nous préparons pour la nuit.

Pendant notre longue descente, nous avions vu la route rouge contourner un point vert. Ce point n'était plus qu'à un quart de mille de distance. Pendant que l'on cuit le dîner, je vais voir ce qu'il y a sur ce point. Regardant autour de moi avec anxiété, j'aperçois les tentes blanches du camp de l' « Expédition ».

Issanghila! j'étais aussi joyeux que si j'étais parvenu au terme d'un voyage de six mois. Je reviens rapidement sur mes pas pour porter la bonne nouvelle. Quelques mots suffisent pour révolutionner notre petit camp. Quelques instants après nous trouvons un accueil chaleureux au camp de l'Expédition[1].

En traçant notre plan de voyage, cinq points s'étaient imposés à notre souvenir : Issanghila, Manyanga, Zinga, la rivière Nkénké et la rivière Gordon-Bennett.

Savorgnan, comte de Brazza, atteignit Vivi au mois de décembre dernier, après être venu du Pool en 18 jours. Il s'était, au service du gouvernement français, frayé un chemin de la rivière Ogôoué à Stanley-Pool. On dit qu'il a déclaré à Mboma que M. Stanley s'était trompé de 150 milles en trop dans l'estimation de cette distance. Les gens qu'il trouva sur sa route lui parurent très bons. Il avait fait facilement le trajet en 18 jours avec 15 hommes[2].

Une erreur sur la carte qu'a dressée M. Stanley du cours de la rivière du Pool à Mboma, fixe la distance par eau à 155 milles anglais et cette estimation a servi de base pour calculer la pente de la rivière par mille. Au milieu des fatigues et des dangers qu'il a rencontrés, une erreur a pu facilement se glisser dans les observations de M. Stanley.

Tout cela combiné nous permettait d'espérer que le voyage ne serait pas aussi long que l'indiquait la carte. Une surprise de ce genre ne pouvait que nous être agréable, mais une simple considération de distance ne pouvait nous paraître un obstacle.

Les « gentlemen » chargés du camp mirent complaisamment une tente à notre disposition et nous accueillirent avec la plus grande hospitalité.

Nous apprécions fort les deux jours du samedi et du dimanche pas-

---

[1] « ... Nous y trouvons quatre gentlemen européens que nous avions déjà rencontrés à M'Boma et à Banana. » (Orudgington.)

[2] « Nous sommes au bout de la route de M. Stanley. Nous allons être obligés maintenant de demander notre chemin aux indigènes et de nous diriger d'après les indications du compas.

« Pendant que nous sommes au camp de M. Stanley, nous apprenons que M. le comte de Brazza vient de descendre du Stanley-Pool en 18 jours, après avoir remonté l'Ogôoué depuis le Gabon et avoir traversé la rivière Alima au-dessus du Stanley-Pool. » (Urudgington.)

sés dans le repos. C'est la première fois depuis le 3 de ce mois que nous avons quelque repos de corps ou d'esprit.

Il y a deux lignes de chutes à Issangbila, toutes deux en forme de croissant, l'arc formé par la première est tourné en amont, celui de la seconde en aval. Le courant rapide, à l'aspect d'huile, tombe, sans se briser, en formant une chute de 3 pieds, s'élance en bouillonnant avec une vitesse de 15 milles à l'heure pendant environ 300 yards, puis se précipite en une chute furieuse de 5 pieds de hauteur. Alors un grand récif de rochers plongeant dans une eau peu profonde, détourne le courant principal en lui faisant faire un angle droit, vers la base de hautes collines dont le point culminant est un pic constituant un point de repère important. Ces collines détournent de nouveau la rivière en rétrécissant le lit, en formant un bassin oblong à la base des chutes.

C'est juste au-dessus des chutes que M. Stanley commence à naviguer.

Lundi, 24 janvier. — Il y eut quelque retard et quelques « palabres » au moment du départ. Les hommes savaient que nous allions nous enfoncer dans le pays et que nous n'avions pas de guide.

Les jeunes Krouboys ne faisaient aucune difficulté. Il était dû neuf mois de paie à la moitié d'entre eux et ils étaient habitués à voyager avec nous. Cinq d'entre eux se trouvaient avec moi, lorsque, sans l'aide des indigènes, j'avais dû chercher la nouvelle route de l'Ouest, de San-Salvador à Mussuco. Ils savaient que nous pouvions trouver notre chemin.

Antonio, l'interprète, était décidé à venir avec nous. Nous avions toute sa confiance. Pendant tout le cours du voyage, nous n'avions pas eu une seule fois à nous plaindre de sa conduite. Il ne soutenait en aucune manière les réclamations insensées des autres.

Les deux hommes de Songa s'étaient querellés ; l'un d'eux traînait la jambe et était d'humeur exécrable. Les deux autres hommes du Congo discutaient avec eux et paraissaient très effrayés. Si nous avions dépendu d'eux d'une manière quelconque, nous n'aurions jamais atteint le Pool. Quand ils parlèrent de retourner en arrière, nous leur dîmes tranquillement que nous ne les retenions pas. Nous brûlerions nos effets personnels (qu'ils portaient) et nous nous contenterions pour voyager des effets que nous avions sur le corps. Les Krouboys avaient confiance en nous ; Antonio ne nous abandonnerait pas ; nous pourrions nous passer de leur charge, mais nous ne reviendrions pas en arrière ; ils étaient libres d'agir comme ils voudraient.

L'espérance d'une forte paie, la honte de revenir en déserteurs au Congo, notre propre indépendance à leur égard, tout les maintint auprès de nous. C'était la première fois qu'un sentiment de honte entrait en ligne de compte dans les calculs de porteurs du Congo. Mais cette fois ils s'étaient offerts volontairement ; tout le monde désirait vivement que nous pussions parvenir au Pool, car c'est de là que vient tout l'ivoire et nous enseignions la route à suivre. Il y a à Maanti, à Moila et à Makuta, de hardis trafiquants qui ont pénétré avant dans le pays, mais aucun homme du Congo ne connaissait la route un peu loin dans l'intérieur.

Nous leur avions parlé des avantages d'un pays ouvert, du commerce avec des marchés éloignés ; nous leur avions dit qu'il y avait des hommes disposés à faire le voyage, si la route était une fois tentée.

Ils traînaient de temps en temps la jambe, mais à part leurs pieds et leurs craintes, nous avions rarement à nous plaindre d'eux.

Les jeunes Krouboys sont cependant de très mauvais porteurs[1] ; ils sont lents, incapables de porter des charges raisonnables. Nous avions généralement à marcher de 8 à 10 heures par jour, sans compter les haltes, pour faire une bonne journée. Avec des hommes du Congo, je me serais arrangé de 6 bonnes heures au plus ; avec les jeunes Krouboys, il faut presque le double de temps. Leur curiosité s'allumait à l'idée de voir l'endroit « pour lequel nous partons », ils nous disaient combien ils seraient fiers de parler à leurs compatriotes des pays et des gens inconnus qu'ils auraient vus. Pas une fois, même au milieu de nos plus grandes difficultés, ils n'ont exprimé de crainte ou parlé de revenir en arrière.

Le capitaine Burton traite les jeunes Krouboys de « poltrons » et de « vils lâches ». Ses jugements sont généralement plus acceptables.

Nous avions d'abord à nous avancer dans le pays vers le village sur les collines, au-dessus des chutes. Les gens du village refusèrent de nous guider, mais nous montrèrent le chemin d'où M. de Brazza était venu.

---

[1] Voy. plus haut, page 223 (note 1).

Cependant ils coururent bientôt après nous en criant, offrant de nous guider à Ntombo. 2 milles au milieu des collines et nous arrivons à une gorge profonde. 200 pieds à descendre le long d'un flanc très boisé, vers la rivière Ntombo, large de 20 yards, profonde d'environ 2 pieds, courant sur un lit de pierres.

Après avoir gravi l'autre rive de 200 pieds, nos guides refusent d'aller plus loin. Il y avait plus loin des gens très méchants qui feraient la guerre s'ils nous conduisaient dans leur pays. Les hommes du Congo prirent bonne note de chacune de leurs paroles. Les guides partis, ils demandèrent à revenir en arrière.

Nous leur rappelâmes les ruses et les mensonges dont ils avaient fatigué le lieutenant Grandy et comment ils en avaient usé depuis avec notre mission, il y avait des Congoes sur la route et ces gens se moquaient d'eux. Est-ce que, dans leur pays, le mensonge n'avait pas plus d'amis que la vérité et cela tous les jours, à propos de tout? Pouvait-il en être autrement ici? Est-ce que nous ne connaissions pas ces pays mieux que ces gens-là eux-mêmes? Est-ce que les hommes blancs ne savent pas trouver leur chemin? — C'est vrai, nous allons essayer encore un peu.

Nous continuons de suivre la route qui devient de plus en plus étroite; au moment où nous montons la colline, toutes les traces ont été effacées par les pluies. Nous continuons jusqu'au sommet, espérant trouver un sentier; nous en trouvons un qui suit la crête. Dans un sens il ramène à la rivière; dans l'autre il conduit 400 pieds plus haut à une colline presque perpendiculaire.

Nous décidons d'escalader la colline, mais avant que nous commencions à le faire, un Krouboy s'écrie : « Ces gens du Congo prennent la fuite! » Nous regardons autour de nous et nous les voyons descendre lentement la colline que nous venons de gravir. Nous leur crions de nous rendre nos caisses avant de s'en aller. Ils reviennent et, après une explication, ils demeurent avec nous.

Après une montée pénible sous un soleil de feu, nous atteignons le sommet et entrons dans un village dont les habitants ne sont certainement pas de méchantes gens. Le village, c'est Banza-Yanga (anéroïde : 1,350 pieds). Nous achetons autant de vivres que nous en pouvons porter et y déjeunons.

Le chef, un homme bruyant et bavard, nous dit qu'il aura un « palabre » avec nous, mais qu'il désire que nous déjeunions d'abord.

Antonio l'avertit tranquillement que ce qu'il a de mieux à faire, c'est de nous donner des poules et du maïs et de ne pas trop parler. Il suit cet avis et se montre très satisfait de ce que nous lui donnons en retour. Il nous trouve un homme de Tionzo, qui rentre chez lui et nous guidera jusqu'à son village. Cette contrée est une suite de collines hautes et longues, divisées par des vallées profondes qu'habitent les Mayumbas.

Nous commençons par descendre de 500 pieds, traverser un ruisseau et remonter de 200 pieds ; puis nous descendons de 300 pieds, traversons un petit ruisseau, le Mowezi, large de 18 pieds (anéroïde : 750 pieds), montons à Tionzo par une rampe de 650 pieds (anéroïde : 1,450 pieds). C'est un beau pays avec beaucoup d'arbres, mais cette « sierra » est bien fatigante. Cependant la colline de Tionzo forme le flanc d'un plateau.

Le vieux chef paraît enchanté de nous voir, jusqu'au moment où nous manifestons le désir de coucher dans son village. Sa figure s'allonge alors, mais, retrouvant possession de lui-même, il fait de son mieux pour que nous soyons à notre aise, prépare une maison, nous donne une chèvre et nous apporte pour boire dans une large cuvette en terre dont il est aussi fier que si c'était une pièce d'orfèvrerie de famille.

Nous nous mettons à l'aise avec ces gens et devenons bons amis. Au moment du repas, les hommes blancs sont un objet de curiosité pour ces hommes simples et bons. C'est ce que nous avons constaté pendant tout notre voyage. Ils pourraient rester assis pendant des heures à regarder la manœuvre du couteau et de la fourchette et à contempler la disparition des volailles.

Voilà ce qu'étaient ces terribles gens des collines.

Les Congoes trouvent que leurs craintes étaient bien chimériques. Ils sont heureux de se retirer derrière la maison avec leur portion de chèvre.

Le village est propre et est bâti le long d'une rue bien droite. Nous étendons nos descentes de lit sur des nattes de papyrus et nous endormons profondément.

Mardi, 25 janvier. — Nous partons de bonne heure avec un guide pour Banza-Ntombo. Nous traversons une région très plate et arrivons au village de Mpangu. Nous passons paisiblement. Les indigènes sont effrayés et nous avons vu un homme armer son fusil pour être prêt à tout événement.

1 mille jusqu'à la rivière Lufudi; de là, à travers deux villages du district de Mbuku. Nous nous arrêtons quelques instants pour acheter des poules.

Nous traversons un autre petit village, Ndamba, et nous arrivons à Banza-Ntombo, un village assez grand (anéroïde : 1,550 pieds)[1].

Nous achetons des poules, des fèves, etc., autant que nous pouvons en porter. On nous demande si nous avons besoin de porteurs; nous réclamons deux guides.

Mercredi, 26 janvier. — Nous nous demandons si ce Ntombo est près de Manyanga; mais nous ne pouvons voir la rivière. Les guides nous indiquent la direction de Manyanga et disent que Zinga n'est qu'à une journée de marche.

Ubuku est-il le Mbu de la carte? Le Pool n'était-il en somme qu'à une faible distance?

1 mille et demi à travers les collines jusqu'à Ntondu, petit village. Les indigènes sont bruyants à notre approche et sont effrayés jusqu'à ce que nos guides les aient rassurés. Nous gravissons une colline, puis des crêtes qui s'étagent les unes au-dessus des autres. Nous atteignons une altitude de 2,100 pieds. Un village, Ngombi, est à notre droite, à la distance de 1 mille et demi. Descente de 300 pieds, traversée d'un ruisseau, puis une longue montée jusqu'à une altitude de 2,330 pieds.

Nous suivons une crête et traversons un village, Ngwala, qui se trouve à droite. Nous descendons une longue rampe jusqu'à un clair ruisseau dans un bois où nous déjeunons.

De là, nous montons jusqu'au sommet d'une haute colline, au flanc de laquelle un petit ruisseau a taillé un grand ravin.

En face, des hauteurs majestueuses interceptent la vue, sauf en quelques endroits où des ruisseaux ont formé des gorges. Par ces échappées nous découvrons une plaine bien au-dessous de nous.

Pénétrant dans un bois rendu inextricable par la plus luxuriante végétation que j'aie jamais vue, nous arrivons au petit village de Ndendé. Tout le monde en est parti; trois étrangers seulement y sont restés.

---

[1] « Dans la soirée, nous arrivons à Banza-Ntombo (anéroïde : 1,550 pieds), où nous trouvons une race d'hommes nouvelle. Nous ne pouvons dire à quelle race ils appartiennent; leur langue ressemble à celle des Basundis, mais ils disent qu'ils n'appartiennent pas à cette tribu. Leur langue a une aspiration que nous retrouvons dans la langue de la tribu des Nsonsas, au Sud du Congo, et dans celle des Basundis. » (Crudgington.)

Depuis quelque temps nous inclinions trop au Nord, ce qui nous inquiétait, mais nous sommes sans doute sur la route de M. de Brazza. Nous nous dirigeons au N.-N.-O. pendant 2 milles, jusqu'à une vallée (anéroïde : 1,600 pieds) au pied d'une colline très raide au sommet de laquelle nous trouvons un plateau de 2 milles de largeur (anéroïde : 2,100 pieds) et le village de Banza-Mpangu.

Le chef — un grand vieillard sec — se donne beaucoup de mal pour que nous ne manquions de rien ; il arrange la maison, ne fait qu'entrer et sortir, se démène, est excité mais nullement effrayé ; il est fier que Mindélé couche dans son village. En somme, ce bonhomme est très bon. Une énorme cuvette d'eau pour que nous buvions à même. Que pouvait-il faire de plus ? Vivres bon marché ; toile chère. Les hommes portent une tunique de Mbadi (tissu de plantes textiles) dont les plis sont retenus par une ceinture.

Mardi, 27 janvier. — Nous partons de bonne heure, avec beaucoup de vivres. Les deux hommes qui avaient entrepris de nous conduire à Zinga restent avec nous. Traversant Kayi ou Fungi-a-nzau, nous nous élevons de 2,100 pieds à 2,300 pieds. Après avoir marché 1 mille sur les collines, nous arrivons sur le bord d'une descente très raide.

Le jour ne fait que poindre. Quatorze cents pieds au-dessous de nous s'étend une vaste plaine qui va se perdre dans le brouillard ; des villages sont jetés çà et là, le fil d'argent d'un ruisseau s'y déroule, mais aucun signe du Congo.

Des nuages floconneux planaient paresseusement sur cet horizon et, au milieu du calme de la nature entière, attendaient le soleil.

Comme nous commençons à descendre, l'Est s'illumine et le soleil apparaît derrière les brouillards des derniers plans, tandis que çà et là un nuage se teint de rouge. Le soleil prend de la force et les nuages commencent à s'élever.

Des cris partis d'en bas annoncent que les indigènes ont vu quelque chose d'étrange descendre le flanc de la colline. A la hauteur de 1,680 pieds, nous entrons dans un nuage et toute notre attention est absorbée par la nécessité de veiller sur nos pas. Le brouillard a rendu l'argile du sentier si glissante que pour maintenir l'équilibre nous sommes forcés de marcher sur le gazon. A 1,120 pieds nous sortons du nuage. Au loin, la plaine s'étend du N.-O. au S.-E.

Dans le bas, les gens des villages de Mbuji s'étaient rassemblés et attendaient que les étrangers reparussent. En atteignant le village

Nxinga (anéroïde : 780 pieds), nous sommes descendus de 1,420 pieds. C'est le village auquel nos guides avaient promis de nous conduire et il nous fallait en chercher de nouveaux. Nous nous demandons ce que sont devenus nos guides. Aucun signe de la rivière ; on nous dit que Manyanga est à deux jours de distance, mais de nouveaux guides nous conduiront par la route de M. de Brazza et la rivière n'est qu'à une journée de marche.

Traversant la rivière Lubuji, un courant rapide sur un fond de sable, profond de deux pieds, large de 30 yards, qui coule au S.-E., nous continuons notre route, tantôt au N.-O., tantôt au Nord. Nous ne voulons point nous écarter davantage de la rivière. Nos gens nous disent que c'est la route de l'autre homme blanc. Croyant qu'une rivière ou quelque autre obstacle est cause de cette déviation, nous suivons nos guides à travers plusieurs villages, dans la même direction. Enfin, ils abandonnent le grand chemin et descendent à un petit village, Mbamba, au milieu d'un taillis.

Où vont-ils? Dans le bon chemin ! Mais, en atteignant le village, ils déclarent qu'ils n'iront pas plus loin. Les hommes blancs ont l'habitude de coucher dans tous les villages qu'ils traversent. L'autre homme blanc agissait ainsi.

On ne pouvait espérer rien tirer de ces hommes; ils commençaient à faire du bruit, des hommes armés de fusils arrivaient des villages voisins. Les Krouboys étaient un peu en dehors du village; nous leur ordonnons de se rendre sur la haute cime qui est au delà du village et d'attendre que nous les y rejoignions avec les Congoes. Ces derniers étaient en train de se quereller avec les guides qui les avaient aidés à porter leurs fardeaux. Ils avaient failli en venir aux mains. Nous sommes forcés de leur parler avec beaucoup d'énergie pour les amener à nous suivre.

Comme nous quittions le village, un des hommes qui avaient fait tant de bruit nous rejoint par un sentier de traverse et nous offre une calebasse pleine d'eau pour nous rafraîchir. C'était un procédé tout à fait inusité. Les indigènes nous donnaient volontiers de l'eau quand nous en demandions, mais, en ce moment, nous en avions en abondance. Cet homme paraissait méditer quelque chose.

Ces hommes nous suivent jusqu'au sommet de la colline, riant à l'idée de voir un homme blanc trouver son chemin. Nous marchons dans la direction de l'Est, mais au bout de 1 mille, le sentier se termine à un petit ruisseau. Nous le passons et nous nous frayons un chemin à travers 100 yards d'un fourré épais de madiadia (herbe géante) et nous arrivons à un gazon court. Bientôt après, nous trouvons une autre route conduisant à un petit village, Tsundi, de l'autre côté de la rivière Luheka.

Comme nous approchons du village, les habitants se sauvent dans les buissons. Antonio les appelle et leur crie de ne rien craindre. En entrant, nous apercevons trois hommes, armés de fusils, assis sur le seuil d'une maison. Nous leur donnons quelques bagatelles pour les rassurer; peu à peu les autres sortent de leurs refuges et viennent contempler pour la première fois un homme blanc. Ces pauvres gens de l'intérieur croient que nous sommes des dieux, que nous pouvons envoyer la pluie quand nous voulons et la faire cesser quand il nous plaît; et, possédant tous les secrets de la sorcellerie, nous sommes pour eux des objets de terreur. Un feu mystérieux illumine nos faces blanches, « sema vesenranga » (brillant comme du métal ardent, ou comme des nuages lumineux). Un seul mot du bon Dieu qui envoie la pluie, et ils croient que l'homme blanc les trompe.

C'était alors la courte période qui règne entre les deux saisons pluvieuses. Je crois que, sans exception, toutes les fois que nous arrivions à un endroit où l'on désirait vivement de la pluie, nous avions un violent orage quelques heures plus tard. Les hommes du Congo s'imaginaient que Dieu envoyait ces orages pour nous venir en aide. Je ne pense pas que ce fût complètement l'effet de leur imagination. Dans tous les cas, nous étions très reconnaissants de ces orages.

Les indigènes se disaient les uns aux autres: « L'homme blanc est content: il envoie de la pluie. « Nzambi za Mpungu Zari » (ce sont des dieux).

En cet endroit, nous eûmes une tempête furieuse qui dura trois heures.

Vendredi, 23 janvier. — Nous demandons deux guides. Ils étaient tout disposés, mais, pour plus de sûreté, chacun d'eux amena un compagnon. Avec ces quatre hommes nous décrivons un crochet pour éviter un marais; puis nous marchons dans la direction de l'E.-1/4-S.-E. pendant 3 milles pour arriver à un village, Kitala. Au bout de 3 autres milles, notre apparition surprend un parti de chasseurs. Après beaucoup de manœuvres stratégiques, ils se hasardent à s'approcher de nous et à nous conduire à leur village, de l'autre côté de la rivière Luala.

La pluie de la nuit précédente a beaucoup augmenté le volume de la rivière, large de 70 pieds, eau rouge et vaseuse. Ces gens de Banza-Tsundi avaient construit un pont suspendu formé de bambous et de plantes grimpantes. Les oscillations en étaient terribles ; cependant nous réussissons à faire passer tous nos bagages par ce chemin, les indigènes nous aidant de bon cœur à transporter les fardeaux les plus encombrants. Le pont était élevé au-dessus du sol, suspendu à la branche d'un arbre sur chaque rive. Pour prendre pied de l'autre côté, nous sommes forcés de descendre le long d'un palmier à la façon des singes.

Nous les avions priés de donner plus de stabilité au pont et de rendre la descente plus facile. Ils avaient réussi pour le premier point, mais non pour le second. Pendant que les porteurs traversaient lentement, nous coupons un petit arbre, avec l'aide de quelques jeunes garçons, et nous établissons un plan incliné pour rendre la descente plus commode.

Ces gens étaient contents. Nous donnons un peu de toile à nos porteurs. Après le déjeuner, nous nous remettons en route avec trois nouveaux guides, mais, au bout d'un mille, nous atteignons deux villages, Nkasa, et une rivière rapide, la Lukasa, large d'environ 20 yards, profonde de trois pieds et demi, se jetant avec une vitesse de 13 à 14 nœuds par heure dans la rivière Luala. Le courant était si fort que nous ne pouvions nous tenir debout ; nous sommes forcés de nous mettre à la nage et nous formons une double ligne pour arrêter nos porteurs.

Le passage de ces deux rivières nous a pris un temps si considérable que nous ne pouvons faire que 2 milles de plus, jusqu'à un petit village, Tsundi, avant le coucher du soleil. Le chef ne voulait point nous y laisser coucher, malgré les objurgations des porteurs. Il refusa de nous indiquer une maison et de nous dire où nous pourrions trouver de l'eau. Le village était trop petit pour résister. Nous envoyons les jeunes gens dans toutes les directions pour chercher de l'eau. Voyant que nous étions résolus à rester, le chef envoie un jeune garçon nous montrer où il y a de l'eau. Il nous prépare une maison. Nous aurions autant aimé qu'il ne se chargeât point de ce soin ; la maison était infestée d'une sorte de « cimex ». C'est la première et la seule fois que j'ai vu de la vermine dans les maisons de ce pays.

Samedi, 29 janvier. — Le chef nous avait fait généreusement cadeau d'un peu de maïs. Au moment du départ, il revient à de meilleurs sentiments et nous donne une poule. Nous réglons notre générosité sur la sienne et nous ajoutons quelques conseils pratiques sur la manière de traiter les voyageurs à l'avenir. Il promet d'en prendre bonne note.

1 mille et demi en remontant les collines dans la direction de l'Est, nous traversons Matadi, où nous aurions dû arriver hier soir. Nous nous trouvons devant un enclos à gibier. Les guides déclarent qu'il y a tant d'eau de l'autre côté qu'il faut contourner l'enclos et prendre un autre sentier. C'est probablement un mensonge pour nous faire traverser un plus grand nombre de villages dans la vallée suivante. Une autre fois il serait préférable de continuer droit son chemin; la route que nous avons prise fait un écart un peu plus bas. L'autre route nous aurait épargné beaucoup de fatigue et d'anxiété.

Tournant à l'E.-N.-E. le long de l'enclos, nous prenons un autre sentier qui conduit à l'E.-S.-E., en traversant une vallée très fertile où les villages abondent. Comme nous entrons dans le premier village, les tambours de guerre battent l'alarme, qui se répand au loin. Le village était entouré de champs de maïs, de fèves, de « nsafu », de palmiers, de courges, de bananiers, etc. Nous le traversons, et presque immédiatement nous entrons dans un autre, puis dans un autre. Cela devient une ville de villages. Enfin, nos guides s'arrêtent dans un village très grand. Les tambours avaient annoncé l'approche d'un grand danger; les indigènes étaient très excités. Nous avions entendu les tambours auparavant, mais sans nous en préoccuper. A partir de ce moment, leur bruit devient intolérable. A mesure que nous passons, chaque village bat ses tambours pour avertir le village voisin. Lorsque les habitants du village voisin entendent le tambour, leur émoi ne connaît pas de bornes; ils saisissent leurs fusils et, tremblants, attendent le danger inconnu, dans l'ignorance où ils sont d'un palabre. Un homme blanc n'est encore pour eux qu'un mythe dont ils ont entendu parler vaguement dans les marchés. Ils ne savent s'il convient de combattre, de fuir ou de rester. Ils courent de maison en maison. Une longue bande d'hommes, quelques-uns armés de fusils, nous suivent par derrière. Nous demandons à nos guides pourquoi tout ce tumulte et tout cet émoi. Les indigènes croient que nous venons prendre des esclaves. C'est un jeu qui probablement leur était familier dans le passé. Pour couronner le tout, au moment où nos guides font faire halte, une femme lève tout à coup les bras en l'air, en poussant un cri hystérique. D'autres se précipitent pour la soutenir avant qu'elle tombe et l'emportent. Heureusement, les indigènes prennent la chose gaiement, et ne nous soupçonnent point de sorcellerie.

Nos guides veulent retourner en arrière. Ils s'étaient engagés à nous conduire à la rivière; nous leur déclarons que, s'ils ne remplissent cet engagement, nous ne leur donnerons pas un pouce de leur rémunération. « La rivière est proche. — Où? — Il faut que vous donniez de la toile ici. — Pourquoi? — Pour que les bateliers traversent la rivière. » Des hommes se montrent avec des pagaies. Nous leur affirmons que nous n'en avons pas besoin, que nous ne voulons pas traverser la rivière et que, si nos guides ne veulent pas nous accompagner, ils s'en iront les mains vides.

Aucun chef ne paraît et nous donnons l'ordre du départ. Nos guides se décident à marcher.

Notre escorte augmente toujours et nous suit village après village au milieu de gens très excités, très effrayés, mais qu'une fascination étrange pousse à venir contempler les mystérieuses faces pâles, restant immobiles sur notre passage et oubliant un moment leurs terreurs. Les villages se succèdent sans interruption[1]. Enfin, nous faisons halte sur une colline. Nos guides donnent deux calebasses de vin de palmier, ce qui suffit à nos jeunes gens et même à ceux qui nous suivent. Cette libéralité met ces derniers en belle humeur : nous rions et nous causons ensemble. Nos guides parlent de nouveau de s'en aller, mais nous nous montrons inébranlables. « Où est la rivière? — Vous la verrez bientôt. » Un rideau de collines majestueuses s'étend à 8 milles de nous. Faudra-t-il les franchir d'abord? Nous sommes fatigués et affamés, sans compter nos inquiétudes. Nous nous attendons à chaque instant à ce que ces terreurs insensées éclatent. Cependant, nous nous gardons de laisser paraître nos sentiments.

Plus nous attendons, plus il y a de facilités pour un palabre. Au loin, nous apercevons une colline dont le flanc est découpé d'une manière étrange. On dirait une machine à élever l'eau. Mais la colline est à 5 milles de distance au moins. On nous dit qu'après avoir franchi trois crêtes nous serons à la rivière. Nous franchissons cinq crêtes et entrons dans un petit village paisible près de la rivière Latna, au delà

---

[1] « Nous descendons dans la vallée et là commence une enfilade de villages sur une longueur d'au moins 3 milles. » (Orudgington.)

de la portée du son des tambours. Nous ne pouvons marcher davantage.

Nous donnons des rations et des instructions au cuisinier et, nous étendant à l'ombre délicieuse des arbres, nous nous endormons profondément. Le lunch prêt, nous répondons à l'appel.

En voyage, on peut dormir n'importe où et à n'importe quelle heure. J'ai dormi un jour pendant une bonne heure, les pieds dans l'eau, couché la face contre une roche de granit usée par un ruisseau. Granit ou feuilles douces, on peut faire un somme partout. Après un peu de repos et de nourriture, on peut oublier ses fatigues et recommencer tout dispos.

Une fois encore, les guides en ont assez. Depuis longtemps ils déclarent que la rivière est proche. S'il en est ainsi, ils peuvent bien nous guider encore pour une distance insignifiante. Nous ne voulons pas qu'ils se moquent de nous[1].

Un mille et demi de marche nous conduit sur la crête d'une colline. De là nous apercevons la rivière à la distance d'un demi-mille. « Est-ce là la Zinga dont on nous a parlé? — Oui. — Où est la rivière Ngulu? — Au pied de cette colline. — Et la grande cascade (les chutes de la rivière Edwin-Arnold)? — Nous ne savons pas. » Cela n'était guère satisfaisant. Aucun moyen pour nous de déterminer notre position d'une façon précise. Si les indications de la distance au Pool sont exactes, Zinga devrait être tout près.

Nous payons bien nos guides et nous entrons dans le village de Nshasa, sur le bord de la rivière[2].

Assis à l'ombre d'un arbre touffu, nous attendons le chef. Un homme joue avec un modèle d'alligator fabriqué grossièrement avec de la toile du pays, — quelque chose d'absurde. Parmi la foule se tenait un sorcier médecin, un grand gaillard à la peau claire, les cheveux longs, relevés en tresses, enduits d'un mélange de suie et d'huile. D'une de ses épaules descendait une corde chargée de petits couteaux et d'autres emblèmes de sa profession.

Nous envoyons de nouveau prévenir le chef de notre arrivée et lui demander une maison pour y passer la nuit. Après un long délai, deux

---

[1] « Ici nous rencontrons pour la première fois la coutume de se passer un morceau de bois, une paille ou la dent d'un animal à travers le nez; cela donne un aspect hideux, surtout lorsque les yeux sont bordés de peinture blanche. » (Orudgington.)

[2] « ... près de Kibouda (voy. la carte de Stanley, 5°1' latit., 14°40' longit.) » [Orudgington.]

hommes se présentent comme chefs. Nous donnons à chacun un anneau et un collier doré, comme marque de notre amitié (*insignia de amizade*). Craignant quelque sorcellerie de notre part, ils hésitent à prendre ces objets..Ils nous montrent une vieille maison délabrée. Nous protestons, mais ils ne veulent rien faire pour nous; nous étendons donc notre tente et nous préparons pour la nuit.

Nous apprenons qu'il y a eu dans la journée une grande consultation de sorciers et que tout le voisinage est venu à Nshasa pour y assister. Deux hommes avaient été pris par des alligators. Or, ce n'est pas la coutume des alligators de prendre des hommes. C'étaient donc des alligators sorciers et le chef du district avait jeté un sort à ces hommes. Forts de ces misérables arguments, les gens du pays demandent la mort du vieux chef. Celui-ci proteste de son innocence, mais est condamné à boire le *casca* pour se justifier, et le misérable Nganga a dû préparer une dose fatale, car à 8 heures du soir le vieillard n'avait pas encore vomi. Le docteur avait pris grand soin de cacher sa propre ignorance. Nous ne pouvons rien faire. Pendant toute la nuit, ils mènent une danse infernale.

Dimanche, 30 janvier. — Nous prenons la résolution de ne pas rester plus longtemps dans un pareil endroit, mais de marcher un mille ou deux et de passer le dimanche dans un village plus tranquille et plus agréable. Comme nous sortons du village, un homme veut à toute force nous vendre une chèvre et à son propre prix. Nous lui disons que les habitants ont traité Mundélé très mal, qu'ils n'ont pas voulu vendre de nourriture et que nous ne lui achèterons rien. Cet homme ne pousse pas les choses plus loin, tout en paraissant assez disposé à faire du bruit.

Nous passons deux ou trois villages de trois maisons chacun, trop petits pour nous y arrêter, car nous avons besoin d'acheter de la nourriture. Puis, gravissant une colline, nous laissons Antonio derrière pour aider Pedro qui a mal à la jambe.

Quelques hommes surviennent et lui demandent ce qu'il fait là. « Je voyage avec les hommes blancs. — Voulez-vous acheter un cochon? — Je ne puis pas; je ne suis pas l'homme blanc. — Pourquoi ne continuait-il pas sa route? — J'attends un homme qui est resté en arrière et qui a mal à la jambe. — Continuez votre chemin! — Non. — Qu'avez-vous dans cette caisse? — Les effets de l'homme blanc. — Alors vous pouvez acheter. — Je ne puis pas. Pourquoi ne lui avez-vous pas demandé d'acheter? — Que faites-vous avec ce fusil? — Je le porte comme vous portez les vôtres. Tenez! » Et voyant qu'ils avaient de mauvaises intentions, il ouvrait la culasse et, montrant une cartouche, en expliquait les terribles effets. Ils n'avaient jamais vu un fusil pareil. Cela suffit; voyant qu'il pouvait se défendre, ils s'éloignèrent. Antonio nous a tout raconté.

Après avoir marché quatre ou cinq milles, nous entrons à Kinguva, petite localité où nous pouvons nous reposer et obtenir les vivres dont nous avons besoin. Nous n'avons rien acheté depuis le passage de la Luala[1].

Lundi, 31 janvier. — Nous refaisons les bagages pour soulager Pedro qui marche avec beaucoup de difficulté.

Nous partons de bonne heure et faisons un mille au N.-E. dans la direction d'un vallon. Nous sommes aperçus d'un village situé sur une colline. Immédiatement le tambour de guerre résonne : ce signal est répété par six ou huit villages situés plus loin. En gravissant la colline, nous ne tardons pas à nous apercevoir du résultat de cette musique. Il y a un village sur le sommet de la colline. Après avoir poussé de grands cris, quelques hommes descendent par le sentier et quatre hommes viennent s'asseoir en travers de la route du village, à un endroit où deux routes s'entrecroisent. A notre approche, ils nous montrent du doigt l'autre route qui fait un léger détour et contourne le village.

Remerciant ces guides volontaires, nous franchissons la crête et découvrons un autre vallon rempli de villages qui tous résonnent du bruit des tambours. Nous traversons ces villages l'un après l'autre; chacun désire que nous n'y provoquions pas de tumulte et que nous poursuivions notre chemin jusqu'à Banza, le village principal. Nous accédons à cette requête loyale. En atteignant Banza-Mbota, nous avons à attendre Pedro. Un homme du Congo ne portant aucune charge, ne pouvait rencontrer aucune difficulté. Nous n'avions pas voulu nous arrêter pendant ces deux premiers milles, de peur d'effrayer les populations et de provoquer un éclat. En arrivant à Banza-Mbota, nous envoyons Tingi à la recherche de son camarade.

---

[1] « Nous sommes maintenant dans le pays des Basoundis et, avant de le quitter, nous avons acquis le droit de confirmer tout ce que M. Stanley a écrit à leur sujet. C'est certainement la tribu la plus méchante, la plus querelleuse, la plus dépravée que l'on rencontre entre la côte et Stanley-Pool. Le moindre prétexte leur est bon pour se disputer et se battre... » (Crudgington.)

En même temps, le chef offre de nous guider lui-même. Nous le remercions et lui promettons une belle pièce d'étoffe. Un rassemblement se forme et un vieux chef se montre très bavard ; d'autres gens prennent la parole ; je crois qu'ils seraient heureux de trouver un prétexte pour se quereller avec nous.

Tingi revient nous dire que Pedro ne peut pas aller plus loin ; il était resté dans un village à quelque distance en arrière. Tingi amenait un homme disposé à prendre soin de Pedro ; lorsque celui-ci serait remis, il traverserait la rivière avec lui et le guiderait jusqu'à Kinsuka, d'où, en deux jours, une route bien connue le conduirait chez lui. Tingi ne veut pas quitter son camarade ; il demande un peu d'étoffe et exprime le désir de s'en retourner avec lui. Cet arrangement nous convient. Nos bagages sont devenus plus légers et nous pouvons nous passer de deux porteurs. Nous lui disons de venir avec nous sur les collines ; nous pourrons alors ouvrir nos ballots plus à notre aise qu'en présence de ces méchantes gens. Le chef nous conduit à travers plusieurs villages et nous fait faire trois milles au milieu des collines. Il demande alors de retourner et nous laisse un esclave pour nous guider à un village où nous puissions coucher. Nous lui faisons un présent et il s'en va avec ses hommes. Laissés seuls, nous pouvons refaire nos ballots et faire une large distribution de belles étoffes pour permettre à Tingi et à Pedro de retourner chez eux. Ni eux, ni nous, n'avions d'inquiétudes pour leur sûreté. Nous leur souhaitons bon voyage et continuons notre route. La grande rivière se déroule devant nous sur une étendue de 10 milles. Nous espérons pouvoir bientôt vérifier notre position d'une manière précise.

Au bout d'un mille, notre guide nous quitte et nous continuons notre chemin en suivant un sentier qui devient de plus en plus étroit et finit par disparaître presque complètement. Il nous conduit dans la vallée de Luoji, et après avoir traversé trois villages habités par des gens paisibles, nous arrivons à la rivière Luoji, un ruisseau limoneux, large de 15 yards, sur les bords duquel nous nous arrêtons avec plaisir pour prendre le lunch.

Pendant la plus grande partie de notre voyage, nous avons été tourmentés par un insecte petit et noir, le *nkufu*. Dans quelques districts, la morsure de cet insecte est très désagréable ; ici, il paraît désirer particulièrement s'introduire dans nos yeux. La morsure n'amène pas d'irritation.

Après le lunch, nous prenons une route qui conduit près de la rivière et, traversant plusieurs villages, suivis par la foule, passant un étrange ruisseau à fond de sable, nous gravissons des collines d'argile sablonneuse, que les pluies avaient taillées en forme de mamelons, entrecoupées par des vallées profondes. Traversant un ruisseau, nous montons jusqu'au marché de Mintudia, d'où nous faisons route pour un village entouré d'arbres, qui se trouve être Kibindika, où nous prenons la résolution de nous arrêter[1].

Le chef nous donne un cochon et parle de nous en donner un autre le lendemain. C'était une ruse pour se faire donner de la toile ; c'était absurde pour une petite troupe comme la nôtre. Il fallut les conseils d'Antonio et quelque fermeté de notre part pour détourner les projets de ce chef.

Mardi, 1er février. — Les femmes d'ici sont parmi les plus laides que nous ayons vues ; elles font ce qu'elles peuvent pour rehausser leur laideur en arrangeant leurs cheveux de manière à ce qu'ils couvrent presque entièrement leurs yeux. Leur chevelure est en outre enduite d'un mélange de suie et de graisse. Quelques-unes se recouvrent la face de cet horrible onguent ; elles se passent dans un trou pratiqué dans le nez une tige de graminée longue de quatre pouces. Deux lambeaux d'étoffe sordide en guise de pendants d'oreilles et un minimum de toile complètent leur toilette. Les hommes sont lourds et épais.

Pour se distinguer des autres tribus, les Basoundis portent une touffe de cheveux sur le sommet de la tête ; ils en forment une tresse ornée de boules. Au bout de cette tresse se trouve un bouton noir d'une matière quelconque, dont le bord est orné de boules blanches et dont les deux faces portent un dessin. Le corps porte la marque de larges

---

[1] « Notre voyage à travers le pays des Basoundis n'a été qu'une anxiété continuelle. Nous nous demandons avec une anxiété sérieuse quelle sorte de gens nous allons maintenant rencontrer.

« Après une courte marche, nous sommes tentés de penser que les indigènes ont fait leur apprentissage dans un grand bazar de Londres. Les gens courent après nous en criant dans leur langue : « Achetez ! » — « Achetez ! » — « Achetez un cochon ! » — « Achetez une chèvre ! » — « Mundélé ! » — « Achetez des poules ! » — « Achetez des bananes ! » — C'est à coup sûr un bon signe, et comme nous sommes disposés à faire halte pour la journée, nous entrons dans une ville appelée Kibindika. Les gens nous disent qu'ils se rappellent l'homme blanc, M. Stanley, lorsqu'il descendait la rivière ; ils ont appris de lui que l'homme blanc était disposé à acheter des vivres lorsqu'il passait par leur pays. Les gens d'ici sont aussi des Basoundis, et ils montrent l'avidité de leurs pareils ; mais ils valent mieux que la tourbe bruyante au milieu de laquelle nous venons de passer. Le village est situé sur une haute colline qui domine le cours magnifique du Congo. Entourée de toutes parts par des collines, la rivière a presque l'aspect d'un beau lac. » (Crudgington.)

cicatrices, rendues plus apparentes à l'aide d'une substance irritante. Les hommes et les femmes ont le nez percé ; les femmes y introduisent une tige de graminée ; les hommes y introduisent le plus souvent une ou deux dents d'un gros rongeur.

M. Stanley décrit les Basoundis comme une race méchante, soupçonneuse et dégradée au plus haut degré ; irritable et prompte à la querelle. Ils montrèrent certainement à son égard une avidité qu'il n'avait point encore rencontrée chez les indigènes depuis le commencement de son long voyage ; il fut impossible de leur faire rien rabattre de leurs exigences. Il suffira de lire ce qu'il dit de ces gens dans son second volume, à partir de la page 431. Il nous est impossible d'ajouter un mot en leur faveur. Notre passage à travers cette région ne fut qu'une longue crainte. Leur mauvaise réputation éloigne tout le commerce de la partie supérieure du pays, au profit de Makuta, de Kinsuka et des marchés de la rive du Sud[1].

Les Babouendés s'étonnaient que nous eussions pu traverser ce pays. Un homme capable de tenter pareille aventure leur faisait l'effet d'un fou. « Ils iraient jusqu'à tirer sur vous », disaient-ils. Ils sont si vils et si querelleurs, que les Mayumbas ne les laissent pas passer. En conséquence, ils se trouvent isolés et trafiquent avec Kinsuka.

Avant notre départ, un gaillard lourd et épais se présente comme chef. Pour reconnaître le présent de la veille, nous lui préparons une belle pièce de toile avec les divers objets d'usage. Sans prendre la peine d'examiner la longueur de la toile, il en réclame un yard de plus avec une avidité d'enfant. Nous ne pouvons encourager une semblable disposition ; nous déployons la toile, lui en faisons voir toute la longueur et lui disons qu'il devrait être honteux.

Nous ne pouvons obtenir de guides, car leurs exigences sont excessives ; nous entreprenons donc la découverte de la route. Revenant un peu en arrière, nous contournons une gorge et rencontrons un ruisseau sablonneux de l'autre côté duquel il n'y a aucune trace de route. Cependant, en cherchant en amont et en aval du ruisseau, nous trouvons une route qui s'en éloigne. Nous continuons de monter et de descendre, franchissant des hauteurs de 150 à 200 pieds. De tous côtés, des villages nombreux, les plus anciens et les plus grands au milieu de bouquets d'arbres. Un réseau de sentiers relie les villages entre eux et sur

---

[1] Voy. plus haut, page 228 (note 1).

l'argile dure, sèche et sablonneuse, les routes blanches, larges de 6 à 12 pieds, se distinguent sur une étendue de plusieurs milles.

Les hommes du Congo perdent patience au milieu des collines et réclament un guide. Nous leur disons d'en trouver un, mais ils reconnaissent bientôt que c'est impossible. Les indigènes croient, bien entendu, que les hommes blancs ne connaissent pas leur chemin. Ils demandent une rémunération excessive, des arrhes exorbitantes ; leur avidité est telle, que les hommes du Congo deviennent fous de rage. « Débrouillons-nous seuls, quoi qu'il arrive ! » Les indigènes voient que nous allons tout droit au bac de Ferry ; ils courent après nous en criant que nous prenons le mauvais chemin et consentent, sans difficulté, à nous guider dans le chemin que nous venons de prendre. Leur ruse ne nous échappe pas et, voulant en tirer quelque chose, nous leur donnons à porter deux fardeaux pour soulager nos hommes. Comme arrhes, ils se contentent d'un couteau pour chacun. Nous atteignons bientôt une rivière qu'ils nous disent être le Mata ; une colline éloignée est le Mitimpi. Nous sommes maintenant certains de notre position et nous ne nous perdrons plus.

Le Mata va se jeter dans le Congo ; c'est une rivière aux eaux vaseuses et lentes qui finit par atteindre une largeur de 100 yards. Il y a deux canots de l'autre côté, car c'est un bac régulier. Les guides crient aux passeurs d'amener leurs canots. Ceux-ci finissent par pagayer pour traverser la rivière et, s'arrêtant à distance respectueuse, engagent la conversation. Ils sont hideux. Nous sommes à la frontière qui sépare les Basoundis des Babouendés et les passeurs ont eu souvent des difficultés sur la rive où nous sommes. Ils s'approchent encore un peu, mais nous ne pouvons nous entendre.

Un des hommes des canots vient à terre avec nos guides, puis paraissant ignorer que nous avons besoin de traverser la rivière, il remonte sur son canot et s'éloigne. Nous envoyons Samson, le chef Krouman pour saisir l'arrière du canot et le ramener au rivage. Voyant cela, l'homme descend à terre et abandonne sa pagaie sans difficulté. Alors l'autre homme sort de son rêve et, sans que nous lui disions un mot, nous remet son canot et sa pagaie. Ils ne voulaient point nous refuser leurs canots, mais la présence du mystérieux Mundélé les avait tellement éblouis, qu'ils ne pouvaient plus agir ni penser. Ils contemplent paisiblement les Krouboys qui transportent nos bagages de l'autre côté de la rivière. En attendant, nos guides s'étaient enfuis avec les couteaux donnés comme arrhes, sans attendre leur toile. Nous faisons un cadeau aux passeurs et nous nous mettons en chemin pour le village situé sur la colline, Ndembo. A notre approche, une multitude de gens vient examiner ce qui se passe sur les collines. Nous entrons dans la ville, nous nous asseyons sous un *nsafu* et demandons de l'eau que l'on nous donne obligeamment dans un pot de terre qui a une forte saveur d'huile de palme.

M. Stanley a décrit nos amis d'ici dans son volume II, page 430. Ils paraissent désirer de conserver leur caractère sombre. C'est la première fois que nous avons affaire aux Babouendés; mais ils vivent dans le voisinage d'une mauvaise tribu et nous ne voulons pas porter sur eux un jugement téméraire.

Ils se préoccupent beaucoup de la pluie qu'ils nous prient de ne pas arrêter; mais ils ne veulent pas nous vendre de vivres. Ils nous disent que, lors du passage de l'autre homme blanc, ses gens se sont servis eux-mêmes. Nous leur disons que nous n'en croyons rien, mais que, dans tous les cas, ils l'auraient bien mérité. Ils avaient des vivres en abondance et n'en voulaient pas vendre à des gens qui mouraient de faim. L'homme blanc était disposé à payer. S'ils ne voulaient pas vendre à d'honnêtes gens, que pouvaient-ils attendre de pauvres créatures affamées?

Ils refusent de nous vendre. Nous réclamons le chef et lui demandons ce que cela veut dire. Il dit qu'il ne croyait pas que nous eussions l'intention de payer, bien que nous eussions étalé nos toiles, etc. Il hésite. Nous lui disons que nos jeunes garçons ont grand'faim, que s'il n'avait pas confiance pour nous vendre, nous enverrions nos jeunes garçons et qu'on verrait bien si nous paierions ou non. Ils s'en vont et rapportent des bananes et d'autres vivres. Les prix sont élevés; cependant nous achetons de tout en quantité suffisante; nous les engageons à se montrer plus raisonnables lorsque Mundélé reviendra.

Quelques minutes auparavant, ils nous avaient pris pour des dieux qui leur avaient toujours envoyé des pluies et pouvaient les faire cesser à leur gré. Et c'était ainsi qu'ils traitaient les dieux de la pluie, auxquels ils devaient tant : ils les laissaient mourir de faim et cherchaient à les voler autant que cela leur était possible. C'est un terrible exemple de la dépravation et de l'ignorance de ces races païennes. Voilà où en sont ces païens innocents livrés aux seules lumières de la raison. Voilà à quelle distance ils sont de la connaissance du bien et du mal. Plongés dans le péché, ils s'y enfoncent de plus en plus profondément.

Faut-il laisser, ces malheureux, continuer paisiblement leur chemin, sans l'intervention de missionnaires qui ouvrent leurs yeux à la lumière? Il n'y a pas une étincelle d'espérance pour l'Afrique abandonnée à elle-même. Les peuplades de l'Orient, de l'Europe et même de l'Amérique du Sud peuvent trouver en elles-mêmes des germes d'ordre et même de civilisation; celles de l'Afrique, jamais. S'il y a quelques traces d'ordre et de civilisation, elles sont dues à l'influence des Arabes et des Égyptiens.

C'est faire preuve de la plus grossière ignorance de dire que les païens mènent paisiblement une existence de brutes. Les régions sombres de la terre sont encore le séjour de la cruauté. La sorcellerie, le meurtre, la cruauté, le péché et la misère constituent une règle générale. Chez nous, le vice est doré et montre une certaine réserve; ici, il s'étale dans toute sa laideur. Ces hommes meurent faute de connaître l'Évangile et meurent sans l'Évangile. Puisse l'Église d'Angleterre se montrer à la hauteur de ses devoirs toujours grandissants! Puissent la grâce et la force accompagner cette poignée d'hommes qui luttent avec ces géants antiques, le péché et la méchanceté!

Les indigènes, nous le savions, désiraient ne pas nous voir coucher dans leur village. Ce n'était nulle part considéré au premier abord comme un plaisir. Après avoir fini de déjeuner, nous nous levons pour partir et nous demandons des guides pour Mpangu. On nous les refuse et nous prions qu'on nous indique une maison où nous puissions passer la nuit. Immédiatement deux guides se chargent de nous conduire à Mpangu.

Nous n'avions pas encore traversé de région aussi accidentée. Elle est partout coupée de vallées profondes de 200 à 300 pieds.

Au bout d'une heure, nous atteignons le village de Mbu; les tambours de guerre résonnent dans toutes les directions; toute la population du village s'enfuit à notre approche. Ces gens-là reviennent un à un, et bientôt une foule de 300 personnes se forme autour de notre maison; l'intérêt est au comble, lorsque Mundélé se met à manger. A notre arrivée, nous avions demandé de l'eau; dès que nous portons cette eau à nos lèvres, la multitude se jette respectueusement la face contre terre.

M. Stanley dit que ces gens de Mbu sont les plus polis de la terre. C'en était une preuve. La toile est très rare dans le pays.

Mercredi, 2 février. — Après une longue attente, nous obtenons trois hommes pour porter les charges d'Antonio, de Garcia et de Mata, ces deux derniers étant fourbus. Ils doivent porter nos paquets et nous guider à Manyanga. Ils sont un peu effrayés de toucher à nos colis qu'ils croient ensorcelés.

Nous gravissons les hauteurs, marchant dans la direction du N.-E. 1/4 Nord, passons un grand kitanda (marché), Kengi-Lembelu, puis descendons jusqu'à un ruisseau — anéroïde : 940 pieds — pour remonter par une pente raide à une hauteur de 1,420 pieds. Nous marchons pendant 1 mille dans la direction de l'E.-N.-E. jusqu'à un endroit où nous rencontrons beaucoup de gens du marché. Nous nous arrêtons pour acheter des vivres et du vin de palme.

Nous franchissons d'autres collines et descendons dans une plaine de sol sablonneux sur une couche de grès. Le sol résonne sous nos pas comme un tambour. Nous traversons une rivière, montons, puis redescendons ; nous laissons à gauche un groupe de villages, traversons un village, descendons jusqu'à un ruisseau et remontons jusqu'à un marché que le guide déclare être Manyanga. Nos soupçons s'éveillent et nous découvrons que c'est un autre kitanda et non Manyanga. Les guides avaient fait un mensonge afin de pouvoir s'en retourner. Après un long palabre, nous leur commandons impérieusement de continuer leur route et ils nous obéissent ; ils nous conduisent à un village où nous déjeunons, mais où nous ne pouvons acheter de vivres, les habitants déclarant qu'ils dépendent du marché pour les vivres. Les guides manifestent de nouveau le désir de s'en aller, mais nous insistons pour que le contrat soit accompli. En murmurant beaucoup au sujet de Manyanga, Manyanga et toujours Manyanga, ils nous conduisent au kitanda de Nsona-Manyanga. Cette fois, ils nous avaient probablement dit la vérité.

Le marché paraît beaucoup plus considérable que les précédents. Nous demandons quelle route il faut prendre pour continuer le voyage, nous les payons bien, puis nous marchons 1 mille à l'Est par les hauteurs, 2 milles au S.-E. en suivant une longue pente et le long d'une plaine. Aucun indice de rivière ; des collines majestueuses semblent nous barrer la route. A droite, le granit de Mpangu et de Mitimpi. Le village, sur les hauteurs, droit devant nous, est trop loin ; mais, avant le coucher du soleil, nous voyons, près d'un ruisseau, une petite maison vide que quelque indigène, s'occupant de la récolte du vin de palme, aura élevée pour s'abriter contre le soleil de midi. Nous nous en emparons pour la nuit et allumons de grands feux.

Jeudi, 3 février. — Partant au point du jour, nous traversons un ruisseau, puis remontons jusqu'à un village où nous achetons des bananes et causons avec quelques commerçants du Zombo. Un vieillard connaît Zingo et s'offre à nous guider. Après une descente d'un demi-mille, nous arrivons à un ruisseau sablonneux, le Luango, large d'environ 20 yards. Nous faisons 1 mille sur des hauteurs dans la direction de l'E.-S.-E. Tout à coup, le guide, se méfiant de nous, refuse d'aller plus loin. Nous le payons et le laissons partir. Nous entendions la rivière qui mugissait avec fracas en franchissant les chutes de Nyombi, à Ntombo-Makuta. Au-dessus de ces chutes, de fréquentes lignes sombres, traversant la rivière, indiquent des rapides et des cataractes. Il serait difficile de trouver une zone navigable de quelque étendue au delà de ce point.

Nous marchons sur les hauteurs à partir de la rivière Luango. Après avoir traversé une petite rivière, nous nous élevons jusqu'à une altitude de 1,420 pieds, d'où une longue descente nous conduit à un ruisseau, le Lukalu, à une altitude de 900 pieds; puis, par une longue rampe, nous nous élevons à 1,600 pieds. Nous passons un kitanda (marché) et descendons à une petite ville (anéroïde: 1,400 pieds) et nous déjeunons chez le forgeron du village. Nous voyons un homme qui porte une toile faite de fibres d'ananas. Nous descendons pour remonter de 200 pieds, puis de 300 pieds. Après une nouvelle descente de 100 pieds, nous montons jusqu'à un village (Nkunga) à la hauteur de 1,950 pieds. Le terrain est difficile ; les hauteurs ont des pentes très raides. Les montées de la journée forment un total de 3,000 pieds ; ce qui représente à peu près huit fois la hauteur de l'escalier de la cathédrale de Saint-Paul, en montant et en descendant.

Aux flancs de ces collines, des fentes profondes ont été creusées par de petits égouts d'eau ; il y a, en apparence, une disproportion énorme entre la cause et l'effet. Les fentes ont 100 et 200 pieds de profondeur et du centre s'élèvent des fragments majestueux qui, quoique n'ayant que quelques pieds d'épaisseur, divisent les fentes en plusieurs portions, n'ayant point été minés par l'eau, pour une raison quelconque.

M. Crudgington et moi, nous marchons seuls en tête de nos jeunes garçons. Les tambours faisaient grand bruit pour annoncer notre approche. A Nkunga, les gens étaient très excités. Un homme, s'élançant d'un coin, transperce presque M. Crudgington avec son fusil avant de s'être rendu compte de ce qui cause tant d'émotion.

Nous nous asseyons devant la maison du chef et un commerçant Batéké à demi-ivre explique aux habitants que les Mundélés sont après tout des gens paisibles. Il a fréquenté les grands marchés du Sud de la rivière et connaît tout ce qui concerne les hommes blancs; ils ne mangent pas les hommes et il n'y a rien à leur reprocher quand on les laisse tranquilles. Le lendemain, les hommes blancs iront à son village, qui est à 3 milles de distance et y passeront la journée. Nous serons régalés de porc et de vin de palme. Si nous ne nous y arrêtons pas, nous rencontrerons de grands ennuis.

Nous avons quelque difficulté à nous procurer des vivres, ce qui, explique le chef, provient de l'heure tardive de notre arrivée.

Vendredi, 4 février. — Nous partons un peu tard, mais, avec deux bons guides, nous faisons 2 milles dans la direction de l'E.-N.-E. (150 pieds pour descendre et 200 pieds pour monter). A ce moment, le Batéké nous rencontre. Nous nous débarrassons de lui par une excuse et une bagatelle. De là, nous nous rendons à un village, Ndembo, où les habitants désirent que nous ne séjournions pas. Nous sommes pressés nous-mêmes de continuer notre route ; nous traversons une vallée de 200 pieds plus basse et nous élevons de nouveau jusqu'à Banza-Vulu (anéroïde : 2,000 pieds). De ce village, nous apercevons les hauteurs qui entourent Nsangu, ainsi que celles qui avoisinent les chutes de Nkisi, dans la direction du N.-E. Deux milles de plus nous amènent à la rivière Nguluji et, laissant Samba à gauche, nous nous élevons jusqu'au marché de Nsona-Melo. De là, par une marche de 7 milles parmi les hauteurs ($^1/_4$ N.-N.-E. 6 $^3/_4$ E. $^1/_4$ N.), nous arrivons à un autre marché. En nous voyant venir, les gens saisissent leurs marchandises et se précipitent dans les herbes. Quelques-uns reviennent nous regarder et se montrent si grossiers, que nous avons peine à contenir nos guides. Ils sont si indignés de la conduite de ces gens que, trois fois, ils les mettent en joue avec leurs fusils.

Cependant, nous atteignons tranquillement un petit village peu éloigné de Zinga. Nous renvoyons Antonio au marché pour acheter des vivres, qu'il réussit à obtenir. Les gens du village nous pressent de partir et ne veulent nous laisser attendre que dans une bizarre maison à deux étages, invention d'un jeune homme qui a été une fois à Ambriz. Dès qu'Antonio est revenu, nous nous mettons en route pour Zinga.

Le chef est absent. Nous disons aux habitants que l'autre homme blanc qui a passé par leur pays a parlé avec tant d'éloges de ses amis de Zinga que nous nous sommes un peu écartés de notre route pour passer la nuit chez eux. Ce palabre leur plaît ; mais le bruit circule que le vieux chef est mort ; ils prennent alors une attitude différente et nous indiquent une vieille maison délabrée pour que nous nous y installions. Nous témoignons de notre mécontentement. Bien que le chef nous fasse cadeau d'une chèvre, nous avons de grandes difficultés à obtenir de la nourriture végétale. Ils avaient des inquiétudes au sujet de la pluie ; une averse les rassure.

Samedi, 5 février. — Nous avons eu tant de difficulté à nous procurer des vivres, que nous nous montrons moins généreux avec nos hôtes que s'il en avait été autrement. Aussi, le chef se montre-t-il peu satisfait. Cependant, les habitants défendent notre cause et disent au chef qu'il ne pouvait s'attendre à mieux, car il n'avait pas bien traité les hommes blancs. Il refuse de nous trouver un guide ; mais il n'y a pas de difficulté pour trouver la route. Nous marchons au N.-E. pour atteindre la rivière Edwin-Arnold (le Luvubi), après avoir passé plusieurs petits villages qui nous fournissent une escorte fort bruyante, mais de belle humeur.

En atteignant le gué, le bruit des chutes attire notre attention et nous nous arrêtons pour contempler le magnifique tableau décrit dans le livre de M. Stanley. L'Edwin-Arnold coule sur un lit de sable jusqu'à 200 yards de sa chute, puis, courant au milieu de fragments de grès dur usés par le frottement, il se lance d'un seul bond sur les pierres qui sont au-dessous, dans le bassin de Bolobolo ou de Pocock, les remous des chutes de Zinga s'agitant au pied des rives taillées en précipice. A 50 pieds, les eaux inférieures se trouvent projetées, mais la masse principale tombe en un seul bond jusqu'à la base. Au moment des grandes eaux, le volume et la rapidité de la rivière, ainsi que la hauteur du saut, doivent constituer un beau spectacle. Nous contemplons ce tableau de l'entrée d'une ancienne chute.

Continuant notre route, nous passons par une hauteur derrière Massassa et, laissant à notre droite la brillante verdure de Mowa, nous traversons quelques villages et nous nous rendons par les hauteurs à un grand marché dont nous avons de grandes difficultés à sortir. Nous craignons aussi de tomber sur les villages des féroces Bizu-Nsékés, qui ne doivent pas être très éloignés et dont les Babouendés ont une crainte salutaire. Après avoir dépassé un peu le marché, nous avons le privilège d'avoir derrière nous une escorte de braillards, dont les cris ne dénotent ni bonnes manières, ni intentions bienveillantes. A vrai dire, ces gens de Zinga pourraient être meilleurs qu'ils ne sont.

La distance finit par nous débarrasser de ces bruyants compagnons.

Comme nous passons près d'un village, des hommes en sortent en se plaignant que nous passons des villages sans acheter de porcs, de vin de palme ou d'autres denrées. Nous leur disons que nous sommes disposés à acheter s'ils sont disposés à vendre. Qu'ont-ils? Rien! Alors quelle sotte histoire viennent-ils nous raconter?

La vérité c'est qu'ils auraient aimé à s'emparer de nos marchandises, mais qu'ils craignaient que l'entreprise ne fût accompagnée de quelques dangers.

Après une marche de 9 milles, nous atteignons un village où nous prenons le lunch. Ces gens sont agités et font quelques observations au sujet de la pluie, mais ne s'opposent pas à ce que nous restions dans le village et nous vendent quelques aliments. Le chef nous donne une chèvre; nous lui faisons un cadeau et lui demandons un guide, qui puisse conduire la chèvre à une ville où nous coucherons. Ils sont si remplis de terreurs vagues, qu'ils ne veulent pas nous assister. Nos jeunes garçons ont une telle charge de vivres, sans compter leur charge ordinaire que nous sommes obligés de laisser la chèvre, et que le chef perd une partie du cadeau que nous lui destinions.

De gros nuages se rassemblent. Nous rencontrons beaucoup de gens de marché, puis un marché et nous nous dirigeons sur un village, Kiniangi, au milieu d'une pluie torrentielle.

Le chef, Msunga, est un Makuta; il a été esclave à Gonzela, à 3 milles à l'Ouest de San-Salvador, et sait quelques mots de portugais.

C'est la coutume ici, lorsqu'un esclave qui connaît les habitudes des hommes blancs réussit à rejoindre sa famille, de l'envoyer se construire un village dont il devient chef. C'est ainsi que cet homme est devenu chef de Kiniangi. Il nous étonne par l'énergie avec laquelle il envoie ses hommes finir la couverture de chaume d'une maison qu'il nous destine; — parlant en portugais que personne ne comprend. Antonio nous prie de ne pas parler au chef devant ses hommes; il (le chef) sait très peu de portugais, mais ne désire pas trahir son ignorance. Grinçant des dents d'une façon formidable, une habitude des Babouendés, lorsqu'ils sont excités, il reste jusqu'au soir assis sur une caisse, et alors explique ses intentions à Antonio.

Les hommes blancs resteront dans son village pendant un mois et il les nourrira. A l'expiration du mois, il fera venir tous ses parents, car c'est un grand chef, — et les autres grands chefs de Mowa-Zinga et du voisinage. Alors, après une fête, il demandera aux hommes blancs quel est le but de leur voyage et ce qu'ils vont faire à Mfwa, nom du pays au delà de la rivière Gordon-Bennett.

Nous lui disons de ne pas dire de niaiseries; nous entendons rester le lendemain — dimanche — dans son village et le lendemain nous reprendrons notre voyage. S'il désire avoir une belle pièce de toile, son affaire est de nous trouver des vivres et un guide et de ne pas parler de palabres.

Après avoir fortement insisté sur ce point, nous étendons nos couvertures sur le sol, après avoir recouvert l'herbe de toile imperméable et nous nous endormons bientôt, non sans avoir prié pour que l'orgueil et la folie de cet homme ne nous créassent point des obstacles au moment où nous atteignons le but.

Dimanche, 6 février. — Je prends de bonne heure la route de l'eau et, au bout de 200 yards, je tombe sur un sentier qui conduit à la rivière. De profonds mugissements nous avaient indiqué qu'il y avait des chutes au-dessous de notre colline. Le sentier se terminait par une pente très raide de 500 pieds, aboutissant aux chutes de Nkisi. Les rives étaient jonchées de grosses pierres, de 15 pieds de haut, et la rivière se précipitait avec fureur par deux chutes successives. Passant sur des roches pour mieux contempler le tableau, la vue de quelques pêcheurs nous engage à la retraite, car nous ne savons pas à quoi la crainte et la superstition pourraient les conduire, ni quels soupçons pourraient s'emparer des habitants du village. Me retirant lentement sans être vu, je descends le long du courant et j'obtiens une vue plus favorable. En revenant, je heurte presque un autre homme, mais mes vêtements clairs au milieu des roches n'attirent pas son attention. Après avoir bien reconnu notre position et après avoir longtemps grimpé, j'arrive au village. J'avais pris la précaution de noter exactement la direction de la rivière par rapport au compas et la direction de la route (N. 30° E.) qui conduit hors du village. Le chef nous donne une chèvre. Aucun indice d'agitation jusqu'au moment où nous nous retirons pour reposer.

À 9 heures du soir, Antonio nous éveille. La terreur le met presque hors d'état de s'exprimer distinctement. Trois hommes avec des fusils sont arrivés de Mowa. Ils ont conseillé aux hommes du Congo de ne pas être assez sots pour mourir pour les Mundélés. Ngaliéma, le chef de Ntamo, est un méchant homme qui nous tuera certainement avec eux.

Nous leur déclarons que ce n'est que mensonge. Les gens de Mowa sont vexés de n'avoir pu nous extorquer de la toile; ils ont fait courir ce mauvais palabre pour effrayer les Congoës et nous faire revenir en arrière. On pourra s'en rendre compte dans la matinée, et les hommes du Congo feront ce que bon leur semblera. S'ils ont peur, qu'ils s'en retournent chez eux, mais, à aucun prix, nous ne rebrousserons chemin pour un semblable palabre, envoyé non à nous, mais aux hommes du Congo. Les gens de Mowa ne se seraient pas donné tant de mal pour sauver la vie de 100 hommes du Congo. Plutôt que de nous créer des embarras, nous ferons un cadeau au chef de Mowa, ce qui sera pour lui une honte éternelle.

Antonio se recouche l'esprit un peu plus tranquille.

Lundi, 7 février. — La première chose qu'Antonio vient nous dire ce matin, c'est que le palabre de Manyanga de Mowa n'est qu'un bas mensonge et que, comme nous le supposions, c'est une ruse pour avoir de la toile. Il nous conseille de faire un cadeau. Nous aimons mieux le faire que d'amener des difficultés, sachant que, dès que nous aurons traversé la route, nous serons indépendants de tout le monde. Nous préparons un autre présent pour le chef de Banza, qui nous a, en réalité, donné une chèvre[1]. Il entreprend de nous guider. A peine sommes-nous partis que nous nous apercevons que Garcia est resté en arrière. Il a sottement laissé ses meilleurs habits à un homme qui les a donnés en gage à un autre homme. Bien entendu, dans la matinée, on ne peut retrouver aucun de ces deux hommes, et Garcia entre en fureur quand il découvre qu'on s'est joué de lui. Nous lui crions de venir nous retrouver, mais trois hommes avec des fusils désirent se joindre à notre troupe comme guides. Nous ne voulons pas le permettre et nous continuons avec deux hommes, dont l'un conduit la chèvre. Au bout de 1 mille (N. 20 E.) nous traversons le Nkiji par un petit pont suspendu. La rivière est large d'environ 30 pieds et coule dans la direction des

---

[1] « L'homme qui parle portugais et déclarait être le chef de Kinlauga, nous avait donné une chèvre. Nous ne pouvions la tuer, ayant déjà de la viande en réserve. Il s'offre à nous accompagner et à conduire la chèvre.... » (Crudgington.)

chutes de Nkiji (Nkisi). Au bout d'un autre mille, une autre rivière, le Luindi ou Luanza, puis des collines à monter et à descendre jusqu'à une hauteur de 1,100 pieds. Nous nous élevons ensuite jusqu'à 1,440 pieds. Au sommet de cette colline, Nsunga trouve moyen de laisser échapper la chèvre. Il s'ensuit une longue chasse que Samson accompagne, ayant pour instruction de faire feu sur la chèvre plutôt que de laisser ces gens-là s'en emparer. Voyant l'insuccès de leur ruse, ils essaient de tuer eux-mêmes la chèvre; un homme fait feu, mais la balle, tout en enlevant un morceau de peau, ne cause pas un mal sérieux. On s'empare de la chèvre, et nous arrivons à un village, Mpété. Les habitants nous pressent d'acheter quelque chose et nous apportent de très bon vin de palme. Bien entendu nous achetons et, reprenant notre marche, nous descendons jusqu'à la cataracte qui est en face de Nsangu. Les guides se plaignent d'avoir faim, mais comme il est de bonne heure et qu'il faut acheter des vivres avant de les manger, nous le leur disons[1].

Un serpent long de 6 pieds était enroulé sur une branche au-dessus de l'eau. M. Crudgington le tue d'un coup de feu. Nos guides nous envoient en avant par un mauvais chemin, restent en arrière sous un prétexte quelconque et profitant des arbres et des sinuosités du chemin, prennent la fuite. Nous nous en apercevons bientôt et faisons courir après eux, mais ils sont bien cachés, avec la chèvre, dans des fourrés épais. Pendant que nous attendons, des gens sortent d'un village et disent qu'un homme a reçu une balle lorsque M. Crudgington a fait feu sur le serpent. L'homme était dans le village. C'est un mensonge évident, car le fusil de M. Crudgington était chargé de petit plomb. M. Crudgington avait tiré à un quart de mille du village et dans une direction opposée; le coup était dirigé en l'air, au milieu des branches épaisses des arbres. Nous mettons nos fusils sur l'épaule et nous dirigeons vers le village afin de voir le blessé. Immédiatement ces gens avouent leur mensonge et nous prient de nous asseoir tranquillement. En agissant promptement, nous avions évité un palabre ennuyeux. Nous découvrons bientôt que nous avons pris le mauvais chemin et, franchissant un ravin, nous reprenons la bonne direction.

---

[1] « Nous remarquons que les naturels tendent de longues cordes avec des nœuds coulants entre les arbres pour attraper des oiseaux. C'est une méthode ingénieuse et qui exige beaucoup de travail. Je ne pense pas cependant que le résultat soit très satisfaisant. » (Crudgington.)

Avant de traverser la rivière du serpent (Snake-River), nom qui nous rappelle la mort de cet animal, nous contemplons une belle portion de la rivière, depuis Nsangu jusqu'aux rapides de Lady-Alice. De chaque côté de la rivière une rangée bien droite de collines s'élève jusqu'à 500 pieds au-dessus de la rivière. La chaîne du Nord est entrecoupée de gorges, mais la chaîne du Sud est non interrompue sur une longueur de 8 ou 10 milles. Traversant un petit village, nous montons sur une crête, et passant sur la rive du Nord nous arrivons à un cours d'eau, nous rencontrons un homme portant une dent d'ivoire dont un homme de Makuta et un homme de Mowa sont propriétaires. Ils sont surpris de rencontrer un homme blanc, mais s'entretiennent librement avec nous. Nous leur demandons s'ils ont entendu parler de la présence de M. Comber sur l'autre rive. Ils nous disent qu'il a été atteint d'un coup de feu et qu'il est retourné à Mboma. Cela se rattache évidemment à l'attaque de Makuta.

Ils se trouvaient à Mowa lorsqu'ils ont appris que l'ivoire était arrivé à Mfwa. Ils ont été deux jours sur la route qui vient de la ville de Bwa-Twanjali sur le Zué. Cette rivière et une autre qui se trouve sur la route, le Mfulukado, ne peuvent être traversées qu'en canot. Ils transportent l'ivoire à Narveti. Ils nous conseillent de rebrousser chemin, car M. Comber n'a pas pu se frayer un chemin.

Nous éloignant du ruisseau, nous arrivons, au bout de 100 yards de chemin, à un petit village, où nous voyons beaucoup de Kwanga (pain de cassave). Nous n'avions à manger que du riz que nous ménagions précieusement, ne sachant pas quelles misères nous aurions à supporter. Nous achetons beaucoup de Kwanga, d'abord à un prix élevé; mais dès que nous en avons acheté assez pour un repas, nous payons ce que nous voulons et nous ramenons les prix à un tarif raisonnable.

Après le déjeuner, nous continuons notre route pendant 1 mille, jusqu'à ce que la route paraisse se diriger du côté de la rivière; d'autres routes s'y embranchent, mais aucune n'est aussi large. Nous continuons de suivre la même route, pensant que c'est la meilleure direction pour franchir une gorge où un ruisseau court avec fracas au milieu des arbres. Le sentier nous conduit dans un bois épais, et après avoir franchi le ruisseau, il devient très difficile de trouver des traces de sentier. Nous trouvons une piste qui n'est peut-être qu'une piste de gibier; mais nous la perdons bientôt au milieu d'un champ de manioc. Ce manioc est planté sur le flanc d'une colline escarpée.

Nous nous enfonçons dans l'entrelacement des herbes et du manioc et pénétrons dans la partie où les tiges n'ont pas été éclaircies. Bientôt le fourré devient trop épais pour permettre d'avancer; nous sommes obligés de nous frayer un chemin avec la hache. Le fourré devient de plus en plus épais; enfin nous sommes forcés de nous arrêter pendant que deux d'entre nous se mettent à ramper et à couper jusqu'à une éclaircie, où nous retrouvons les traces d'un sentier. En revenant, nous décidons que, comme le soleil a déjà touché la colline de l'Ouest, que cela nous prendrait au moins une heure pour couper un chemin pour les jeunes garçons, et qu'une fois sur le sommet, il n'y aurait pas d'eau, il vaut mieux retraverser le champ de manioc pour revenir à la rivière et y camper.

Nous coupons beaucoup de bois à brûler et établissons une tente, car de gros nuages sont suspendus sur nos têtes. Nous nous endormons profondément.

Mardi, 8 février. — Partant de bonne heure, nous retrouvons notre chemin jusqu'au delà des bois. Guidés par des poules criardes, nous découvrons un village et envoyons prendre des renseignements sur le chemin. Personne ne veut nous guider, mais on nous envoie sur une autre partie des bois. Après quelques difficultés nous retrouvons notre chemin et, passant un village, nous atteignons une large route.

Les indigènes craignent de nous guider. Bientôt nous rencontrons quelques trafiquants du haut pays, avec la marque distinctive de la tribu des Batékés, — une série de cicatrices en forme de courbe en bas de la figure; les cheveux, lorsqu'ils sont longs, sont réunis en touffe sur le sommet de la tête. Nous leur demandons des renseignements sur la route, mais ils refusent de nous aider en aucune manière et parlent haut, mais d'une manière inintelligible, à nos Congoés. Un de ces hommes portait un énorme fétiche, long de quatre pieds, auquel on avait cherché à donner une forme humaine. C'est un préservatif contre les voleurs et, sans aucun doute, cela produit son effet sur ces gens superstitieux. Après avoir traversé une vallée, nous remontons vers quelques villages. Les trafiquants Batékés poussent de hauts cris pour avertir de notre approche et, peut-être, pour donner de mauvais conseils.

En traversant le village, nous sommes arrêtés par les hurlements de Mala, un de nos porteurs du Congo. Il dit qu'on s'est jeté sur lui et qu'on lui a enlevé sa charge. Dix minutes auparavant nous avions recommandé fortement à nos hommes de se tenir ensemble, d'autant plus que ces Batékés continuaient de pousser des cris et que nous approchions de la frontière. Comme les entrecroisements de routes et les branches rendaient l'orientation difficile, nous étions forcés de marcher tous deux en tête. Notre chef Krouman, Samson, qui portait un fusil, formait l'arrière-garde. Mata s'était arrêté un moment et Samson l'avait laissé en arrière, lui disant de nous rejoindre immédiatement. Ils traversaient une plantation de manioc. Quelques hommes cachés dans le manioc se jettent sur Mata, le menacent de leurs couteaux, saisissent sa charge et s'éloignent.

Les gens du petit village sont très effrayés lorsqu'ils voient ce qui est arrivé. Rassurés par leur frayeur, nous laissons les bagages empilés à la garde des jeunes gens, pendant que les autres courent dans la direction des cris.

Par une route différente, nous courons à un autre village et rencontrons Mata en chemin. Nous avons su plus tard que, en prenant la nouvelle route, nous avions passé près du voleur, sans le voir, et lui avions coupé le chemin, ce qui l'avait effrayé et l'avait contraint à s'arrêter.

Nous allons retrouver les jeunes gens et trouvons tout en ordre. Nous disons à ces gens que ce qu'ils ont de mieux à faire c'est de retrouver les objets perdus et de les apporter au village de Bwabwa-Ngali. La perte est lourde pour nous et nous avons peu de chances de retrouver notre colis. La charge se composait de toutes nos couvertures imperméables, de la toile qui nous servait à couvrir notre campement, de mon tapis d'Euklisia et de mon coussin à air, d'un shawl, d'un vêtement de nuit, d'une moustiquaire de voyage, etc. Les couvertures de M. Crudgington étaient heureusement ailleurs. Pendant que nous discutons nos moyens d'action, un habitant nous dit que le voleur vient de traverser un fourré derrière le village.

Ils nous prient de rester en arrière et d'envoyer deux ou trois hommes à la poursuite du voleur. Nous envoyons Antonio, Samson, Garcia et Mata et leur donnons pour instructions de tirer un coup de fusil s'ils se trouvent dans l'embarras, car nous ne savons pas jusqu'où les choses peuvent aller. Un homme part avec eux. Ils reviennent bientôt avec le colis et le chef nous fait des excuses pour cet acte coupable. Il est fort en colère et nous affirme que c'est l'acte des seuls voleurs et que le village n'y est pour rien.

Nous lui parlons de l'acte coupable dont nous avons été victimes. Nous lui disons que nous avons été très doux et que cette affaire aurait pu avoir pour le village de sérieuses conséquences. Nous aurions été obligés de rendre la chose publique à notre retour et les villages voisins auraient été fort irrités d'un fait qui pouvait exciter la colère des hommes blancs. Les hommes blancs, quand ils voyagent, ne font du mal à personne, quand ils sont bien traités; mais une pareille manière d'agir est très sérieuse. Le chef exprima ses vifs regrets; il était heureux que nous eussions été aussi paisibles.

Nos hommes avaient trouvé l'homme et son colis dans un village voisin. Samson l'avait saisi par le bras, mais il s'était dégagé et avait filé avec le paquet. Samson le mit en joue, et lâchant le paquet, l'homme prit la fuite. Il était fort coupé et saignait par de nombreuses blessures qu'il s'était faites en se jetant dans un fourré épais et parmi des plantes coupantes.

Le chef nous procure un guide, et passant par deux villages et par une porte placée au milieu d'une haute clôture, nous pénétrons dans le pays des Batékés[1]. Au bout d'un mille et demi, nous atteignons Zwana et descendons à la rivière Mfulukado. Cette rivière est large de 75 yards et pourvue d'alligators. En regardant en amont, du point où est le bac, on aperçoit deux cataractes tomber de chaque côté d'une roche qui, nous dit-on, n'est qu'une île[2]. En face du bac, l'Evula se jette dans la rivière après s'être précipitée, 200 yards plus loin, du haut d'une colline élevée; on aperçoit la cataracte au milieu des arbres.

La rivière de Mfulukado porte le nom de Nkenké sur la carte de M. Stanley. Nous la traversons au-dessus du point où elle se jette par une chute énorme dans le Congo, en formant la cataracte de la rivière Nkenké qui mugit 200 mètres plus loin. Il y a quatre ou cinq bons canots et six hommes nous pagaient de l'autre côté, où nous déjeunons. Après un moment de repos, nous gravissons une colline[3], traversons

---

[1] « Nous franchissons la frontière des Batékés et passons par une ouverture que l'on peut considérer comme une marque de frontière. » (Crudgington.)

[2] « Un peu au-dessus du point où nous l'avons traversée, la rivière paraît se composer de deux rivières, dont les eaux, se jetant sur des roches au milieu d'une verdure admirable, viennent se réunir en une seule rivière. » (Crudgington.)

[3] « Des collines au-dessus du Nkenké, nous avons une superbe vue sur une des parties les plus pittoresques du Congo dans la direction d'Umvilingya.

« La rivière coule entre de hautes collines qui descendent jusqu'au bord de l'eau. Les ondulations sont couvertes d'arbres de toutes les nuances du vert; la verdure est interrompue çà et là par les fleurs resplendissantes de quelque plante tropicale. La nappe unie de

deux villages, marchons pendant 3 milles au milieu d'une plaine, et arrivons à un marché où nous nous reposons de nouveau (anéroïde 1,580 pieds). Deux milles de plus à l'Est, nous passons par une porte de la seconde clôture frontière. Trouvant un endroit propice, nous y campons pour la nuit. Aucun signe de village devant nous; il y en a cependant un de chaque côté, mais des gorges profondes nous en séparent. Nous allumons de grands feux. Le pays est de plus en plus boisé. Il tombe un peu de pluie pendant la nuit, mais la tente fournit un abri suffisant pour les hommes et les colis serrés les uns contre les autres. Les Krous sont de désagréables compagnons de lit. Parfois je suis brusquement éveillé par une jambe sur ma poitrine, un bras sur ma figure, une tête jetée violemment sur mon côté. Il faut prendre soin des porteurs Krous, mais une autre fois je m'arrangerai pour avoir des voisins plus commodes.

Mercredi, 9 février. — Nous partons de bonne heure, sous la pluie, nous dirigeant au N.-E. Trois milles de chemin par un beau pays boisé nous amènent dans un village.

Les naturels ont ménagé de grands espaces dans les bois pour des plantations de manioc et des fermes. On avait coupé des arbres, on en avait brûlé d'autres et réduit le tout en charbon. Nous trouvons de tous côtés des branches et des troncs carbonisés. Au village nous achetons des bananes et du kwanga, mais à de très hauts prix. Descendant du village, nous arrivons à la rivière et la passons sur un gros tronc d'arbre.

Il y a maintenant autant de bois que de pays découvert; du sommet d'un coteau nous apercevons une vaste étendue de collines couvertes de forêts; çà et là un tapis de verdure claire, rarement des indices de village. Bien qu'avec l'apparence d'une région sombre et inhospitalière, c'est vraiment grand et superbe. Les profondeurs fraîches des forêts sont délicieuses, spécialement au sortir d'un pays accidenté, brûlé par le soleil. Quelquefois l'eau est de couleur foncée comme du thé, mais sans saveur, et est claire comme du cristal sur le sable blanc. Un beau pays avec des habitants doux et bons, les Batékés. Nous nous arrêtons

---

la rivière est coupée en différents endroits par de grandes et de petites îles couvertes d'arbres qui ajoutent à la beauté du paysage.

« A cet endroit le pays semble subir une transformation radicale. Le sol est composé de sable blanc fin; les vallées font place à d'immenses étendues de forêts. Les bois sont magnifiques. Les arbres sont de grande taille; des lianes gigantesques se suspendent en festons au-dessus de nos têtes et traversent souvent le sentier. » (Crudgington.)

un peu pour acheter à des gens; presque immédiatement après notre départ, nous traversons un village, mais nous sommes rappelés avant d'être loin.

Le village, c'est Umvilingya. Le chef veut voir l'homme blanc.

Laissant les jeunes gens se reposer, nous revenons en arrière, et bientôt le chef paraît avec un présent de poules, de maïs et de kwanga sur une large table de bois. Leur langage est inintelligible ; c'est une race à part ; menton long, une physionomie qui nous rappelle un peu celle des Peaux-Rouges. Les faces portent ces cicatrices en ligne courbe dont nous avons déjà parlé. Gens paisibles, manières affables, et, comme race, les hommes les plus agréables à voir que nous ayons encore rencontrés; jolis enfants. Ces gens sont des courtiers d'ivoire. Les sauvages et les cannibales du Pool et de la région au-dessus leur apportent l'ivoire que les trafiquants de Makuta, de Zombo et d'ailleurs viennent leur acheter. Ces gens n'achètent et ne vendent jamais beaucoup, mais généralement mettent l'acheteur en rapport avec le vendeur et perçoivent une commission.

Il nous était naturellement impossible de communiquer directement avec ces gens, mais Antonio nous explique que c'est la coutume du pays. Après un échange de présents, les habitants expriment le désir de nous vendre. Nous achetons largement et à bon marché. Des grelots luisants, d'un pouce de diamètre, sont en grande faveur; il en est de même de miroirs avec monture argentée. Si les gens du Pool sont comme cela, quelle fête! A ce prix nous nous inquiétons peu de la distance et des fatigues. C'est un mauvais sentiment; mais après les craintes et les difficultés rencontrées parmi les rudes tribus que nous laissons derrière nous, ces gens nous semblent des anges, et cette belle contrée un paradis[1].

Nous nous mettons en route le cœur léger et, après une halte pour déjeuner, nous atteignons un village, Nkio Buminu, juste à temps pour éviter une violente tourmente. Nous nous réfugions dans une maison longue, avec un toit, mais ouverte sur les côtés. Lorsque la tempête s'apaise, il est trop tard pour nous remettre en chemin.

Les habitants, timides d'abord, se rassemblent pour examiner les étrangers. Nous devenons amis et nous achetons des vivres. Après

---

[1] « Les Batékés nous semblent les gens les plus agréables que nous ayons encore vus.
« Les maisons ne ressemblent pas à celles que nous avons précédemment rencontrées. Au lieu de toits en pointe... les maisons ont des toits demi-circulaires qui continuent les murailles. Elles sont couvertes de gazon, les tiges en dehors, ce qui leur donne l'air d'être couvertes en sapin. » (Orudgington.)

la pluie, les collines couvertes de forêts offrent un magnifique spectacle.

Jeudi, 10 février. — Le lendemain matin, le chef nous fait cadeau d'une poule. Il porte un long sabre de cavalerie à poignée de cuivre, marqué « Klingenthal, 1823 ». Tous sont curieux de regarder nos objets, mais ils ne montrent pas cette crainte stupide dont nous avons été témoins jusqu'ici. Les allumettes sont pour eux un mystère ; ils seraient restés des mois à contempler Mundélé frotter un petit bâton sur quelque chose et une grande flamme en jaillir. Pas de crainte stupide, car ils aiment à frotter eux-mêmes l'allumette, tandis que les autres seraient morts plutôt que de toucher au bâton-médecine. Le mystère d'un fusil à double canon dont le dos se brisait pour ouvrir la culasse, l'aiguille tremblante d'un compas, un sifflet, que de choses ! C'était pour eux un véritable « British Museum ». Ils avaient tellement besoin de fourneaux de pipe qu'ils nous demandent de leur vendre ceux que nous avons achetés aux Basoundis. Nous le faisons. Ils regardent avec étonnement nos livres, ces choses mystérieuses qui parlent aux hommes blancs. Et puis ces faces blanches, ces étranges cheveux blonds, fins et droits. Nous sommes les meilleurs amis du monde. Nous nous demandons ce que sont les gens du Pool. Nous savons qu'ils appartiennent à la même tribu.

Nous partons de bonne heure. 4 milles à travers un beau pays de bois ; nous passons cinq villages et plusieurs ruisseaux qui roulent des eaux claires sur un fond de sable. Quelques belles clairières au sol uni, couvertes d'un gazon court dont les graines forment des épis bruns sur de longues tiges, — 3 à 5 pieds de longueur.

Au bout de 4 milles, M. Crudgington aperçoit une nappe d'eau semblable à un long nuage blanc ; nous osons à peine prononcer le nom, mais au bout d'une minute ou deux il n'y a plus de doutes : « le Pool!! » 12 milles dans le N.-E., au pied d'une chaîne de hautes collines. C'est pour nous un heureux moment d'apercevoir pour la première fois cette nappe d'eau dont nous avons si souvent parlé et rêvé, pour laquelle nous avons tant prié et supporté tant de fatigues. C'est un moment de reconnaissance calme. Nous passons un marché et nous plongeons de nouveau dans la forêt. Nous rencontrons beaucoup de gens du marché. Quelques-uns passent rapidement, prenant à peine garde à nous, soit crainte, soit désir de ne pas nous regarder avec impolitesse. Nous traversons beaucoup de vastes clairières où l'on a brûlé du bois pour faire du charbon ; puis une longue route plate et nous atteignons un village.

Il est midi ; le soleil est brûlant ; il ne s'écarte que de 11° de la verticale ; pas un souffle de vent. Nous nous asseyons à l'ombre d'une maison. Un homme seulement est visible. Bientôt deux ou trois autres apparaissent et s'assoient devant une maison en face de nous, à 50 yards de distance. Surviennent trois ou quatre hommes qui se joignent aux autres. Tous portent de bons vêtements ; beaucoup portent des bracelets de cuivre, des cercles de cuivre aux jambes et des colliers. Leur toilette est parfaite, bien qu'ils n'aient pas eu le temps de se préparer. Ils nous envoient des nattes. Bientôt tous s'avancent et s'agenouillent à une courte distance ; un homme vêtu plus simplement s'agenouille devant chacun de nous. Il lève les mains, la paume en l'air et nous appelle « ndugu » (frère). Nous élevons nos mains la paume en l'air et nous touchons légèrement la paume de ses mains, en répétant ndugu et nous frappons trois fois nos mains l'une contre l'autre. Les autres s'avancent, la même cérémonie se renouvelle avec chacun d'eux et ils se retirent à l'abri de la maison d'en face. Puis a lieu une grande chasse aux poules ; bientôt on dépose devant nous quelques poules pantelantes et du kwanga. Nous comprenons que, l'homme blanc ayant visité son village, le chef désire lui faire cadeau d'une couple de poules pour faire de la soupe, afin qu'il sache que Mundélé ne peut « s'asseoir affamé » dans les villes des Batèkés.

L'orateur se retire. Nous préparons un présent de toile et nous y joignons, entre autres objets, une longue chaîne argentée, qui intéressait ces hommes ingénieux, comme un chef-d'œuvre de travail. Les petits maillons, nettement travaillés, leur semblaient une merveille. Nous envoyons notre cadeau par Antonio, nous les remercions de leur bonne réception, du soin qu'ils ont pris de nous et nous exprimons le désir que cette soirée marque le début d'une longue amitié. Nous leur disons adieu et nous espérons revoir bientôt nos amis. On nous dit que le Zué n'est pas très éloigné et nous nous pressons de partir après n'avoir pris que de légers rafraîchissements. En entendant le mot « njila » (route) on nous fournit immédiatement deux guides. Ils comprennent un peu notre flot et nous pouvons saisir une partie de ce qu'ils veulent dire. Cette réception nous a vivement intéressés ; nous n'avions jamais été témoins de ces coutumes sans art et gracieuses. Nous désirions de plus en plus voir les gens du Pool, dont nous étions si près.

Après 3 milles de terrain plat et un peu de sable humide, nous atteignons un village et nous rendons à l'habitation du chef; la façade a 50 yards de longueur; la maison est protégée par une haie de pieux; le toit est formé de graminées disposées gracieusement et ressemblant à de l'alfa. Nous nous asseyons en dehors sous un petit toit. D'un côté de la porte flotte un petit drapeau français.

Un gong sourd résonne et vingt ou trente hommes passent dans l'enclos du chef. Quelques minutes après, ils sortent derrière le chef. Bwabwa Njali, un bel homme de 35 ans environ, bien vêtu, très propre, s'avance et, prononçant le mot « ndugu » (frère), frappe trois fois ses mains l'une contre l'autre. Nous accomplissons, en même temps que lui, la même cérémonie. Il s'assied sur une de nos caisses et nous causons un peu. Il se demande quelle affaire nous amène à Ntamo.

— Venez-vous chercher la chèvre?
— Non, il y a abondance de chèvres au Congo.
— Que portez-vous à Nga Liema?
— Rien de particulier. Nous lui ferons un petit cadeau, bien entendu.
— Très bien, ndugu.

La question de la chèvre revient souvent sur le tapis.

M. Stanley avait amené avec lui une très grande chèvre et un grand bouc pris dans le pays boisé d'Urega. Il espérait les conduire sans encombre en Angleterre et les offrir à la baronne Burdett-Coutts. Pendant que M. Stanley campait au-dessus de la première cataracte, il fut visité par Itsi de Ntamo. Celui-ci ne voulait accepter ni toile, ni aucune autre chose. « Donnez-moi seulement cette chèvre. » Il fallut la lui donner. Nous avions entendu parler de cette chèvre au Congo; on nous disait sa hauteur et la longueur de ses crins.

Le bruit courait dans le pays que nous autres, qui étions venus au Congo, sans raison apparente et non pour y trafiquer, et qui tentions toujours de pénétrer dans l'intérieur, nous voulions en réalité essayer de nous emparer de la chèvre. Leurs têtes stupides en avaient découvert le motif. Nous vivions au Congo et cependant nous n'avions pu encore comprendre et connaitre le cœur du roi. Bien entendu, le cœur du roi était dans cette chèvre et nous voulions nous emparer de cette chèvre pour voir le cœur du roi. Pour eux, remplis d'idées de sorcellerie et de diableries, il n'y avait en cela rien d'étrange ou d'insensé.

Cela n'était point la cause de la résistance opposée à nos voyages, résistance qui avait pour raison un système conservateur de protection commerciale ; preuve de la civilisation de ces contrées. Pendant tout notre voyage sur la rive du Nord, nous avons entendu les gens se dire les uns aux autres que nous allions chercher la chèvre. Nous avions beau dire que nous n'étions pas à ce point à court de viande que nous fussions obligés de faire un pareil voyage pour nous en procurer. Nos dénégations n'y faisaient rien.

Bwabwa Njali, c'est-à-dire le Cri de Guerre de la rivière, insiste pour que nous passions la journée avec lui. Nous n'aurons le lendemain que peu de chemin à faire pour atteindre le Pool et il s'arrangera pour nous faire passer de l'autre côté de l'eau. Nous étions certainement anxieux d'atteindre le but, de crainte que, même au dernier moment, il ne se présentât quelque difficulté, mais il était certainement plus politique d'accéder à sa prière. Il nous fait préparer une maison. Nous nous occupons de faire préparer les charges et nous donnons des instructions pour faire tuer la chèvre qu'on nous a donnée. Nous mangeons du riz pour amuser notre estomac jusqu'à ce que le dîner ait été préparé. Bwabwa Njali exprime alors le désir de nous faire voir sa maison. Plusieurs maisons sont comprises dans l'enclos. Il nous en donne une, vaste et bien bâtie, à main gauche en entrant.

C'est vraiment une belle maison, très bien tenue. Nous nous asseyons sur des nattes et nous nous confirmons dans cette opinion que notre hôte est un garçon fort agréable. Il est très amical et a la grâce facile d'un gentleman ; pas de dignité apprêtée, mais une dignité vraie. Nous regardons autour de nous et manifestons de l'intérêt pour ce qui nous entoure. Une magnifique peau de lion se trouve à côté de nous ; il dit qu'il n'y a pas de lions dans le pays et que cette peau vient de loin. Notre Antonio était étonné de la grandeur de la peau du merveilleux nkosi, que les Congoés ne connaissent que par ouï-dire. Puis il apporte un harmonica et une baguette de cuivre avec une série de clochettes accordées. Le tout lui a été donné par M. de Brazza qu'il espère revoir dans quelques mois, deux peut-être. Il nous montre sa grande cloche de fer, — un grand cône de fer ouvré à oreillettes, d'environ quatre pieds de hauteur et d'un huitième de pouce environ d'épaisseur ; lorsqu'on la frappe légèrement, elle donne un son grave et riche. Un tiers de la maison est abrité par des écrans.

Il nous parle un peu de notre affaire avec Nga Liéma, mais sans beaucoup insister, comme s'il y avait quelque chose que nous ne désirions pas lui dire et qu'il serait indiscret de demander.

Nous avions été curieux d'examiner les objets qui nous entouraient; il désire voir les merveilles que nous avons apportées de notre pays. Nos compas, nos coutelas, les boucles de nos ceintures, l'étoffe de nos mouchoirs de poche, tout cela excite sa curiosité. Lorsqu'il a vu un objet, il dit : « C'est bien, mettez-le de côté, ndugu! » montrant ainsi que c'est la curiosité et non l'avidité qui le pousse.

Désirons-nous prendre un bain? Il y a tout auprès une belle rivière. Nous aimerions à prendre un bain, mais n'y a-t-il pas d'alligators? Cela le trouble profondément. Supposer, même un moment, qu'il nous conseillerait quelque chose de dangereux pour ses amis blancs, il se mettra lui-même à l'eau avec nous. Nous voyons de suite qu'il est réellement attristé, sans être fâché contre nous. Ce n'était pas de notre part une précaution inutile, car les naturels se baignent dans des rivières où l'on sait que les alligators abondent et y sont souvent pris. A Ukasa, où l'on était en train d'empoisonner le vieux chef, ce qu'on lui reprochait, c'est que deux hommes avaient été pris par des alligators et que c'était un fait si peu ordinaire qu'il devait y avoir quelque sorcellerie de sa part, à lui qui était le maître du district.

Nous lui faisons des excuses, disant que nous sommes loin de douter de ses bonnes intentions, mais que, dans notre esprit, l'idée d'une belle rivière est fatalement associée à celle d'alligators et que nous avons posé la question instinctivement. Cette explication le satisfait, et comme le soleil est sur le point de se coucher, nous proposons d'aller chercher le *matériel* et de prendre notre bain immédiatement. Il nous accompagne et, en deux minutes, nous atteignons une belle rivière, le Zué, que M. Stanley a nommée la rivière Gordon-Bennett. Elle a, en cet endroit, environ 100 mètres de largeur.

Une ligne de grands arbres borde chaque rive; les branches s'étendent bien loin au-dessus du courant rapide. Nous étions à environ un demi-mille du commencement des cataractes, de l'endroit où la rivière se réunit au Congo. Pendant que nous sommes en chemin vers la rivière, le chef parle à des hommes qui passent et nous donne cette explication : « Je leur ai dit de ne pas avoir peur de vous; vous êtes de braves gens. Vous ne mangez pas les hommes; vous ne les prenez même pas; les hommes blancs sont bons. » Bwabwa Njali envoie son fils dans l'eau, craignant que nous n'ayons encore quelques appréhensions. Nous prenons grand plaisir à nager.

Bwabwa Njali reste assis à l'arrière d'un canot et veille avec soin à ce qu'il ne nous arrive rien.

Tantôt il nous crie : « Ndu-ndugu ! n'allez pas dans le courant, il est trop fort. Prenez garde, il y a là une mauvaise branche au-dessous de la surface. »

Quand il trouve que nous avons été dans l'eau assez longtemps : « Ndugu, crie-t-il, sortez de l'eau maintenant ; ne vous rendez pas malades. »

Nous rentrons bientôt au village, et sommes prêts pour le dîner. Tout le temps que nous avons passé avec le chef, nous avons été très satisfaits de lui. A ses manières, on pourrait supposer qu'il a fait son éducation en Angleterre. Nous n'en étions que plus curieux de voir Nga Liéma, qui était sans doute un plus grand chef.

Vendredi, 11 février. — Nous nous levons de bonne heure et sommes prêts à partir. Bwabwa Njali craignait que nous ne partissions sans lui dire adieu. Nous lui expliquons que nous ne faisions que nos préparatifs pour économiser du temps, mais que très certainement nous désirions le voir avant de partir ; il avait été si bon pour nous que nous désirions lui laisser un petit cadeau en souvenir du plaisir qu'il nous avait donné ; nous espérions avoir souvent l'occasion de le revoir.

Nous nous fions à sa promesse obligeante de nous faire passer la rivière Zué et de prendre des mesures pour nous faire passer à Ntamo.

Il est prêt à nous conduire en bac à Mfwa et envoie des guides et des instructions à Don Joao, à Ibiu, qui nous fera passer à Ntamo. L'autre homme blanc, M. de Brazza, lui a donné un drapeau avant de partir ; il espère que nous ferons de même. Nous ne pouvons nous mêler à la légère de distribuer des drapeaux anglais. Nous lui disons que tous nos colis sont fermés maintenant, mais que nous les ouvrirons à Ibiu et que nous enverrons quelque chose par les guides. Nous lui donnons de belles toiles et, ce qui lui paraît merveilleux, une petite boîte ronde à musique. Il est satisfait que nous l'ayons traité si bien. Après avoir été transportés de l'autre côté du Zué, nous nous séparons bons amis.

Les guides nous conduisent pendant quatre ou cinq milles à travers des bois magnifiques, des vallons verdoyants ; le pays est plat, parfois très bas. Nous passons deux villages et nous atteignons Ibiu, sur les bords du Stanley-Pool[1]. Le village est une réunion de petites maisons

---

[1] « Nous trouvons la ville d'Ibiu très près du point où a été placée la ville de Mankoueh

serrées les unes contre les autres. Nous allons droit à l'habitation du chef. Environ une douzaine d'hommes et de femmes se tiennent debout, bien vêtus, la toilette très soignée. Le chef vient nous voir. C'est un beau gaillard qui vient d'Uyansi, si nous comprenons bien. Les guides ont tout expliqué et il est prêt à nous faire passer l'eau ; nous donnerons, bien entendu, quelque chose aux pagayeurs. Il a envoyé des hommes vider l'eau du canot et le préparer.

Pendant que nous attendons, on nous fait du café et nous regardons autour de nous. Les indigènes présentent un beau type ; leur face a un autre caractère que celui que nous avons rencontré jusqu'ici. Quelques-uns nous regardent, mais la plupart vont à leurs affaires sans faire beaucoup attention à nous. Ce sont des gens paisibles et agréables. Un homme saute çà et là avec un épieu ; un autre a, au bas du bras, une marque faite avec de la terre colorante ; d'autres portent des grains de beauté, des marques et des lignes, le tout dessiné avec soin.

Don Joao Mukabi, le chef, vient nous dire que tout est prêt. Il nous donne quelques poules. Nous lui remettons la paye des pagayeurs et un peu de belle toile pour lui-même et nous descendons sur la berge. Un beau canot de teak africain est prêt pour nous ; il a 40 pieds de long et est bien taillé et accastillé ; à l'extérieur, on l'a sculpté de manière à imiter l'osier. Six pagayeurs et deux hommes pour gouverner paraissent un nombre suffisant. Don Joao nous montre du doigt Ntamo, que l'on commence à apercevoir à travers les arbres, de l'autre côté de la rivière et quatre milles environ plus bas.

Nous nous éloignons de la berge et commençons à traverser l'extrémité occidentale du Pool, le cap sur une bande de sable perpendiculaire qui forme la pointe S.-O. de la sortie du Pool. Au-dessus, il y a une île boisée. Quand nous arrivons au milieu du courant, nous pouvons voir plus haut, dans le Pool, une île basse ou des îles de sable couvertes de gazon. Au N.-E., les Dover-Cliffs resplendissent de blancheur au soleil ; par derrière, une belle chaîne de hautes collines ferme l'horizon depuis les collines boisées et les berges d'où nous venons, jusqu'aux collines du haut desquelles nous avons d'abord aperçu le ruban d'argent du Pool. C'est véritablement une superbe pièce d'eau

---

nous demandons où est Mankoueh et les naturels, croyant à une mauvaise prononciation, disent : « Oh, oui, — Nga Mkuma ; c'est là-bas », et ils indiquent une petite île peu éloignée. Mkuma est le nom du Pool, et Nga est synonyme de « Don ». (Lorsqu'on prononce vite, on peut confondre facilement Mkuma et M'an'koueh.) » (Crudgington.)

dans un cadre admirable. Des excursionnistes iraient loin pour voir quelque chose de semblable.

Les mesures que M. Stanley en a données paraissent être d'un mille ou deux trop petites : mais peut-être les distances paraissaient-elles plus grandes de la position que nous occupions dans le canot. M. Stanley est probablement plus correct. La beauté du Pool dépassait notre attente. Le sable qui abonde sur le rivage est assez riche pour fournir une végétation luxuriante.

Le courant, assez fort, nous porte au-dessous de la bande de sable avant que nous ayons atteint la rive gauche, en virant au bas du courant, le long des berges boisées, nous pouvons entendre le mugissement et voir les eaux blanches de la première cataracte au-dessous de Ntamo qui commence à devenir plus distinct, quoiqu'on n'aperçoive encore qu'un petit nombre de maisons. Nous passons un grand canot dans lequel se trouve un grand filet à poisson. Au bout d'une heure, nous arrivons à la plage de Ntamo. Quelques objets noirs sur la plage se trouvent être des êtres humains qui, à l'approche de notre canot, se précipitent dans le village. Quelques hommes sortent, puis il en vient davantage ; au moment où nous débarquons et empilons nos colis, une grande foule s'est rassemblée. Un de ces interprètes du Zombo, que nous avons déjà rencontré dans un village un peu au delà de Manyanga, vient à notre rencontre. La marque de la tribu des Batékés montre qu'il est natif de ces contrées et il a peut-être été vendu comme esclave. Il parle les langues des Batékés et du Congo. Il a avec lui quelques hommes qui parlent congo.

Nous nous rappelons nous être déjà vus. Il traversait le Congo avec une troupe de trafiquants et était venu voir Mundélé. Comme c'étaient des étrangers venus du Zombo, j'étais allé les voir ; je leur avais montré l'arrangement de la cuisine et la construction de la maison de pierre. Il nous rappelle ces faits et se montre disposé à parler pour nous.

Les gens de l'autre côté de la rivière ont été si bons : Nga Liéma est un si grand chef et si bien disposé pour nous, à ce que nous avons entendu dire, que nous n'éprouvons aucune hésitation à descendre sur la plage.

Antonio dit au trafiquant que nous désirons voir Nga Liéma. Il dit à Antonio de l'accompagner dans la ville. Ils reviennent nous dire que nous devons attendre sur la plage jusqu'à ce que le grand chef ait communiqué avec Nshasa. Nous ne nous attendions guère à cela, mais comme nous n'y pouvons rien, nous faisons faire du café et nous nous arrangeons à l'ombre pour attendre, aussi à notre aise que possible, jusqu'à ce qu'une réponse plus décisive nous ait été faite. Nous nous demandons ce qui a pu troubler Nga Liéma à ce point qu'il ne puisse recevoir des visiteurs blancs, lorsque les gens de l'autre côté ont montré tant de cordialité.

Avec Antonio et le trafiquant était apparue une longue file d'hommes armés les uns d'épieux, les autres de grands couteaux. Quelques-uns de ces couteaux étaient de fort beaux spécimens de l'industrie indigène et ils étaient fiers de les montrer.

Ils posent un grand nombre de questions au trafiquant et parlent rudement au vieux patron du canot qui nous a amenés.

Tout à coup, il se fait un mouvement dans la foule qui s'écarte : Nga Liéma vient nous voir. Sans prononcer une parole, il nous regarde d'un air à la fois hautain et étonné, comme s'il disait : « Qui donc a apporté ici ces choses-là ? » Cette rêverie est interrompue par l'invitation de s'asseoir sur une de nos caisses en fer-blanc. C'est un bel homme, grand et bien bâti ; sa figure est tachée d'un mélange de kula (poudre végétale rouge) et d'huile. Il est vêtu d'une robe de mouchoirs rouges avec une bordure verte ; une grande chaîne de cuivre à anneaux très longs pend sur son épaule.

Après nous avoir bien regardés de ses yeux perçants, nous et notre entourage, il en conclut que nous ne sommes pas à craindre et nous demande si nous sommes venus chercher la chèvre. Le trafiquant explique que nous ne sommes pas venus dans ce but et que notre visite est une visite d'amis.

« Mais n'avions-nous pas peur de débarquer sur cette plage ? — Pourquoi craindrions-nous ? Nos intentions ne sont pas mauvaises. Ceux-là ont peur qui ont des pensées mauvaises. — Bien ! Venez dans la ville. »

Il s'était arrangé avec le plus ancien chef pour nous loger dans le « lumbu ». Ce vieux chef était probablement celui qui avait été présenté à M. Stanley comme Itsi, avant que Nga Liéma parût comme grand chef.

Il y avait quelque chose comme huit maisons dans l'établissement du chef, qui était protégé par des palissades. Une grande foule stationnait autour de la maison jusqu'à une heure avancée de la nuit.

Plusieurs hommes armés d'épieux et peints de couleurs étranges montaient la garde. Antonio se sentait inquiet. Ces gens-là étaient bien différents de ceux de l'autre côté de la rivière. C'étaient de vrais sauvages dont Nga Liéma n'était peut-être pas maître. Quelques-uns parlaient du goût du chef pour les oreilles et les langues ; ils remarquaient méchamment que les Krous avaient en eux beaucoup de sel (qu'ils étaient très savoureux). Cela indiquait des goûts dépravés. Ils faisaient, de manière à être entendus de nous, des remarques sur une grande quantité de toile, disant que, si on ne la leur donnait pas, ils couperaient des nez et des oreilles. Il était évident que nous étions au milieu de très méchantes gens. Nous dormions peu cette nuit-là. Nous craignons que les jeunes Krouboys ne s'enfuient pendant la nuit, car ils ont vu que nous avions affaire à des méchantes gens et nous l'ont dit. Pour les empêcher de fuir pendant la nuit, nous gardons avec nous Samson, leur chef. Les Congoés sont très effrayés.

Avant de nous retirer pour dormir, nous avons causé avec le trafiquant au sujet de notre œuvre. Il dit qu'il en savait quelque chose et qu'Antonio lui en a dit davantage. Quand il en a parlé à Nga Liéma, celui-ci a répondu : « Si j'ai dans le cœur la connaissance de la sorcellerie, qui peut l'en arracher? — Si nous venons pour acheter son ivoire, c'est bon! mais il n'a pas besoin de nous et de notre palabre au sujet de Dieu. » Jusqu'à quel point peut-on se fier à ces paroles? La conversation devient tumultueuse : les gens autour de nous expriment leur avis ; il est prudent de nous retirer et d'éteindre la lumière aussitôt que possible pour disperser la foule indiscrète. On nous dit qu'il y a trois Mundélé à Nshasa, et qu'ils viendront nous voir demain. Nous ne savons pas ce qu'ils font là et nous nous assurons que ce sont des Mundélé noirs.

Samedi, 12 février. — Nos bagages sont prêts de bonne heure, pour le cas où l'on nous ordonnerait brusquement de partir. Nous disons à Nga Liéma que nous serions heureux qu'il voulût nous faire passer de l'autre côté de l'eau dans l'après-midi. Nous parlons aussi de Nshasa. Il dit que nous n'irons pas à Nshasa, mais que, dans un jour ou deux, il nous fera passer quelque part de l'autre côté de l'eau, — peut-être au-dessous de la cataracte. Quel autre village y a-t-il en face, au-dessous d'Ibiu ?

Vers 7 heures, la foule se rassemble et les six chefs inférieurs de Ntamo nous font présent d'un gros cochon. Un peu plus tard dans la matinée, deux hommes de couleur, portant l'uniforme l'un de sergent, l'autre de simple soldat de l'infanterie de marine française, arrivent de Nshasa. Ils présentent un papier écrit par M. de Brazza, déclarant l'annexion à la France du territoire compris entre les rivières Ogôoué, Alima et Congo. Les différents chefs ont apposé leur marque sur ce papier pour attester le fait. M. de Brazza a laissé deux soldats de l'infanterie de marine sous les ordres d'un sergent pour garder le drapeau français. Ces hommes portent à la casquette le ruban de l'*Eurydice*.

Nous leur demandons si les chefs ont compris ce qu'ils faisaient. Le sergent nous affirme que oui et qu'ils consentent pleinement à l'annexion. Il nous demande pourquoi nous sommes d'abord venus à Ntamo, au lieu d'aller à eux ; — pourquoi nous sommes restés si longtemps au milieu de gens si bruyants et si grossiers.

Nga Liéma s'est fait mal voir de M. de Brazza. C'est un méchant homme et un zéro ; c'est un vassal rebelle de Makoko de Nshasa, qui est réellement le grand chef de tous les Batékés et à qui tout le pays appartient. Nous ferions mieux de quitter Nga Liéma et d'aller avec eux à Nshasa. C'est la résidence de Makoko et les gens y sont très bons.

Ils ont vécu trois mois avec Makoko et n'y ont rencontré aucune difficulté. Il y a là beaucoup de vivres, des bananes, du kwanga, du ngubu, etc., tandis qu'à Ntamo il n'y a que peu de vivres et il y a de mauvaises gens. Nous pourrions y attendre commodément M. Comber.

Nous leur disons ce que Nga Liéma avait promis. Nous les prions de préparer un canot pour venir nous chercher le lendemain. Le sergent dit qu'il le peut et qu'il le fera. Nous le prions de laisser son camarade avec nous jusqu'à l'arrivée du canot : il y consent volontiers.

Dans l'après-midi nous préparons notre présent pour les six chefs et nous avons un grand palabre. Les chefs sont assis à l'ombre de la maison d'en face ; Nga Liéma et les autres sont assis à l'ombre d'une autre maison. Il y a une grande multitude de peuple. Nous envoyons Antonio avec un présent de belles toiles et de différents objets. Ils examinent les toiles et, après de longs discours, déclarent que c'est trop peu, que nous devons donner au moins le double. Antonio fait remarquer que tous ceux qui nous entourent ont pu voir que c'était un beau présent. Nga Liéma ne dit rien. Ils continuent de murmurer. M. Crudgington se lève alors et les étonne en déployant les toiles avec indignation, en leur en faisant remarquer la beauté et la grandeur, leur demandant où ils ont vu d'aussi belle toile auparavant, combien de cochons on pourrait acheter avec, protestant contre leur avidité qu'un pareil présent ne satisfait pas.

Un murmure d'approbation circule autour de nous et, sans plus de difficultés, les chefs consentent à accepter le présent, mais « mettez une toile de plus par-dessus ». On le fait et le palabre est terminé. Le trafiquant vient alors réclamer son présent. Nous lui conseillons d'attendre jusqu'au soir, mais il veut l'avoir immédiatement.

Nous lui faisons un beau présent et son esclave l'emporte, lorsque Nga Liéma le rappelle, le lui prend et nous dit que nous n'avons pas bien traité cet homme : nous devons lui donner de plus belle toile. Nous le reprenons, — c'était un imprimé rouge, — et nous le remplaçons par une toile de qualité plus commune, mais d'une seule couleur au lieu de la jolie toile imprimée que nous lui avions donnée. Cela le satisfait.

Nga Liéma espère que nous lui avons réservé quelque chose de bon. « Il est un grand chef, l'autre homme blanc ne lui a donné que la grande chèvre ; il est grand, mais il ne peut nous demander cela, cela et encore cela, car nous aurions une mauvaise opinion de lui et on parlerait mal de lui à Mboma. Il ne veut pas que les hommes blancs de Mboma entendent mal parler de lui. Il nous traitera bien et nous devrions bien parler de lui. C'est assez ; il s'en rapporte à nous. »

Il veut nous donner son présent le lendemain ; mais nous pouvons aussi bien en terminer avec notre rôle dans le palabre en lui faisant notre cadeau aujourd'hui.

Nous préparons quelques belles toiles, une boîte à musique, un collier, etc., et une caisse de fer-blanc. Antonio place ces objets devant lui. Le dessin d'une toile ne lui convient pas ; on la change. Les autres objets lui plaisent. La boîte à musique a un grand succès, mais nos propres caisses de fer-blanc sont plus grandes que la boîte de pacotille que nous lui avons donnée. « La caisse ne convient pas. » La caisse de M. Grudgington était la meilleure de toutes. On la vide et on la passe au chef. Mais alors nous ne pouvons lui donner la clef. Nous n'avons qu'une clef pour les caisses, une ayant été perdue.

Ceci bouleverse Nga Liéma. Il lui faut la clef unique ; sans cela la caisse est sans utilité. Il est habitué à faire sa volonté et ne veut entendre parler que de la clef. Il pense que nous l'avons et ne voulons pas la donner.

Le soldat de marine, qui parle bien la langue du pays, proteste contre la stupidité de Nga Liéma. Nous avons donné aux six chefs un beau présent et ils ont murmuré; nous avons donné à Nga Liéma un beau présent, avec une caisse de fer-blanc et une boîte à musique, et voilà que, pour une clef, il se conduit d'une manière absurde. Cette protestation n'a aucun résultat. M. Crudgington se lève de nouveau, et jouant une immense indignation, se déchaîne contre ce grand enfant. « N'avions-nous pas promis de lui apporter la clef dans un jour ou deux? »

Il rentre brusquement dans la maison en jetant de côté le quartier de porc suspendu à la porte. Je le suis. Les gens se précipitent à droite et à gauche, ne sachant ce qui va se passer. Le jeu de M. Crudgington était bon et il avait évidemment le droit de s'indigner. L'homme blanc ne disait pas de mensonges; il n'avait qu'une seule clef; il valait mieux attendre.

Au bout de quelques minutes, Nga Liéma revient à lui et regrette d'avoir été aussi obstiné; il n'a pas vu souvent sa volonté rencontrer une résistance.

Il rentre dans notre maison et dit : « C'est bien; ne parlons plus de la clef; c'est très bien; apportez-la une autre fois. J'accepte le présent, mais prenez garde à ceci. Je ne vends pas mon pays en acceptant le présent. Demain je vous ferai voir mon présent, mais je ne veux pas vendre mon pays. — Voici de jolie toile. Puis-je l'avoir? » Il n'y en avait qu'un yard ou deux auprès de la caisse. Nous les lui donnons bien entendu.

Nous lui affirmons que nous ne venons pas prendre son pays, mais le visiter; s'il y consent, nous reviendrons, nous nous bâtirons une maison et nous enseignerons son peuple. Nous ne sommes pas Français, mais Anglais. C'est une tout autre nation, et nous n'avons pas besoin de son pays. Il est content que nous ayons visité son pays et très heureux que M. Stanley ait bien parlé de lui. Il désire vivement que nous en fassions autant.

Il désire que nous restions un jour ou deux de plus avec lui. Il nous donnera un cochon et, le lendemain, nous fera passer la rivière, mais nous ne devons pas aller à Nshusu. Il a conclu avec M. Stanley une amitié fraternelle; il agira de même avec M. Crudgington et le vieux chef Itsi agira de même avec moi. »

Nous nous plaignons des menaces proférées la veille par les chefs et des remarques faites au sujet des savoureux Krouboys. Il dit que nous n'aurons plus sujet de nous plaindre.

Nous lui disons que nous devons visiter aussi nos amis de Nshasa et que, dans un jour ou deux, nous reviendrons le voir.

Alors il se met en colère contre le soldat de marine, pour être venu nous chercher pour nous conduire à Nshasa. Il menace de faire la guerre. Le soldat dit que, quand M. de Brazza reviendra, il sera fâché contre Nga Liéma pour tous ces palabres. « Je ne lui ai pas vendu mon pays. Je suis chef ici et fais ce que je veux dans mon pays. »

Dimanche, 13 février. — Je me promène de grand matin dans la ville. Deux crânes placés au bout de perches ornent chaque côté de la maison de Nga Liéma. Sur la plage se trouvent deux canots bien taillés, de 45 à 50 pieds de longueur. Ntamo est une réunion de villages, entourés par une haute clôture. Dans la direction de la cataracte il y a plusieurs plages et deux ou trois bons endroits où l'on pourrait construire une maison au-dessus d'un bon embarcadère.

Je parle aux gens de la ville en fiot et ils me répondent en kitéké. Nous pouvons nous former quelque idée de ce que chacun de nous veut dire.

De retour à la maison, nous trouvons que le second soldat de marine est venu dire que le grand canot a été pris par les gens de Nshasa pour chasser un hippopotame. Nga Liéma nous donne alors un beau cochon que nous acceptons. Nous apprenons que d'ici à Nshasa, ce n'est qu'une promenade facile de quatre milles. Nous décidons de partir aussitôt que possible, en prenant comme guides les soldats de marine. S'ils s'en vont, on ne peut dire quand, ni comment nous atteindrons Nshasa, ni même quand ou comment nous pourrons traverser la rivière, si nous restons avec Nga Liéma.

Tout est prêt pour le départ. Nga Liéma voit que nous allons partir et fait des objections. Nous lui déclarons que nous ne pouvons rester plus longtemps. Les grandes pluies doivent survenir dans quelques jours; nous avons besoin de terminer nos affaires et de retourner chez nous pour y attendre la saison sèche. Si nous nous attardons, nous ne pourrons plus traverser les rivières et nous serons forcés de nous arrêter quelque part, sans avoir les moyens nécessaires pour acheter des vivres. Il reconnaît que c'est exact; mais nous ne devons pas aller à Nshasa; si nous le faisons, il fera la guerre aux gens de Nshasa, pour lui avoir pris *ses* hommes blancs. Ils ont les leurs, — les Français, — pourquoi veulent-ils aussi les siens? Ce serait la guerre. Nous lui demandons alors si nous pourrons rester et bâtir dans sa ville, et y enseigner son peuple. Non! aucun homme blanc n'habitera et ne bâtira dans sa ville; on lui coupera plutôt la tête. La tête de qui? Je ne sais trop s'il s'agit de la tête de Nga Liéma ou de celle du constructeur. Nous lui demandons pourquoi il fait un palabre aussi insensé: il parle avec deux langues. L'une dit qu'aucun homme blanc n'habitera sa ville; l'autre déclare la guerre aux gens de Nshasa s'ils lui prennent ses hommes blancs. Il est absurde et puéril de parler de cette manière. Si Nga Liéma n'a pas besoin d'hommes blancs dans sa ville, nous irons trouver Makoko qui nous recevra avec joie.

La conversation continue ainsi. Tout à coup quelque chose amuse Nga Liéma. Suivant la coutume de son pays, il rit aux éclats, frappe ses mains l'une contre l'autre, puis, avec sa main droite saisit la main de M. Crudgington. Celui-ci serre fortement la main de Nga Liéma qui se tord et qui, une fois dégagé, rit bruyamment de cette plaisanterie improvisée. D'autres veulent essayer. Le jeu et les rires qui l'accompagnent font oublier l'heure. Le signal est donné; les Krouboys chargent leurs colis sur leurs épaules et se mettent en marche.

Lorsqu'ils prennent la corde du gros cochon, Nga Liéma dit qu'il en veut avoir l'épaule. Nous protestons; nous n'avons mangé que la moitié de l'autre; si nous tuons encore ce cochon, nous ne pourrons pas le manger. C'était « médecine » (malheureux) et il faut qu'il l'ait. Nous laisserons le cochon chez lui et lorsque nous viendrons le voir, dans un jour ou deux, nous le tuerons. Cela ne fera pas l'affaire, il vaut mieux que nous le prenions[1]. Comme nous nous mettons en marche, je vois Nga Liéma qui lutte avec une poule attachée sur le dernier colis. Je vais voir ce qui se passe. Il veut avoir la poule au lieu de l'épaule du cochon. Je coupe la corde et donne la poule à Nga Liéma qui prend ma main, la presse contre sa poitrine, puis contre la mienne et répète trois fois la même cérémonie. Puis nous agitons les mains et nous séparons bons amis.

---

[1] « Les naturels croient que cela porte malheur de garder un animal qui a été une fois donné. Nous en avons fait l'expérience dans d'autres villages, quand nous avions plus de vivres que nous n'en pouvions porter. » (Crudgington.)

La ville est entourée par une haute clôture. Nous sortons par la porte qui est derrière la ville et nous prenons une route bien battue. Nous tournons deux fois à angle droit pour marcher sur le gazon et arrivons au bout d'une centaine de yards à une petite maison vide. Nous obliquons de nouveau et entrons dans une forêt. Au bout de trois ou quatre milles, nous arrivons à une clairière, d'où nous avons une vue complète du Pool et du premier village de Nshasha. Les soldats de marine désirent que nous y fassions halte pendant que l'un d'eux ira avertir le sergent que nous arrivons par terre. Nous n'en voyons pas bien la nécessité, mais nous faisons ce qu'on nous demande. Un des soldats de marine reste avec nous, l'autre se rend à la ville. Nshasa comme Ntamo est une réunion de villages. Ntamo a l'air d'une seule ville et l'on s'aperçoit à peine des divisions. Les sept villages de Nshasa sont construits sur la rive du Pool et à côté l'un de l'autre. Makoko réside dans celui des sept villages qui est le plus éloigné. Après avoir attendu une heure sous un soleil ardent, le soldat de marine dit qu'il ne comprend pas ce retard et que nous ferons mieux de nous remettre en marche dans la direction du village. Il marche en tête. En approchant du village, nous entendons le son du tambour et des chants sauvages. Nous voyons des têtes d'hommes au-dessus d'une ligne basse de buissons; ils paraissent danser. Nous ne savons pas si cela indique la guerre ou une réception solennelle conforme aux habitudes du grand chef. Le soldat continue d'avancer. Nous le suivons jusqu'à ce que le Krouboy qui est en tête atteigne le village. Tout à coup, il tourne les talons et se met à courir. Nous lui demandons ce qu'il y a; il continue de courir. Un autre, puis un autre encore tournent les talons. Des hommes hideux sous leur peinture de guerre, armés d'épieux, de fusils et de couteaux, se précipitent et forment une ligne flottante devant l'entrée du village. Tout cela se fait rapidement. Nous commandons aux jeunes gens de marcher sur la route dans la direction de Ntamo; de marcher vite, mais de ne pas courir et surtout, de marcher en ordre et de rester ensemble. M. Crudgington et moi nous fermons la marche avec Antonio. Les indigènes ne cherchent pas à parlementer, mais se répandent hors du village et s'avancent assez pour que si les ailes s'étaient rabattues, elles se fussent fermées sur notre homme de tête.

J'avais porté mon fusil toute la matinée, car chacun était tellement chargé avec le kwanga et les vivres achetés à Ntamo que c'eût été dur de porter sept livres de plus. Le garçon qui portait le fusil à deux coups à chargement par la culasse de M. Crudgington, dépose sa charge, détache le fusil, va le porter à M. Crudgington et vient reprendre sa charge.

Jusqu'au moment où tous les habitants étaient sortis de la ville, les premiers sortis étaient restés près de l'enceinte, mais une fois 150 ou 200 réunis, un homme brandit son épieu et se met à chanter et à danser. Les hommes répondent trois fois d'une seule voix; puis ils jettent tous leurs couteaux en l'air, se mettent à danser et commencent à avancer en criant: « Bura, bura! (Arrière!) »

Nous crions que nous nous en allons, mais pourquoi? Qu'y a-t-il?

Le soldat de marine était entré dans le village. Nous venions de traverser une plantation de palmiers; au moment où nous arrivons sur le gazon, tous les sauvages se précipitent en avant et arrivent jusqu'à quelques pas de nous qui étions en arrière. Les jeunes gens conservent bien leur ligne et marchent plus vite.

Les indigènes se répandent sur le gazon et se tiennent près de nous, jetant leurs couteaux en l'air et poussant le cri de guerre. Ils paraissent attendre que quelqu'un commence le combat. Si les jeunes gens avaient commencé à courir, ou si nous avions manqué de prudence, cela aurait mal tourné.

Nous traversons la petite pelouse et entrons dans une autre plantation. Les jeunes gens qui forment l'avant-garde se trompent de chemin, mais nous reconnaissons bientôt l'erreur et reprenons le bon chemin.

Les sauvages arrivent à la clairière et se répandent; les hommes qui ont des fusils examinent l'amorce; deux hommes apprêtent leurs armes, mais les autres leur disent d'attendre, pendant qu'une douzaine d'hommes se précipitent sur nous. Ils nous demandent si nous venons acheter de l'ivoire. Nous les arrêtons en leur demandant pourquoi ils nous pourchassent ainsi sans palabre. Ils répondent seulement: « Bura! bura! » et comme nous entrons dans les herbes, ils se précipitent pour profiter de leur abri et s'approchent de plus en plus. Ils ont l'air de véritables démons et poussent des cris atroces. Nous pressons le pas; car, pendant que nous parlementions, les jeunes gens avaient pris de l'avance et nous étions restés à plus de 100 yards en arrière. Nous espérons atteindre les bois épais qui empêcheront la formation d'une ligne étendue et pouvoir atteindre Ntamo en agissant avec prudence, mais notre espoir est très faible.

Impossible, sans rester au-dessous de la vérité, de décrire notre situation. Nous savons en qui nous avons eu confiance et que c'est *Lui* qui nous a conservé la vie et tout ce que nous possédions.

Nous n'avions donc rien à craindre et nous pouvions agir avec sang-froid pour nous tirer de là avec nos pauvres jeunes gens qui paraissaient dépendre complètement de nous. Nous avions leur confiance et ils nous obéissaient rigoureusement ; il leur eût été facile de jeter leurs charges et de s'enfuir loin du danger.

Notre seule chance de salut paraissait être d'atteindre Ntamo, mais qui pouvait prévoir comment nous y serions reçus dans de semblables circonstances ? Comment espérer que ces sauvages pourraient maîtriser leur furie une minute de plus ? Échapper paraissait très improbable. Mais une main divine les retenait. Au bout de vingt minutes nous entendons la voix du sergent et du soldat de marine qui nous crient de revenir. Ils repoussent les sauvages en présentant leurs Winchester à ceux qui hésitent ; ils nous conduisent à une clairière près du Pool, tandis que le sergent va chercher les hommes du Congo qui sont très en avant. Nous demandons au sergent comment il a pu nous engager à venir à un tel endroit et chez de telles gens.

C'est une erreur, une erreur. Il va tout arranger et tout expliquer[1]. Le soldat de marine arrive et le sergent entre dans la ville pour parlementer avec le chef, en disant aux sauvages de ne rien faire.

Nous insistons pour que le soldat reste avec nous. Nous constatons l'absence de Dandy, un des Krouboys, et nous sommes certains que c'était lui qui était en tête pour entrer dans la ville, qui a jeté dans l'herbe son colis (une balle de belle toile) et s'est enfui seul au milieu des bois.

C'est le seul qui ait désobéi. Nous le faisons appeler par les autres qui, au bout d'un moment, le ramènent près de la clairière où nous sommes. Il dit qu'il n'ose pas venir jusqu'à nous sans le colis. Ils ont beau lui dire, comme nous le leur avons dit, qu'il revienne sans le colis ; il ne veut pas les écouter, mais se met à courir pour retrouver le colis. Aucun de nous ne peut aller à lui, car les sauvages auraient

---

[1] « Nous faisons halte et il (le sergent) nous explique que c'est un malentendu complet. M. de Brazza a dit à ces gens qu'ils étaient Français et devaient défendre leur pays si d'autres venaient pour s'en emparer. C'était la cause de tout ce tumulte. Ils savaient que nous n'étions pas Français et nous prenaient pour des ennemis. En vain le sergent leur avait dit qui nous étions, ajoutant que nous étions des amis. Ils ne l'avaient pas cru, quoiqu'il eût été laissé chez eux pour défendre leurs intérêts. Il nous dit alors de gagner un espace découvert sur le bord de la rivière pendant qu'il termine son palabre avec les chefs. » (Crudgington.)

vu là un prétexte pour nous attaquer. Le soldat de marine nous dit de rester tranquilles. Nous envoyons d'autres jeunes gens l'appeler, mais nous n'en entendons plus parler.

Le grand cochon, qui est mort pendant la retraite, est apporté et découpé.

Un grand nombre des braves viennent voir ceux qu'on les a empêchés de tuer. Des femmes et des enfants sortent des villages pour nous voir, rient et causent avec nous. Mais beaucoup d'hommes grossiers ne peuvent se tenir tranquilles. Ils se querellent avec nos jeunes gens; un sauvage met la pointe de son épieu sur la poitrine de l'un d'eux. Nous intervenons et ramenons l'ordre. Puis ils trouvent le moyen de voler la tunique du soldat; celui-ci, fou de rage, veut faire feu sur le voleur qui s'enfuit. Une dizaine de sauvages l'en empêchent et dansent autour de lui, en approchant de lui la pointe de leurs épieux. Les hommes qui ont des fusils examinent l'amorce et arment leurs fusils; on jette les couteaux en l'air, on les brandit devant nous; on fait partir les femmes; une minute de plus et il va y avoir une mêlée générale. Je m'approche du soldat, lui arrache son arme et lui dis de prendre garde à ce qu'il fait pendant qu'il nous sert d'escorte. Il aura bien le temps de retrouver sa tunique. Il persiste à vouloir courir après son voleur, mais nous le retenons. Au bout d'un moment, il reconnaît qu'il a fait une sottise.

Nous attendons environ deux heures; tout à coup, un clairon se fait entendre. Les sauvages se précipitent dans les buissons et les femmes s'approchent. Les hommes attendaient un signal d'attaque et pouvaient à peine contenir leur impatience. Ils savent ce que veut dire ce clairon français.

Le sergent explique que M. de Brazza a compris Nshasa et Ntamo avec leurs villes dans le territoire cédé à la France. Il leur dit qu'ils sont tous Français.

« Non, disent-ils, nous sommes Batékés.

— Vous n'en savez rien; vous êtes tous Français, et là, et là; mais, au Sud et à l'Ouest, tous sont Mputu (Portugais). Maintenant, écoutez! D'autres viendront peut-être pour prendre votre pays. Vous êtes Français; défendez votre pays et repoussez-les. »

Le sergent leur a affirmé que nous étions les frères des Français; que nous n'étions pas de méchantes gens, que nous étions venus pour leur faire du bien et non du mal. Makoko et cinq chefs ont consenti à nous accorder un palabre, mais le sixième chef, celui du village le plus rapproché de nous n'a pas voulu en entendre parler. N'étions-nous pas les gens mêmes contre lesquels M. de Brazza les avait mis en garde, en leur disant de les repousser? Il avait caché le long canot, imaginé la fable de la chasse à l'hippopotame et avait organisé secrètement la résistance. Le sergent dormait au moment de notre approche de la ville. En entendant le tambour, il s'informa et vint immédiatement à notre secours... Makoko dit alors que nous ferions mieux de passer la rivière, que lorsque M. de Brazza reviendrait ce serait différent, car il pourrait donner un avis[1]. Le sergent amène un canot, mais il est trop petit pour nous porter. Lorsque nous y sommes entrés avec tous nos bagages, la lisse n'est qu'à deux ou trois pouces au-dessus de l'eau. Le sergent essaie d'en procurer un autre et, après un long palabre, tombe d'accord sur le prix. Tout cela nous donne du temps pour appeler l'enfant perdu, mais il ne veut pas ou ne peut pas nous entendre. Quelques hommes disent qu'il est parti du côté de Ntamo. Le propriétaire du canot ne veut le laisser partir qu'à condition que des pagayeurs iront avec nous pour le ramener. Après un autre long palabre, des hommes conviennent avec nous du prix. Ils insistent pour être payés d'avance, et après avoir reçu la toile, ils refusent de partir. Nous rentrons avec difficulté en possession de la toile. Ils continuent de parlementer avec nous jusqu'à ce que le soleil touche les collines de l'Ouest, espérant nous retarder et nous forcer à passer la nuit chez eux. Ils espèrent pouvoir faire pendant la nuit ce qui serait difficile et peut-être impossible pendant le jour. Nous transbordons tous nos effets dans le canot loué, mais il fait beaucoup d'eau et s'enfonce terriblement. Il n'y a pas de remède et nous mettons le cap sur la pointe d'une île située en face.

Pendant que nous attendions le canot loué, nous avons pu acheter trois épieux, deux couteaux de guerre et deux bracelets. Nous avons dû interrompre nos achats, car les indigènes devenaient turbulents à la vue de la toile.

Le canot fait de l'eau rapidement. Trois hommes sont constamment occupés à épuiser l'eau. Sous le vent et à l'abri de l'île, nous refaisons

---

[1] La même scène est racontée beaucoup plus brièvement par M. Crudgington. Voici le passage :

« Le sergent arrive dans un canot et les gens qui attendaient la réponse de leurs chefs, apprenant qu'il ne faut pas nous toucher, se retirent dans les buissons. Le sergent nous dit que six ou sept chefs ont pris part au palabre et qu'un seul n'a pas voulu nous laisser entrer dans la ville. Son influence est si grande que les autres ont cédé, tout en ayant un grand désir d'avoir un palabre avec nous. » (Crudgington.)

l'arrimage des colis et repartons. Le soleil se couche, mais après le crépuscule, la lumière superbe de la pleine lune vient remplacer le soleil disparu.

Les jeunes gens pagaient régulièrement et les hommes continuent d'épuiser l'eau, qui a souvent trois pouces de profondeur. Le sergent et les deux soldats de marine nous ont accompagnés.

Au bout de près de deux heures, nous atteignons le rivage, un peu au-dessous d'Ibiu, et commençons à remonter la rivière. En passant une éclaircie pratiquée dans les arbres, des gens viennent voir ce que font ces maraudeurs de nuit. Le clairon du sergent les rassure. En arrivant à la plage d'Ibiu, il sonne une fanfare et des gens bienveillants viennent à notre aide. Nous avons bientôt un feu brillant et un dîner. Nous dormons ensuite profondément jusqu'à 5 heures.

Lundi, 14 février. — Après un léger déjeuner, nous sommes prêts à partir. Mais, avant que nous ayons fini, nous frémissons en entendant sur la plage l'odieux cri de guerre de Nshasa. Un canot plein de nos vieux ennemis est venu nous rendre visite. Ils veulent nous vendre des couteaux, etc... Nous ne voulons pas acheter, car il aurait pu surgir d'autres difficultés.

Les hommes qui nous avaient pagayés à Ntamo nous donnent du poisson. Nous leur donnons de belle toile : nous faisons aussi un joli cadeau à don Joao Makabi, chef du village. Les gens de Nshasa sont témoins de tout cela, mais ils n'ont rien pour eux-mêmes. Nous leur disons que nous avons l'habitude de donner aux gens qui nous reçoivent bien et que nous aurions agi de même avec eux. Qu'ils y fassent attention une autre fois. Nous prenons des arrangements avec les soldats de marine au sujet du garçon égaré.

Sans doute M. de Brazza voudra bien l'assister à nos frais. Ils feront de leur mieux et il n'est pas probable qu'on lui fasse du mal.

Nous ne pouvions nous arrêter. Après la perte de notre colis, il nous restait tout juste assez pour payer nos frais de retour. Nous avions obtenu les renseignements nécessaires et nous n'avions aucune raison pour attendre, d'autant plus que nous craignions les pluies.

Nous partons avec deux guides et nous marchons sous une pluie battante jusqu'au village de Bwabwa-Njali. Ses hommes nous font passer la rivière. Nous sommes si trempés que nous ne pouvons rester que quelques minutes avec lui. Il est bon comme toujours et ne veut point que nous restions immobiles, de peur de prendre froid. Nous lui promettons de revenir bientôt et, lui laissant un nouveau petit présent, nous le quittons. Le même jour, nous atteignons Nkio-Buminu.

Mardi, 15 février. — Nous atteignons la rivière Nkenké (Mfulukado) sans incidents remarquables. Après avoir appelé longtemps, nous obtenons des passeurs et couchons dans le village en amont de la rivière Zwana. Nous entendons distinctement le mugissement du Nkenké. Les gens sont très obligeants et très bons.

Mercredi, 16 février. — Partant de bonne heure, nous essayons de corriger quelques-unes des erreurs de notre première route et réussissons à trouver un chemin plus direct. Nous atteignons avant midi la rivière du serpent, en face de Nsangu. De là nous essayons un chemin plus direct pour atteindre Nkunga, sans la grande déviation du côté de Nzinga. En nous éloignant de la rivière, nous prenons une route plus au Nord. Après 5 ou 6 milles d'un pays accidenté, nous passons sur la crête d'une colline et nous arrêtons tout à coup en apercevant le grand marché de Nkandu-Yalala[1]. Nous hésitons, mais il y a là beaucoup de gens qui reviennent du marché.

Nous pouvons voir plusieurs milliers de gens assemblés, à environ un demi-mille devant nous; le marché de Kengi-Lembelwa, près du Congo, est considéré comme un très grand marché, mais Antonio déclare que Lembelwa ne pourrait pas contenir le tiers de la foule qui est devant nous. Un tambour résonne; il y a des chants et des danses sauvages. Les gens qui nous entourent, voyant notre hésitation, nous conseillent de continuer notre route, bien que notre route traverse le marché. « Ils ne font que danser, continuez. Ils ne sont pas méchants. » Le cri s'élève : « Voilà les Mundélé. » On ne peut plus faire autrement que de s'avancer vers la multitude. Comme nous descendons la pente, sur un sentier largement découvert, tout le monde peut nous voir. Le tambour s'arrête; l'émoi est général; on pousse des cris perçants. Les gens saisissent leurs marchandises et se précipitent pour les cacher. Les trafiquants « Mbadi » emballent leur toile de fibre de palmier. Une grande foule accourt vers nous.

Les transactions sont finies pour la journée. Comme nous traversons le marché et passons, une immense foule grouille autour de nous; il y en a qui courent en avant pour voir encore une fois les mystérieux

---

[1] Le marché de Nkandu-Yalala est « un grand centre de commerce pour la toile indigène, le *Mbadi*. » (Crudgington.)

Mundélé. Un très petit nombre de ces hommes avaient déjà vu un homme blanc ; l'émotion est immense.

Assurément beaucoup de marchands sont furieux de voir la journée perdue. Dans cette région, les marchés ont lieu tous les quatre jours, les noms des jours de marché sont Nsona, Nkandu, Konso, Nkengi.

Les gens n'ont pas peur de nous, se voyant en aussi grand nombre. La curiosité s'empare d'eux de la façon la plus complète et ils sont si intéressés qu'ils ne songent pas à faire du désordre. Nous marchons vite et continuons sans nous arrêter, jusqu'à ce que nous arrivions à un cours d'eau qu'on nous dit être la rivière Nkiji. Nous nous rappelons l'avoir traversée dans notre voyage d'aller. J'ai maintenant de bonnes raisons pour m'en souvenir, car le Krouboy qui me portait glisse sur le lit de roches et me laisse tomber au milieu du courant, en spectacle à 500 personnes.

Quelques hommes indiquent un sentier conduisant dans la direction du Nord et nous engagent à ne jamais passer par là. « Il conduit au pays des Bizu-Nsékés dont nous sommes très près. Ce sont de méchantes petites gens qui vivent dans des trous creusés dans le sol. Ils tirent sur tous les étrangers qu'ils voient. Personne n'ose les approcher. » Nous essayons d'obtenir d'autres renseignements sur ces gens que M. Stanley mentionne dans son livre, comme ayant attaqué un de ses hommes qui avait été envoyé dans le pays pour chercher un forgeron. Malgré tous nos efforts, nous ne pouvons rien apprendre de plus.

Le renseignement était donné spontanément et concorde avec tout ce que dit M. Stanley.

Notre escorte diminue peu à peu et lorsque nous entrons dans la ville de Kamba, nous ne traînons plus que cinquante personnes après nous. Sur le chemin, un homme du Zombo se joint à nous. Il a été au Congo. Le vol de la chèvre par Nsunga de Kiniangi était évidemment bien connu, car il nous demande ce que nous allons faire à ce sujet. Il nous dit que « nous sommes fous de donner de la toile aussi généreusement que nous le faisons ».

Nous désirons nous montrer généreux avec nos nouveaux amis. Ce jour-là nous faisons plus de 20 milles.

Mardi, 17 février. — Nous passons 4 ou 5 milles au Nord de Zinga, en route pour la rivière de Nguluji. Les gens sont excités et effrayés ; les tambours ne cessent d'annoncer notre approche. Après avoir déjeuné sur les bords du Nguluji, nous montons à Banza-Vulu et de là à Nkunga, où nous couchons. Le chef tient parole et nous traite mieux que la dernière fois au point de vue de la nourriture.

Vendredi, 18 février. — De Nkunga nous passons les collines escarpées et descendons sur notre ancienne route pour aller à la rivière Luango. De là nous inclinons au Sud dans la direction de Mbu, essayant d'éviter le détour par Manyanga ; mais un petit ruisseau s'élargit tellement depuis un mille ou deux qu'il paraît être un affluent du Congo. Ceci détourne tellement la route que nous ne pourrions économiser beaucoup la distance, et à 5 h. 30 m. du soir, nous entrons dans un petit village non éloigné de Manyanga. Les gens sont d'abord très effrayés, mais ils se montrent aimables et obligeants.

Samedi, 19 février. — Après avoir fait un détour de trois ou quatre milles, nous reprenons notre ancienne route et un peu au delà de la vallée aux tambours, nous rencontrons un grand nombre de gens de marché. Nous achetons autant de vivres que nous en pouvons porter. Ces gens de Mbu sont très agréables.

Nous atteignons la rivière Mata, un peu plus haut et la traversons sur un beau pont de lianes. Il est trop tard pour aller à Kibindika ; nous couchons dans la hutte du péager.

Dimanche, 20 février. — On ne juge pas prudent de rester en plein air toute la journée dans un endroit aussi public. Nous faisons quatre ou cinq milles pour entrer à Kibindika.

Nous nous retrouvons parmi les Basundis et notre seconde visite ne change rien à l'opinion que la première nous a donnée d'eux. Ils trouvent moyen de voler quelques objets : une chemise de Krouboy, un couvercle de casserole, etc.

Lundi, 21 février. — Promenade sous la pluie. Nous trouvons une route plus directe que celle que nous avons prise à notre voyage d'aller. Évitant Banza-Mbota, que nous laissons sur notre droite, nous descendons sur le flanc du Castle-Rock ; de là nous coupons pour aller à Kinguou. Là, nous apprenons que deux hommes blancs ont passé par là depuis notre départ et qu'ils ont été obligés de retourner en arrière à cause du manque d'objets de troc. Ils avaient des Krouboys qui portaient les colis sur leur dos. Nous pensons que c'était peut-être M. Comber, mais nous n'en sommes pas sûrs. Ils offrent de nous guider par la route de retour des autres hommes blancs et nous conduisent, dans la direction de l'Ouest, jusqu'à Ndandi, où nous jugeons opportun de passer la nuit. Au coucher du soleil, il y a un violent tornado.

Mardi, 22 février. — Nous partons de bonne heure avec des guides et après avoir fait 6 milles dans la direction de l'Ouest, nous traversons la rivière Twa et arrivons à la rivière Luoji. Le tornado de la soirée précédente a tellement enflé la rivière, qu'il l'a transformée en un torrent furieux. M. Crudgington trouve un endroit où la rivière est plus étroite et nous la franchissons au moyen d'un arbre abattu. La rivière a débordé, de sorte qu'une partie de l'arbre est sous l'eau. Tout le monde traverse sans accident, sauf un de nos jeunes gens qui chancelle et tombe avec un sac de notre riz précieux attaché à son dos. Heureusement, il tombe du côté d'amont et saisit l'arbre au moment où il passe dessous; s'il était tombé de l'autre côté, il aurait été entraîné au bas de la cataracte furieuse. On lui porte immédiatement secours et on le conduit à terre. Après avoir traversé une autre petite rivière, nous commençons une longue montée et nous nous élevons de 550 pieds à 1,100 pieds, c'est-à-dire jusqu'à Banza-Mbidi et de là jusqu'à Yanga, le plus haut point d'une chaîne de collines (anéroïde : 2,150 pieds) marqué *High-Mount,* sur la carte de M. Stanley. C'est une longue ascension, mais de là nous avons une vue superbe du pays, d'un côté jusqu'à Mitimpi et la chaîne granitique au delà de Ntombo-Nataka, de l'autre côté jusqu'à Issanghila.

A Yanga, un homme nous dit que des hommes blancs ont construit une maison tout près sur le bord de la rivière. Il nous guidera vers eux ; ce n'est pas loin. Comme c'est tout près, nous jugeons convenable d'aller les visiter et nous nous faisons guider. Nous descendons au petit village de Nlendé et de là passons sur une colline peu élevée. Quelques femmes dans la vallée poussent des cris pour avertir de notre approche un autre petit village. Comme nous approchons du village, quatre hommes armés de fusils paraissent sur le gazon, semblant très émus et s'approchent de nous. On voit trop bien qu'ils ont l'intention de combattre. Un homme examine l'amorce de son fusil, l'arme et s'approche de nous pour faire feu. Nous ordonnons à nos jeunes gens de battre en retraite en bon ordre sur Nlendé. M. Crudgington couche l'homme en joue avant que celui-ci ait eu le temps de tirer. Voyant le danger, l'homme recule un peu et paraît de nouveau derrière un buisson à quelques yards de nous. Il nous couche en joue et M. Crudgington est obligé de le coucher en joue à son tour, ce qui produit l'effet désiré. L'homme recule un peu et nous suit de près dans notre retraite. Arrivés à Nlendé, nous demandons au chef ce que prétendaient les hommes du village voisin en venant nous attaquer. Il se met à rire et dit que c'est une erreur, que ces hommes chassaient. Nous parlons avec fermeté et nous exposons les faits.

Le chef voit que la chose est vraiment sérieuse. Nous l'obligeons à rester avec nous pendant qu'il envoie un messager pour parlementer. Celui-ci revient nous dire que les gens qui nous ont attaqués sont en guerre avec un village sur les collines et que lorsque les femmes de la vallée ont poussé des cris, ils ont cru que les hommes des collines venaient fondre sur eux ; que, bien entendu, Mindélé peut passer. Il est évidemment faux qu'ils nous aient pris pour les hommes des collines, en admettant que l'histoire de la guerre soit vraie. L'homme qui nous a couchés en joue n'était pas à plus de douze yards. Il pouvait distinguer facilement le costume étrange et les charges des Krou-boys ; il ne pouvait se méprendre au sujet des deux hommes blancs qui venaient immédiatement après, avant qu'il nous couchât en joue.

Nous déclarons que le lendemain matin le chef de notre village, Nlendé, devra marcher en tête avec le guide de Yanga ; nous traverserons le village et nous irons rejoindre nos frères par la rivière. Mais pas de sottise. Le chef consent, mais le guide s'enfuit pendant la nuit.

Mercredi, 23 février. — Le guide ayant pris la fuite, le chef de Nlendé promet de nous guider tout le chemin. Nous nous mettons en route avec lui et trois hommes du village. Nous marchons en ligne serrée. Je tiens la tête avec les guides et M. Crudgington ferme la marche. Nous ne nous attendons à aucune difficulté, mais si l'on nous attaque, ce sera avant d'entrer dans le village ou après en être sortis et nous jugeons prudent d'adopter cet ordre de marche.

Comme nous l'avions pensé, nous traversons le village sans être inquiétés ; personne ne fait de remarques désagréables. Le fâcheux du village ne se montre pas.

Après 6 milles dans les collines, généralement de formation calcaire, nous arrivons à une colline au-dessus de la rivière Luala et nos guides poussent des cris dans la vallée de Nkweza pour demander des canots. Les hommes arrivent et nous font passer la rivière. Au bout de 2 milles de plus, nous passons plusieurs villages paisibles, nous entrons dans l'un d'eux et sommes tout surpris de l'émotion sauvage que notre présence excite. Les guides nous assurent que nos frères blancs sont tout près. Alors pourquoi cet émoi ?

Ils expliquent aux gens que nous allons simplement retrouver nos frères blancs près de la rivière et que nous ne ferons aucun mal. Nous nous arrêtons pour nous former en ligne serrée et nos jeunes gens ralliés, nous nous ébranlons. Nous sommes suivis d'un plus grand nombre d'hommes armés de fusils. Nous nous demandons qui sont ces hommes blancs et pourquoi nous effrayons à ce point les indigènes. C'est à n'y rien comprendre.

Comme nous gravissons une colline basse, les hommes qui nous suivent poussent des cris. Vingt hommes, la plupart armés de fusils, sortent d'un village, réclament un droit de péage et paraissent disposés à nous chercher querelle.

Cela devient inexplicable, car nous apercevons distinctement le toit de la maison de l'homme blanc, à 200 ou 300 yards de distance. Nous demandons avec indignation ce que cela veut dire. S'ils veulent un palabre, que le chef s'abouche avec nous dans la maison; mais il ne peut être question de payer pour la route que nous foulons. M. Crudgington continue de parlementer; j'attends que notre dernier Krouboy nous ait rejoint et, malgré les murmures du peuple, nous entrons dans la maison. Nous sommes charmés d'y trouver nos amis de la mission de Cardiff. C'est leur station la plus avancée et elle était dirigée alors par MM. Lancely et Clark. M. Le Call était parti pour Palabala.

Nos amis se croyaient près de Manyanga, indiqué sur la carte de M. Stanley, comme un marché à 5 milles dans l'intérieur à compter des chutes de Ntombo-Makuta. Nous avions traversé ce marché et avions constaté que le relevé de M. Stanley était correct.

Nos amis n'avaient pas encore visité les villages voisins; par conséquent, ils n'avaient pu vérifier leur position. Cependant ils ne sont pas à Manyanga, mais un peu au-dessous des chutes d'Itunzima.

Ils nous disent que Palabala est à trois jours de distance. On voyage pendant quatre ou cinq heures en canot. Nous passons là deux jours qui ne nous paraissent que plus agréables après notre long voyage. Le chef désagréable nous fait un présent; nous lui en faisons un en retour, lui conseillant de se mieux conduire lorsqu'un homme blanc passera par son pays. Il nous fait quelques excuses et le palabre se termine sans difficultés.

Toutes choses prises en considération et vu l'attitude des derniers villages, nous nous déterminons à descendre la rivière en canot et nous réussissons à en acheter deux très bon marché. Nous disons adieu à nos aimables hôtes le samedi, 26 février et partons de bonne heure. Nous revenons bientôt au rivage pour refaire l'arrimage des colis et couper deux perches. Mon canot est solide, mais son tonnage est très faible; une fois ma malle et la moitié des Krouboys à bord, il est assez bas sur l'eau. Le canot de M. Crudgington pouvait porter le reste des colis en sûreté, mais était assez lourd à manœuvrer. Un hippopotame se baignait près de notre point d'atterrissage; lorsqu'il remonte sur l'eau, nous faisons feu sur lui en même temps. Une balle a certainement porté et il coule; au bout d'une minute, il y a un grand battement de pattes sous l'eau et les jeunes gens s'écrient : « Maître! il va mourir, il va mourir! » Nous n'en voyons pas davantage. Nous repartons et pagayons avec le courant; mon léger canot tient généralement la tête. Nous passons un affluent qui vient du Sud et arrivons à un endroit que nous reconnaissons immédiatement d'après la description donnée par M. Stanley (vol. II, p. 434).

Un grand mugissement et une ligne blanche d'écume en travers de la rivière annoncent une cataracte. Nous approchons autant que la prudence le permet et abordons à un banc de sable d'où nous pouvons bien voir. Une île formée de hautes roches s'élève au milieu de la rivière. A droite une chute, à gauche un rapide. M. Stanley l'avait descendu. De chaque côté du chenal de gauche, il y a des roches dangereuses, mais, au centre, l'eau coule en une nappe compacte d'une course furieuse, puis, après avoir été divisée par deux roches, reprend un cours assez paisible.

Nous nous éloignons du banc de sable, mon léger canot marchant en tête. Nous tenant soigneusement au milieu du courant, nous filons rapidement jusqu'à ce que nous soyons pris par le rapide. Les jeunes gens pagaient vigoureusement, afin de maintenir au canot une erre qui lui permette de gouverner. Les collines semblent courir, nous filons avec la vitesse d'un express, poussant vers la gauche pour éviter les roches à l'extrémité du rapide et les remous. Nous arrivons au bas sans encombre et je tourne la tête pour chercher M. Crudgington, mais je ne le vois nulle part. Il apparaît bientôt derrière la roche; son lourd canot a été emporté comme une souche, et vers la droite de la roche, mais tout est sauvé.

Nous descendons une partie calme de la rivière; un mugissement annonce une autre cataracte; une bande de récifs court en travers de la rivière. Nous trouvons un passage sûr et le franchissons. En approchant de la pointe d'une roche, nous entendons de nouveau des mugissements formidables. En approchant de ce point les deux canots marchaient l'un près de l'autre. En tête, il y a des tourbillons et des remous et bientôt mon canot tourne autour du tourbillon : les jeunes gens pagaient vigoureusement et nous dégagent. Nous passons plusieurs rapides ; nous nous arrêtons et virons de bord en approchant d'une autre cataracte. Je cherche M. Crudgington et ne le vois nulle part. Les jeunes gens disent qu'il a remonté la rivière. Nous prenons un contre-courant pour gagner une roche au bas du dernier rapide et nous attendons. Bientôt nous entendons le bruit de ses pagaies ; peu après, il tourbillonne à côté de nous, atteint le point où nous avons viré de bord et gagne le rivage. Je le rejoins et nous déjeunons sur les récifs. Il avait été pris dans un contre-courant au moment où mon canot entrait dans le rapide et, malgré tous ses efforts, avait été porté en arrière. Nous repartons et longeons le rivage jusqu'au moment où nous arrivons à un endroit dangereux. Nous débarquons avec nos bagages et laissons nos canots filer avec le courant jusqu'à l'extrémité de deux récifs, en les retenant avec des cordes que nos jeunes gens ont fabriquées avec des fibres de palmier. Nous halons les canots sur un banc de sable au coucher du soleil et campons pour la nuit.

Dimanche, 27 février. — Nous n'avions pu nous rendre compte, par leur description, de l'endroit où nos amis de la mission de Cardiff avaient débarqué pour prendre la route de Palabala. Nous nous décidons donc à descendre à Issanghila. Quoique ce soit dimanche, nous ne pouvons passer la journée sur le banc de sable ; cela ne peut nous prendre beaucoup de temps pour atteindre Issanghila où nous nous arrêterons.

Nous partons de bonne heure et nous descendons le courant pendant plusieurs milles, sans autres difficultés. Tout à coup, un mugissement formidable et la vue de récifs qui barrent la rivière nous forcent à gagner la rive. Nous pourrions passer à travers les îles, mais, pour éviter des risques, nous longeons la rive, rencontrons une crique, y trouvons un courant que nous prenons jusqu'à ce que mon canot se trouve devant un petit rapide d'une dizaine de pieds d'étendue. Nous aurions pu facilement franchir ce petit rapide, mais il est bon d'être prudent. M. Crudgington s'avance jusqu'à l'extrémité d'une roche et découvre les tentes blanches de l'expédition de M. Stanley. Il pousse un cri de joie à cette découverte. Des hommes nous regardent du camp, éloigné d'environ 100 yards et situé sur des récifs. Nous vidons les canots, donnons de la stabilité aux colis avec des câbles de fibres de palmier, rechargeons et traversons la rivière pour gagner le camp où M. Stanley nous attend. Il avait de sa tente entendu le cri de joie, en avait reconnu l'origine anglaise et était sorti pour voir qui descendait la rivière. Nous nous excusons des précautions que nous avons prises, mais il loue notre prudence. Cela lui rappelle le vieux temps.

Nous lui expliquons comment nous nous trouvons là. Il veut bien prendre intérêt au récit de notre petit voyage, fait préparer un déjeuner, s'informe si nous avons besoin de vivres pour nos hommes ou s'il peut faire quelque chose pour nous. Nous ne pouvons parler en termes trop flatteurs de la grande bonté de M. Stanley pour nous. Il se montre plus que courtois. Il nous fait beaucoup de questions sur ses vieux amis de la rivière ; il y a trouvé de bien vilaines gens, mais il s'y est fait aussi de bons amis. Sauf les gens désagréables de la rivière Mata et les coquins derrière la station de la mission de Cardiff, personne ne s'est plaint de M. Stanley et les gens de ces deux localités chercheraient querelle à un ange. Ils nous prenaient pour des dieux, mais se rendaient eux-mêmes bien désagréables.

La réception cordiale et sans crainte des aimables Batékés du N.-O., était due sans doute, dans une large mesure, aux bons traitements qu'ils avaient rencontrés de la part de M. Stanley. Quant à ceux au Sud du Pool, il faut tenir compte dans une certaine mesure d'un malentendu apparent au sujet de M. de Brazza.

M. Stanley veut bien nous offrir de nous conduire le lendemain matin à Issanghila sur son steamer et met une tente à notre disposition. Nous passons avec lui une journée des plus agréables et, comme c'est dimanche, il a le temps de s'entretenir avec nous. Il discute avec nous l'avenir de notre mission, nos plans, les voies et moyens, la géologie de cette partie de l'Afrique et l'avenir de ces pays. Il s'est donné évidemment de tout cœur à la grande œuvre qu'il a entreprise et il souhaite ardemment les bienfaits des lumières et de la civilisation pour le continent noir. Il pense que les gens au delà des Babcuendés, quoique actuellement à l'état sauvage, sont de belles races d'hommes et sont bien supérieurs à ceux de la côte. Il croit qu'ils pourront faire quelque chose par eux-mêmes et qu'ils valent la peine qu'on se donnera pour améliorer leur condition.

Quant aux gens de la côte, le temps et la peine qu'on prendra pour eux seront à peu près sans résultat. Ceux de l'intérieur sont une race d'hommes bien différente.

Lundi, 28 février. — M. Stanley est fidèle à sa promesse obligeante et nous accompagne sur l'*En-Avant* jusqu'à la crique de Ntombi. Il nous dit que MM. Comber et Hartland l'ont visité et se sont avancés jusque près de Kibouda. Ils ont été forcés de revenir en arrière parce qu'ils manquaient d'objets de troc.

Arrivés à la crique de Ntombi, M. Stanley nous fait monter à bord de sa baleinière à sections d'acier.

Nous lui disons adieu avec mille remerciements. Il promet le même bon accueil et la même hospitalité, si nous avons l'occasion de nous retrouver.

Il a avec lui un grand nombre d'hommes qui ont traversé le continent avec lui. Ils disent merveille de lui et de ses bons traitements pour ses hommes pendant ce voyage long et difficile. Susi, le vieux domestique du Dr Livingstone, est avec lui et Ulédi, le célèbre maître d'équipage de la *Lady-Alice*, est à bord de la baleinière.

Nous atteignons un ancien camp près de Mpambu ou Ngulu, le même jour. Après le coucher du soleil, il y a trois heures de pluie torrentielle. Il en est de même vers 3 heures du matin. Un hippopotame est en train de paître à 100 yards de l'endroit où nous couchons, et, comme disent nos Krouboys, « il aura beaucoup de choses à raconter. » Le lendemain, nous couchons dans un village, Ngandu, près de Sadika-Banza et le mercredi 2 mars nous arrivons à Vivi à 2 h. 30 du soir. Nous y recevons l'hospitalité de M. Augustus Sparhawk, qui est l'agent de Stanley au dépôt de Vivi[1].

Le samedi 5 mars, il nous donne passage sur le vapeur *Belgique* pour le nouveau dépôt de notre mission à Mossuca, où nous arrivons sains et saufs, après avoir joui d'une excellente santé pendant tout le voyage, remerciant notre divin Père pour la protection dont il nous a accompagnés. Sur notre carte, nous avons indiqué notre itinéraire en faisant concorder les distances avec le tracé de la rivière.

Il est probable cependant que nous avons placé Stanley-Pool un dé-

---

[1]. « Le lendemain, 2 mars, nous arrivons à Vivi vers 2 heures de l'après-midi. Nous en étions partis il y a 43 jours. Nous avons employé 21 jours de marche réelle pour aller de Vivi au Stanley-Pool et 15 jours de Stanley-Pool à Vivi. » (Crudgington.)

gré trop à l'Est et qu'il doit se trouver par 16° environ longitude Est. Les parties ombrées doivent être resserrées davantage.

Nous estimons la distance à 250 milles par la route, soit environ 200 milles à partir de la cataracte d'Issanghila; la rivière de Mata est à peu près à mi-chemin entre Issanghila et le Pool. Cependant les distances sont seulement estimées à de courts intervalles, la seule montre dont nous disposions nous ayant fait défaut le troisième jour.

De Vivi à Vivi, nous avons employé 43 jours; sur lesquels nous avons voyagé à l'aller pendant 21 jours, et au retour $14 + 1/2 + 1/2 = 15$ jours.

Nous avons fait de fréquentes observations avec notre baromètre anéroïde de poche, présent de Charles Wathen, Esq., de Bristol. Nous avons présumé que l'eau à Vivi était de 100 pieds au-dessus du niveau de la mer. Suivant les instruments de M. Stanley, l'altitude du Stanley-Pool est de 1,104 pieds; suivant notre anéroïde, elle est de 1,050 pieds; mais nous avons constaté que le baromètre variait de 50 pieds sur l'échelle des montagnes. Les relèvements au compas dont beaucoup ont été omis dans ces notes ont, sauf quelques exceptions, été pris avec le compas prismatique, présent de la Société géographique de Londres. La variation magnétique est supposée de 18° Ouest.

Il a été souvent impossible d'obtenir les noms de beaucoup de villages, cela par crainte de sorcellerie. Partout les naturels attendent notre prochain retour[1].

---

[1] On trouvera le texte original, sur lequel cette traduction a été faite, dans le *Missionary Herald* d'août 1881.

TABLE ALPHABÉTIQUE DES MATIÈRES

A

Abomas (les), tribu indigène, 115.
Achuca, village, 68.
Adanlina-Longa, factorerie, 66.
Adumas (les), tribu, 67, 68, 69, 77, 89, 90, 91, 111, 114, 141, 142, 144, 145.
Affluents du Congo, 184, 185, 189, 212, 216, 247, 261, 268.
Africaine (l'), navire, 16.
Afrique (l'), navire, 18.
Aïenano, village, 137.
Akingis (les), tribu, 70.
Albreda, comptoir français, 10.
Alima (l'), rivière, 20, 79, 80, 81 ; — découverte de l'Alima, 96, 97, 104, 115, 126, 151.
Ambriz, 36, 37, 38, 122, 126 ; — station catholique, 179.
Amokou, comptoir français, 13.
Amstriz, factorerie. — Voy. *Ambriz*.
Anamabou, comptoir français, 13.
Ancel (île), 10, 27.
Anghiés (les), tribu, 82, 103.
Angleterre (l') au Congo, 36, 128 ; — sa rivalité avec le Portugal. 37 et suiv. ; — missionnaires anglais, 184, 220.
Angolaké, factorerie, 135.
Apfourous (les), tribu, 79, 80, 81, 82, 97, 98.
Apingis (les), tribu, 88.
Armements pour la côte d'Afrique, 1, 14, 16, 17, 18 ; — leur nombre, 22 ; — leur nature, 23.
Armes de troque, 33.
Arouimi, rivière tributaire du Congo, 184.
Ashango, tribu, 69.
Ashimboés (les), tribu, 88.
Ashuca, chef indigène, 75.
Assinie, comptoir, 12, 129.
Assortiment des cargaisons, 27, 36.
Astelet de Clais, missionnaire français, 175.

Augouard (le R. P.), missionnaire français, 129 ; — son voyage à Stanley-Pool, 183 ; — relation du voyage, 199.
Aumbos, tribu, 150.
Aymes, lieutenant de vaisseau, 85.
Azintongo, crique, 132.

B

Babouendés, tribu, 121, 212, 246.
Bakalais (les), tribu, 61, 64, 65.
Bakinga, rivière, 116.
Bakongos (courtiers), 219.
Ballay (le Dr), 65, 67, 69, 77, 79, 81, 82, 86, 87, 89, 92, 95, 106, 112, 134, 143, 145, 149, 153.
Banana, 111, 113, 120.
Bangikines, tribu, 69
Baptistes (société des missionnaires), 185, 193.
Basoundis, tribu, 121, 245, 246.
Bassin du Congo (étendue du), 184.
Batanga (le), navire, 132.
Bateaux à vapeur sur le Congo, 120, 123, 128, 196, 197.
Batékés (les), tribu indigène, 78, 79, 80, 82, 83, 94, 95, 96, 97, 114, 115, 122, 144, 259, 263, 265.
Bayabas, tribu, 115.
Beboulo, village, 134.
Belgarde (M.), missionnaire français, 174, 175.
Bengo (le), navire, 127.
Belgique (la), vapeur, 111, 119, 120, 196, 294.
Benin (compagnie de), 18.
Bentley (Holman), missionnaire anglais, 186, 192, 200 ; — relation de son voyage à Stanley-Pool, 221.
Bissao (île), 10.
Bisu-Nsékés (pays des), 286.
Bonne-Aventure (la), navire, 2.
Boniti, île, 132.
Bonne-Union (la), navire, 38.

Booué (chutes de), 88, 89.
Borodo (île de), 18, 19.
Braconnier, officier belge, 119, 196, 209, 215.
Braouézec, explorateur, 84.
Brave (le), navire, 113.
Brazza (de). Son projet d'exploration de l'Ogôoué, 47, 50; — développement de son projet, 54; — instructions qu'il reçoit, 58; — sa lettre sur la situation de l'expédition, 61; — autre lettre au commandant du Gabon, 64; — autre lettre au même, 68; — son rapport sur la marche de la mission de l'Ogôoué, 76; — sa communication à la Société de géographie, 84; — son second voyage, 111; — son rapport sur ce voyage, 148; — autre rapport sur le même voyage, 159.
Brazzaville, station française, 125, 152, 155.
Bwabwa-Njali (le village de), 258, 260, 267, 269.
Bwa-Twanjali. — Voy. *Bwabwa-Njali*.

C

Cabinda, 21, 37, 38, 128, 173.
Cacongo (pays de), 175, 180; — station catholique, 176.
Cap Corse, 13.
Capucins portugais, 172.
Caractère des Batékés, 216; — des Basoundis, 245, 246.
Catherine (la), navire, 1.
Charmante-Louise (la), navire, 17, 18.
Chi-Loango, rivière, 126.
Clerville (le chevalier de), 6, 7, 8.
Counza, rivière, 127.
Comber (T.-J.), missionnaire anglais, 186, 188, 189, 190, 191, 201, 221, 222, 294.
Commendo (Petit), 13.
Commerce, 6, 7, 8, 9, 12, 22, 23, 24, 27, 151.
— Importance commerciale du Congo, 41; de l'Ogôoué, 51, 52; du Congo intérieur navigable, 152; du territoire cédé à la France par le roi Makoko, 159.
Communication adressée par M. de Brazza à la Société de géographie, 84.
Compagnies de commerce, 2, 3, 4, 5, 6, 9, 10, 11, 14, 18.

Compiègne (M. de), 51, 52, 53, 61, 86.
Compte simulé d'achat, 31, 35.
Comptoirs français, 9, 10, 11, 12, 13, 14, 15, 16, 20, 39, 43, 51, 131; — anglais, 42, 43, 66; — hollandais, 42; — portugais, 37, 43; — espagnols, 43.
Concurrence anglaise à craindre dans le Soudan, 167.
Congo (le) ou Zaïre, fleuve, 69, 83, 84, 189; — ses rapides, 121, 124, 148, 181, 201, 204, 212, 217, 225, 227, 230, 241, 253, 255, 257, 261, 291, 295; — ses bords, 223, 224, 226, 227, 251; — aspect du fleuve, 201, 202, 204, 223, 227, 241, 259, 268, 271; — ses affluents, 184, 185, 189, 212, 216, 247, 261, 268; — altitudes de ses rives, 223, 224, 233, 234, 235, 251, 252, 257, 262, 288, 293.
Cordelière (la), navire, 57, 60.
Cormantin, comptoir français, 13.
Côte des Graines, 10, 11; — d'Ivoire, 12; — d'Or, 13; — des Esclaves, 14.
Coutellerie de troque, 32.
Couvents portugais, 172, 173.
Crudgington (Henry-E.), missionnaire anglais, 186, 192, 222, 257, 264, 276, 289.

D

Découvertes. De la rivière Alima, 96-115; — de la rivière Niari, 155, 159; — de mines de cuivre, 155.
Delorme (le P.), missionnaire français. Son voyage sur l'Ogôoué, 182, 183.
Dembé, île, 133.
Descourrières, missionnaire français, 175.
Des Marchais (le chevalier), 11, 14.
Deux-Créoles (les), navire, 16.
Dieppe, 1, 3, 7; — marchands dieppois, 11.
Distance de Stanley-Pool à Mboma, 229.
Doublet (Jean), 14.
Du Casse (le commandant), 13.
Du Chaillu, explorateur, 84.
Dumé, cataracte, 68, 71, 73, 77, 90.
Duperré (l'amiral), 85.
Du Quilio (l'amiral), 85.
Djoué, rivière. — Voy. *Djué*.
Djué, rivière tributaire du Congo, 116, 121, 155, 159, 192, 268.

E

Edwin-Arnold, rivière, 253.
Elbée (le commandant d'), 14.
Elouala, rivière, 206.
En-Avant (l'), navire, 118, 121, 195, 196, 203, 210, 294.
Environs de Stanley-Pool, 213, 218.
Espadon (l'), navire, 57.
Espérance (l'), navire, 1, 196.
Établissement Marion-Brillantais sur le Niger, 16, 17.
Établissement de deux stations françaises sur le haut Ogôoué et le Congo, 148 ; — d'une station belge sur la rive gauche, 165.
Esclavage, 69, 70, 73, 78, 82.
Esclaves (achat d'), 69, 73, 78 ; — abolition de la traite, 38, 158.
Evula, rivière, 261.
Exploration du fleuve Zaïre (Congo), par les capitaines négriers, 177, 178 ; — Voy. *Marabout, Ogôoué*.
Exportation pour la côte, 25.

F

Fleuriot de Langle, 84.
Flotte (le commandant de), 12, 15.
Frais de l'exploration, 52, 66, 72, 73.
Français (le), navire, 1.
Franceville, station, 113, 117, 145, 150, 153.

G

Galois (les), tribu, 55, 60, 61, 68, 70, 72, 75.
Gambie (île de), 10, 27.
Gordon-Bennett. — Voy. *Djué*.
Grand-Bassam, 12, 129.
Grande-Martine (la), navire, 1.
Gregoué, comptoir français, 14.
Griffon du Bellay, 84.

H

Harou, officier belge, 119, 209, 224.
Hamon, quartier-maître, 68, 70, 73, 74, 77, 79, 81, 82, 86, 88, 90, 95.
Hartland, missionnaire anglais, 186, 294.
Henri-Reed (l'), navire, 197.
Hostilité des indigènes, 34, 65, 68, 71, 78, 79, 80, 124, 163, 189, 190, 191.

I

Ikelemba, rivière tributaire du Congo, 116, 184.
Impila, rivière, 159.
Inga, cataracte, 201.
Inengas (les), tribu 55, 61, 68, 70, 72, 140, 141.
Instruction du ministre à M. de Brazza, 58.
Itinéraire du haut Ogôoué, 156.
Itinéraire de Vivi à Stanley-Pool, 200, 221.
Issanghila, village et station, 120, 121, 123, 194, 195, 196, 203, 224, 228, 229, 230, 293.
Isundi, village, 238.
Itsi-Ngaliéma et Ngallemé, chefs indigènes, 160-165, 258, 266, 267, 271-278.
Ivindo, rivière, 56, 85.
Ivoire (prix de l'), 35.

J

Jenna, chef indigène signataire du traité, 214.
Joao Makabi (don), chef indigène, 270.
Joli, missionnaire français, 175.

K

Kabenda. — Voy. *Cabinda*.
Kailuy, rivière, 75.
Kakongo. — Voy. *Cacongo*.
Kamba, village, 286.
Kanita, chef indigène, 223.
Kengi-Lembelwa, village, 285.
Kibansi, village, 201.
Kibola, village, 175.
Kiloa, rivière tributaire du Congo, 129.
Kinkasou, village, 205.
Kinssembo, factorerie, 219.
Kitala, village, 217.
Kitona, village, 206.
Kola, village, 191.
Kouango, rivière, 127.
Kouilo, fleuve, 21, 42, 115.
Kwanga, pain de cassave, 258, 262, 263, 279.

L

Lady-Alice, navire, 291.
Lahou (cap), 12.
Lamba, village, 211.

Lambaréné, village, 55, 65, 70, 86, 113, 133, 136, 145.
Landana, village et station, 21, 118, 126, 129, 155, 174, 180, 181, 183.
Landolphe (le capitaine), 16, 17, 18.
Laptots, 57, 59, 63, 66, 69.
Lébaï Ngouco, rivière, 82, 103.
Lébaï Ocoua, rivière, 82, 104.
Lecanbo, chef indigène signataire du traité, 214.
Léfini, rivière, 115, 116, 117, 128.
Lékélé, rivière, 77, 89.
Lékéti, rivière, 114, 115.
Léopoldville, station, 196.
Lenz (le D^r), explorateur, 61, 62, 66, 67, 72, 77, 84, 85, 89, 141.
Lettre du Dr Ballay, 67.
Lettres de M. de Brazza, 47, 53, 61, 64, 68.
Libanga, rivière, 135.
Liberté du commerce, 8, 9 ; — des esclaves, 38, 158.
Licona, rivière, 82, 103, 104, 116.
Livingstone (le), navire, 128, 197.
Loango (pays de), 174, 175.
Loiret (le), navire, 57.
Loubota, village, 207.
Loulou, village, 175.
Lopé, village, 55, 64, 65, 67, 70, 74, 85, 88, 89, 141, 142.
Louvoubi, rivière, 212.
Luala, rivière, 237, 238, 243.
Luango, rivière, 251.
Lubuji, rivière, 235.
Lukasa, rivière, 238.

M

Mac-Call, missionnaire anglais, 118, 128, 290.
Madeleine (la), navire, 1.
Magolo, tribu, 69.
Maguiba, rivière, 10.
Makoko, chef indigène, 115, 116, 124, 151, 159, 160, 161, 165, 172, 282.
Makoutas. — Voy. *Makutas* (les).
Makuka, tribu, 69.
Makuta-Banza, village, 188, 258, 263.
Makutas (les), tribu, 118.
Malamine (le sergent), 116, 124, 125, 126, 154, 161, 163, 192, 274, 280, 282.
Mamiaca, chef indigène, 72, 88.
Manika, village, 208.
Manyanga, village et station, 115, 118, 120, 121, 194, 195, 196, 203, 217, 250.

Marabout (le), navire, 54, 55, 60, 112, 132, 133, 136, 139.
Marchandises de troque, 24, 26, 27, 36.
Marche (M.), explorateur, 61, 64, 65, 77.
Marchés indigènes, 217, 250, 252, 263, 285.
Marion-Brillantais, armateur de Saint-Malo, 16, 17.
Mata, rivière, 208, 247, 287, 293, 295.
Matadi, village, 197.
Mataka. — Voy. *Makuta (banza)*.
Ma-Tenda, chef indigène, 181.
Matériel de l'exploration, 56, 57, 59.
Mavungu, chef indigène, 223.
Mbadi, tissu de plantes textiles, 235.
Mbé, village, résidence de Makoko, 161.
Mbéka, rivière, 210.
Mboma, factorerie, 118, 120, 129; — station catholique, 180, 181; — arrivée de M. de Brazza, 182.
Mbu, village, 249, 287.
Mbundi, rivière, 224, 225.
Mfulukado, rivière, 261, 285.
Mfwa (pays de), 255.
Micanighi, tribu, 69.
Minéraux existant au Congo, 21, 155, 156.
Missionnaires. — Français, 164, 171, 199; — anglais, 162, 163, 186, 187, 188, 189, 190, 195, 196; — américains, 196. — Voy. *Saint-Esprit, Baptistes, Missions*.
Missions — de l'Ogôoué, 76; — de M. Stanley, 120; — de M. de Brazza, 123, 149; — catholiques, 127, 172, 173; — évangéliques, 128, 162, 196; — portugaises, 127, 172.
Mizon, enseigne de vaisseau, 112, 140, 153, 154.
Mœurs et coutumes, 11, 13, 17, 21, 51, 122, 133, 205, 237, 241, 242, 246, 248, 249, 265.
Monnaies d'échange, 33.
Monopoles commerciaux sur l'Ogôoué, 141, 145.
Monte (cap), 10, 11.
Moufanga, village, 204.
M'Pongwé. — Voy. *Pongwé*.
Mowa, village, 253, 258.
Mozinga, village, 206.
Mpété, village, 257.
Mpangou, village, 208, 235.
Msoukou. — Voy. *Mussuco*.
Msunga, chef, 254.

Mulle (la), navire, 1.
Mussuco, village, 195 ; — station évangélique, 294.

N

Nabindélés, tribu, 69.
Nature du sol et du climat, 206, 211, 234, 239, 262.
Nconi, rivière, 95.
Ncouna. — Voy. *Ntamo*.
Ndendé, village, 234.
Ndundu, chef indigène, 68, 74.
Négresse (la), navire, 16.
Ngacko, chef indigène signataire du traité, 214.
Ngaliéma ou Ngaliéme. — Voy. Itsi-Ngaliéma.
Ngambo, rivière, 79.
Ngamforou, chef indigène, 115.
Nga-Mpama, chef indigène, 115.
Ngampéi, chef indigène, 116.
Nganghila, village, 200.
Ngandu, village, 294.
Ngehmé, village, 68.
Ngiambi, tribu, 69.
Ngombi, chef indigène, 85.
Ngouézé (pointe), 132.
Ngounié, rivière, 115.
Ngulu, rivière, 225.
Ngulugi, rivière. 286.
Niari, rivière, 155, 156, 159.
Niger (le), fleuve, 14, 15, 16, 17.
Ningué-Saka, factorerie, 134.
Njolé, île, 136.
Nkenké, rivière, 213, 285.
Nkiji, rivière, 256.
Nkio-Buminu, village, 263.
Nkisi, cataracte, 255.
Nkouna. — Voy. *Ncouna (Stanley-Pool)*.
Nkufu, insecte, 244.
Nkunga, village, 287.
Nlendé, village, 288, 289.
Noki, village, 41, 127.
Normandie (la), navire, 113.
Notice sur les missions du Congo, 171.
Nshasa, village, 193, 242, 272, 273, 278, 279.
Nsombo, village, 200.
Nsoundi, village, 206.
Ntaba, chef indigène signataire du traité, 214.
Ntamo, 115, 116, 117, 118, 142, 148, 154, 161, 160, 163, 192, 206, 271, 274, 277, 282, 284.
Ntombi (crique de), 294.
Ntombo, village, 233.

Ntombo-Makuta, village, 288, 290.
Nyangoué (chutes), 184.
Nxinga, village, 236.

O

Oubandjis, tribu, 115, 116, 151, 152.
Objets d'échanges, 27, 28 et suiv.
Obo, rivière, 82, 103.
Occupation de Brazzaville, 152.
Ofoué, rivière, 69, 75.
Ogôoué (exploration de l'), 77. — Voy. *Marabout*.
Okanda, rivière, 48, 75.
Okandas (les), tribu indigène, 55, 62, 68, 69, 70, 71, 72, 77, 85, 89, 106, 107, 140, 142, 144, 145.
Okotas (les), tribu, 65, 70, 87.
Orographie de la région située entre le bassin du Congo et celui de l'Ogôoué, 155.
Oudoumbos, tribu, 150.
Ougongné, rivière, 85.
Ouriki, riv. trib. du Congo, 184.
Ossyébas (les), tribu indigène, 53, 55, 56, 68, 70, 71, 72, 85, 111, 114.

P

Pacification des Oubandjis, 152.
Pactole (le), navire, 34.
Pahouins (les), tribu, 55, 71.
Paix (la), navire, 196.
Palabala, village, 290, 292.
Palabres, 64, 133, 221, 256, 274.
Passa, rivière, 78, 113, 114.
Pedro V (Don), roi du Congo, 170, 188, 196.
Percement d'une route à Franceville, 153.
Pérou (le), navire, 18.
Perrine (la), navire, 1.
Personnel de l'exploration de M. de Brazza, 57, 59, 63, 86.
— de M. Stanley, 120.
Petite-Charlotte (la), navire, 18.
Physionomie des femmes indigènes, 245.
Pionnier (le), navire, 132, 133.
Plymouth (le), navire, 196.
Pointe-Fétiche (la), 48, 54, 55, 66.
Pointe-Noire (la). — Voy. *Punta-Negra*.
Pongwé (le), vapeur, 111, 132, 182.
Porto-Novo, 15.
Ports d'armement, 23.
Portugal (le) au Congo, 36 ; — ses comptoirs, 37 ; — sa rivalité avec

l'Angleterre, 37 et suiv.; — missionnaires portugais, 126, 127.
Poubara, village, 77.
Prince-Noir (le), navire, 26.
Prise de possession du territoire cédé par Makoko, 152.
Productions du pays, 11, 13, 19, 21, 51, 155, 156.
Prumerolle (la), navire, 2.
Punta-Negra, 21, 42, 43.

Q

Quériol (M.), officier portugais, 126, 127.
Quiloa. — Voy. *Kiloa*.
Quillou. — Voy. *Kouilo*.
Quincaillerie de troque, 32.

R

Rapports. — Sur le projet d'exploration de l'Ogôoué, 50; — sur la mission de l'Ogôoué, 76; — sur le Congo, 119; — sur la tournée du *Marabout*, 132; — de M. Mizon, 140.
Rencontre de MM. Stanley et de Brazza, 123.
Renoqué, chef indigène, 55, 63, 85, 141.
Reongo, village, 208.
Rouen, 1, 3, 6, 8; — marchands rouennais, 11; — toiles de, 28; — siamoises de, 32. —
Routes africaines. — Suivies par les caravanes, 148, 188.
— pour relier le Congo intérieur navigable à l'Atlantique, 155, 157.
— de M. Stanley, 148, 202, 210, 227.
— Difficulté d'une route latérale au Congo, 152. — Étude de différentes voies de communication, 154. — Voy. *Franceville*.
Royal (le), navire, 119, 120, 121, 196, 203, 217.
Résultats des explorations, 145, 151, 155, 156.

S

Salika (banza), village, 224, 226, 294.
Saint-André (rivière), 12, 36.
Saint-Esprit (Pères de la congrégation du), leur départ pour le Congo, 173; — création d'une mission à Ambriz, 179; — à Mboma, 180; — à Landana, 180; — à Saint-Antoine, 181; — sur l'Ogôoué, 183; — voyage du P. Augouard à Stanley-Pool, 183, 199.
Saint-Malo, 15, 17.
Saint-Paul-de-Loanda, 127, 173, 187.
Sakouélé, île, 134.
Sala-Kibanzi, village, 200.
Sala-Kidonngou, village, 200.
Salamandre (la), navire, 2.
Samquita, village, 61, 64, 65, 74, 135.
San-Antonio (Saint-Antoine), 128, 129, 181.
Sanda, village, 191.
Sanguin, comptoir, 11.
San-Salvador, 122, 127, 172, 187, 195.
Schmitt (le R. P.), missionnaire français, 182.
Sébé, rivière, 77, 89.
Serval, explorateur, 84.
Sibire, missionnaire français, 175.
Snake-river, 258.
Sogno (pays de). Fondation d'églises, 173.
Stations européennes sur le Congo, 195, 203; — des missionnaires français, 179, 180, 181, 183.
Stanley (M.), 81, 83, 118, 119, 120, 121, 124, 125, 130, 143, 148, 149, 164, 165, 173, 184, 185, 193, 195, 196, 201, 202, 203, 207, 209, 210, 212, 213, 215, 216, 218, 222, 228, 230, 261, 266, 268, 271, 272, 286, 291, 292, 293, 294, 295.
Stanley-Pool, 115, 120, 122, 123, 125, 127, 128, 129, 130, 142, 165, 183, 184, 194, 195, 200, 201, 202, 203, 215, 216, 217, 218, 219, 267, 269, 293.
Sna, rivière, 223.
Sulima, factorerie, 135.

T

Tableau du commerce français sur la côte occidentale d'Afrique au Sud du Gabon, 131.
Takorai, comptoir, 13.
Talisman (le), navire, 111.
Tissus d'exportation, 28, 29, 30, 31, 32.
Toiles de Rouen, 28, 32.
Touchard (l'amiral), 84.
Traité avec Makoko, 121, 151, 159; — préliminaire du traité, 161; — sa signature, 161; — texte du traité, 214.
Troque, 27, 28 et suiv.
Tuncoua. — Voy. *Tungwa*.
Tungwa (pays de), 190.
Twa, rivière, 288.

U

Umbeté, tribu, 69, 78, 83.
Umvilingya, village, 263.
Ureger (pays de), 266.

V

Vamba, village, 224.
Vénus (la), navire, 48.
Verroterie, 32.
Vivi, village et station, 41, 111, 118, 119, 120, 123, 127, 166, 219, 223, 295.
Villault de Bellefonds, 10.
Voyages. — De Villault de Bellefonds, 10; — du capitaine Landolphe, 16; — de Jean Doublet, 14; — de M. de Brazza, 45, 111; — des missionnaires, 171, 199, 221.

W

Vulu, village, 252.
Whydah, comptoir, 14.
Walke, officier belge, 119, 209, 215.
Walker, explorateur, 84, 85.
Wanga-Wanga, village, 195.

Y

Yanga, village, 232.
Yellala, cataracte, 184.

Z

Zaburet, chef indigène, 72.
Zaïre (le). — Voy. *Congo*.
Zinga, cataracte, 121, 124; — village, 252.
Zombo (pays de), 188, 271.
Zonangué, lac, 137.
Zué (le), rivière. — Voy. *Dius*.

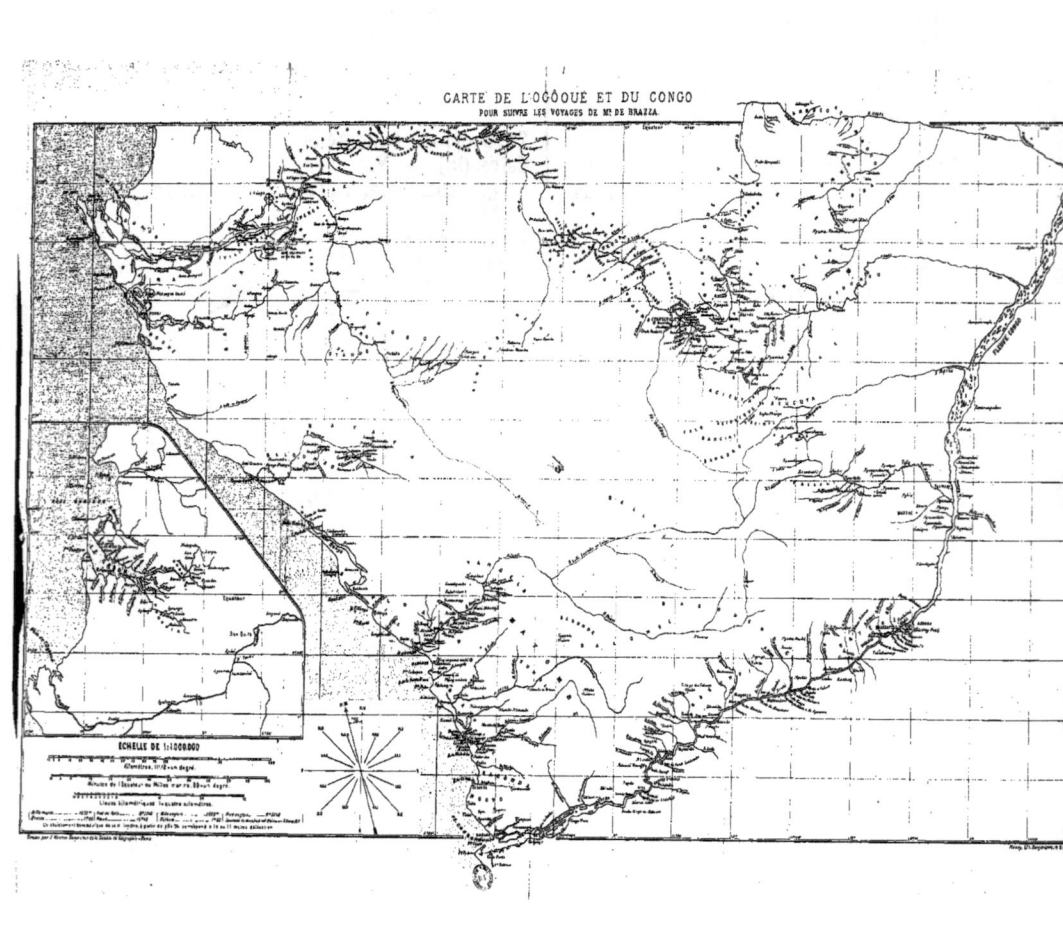

www.ingramcontent.com/pod-product-compliance
Lightning Source LLC
Chambersburg PA
CBHW060418170426
43199CB00013B/2197